CHRONIQUE

DE

ROBERT DE TORIGNI

ABBÉ DU MONT-SAINT-MICHEL

SUIVIE

DE DIVERS OPUSCULES HISTORIQUES

De cet Auteur et de plusieurs Religieux de la même Abbaye

LE TOUT PUBLIÉ D'APRÈS LES MANUSCRITS ORIGINAUX

PAR LÉOPOLD DELISLE

TOME I

ROUEN

CHEZ A. LE BRUMENT

LIBRAIRE DE LA SOCIÉTÉ DE L'HISTOIRE DE NORMANDIE

RUE JEANNE-D'ARC, N° 11

M DCCC LXXII

CHRONIQUE

DE

ROBERT DE TORIGNI

ABBÉ DU MONT-SAINT-MICHEL.

ROUEN. — IMPRIMERIE DE H. BOISSEL
Rue de la Vicomté, 55

EXTRAIT DU RÉGLEMENT.

Art. 16. — Aucun volume ou fascicule ne peut être livré à l'impression qu'en vertu d'une délibération du Conseil, prise au vu de la déclaration du Commissaire délégué et, lorsqu'il y a lieu, de l'avis du Comité intéressé portant que le travail *est digne d'être publié*. Cette délibération est imprimée au verso de la feuille de titre du premier volume de chaque ouvrage.

Le Conseil, vu la déclaration de M. l'abbé Cochet, *commissaire délégué, portant que l'édition de la* Chronique de Robert de Torigni, *préparée par* M. Léopold Delisle, *lui a paru digne d'être publiée par la* Société de l'Histoire de Normandie, *après en avoir délibéré, décide que cet ouvrage sera livré à l'impression.*

Fait à Rouen, le Lundi 6 Novembre 1871.

Certifié :

Le Secrétaire de la Société,

C. LORMIER.

PRÉFACE.

L'une des compilations historiques qui obtinrent le plus de succès au moyen-âge est celle que Sigebert, moine de Gemblours, publia dans les premières années du xiie siècle. Elle embrasse la période comprise entre la naissance d'Abraham et l'année 1112. Il faut y distinguer plusieurs parties, savoir : 1° jusqu'à l'an 328 de Jésus-Christ, copie de la chronique d'Eusèbe ; 2° de l'an 329 à l'an 379, copie de la chronique de saint Jérôme ; 3° de l'an 380 à l'an 457, copie de la chronique de Prosper ; 4° de l'an 380 à l'an 1112, chronique composée par Sigebert, et dont beaucoup d'articles sont des emprunts faits à des auteurs plus anciens.

Peu de temps avant l'année 1150, un moine de l'abbaye du Bec, Robert de Torigni, qui devint en 1154 abbé du Mont-Saint-Michel, s'étant procuré, par l'intermédiaire de l'évêque de Beauvais, une copie de l'ouvrage de Sigebert, conçut aussitôt le projet de le compléter : d'une part, en y intercalant beaucoup de renseignements qui intéressaient spécialement la Normandie et l'Angleterre ; d'autre part, en y ajoutant une continuation pour les temps écoulés depuis l'avénement de Henri I au trône d'Angleterre.

Ce complément de la chronique de Sigebert peut aisément se détacher de la grande compilation à laquelle il a été soudé plus ou moins artificiellement, et comme c'est le recueil qui fournit les informations les plus abondantes et les plus exactes sur l'histoire de Normandie pendant une grande partie du xiie siècle, la Société de l'Histoire de Normandie, dès les premiers jours de son existence, résolut d'en donner une édition, et elle daigna adopter un travail que j'avais entrepris il y a plus de vingt ans, d'après les conseils et les indications de mes premiers maîtres, M. de Gerville et M. Le Prévost [1].

La présente édition comprendra non seulement la chronique de Robert de Torigni, c'est-à-dire les interpolations et le supplément qu'il a joints à la chronique de Sigebert, mais encore les autres opuscules historiques de Robert, à l'exception toutefois des additions à l'histoire de Guillaume de Jumiéges, additions dont il y aura lieu de s'occuper quand on préparera une édition définitive de ce dernier auteur. On y trouvera encore plusieurs morceaux écrits au Mont-Saint-Michel, et qui sont étroitement liés aux différentes compositions historiques de Robert.

En tête du second volume, je donnerai une notice détaillée sur la vie et les œuvres de Robert de Torigni. Aujourd'hui je me bornerai à faire connaître les manuscrits de sa chronique et les éditions qui en ont été imprimées depuis le commencement du xvie siècle jusqu'à nos jours.

---

[1] M. Jules Desnoyers, secrétaire de la Société de l'Histoire de France, a parlé de ce projet, avec la bienveillante amitié dont il m'a donné tant de preuves, dans ses rapports de 1851 et 1852, insérés au *Bulletin de la Société de l'Histoire de France*, années 1849-1850, p. 259, et années 1851-52, p. 75. M. Chéruel, dans le discours qu'il a prononcé comme directeur de la Société des Antiquaires de Normandie, a insisté sur l'utilité d'une nouvelle édition de la chronique de Robert.

MANUSCRITS DE LA CHRONIQUE DE ROBERT DE TORIGNI.

Pour bien rendre compte des différences que présentent les textes, je dois, avant tout, faire observer que Robert a plusieurs fois remanié sa chronique, à laquelle il n'a, pour ainsi dire, jamais cessé de travailler depuis 1150 jusqu'à sa mort, arrivée en 1186. Il en publia une première rédaction en 1156 et 1157; une deuxième en 1169; une troisième et dernière en 1182, 1184 et 1186.

Manuscrit d'Arundel.

Le ms. 18 du fonds Arundel, au Musée britannique, qui, dans l'état actuel, ne contient rien de postérieur à l'année 1100, doit être la première partie d'un manuscrit qui renfermait, à la suite de la chronique de Sigebert, la continuation de Robert jusqu'à l'année 1156 ou environ. Le titre qu'on lit au fol. 10 v°, prouve en effet qu'à l'origine l'ouvrage de Robert était renfermé dans le volume, et le titre de « moine du Bec » donné à l'auteur ne peut convenir qu'à un exemplaire de la première édition de la chronique. Voici la description du manuscrit, telle que l'a rédigée M. J. Forshall[1].

Codex membranaceus, in quarto, foliorum 147, perspicue et nitide exaratus, seculo xiv.

1. « Liber qui dicitur Provincialis. » Fol. 1.

---

[1] *Catalogue of the Arundel manuscripts in the British Museum* (1834, in-folio), p. 5, col. 2. Ce même ms. est compris dans le catalogue intitulé : « Librorum manuscriptorum bibliothecæ Norforcianæ in col-« legio Greshamensi apud Londinium catalogus ; » *Catalogus librorum mss. Angliæ et Hiberniæ* (Oxford, 1697, in-folio), II, 74, n° 2917. Conf. Montfaucon, *Bibliotheca bibliothecarum*, I, 681.

2. Hieronymi et Cassiodori testimonia de Eusebio. Fol. 9.

3. « Prologus beati Ieronimi presbiteri in cronica omnimode historie Eusebii Pamphili, Cesareé Palestine episcopi, que ipse de greco in latinum transtulit. » Fol. 9.

4. Eusebii chronica, una cum præfatione ejusdem, interprete Hieronymo. Fol. 10 b. — Titulus : « Liber cronicorum Eusebii Pamphili, Cesaree Palestine episcopi, et beati Ieronimi et Prosperi presbiterorum et Sigisberti Gemblacensis et Roberti Beccensis monachorum. »

5. Hieronymi continuatio eorumdem chronicorum usque ad annum CCCLXXX. Fol. 50.

6. « Prologus Sigiberti, monachi Gemblacensis, de chronographia. » Fol. 54.

7. Sigisberti, monachi Gemblacensis, chronographia ab anno CCCLXXXI usque ad annum MC. Fol. 58.

Manuscrit de Savigny.

Ms. de la Bibliothèque nationale, fonds latin, n° 4862, jadis inscrit sur l'inventaire de 1682 avec le n° 3750. AA, et conservé sous le n° 1058 dans la bibliothèque de Colbert, à laquelle il avait été envoyé en 1679 par les moines de Savigny [1]. — 141 feuillets, hauts de 360 millimètres, larges de 250.

Le volume a été écrit dans la seconde moitié du XII° siècle par un moine de l'abbaye de Savigny.

Fol. 1. Chronique d'Eusèbe. — Préface de saint Jérôme, dont le commencement manque par suite de l'enlèvement d'un feuillet. Les premiers mots conservés sont : « In latinum. Plus aliquid dicam, eundem in sua lingua... » — Préface d'Eusèbe (fol. 1 v°) : « Incipit prologus Eusebii « Cesariensis in cronicis suis que a beato Ieronimo de « greco in latinum translata sunt. Moysen gentis hebraicæ

---

[1] Voyez mon histoire du Cabinet des Manuscrits, I, 530.

« qui primus.... » — La fin de cette préface et le commencement de la chronique manquent par suite de l'enlèvement d'un feuillet. Le premier article conservé de la chronique est celui de l'an XLI de l'ère des Hébreux : « Hebreorum XLI. Assyriorum XXXI. Sichioniorum XVII. « Egyptiorum XLI. » Fin de la chronique (fol. 55) : « Vi- « cennalia Constantini Nichomedie acta et sequenti anno « Rome edita. » — En marge du fol. 29, liste des trente voies et des huit monts de Rome.

Fol. 55. Chronique de saint Jérôme : « Huc usque hys- « toriam scribit Eusebius Pamphili martyris contubernalis, « cui nos ista subjecimus. Arnobius rethor .. — ... et « Valentiniani iterum omnes anni V^m DLXXIX. »

Fol. 58. Chronique de Prosper : « Huc usque Jeronimus « presbiter ordinem precedentium digessit annorum. Quæ « secuntur Prosper digessit. Igitur Valente a Gothis... — « ... Karthaginem abducti sunt. Huc usque Prosper cro- « nica sua perduxit. »

Fol. 60 v°. Chronique de Sigebert, précédée de cette rubrique : « Quæ sequntur usque ad annum MCXIII domi- « nicæ incarnationis a Sigeberto, Gemblacensis monasterii « monacho, sunt collecta, » et du prologue : « Dicturi « aliquid juvante Deo de contemporalitate regnorum.... » — Commencement de la chronique (fol. 63 v°) : « Anno « ab Adam v^m DLXXIX secundum Dyonisium, anno vero « Domini ccc° LXXX° primo... » — Fin de la chronique à l'année 1113 (fol. 124 v°) : « Obiit Sigebertus, Gembla- « censis cenobii monachus, vir in omni scientia litterarum « eruditus, descriptor in hoc libro precedentium tempo- « rum. » Dans ce texte, la portion de la chronique de Robert répondant aux années 1100-1113 a été fondue dans la partie correspondante de la chronique de Sigebert.

Fol. 124 v°. Préface de la chronique de Robert : « De « cronographia, id est temporum descriptione, in subse-

« quentibus locuturi... — ... sub annis dominicæ incar-
« nationis colligere aggrediar in diversis ecclesiis hec
« plura notare curaverunt. »

Fol. 125 v°. Chronique de Robert de Torigni, depuis l'année 1114 jusqu'à l'année 1156. « MCXIIII. Decedente
« Gisleberto, viro religioso Ebroicensi episcopo... [1] — ..
« preter Nannetensem urbem, pecuniam tamen per annos
« singulos se ei daturum promisit [2]. »

Fol. 132 et 133 v°. Notes sur divers événements, intéressant pour la plupart l'abbaye de Savigny et arrivés entre les années 1112 et 1305. Ces notes ont été tracées par différentes mains, dans le cours du xiii° et au commencement du xiv° siècle. Combinées avec celles qui sont dans le ms. latin 7596 A de la Bibliothèque nationale, elles ont formé le morceau que Baluze [3] a publié sous le titre de *Chronicon Savigniacense*, et qui a été réimprimé par fragments dans le *Recueil des Historiens* [4].

Fol. 132 v° et 133. Histoire des abbés de Savigny, depuis 1112 jusqu'en 1244 : « Anno Domini M° C° XII° bea-
« tus Vitalis heremita optimus seminiverbius... — ...
« vir admodum litteratus et religionis amator strenuissi-
« mus. » Cette histoire a été publiée par Baluze [5], en tête du *Chronicon Savigniacense*.

Fol. 134. Fragment de la chronique de Hugues de Saint-Victor, commençant par ces mots : « Incipiunt cronica
« magistri Hugonis Sancti Victoris. Fili, sapientia thesau-
« rus est. » La chronique s'arrête (fol. 141 v°) à ces mots :
« Filius Barachie. Asaph cantor. Filii Caad Amnam. »
Les feuillets qui contenaient la suite manquent.

---

[1] P. 145 du présent volume.
[2] Plus bas, p. 296, note 5.
[3] *Miscellanea*, II, 313-323.
[4] XII, 781 ; XVIII, 350 ; XXIII, 584.
[5] *Miscellanea*, II, 310-313.

Le moine de Savigny qui a transcrit la chronique de Robert dans le ms. latin 4862 en a abrégé beaucoup de passages et en a modifié plusieurs autres, de sorte qu'on ne peut pas soumettre ce ms. à une collation rigoureuse. En revanche, le copiste et un moine de Savigny, qui vivait vers le milieu du xiiie siècle, ont introduit çà et là des additions assez importantes. Je donnerai en note les moins considérables, celles qui ne portent que sur des mots ou sur des membres de phrase. Les autres ont été réservées pour former le supplément que j'ai intitulé AUCTARIUM SAVIGNEIENSE, et qui fera partie du second volume de cette édition.

Manuscrit harleien.

Ms. du musée britannique, fonds harleien, n° 651. Ce volume, qui vient de l'abbaye de Reading, est ainsi décrit dans le catalogue publié en 1808 [1] :

Codex membranaceus, antiquus, et eleganter scriptus, in folio, in quo habentur :

1. Chronica Eusebii Pamphili, e græco in latinum ab Hieronymo presbytero versa. Fol. 1.

2. Hieronymi presbyteri continuatio chronicorum Eusebii. Fol. 54 v°.

3. Prosperi chronographia. Fol. 58.

4. Chronica Sigeberti, monachi Gemblacensis. Fol. 61.

5. Chronica Roberti de Torrineio, abbatis Beccensis, continuata ad annum Domini MCL. Fol. 144.

6. Epistola Henrici, archidiaconi Huntingdonensis, ad Warinum Britonem, de regibus Britonum. Fol. 145 v°.

7. Roberti de Torrineio continuator anonymus. Fol. 171.

8. Supplementum continuatoris Roberti de Torrineio, e codice

---

[1] *A Catalogue of the harleian manuscripts in the british Museum,* I, 397. Conf. le Catalogue de T. Duffus Hardy, II, 439.

regiæ bibliothecæ nuper descriptum, et jam nunc, repertis foliis deperditis, integrum. Fol. 174 v°.

Sequuntur manibus recentioribus:

9. Provinciale episcopatuum totius mundi. Fol. 176.

10. Chronica brevicula, ab orbe condito, usque ad annum Domini MCCCLXXXIV. Fol. 184.

11. Series regum Anglorum ab Alfredo usque ad regem Richardum II et diversis manibus continuata usque ad regem Edwardum VI. Fol. 185 v°.

12. Nomina regum illustriorum Brittanniæ et Anglo-Saxonum durante Heptarchia. Fol. 186 v°.

13. Noticia regum christianorum. Ibid.

14. Part of a long letter, perhaps written to cardinal Wolsey, concerning a meracle off owre blessid Lady of Grace at Eppeswiche; pretended to have been wrought there, upon the daughter of syr Roger Wentforde of Essex, 15 April, anno 7 regis Henrici VIII. Ibid.

D'après les renseignements qu'a bien voulu me donner M. Bordier, le manuscrit harleien a été exécuté dans la seconde moitié du xii° siècle. La chronique de Robert s'y arrête deux lignes avant la fin de l'année 1157, aux mots : « inter hec duo castra, unam domum militibus Templi[1]. » Ces mots se trouvent au bas de la première colonne du fol. 177 verso. Immédiatement après ces mots, sur la même colonne, commence la suite de la chronique de Robert, copiée par D'Ewes, au xvii° siècle, d'après le manuscrit de John Pyke, dont il sera bientôt question.

La collation d'un certain nombre de passages, que je dois à l'obligeance de M. Francisque-Michel, m'a prouvé que le ms. harleien a la plus étroite parenté avec celui de Bayeux, et qu'il offre, comme celui-ci, un bon texte de la première rédaction. M. Henry Richard Luard[2] pense que le manuscrit harleien est l'exemplaire dans lequel l'auteur des Annales de Waverley a consulté la chronique de Robert de Torigni.

[1] P. 310 du présent volume.
[2] *Annales monastici*, II, xxxii.

Manuscrit de Bayeux.

Ms. du chapitre de Bayeux. 217 feuillets de parchemin, hauts de 322 millimètres, larges de 230. — Tout le volume a été copié au xiie siècle, mais par deux mains différentes ; à la première main nous devons attribuer les quinze premiers cahiers, c'est-à-dire les fol. 1-120 ; à la seconde main, le reste du volume. La différence entre les deux parties s'aperçoit au premier coup d'œil : dans l'une, les initiales sont rouges et vertes, et dans l'autre rouges et bleues ; les pages de la première partie se composent de 34 lignes, et celles de la seconde n'en ont que 32. En voici le contenu :

Fol. 1. Chronique d'Eusèbe. — Préface de saint Jérôme : « Vetus iste disertorum mos fuit.... » — Préface d'Eusèbe (fol. 2) : « Moysen gentis hebraice ... » — Commencement de la Chronique (fol. 4 v°) : « Primus « Assiriorum rex Ninus Beli filius regnavit.... » — Fin de la chronique (fol. 58 v°) : « et sequenti anno Rome « edita. »

Fol. 58 v°. Chronique de saint Jérôme : « Huc usque « hystoriam scribit Eusebius.... » Fin de la chronique (fol. 63) : « .... anni V^m DLXXVIIII. »

Fol. 63. Chronique de Prosper : « Huc usque Jeroni- « mus presbiter.... » — Fin de la chronique (fol 66 v°) : « .... Cartaginem abducti sunt. Huc usque Prosperi « chronografia *etc.* quo Jeronimus presbiter chronicorum « suorum finem fecerat. »

Fol. 67. Chronique de Sigebert, avec le préambule : « Dicturi aliquid, juvante Deo.... » — Commencement de la chronique (fol. 71) : « Theodosius a Gratiano ma- « gister.... » — Fin de la chronique (fol. 168 v°) :

« .... et ecclesie Aquinicensi posuit. Explicit chronica
« Sigiberti monachi Gemblacensis. »

Fol. 168 v°. Chronique de Robert, précédée de :

a) (fol. 168 v°). La préface : « Incipit prologus Rotberti
« in ea que secuntur de temporum descriptione. De chro-
« nographia id est.... — .... usque in millesimum cen-
« tesimum tricesimum quintum annum dominice incar-
« nationis. Explicit prologus. »

b) (fol. 170). Lettre de Henri de Huntingdon sur les
rois bretons. « Incipit epistola Henrici archidiachoni ad
« Warinum britonem, de regibus Britonum. Queris a me
« Warine... — ... tractata reperies. Vale. »

c) (fol. 175 v°). Extrait du même auteur sur la géographie et les saints de l'Angleterre : « Adhuc ad majorem...
« — ... et gesta luculenter irradiant. »

La chronique de Robert, qni se présente ici sous sa
forme primitive, commence au fol. 178 par ces mots :
« Henricus filius primi Willermi..., » et se termine au
fol. 211 v° par ces mots : « Natus est Henrico regi An-
« glorum filius et vocatus est Ricardus. » Ce passage appartient au chapitre de l'année 1157 [1].

Fol. 211 v°. Traité de Robert sur les ordres monastiques et les abbayes normandes. « Libet in presenti de-
« monstrare qualiter antiqua consuetudo... — ... Bermo
« monachus Sancti Martini Majoris Monasterii. » C'est le
texte de la seconde rédaction.

Fol. 216 v°. Lettre de Hugues, archevêque de Rouen,
touchant les reliques de saint Nicaise. « Venerandis patri-
« bus cunctisque ecclesie catholice fidelibus, Hugo, Rotho-
« magensis sacerdos, salutem et idipsum... — ... Dominus
« salvet sperantes in se. Amen. » Je donnerai le texte de
cette lettre à la fin de la préface.

---

[1] Page 310 du présent volume.

Sur les marges de plusieurs feuillets, j'ai remarqué des notes tracées en caractères du xive siècle, entre lesquelles je crois devoir signaler les suivantes :

Fol. 58. A. 314. — Hujus (Maximiani) temporibus, passi, ut puto, fuerunt Panthaleon, Crispinus et Crispinianus. Item Mauricius et socii de legione Thebea.

Fol. 79 v°. A. 452. — Simile omnino de rubedine celi vidi in festo sancte Katerine per noctem anno Domini 1370. Item quasi qualibet septimana ter vel quater per noctem in mensibus Augusti et Septembris anno 1375. Sed hec erat ab Austro usque ad Occidentem.

Fol. 97 v°. A. 647. — Nota quia ita [1] factum est duci Mediolanenssi Galiache.

Fol. 103 v°. A. 715. — Hoc tempore fuit sanctus Albinus Andegavensis, qui beatum Egidium recepit.

Fol. 110. A. 781. — Nota contra eos qui coronam ecclesie decerperunt [2]. Unde vidi principalem miserabiliter Parisius seditione populi detruncari.

Fol. 118 v°. A. 874. — Simile [3] secutum est in Cathalonia et supra mare mediterraneum circa annum 1358.

Fol. 139 v°. A. 1000. — Simile [4] vidi fere anno circiter 1340, in curia patris mei, hora prima post crepusculum noctis, sed finivit ut lancea.

Fol. 177 v°. — Simile [5] dicitur de beato Vigore, episcopo Baiocensi.

Fol. 189 v°. A. 1129. — Simile [6] vidi in Caturcinio anno 65 (1365), et anno sequenti intraverunt Societates ibidem.

L'auteur d'une partie de ces notes pourrait bien être Henri Oresme, qui, sur le fol. 217 v° du manuscrit, a

---

[1] Il s'agit de l'assassinat d'Omar.

[2] Cela se rapporte à la profanation dont l'empereur Léon s'était rendu coupable.

[3] Ravages des sauterelles.

[4] Un météore.

[5] Légende des oies sauvages, dont le texte est à la page 118 du présent volume.

[6] Arrivée de grandes bandes d'oiseaux ; voyez plus loin, p. 181.

copié le mieux qu'il a pu les inscriptions que portait l'antique couronne de lumière de la cathédrale de Bayeux :
« Istos XLVII versus[1], confuse et sine ordine in corona
« dispersos, per inadvertenciam aurifabri qui nuper eam
« polivit et tersit, recollegi in ordine, prout melius potui.
« Et qui melius viderit, corrigat et emendet. H. ORESME. »

En 1385, il y avait au chapitre de Bayeux deux chanoines du nom de Henri Oresme, et l'un deux se distinguait de son homonyme par le surnom de *le jeune*[2]. C'est à Henri Oresme le jeune qu'a appartenu l'exemplaire de la traduction de la Politique d'Aristote que possède aujourd'hui la bibliothèque d'Avranches : « Liber iste Politico-
« rum est Henrici Oresme junioris, canonici Baiocensis[3]. »
Je supposerais volontiers que Henri Oresme le jeune était neveu de son homonyme, et que ce dernier était frère du fameux Nicole Oresme. On trouve, en effet, dans les registres capitulaires de la cathédrale de Rouen, à la date du 13 août 1379, la mention de maître Henri Oresme, frère de l'évêque de Lisieux[4].

---

[1] On trouvera à la fin de la préface le texte de ces vers.

[2] Dans un acte du 21 mars 1385 (n. st.), conservé à la Bibl. nat. fonds latin, n° 11036, pièce 20, figurent : « Mestre Gieffroy Meslier
« archediacre d'Ieumoiz en l'eglise de Nostre-Dame (de) Baieux, mess°
« Pierres de la Bigne, mess° Johan de la Bigne (*ou* Vigne), mestre
« Pierres de Saint-Richier, mestre Henri Oresme, mons. Haymes
« Hasce, mess. Ymbert Bamly, mess. Ricart le Lombart, mess. Johan
« du Boulonney, mess. Robert de la Hogue, mess. Robert Pinchon,
« mestre Guillaume de Milieres, mess. Jehan Clouet, mons. Andrieu
« Martin, mess. Jehan le Bourt, et mestre Henri Oresme le jeune,
« chanones de la dicte eglise. »

[3] *Bibliothèque de l'École des chartes*, 6° série, V, 608. *Catalogue général des manuscrits des bibliothèques des départements*, IV, 536.

[4] « Qua die fuit receptus in capitulo magister Hugo l'Envoisie ad
« decanatum hujus ecclesie Rothomagensis, vigore gratie apostolice,
« per dominum Clementem papam VII sibi facte, salvo jure quolibet
« alieno, presentibus domino episcopo Lexoviensi, magistro Henrico

Il est à peu près certain que l'un des deux Henri Oresme a personnellement possédé le volume dont je parle en ce moment, et qu'il l'aura donné à la cathédrale de Bayeux. Le livre est ainsi mentionné sur l'inventaire de la bibliothèque du chapitre dressé en 1480 : « ... continet croni-« cas Eusebii Cesariensis, et in fine de gestis Odonis « episcopi Baiocensis[1]. » Depuis le xv₉ siècle jusqu'à nos jours, il n'a cessé d'appartenir au chapitre de Bayeux, qui me l'a gracieusement communiqué pour servir à la présente édition.

Manuscrit de Jumiéges.

Ms. de la bibliothèque de Rouen, coté Y. 15, jadis G. 23 de l'abbaye de Jumiéges[2]. 230 feuillets de parchemin, hauts de 30 centimètres, larges de 21. — A l'exception des fol. 1 et 2, qui sont du xv₉ siècle, et des fol. 3-12, qui sont du xiii₉, tout le volume a été écrit au xii₉ siècle, avec un soin remarquable. Il contient :

Fol. 1. Histoire de l'abbaye de Jumiéges, depuis la fondation jusqu'au milieu du xi₉ siècle. « Sanctus Philiber-« tus abbas, donatione Clodovei regis filii Dagoberti et «. regine Balthildis, a primo lapide Gemmeticum monas-

---

« Oresme ejus fratre, fratre Eustachio de Monte Mauri, sacrista mo-
« nasterii de Nealfa Veteri, Carnotensis diocesis, magistro Theobaldo
« de Chavacon. Et juravit idem magister Hugo juramenta consueta,
« et fuit installatus in choro et etiam in capitulo. » — Je dois la connaissance de ce texte à l'amitié de M. Charles de Beaurepaire.

[1] Le rédacteur de cet inventaire a pris pour des Gestes de l'évêque Eudes la pièce de vers que Henri Oresme a ajoutée à la fin du ms. de la chronique d'Eusèbe et dans laquelle il est en effet question de l'évêque Eudes. — L'article que je cite de l'inventaire du 1480 m'a été fort obligeamment envoyé par M. le chanoine Laffetay.

[2] Voyez Montfaucon, *Bibliotheca bibliothecarum*, 1214.

« terium primus edificavit... — ... Qui obiit anno Domini
« 1034, anno vero quinto regni Henrici Francorum regis.
« Huic successit Willelmus, prior ejusdem loci. » Ce morceau a été ajouté dans le ms. au xv⁰ siècle.

Fol. 3. Vie de sainte Bathilde. « Incipit vita beate Bal-
« techildis regine. Antiquorum virorum sanctorumque
« scriptorum vetus narrat hystoria sanctissimos viros....
« — ... De quorum actibus presens narratio, ut eorum in-
« terventione, a nostris expiati sordibus, summo reconcilie-
« mur creatori, cui est honor et virtus in secula seculo-
« rum. Amen. » La copie de cette vie est du xiii⁰ siècle.

Fol. 13. Chronique d'Eusèbe. Préface de saint Jérôme :
« Jeronimus Vincentio et Galieno suis, salutem. Vetus
« disertorum mos fuit ut exercendi ingenii causa grecos
« libros... » — Préface d'Eusèbe (fol. 14) : « Moysen
« gentis hebraice qui primus... » Commencement de la
chronique : « Primus Assyriorum rex Ninus... » — Fin
de la chronique (fol. 72) : « CCCXXVIII. Vicennalia
« Constantini Nichomedie acta, et sequenti anno Rome
« edita. »

Fol. 72. Chronique de saint Jérôme : « Huc usque hys-
« toriam scribit Eusebius Phamphili martyris conturber-
« nalis (*sic*), cui nos ista subjecimus. Arnobius rethor in
« Affrica clarus habetur... » — Fin de la chronique (fol.
76 v⁰) : « Fiunt ab Adam usque ad quartum decimum
« Valentis annum, id est usque ad consulatum ejus sexies
« et Valentiniani iterum, omnes anni Vᵐ D LXXVIIII. »

Fol. 76 v⁰. Chronique de Prosper : « Huc usque Jero-
« nimus presbiter ordinem precedentium digessit anno-
« rum ; que sequuntur Prosper digessit. Igitur Valente a
« Gothis in Tracia concremato.... » Fin de la chronique :
« .... cum regina et filiabus ejus Carthaginem abducti
« sunt. Huc usque Prosperi chronographia, in qua domi-
« nice incarnationis annos non annotavimus, quia in sub-

« sequenti chronographia eadem pene et eo amplius que
« (sic) a Prospero a Sigisberto monacho sub annis Domini
« recitantur, a CCC LXXX^{mo} uno (sic) dominice incarna-
« tionis incepta, quo Jeronimus presbiter chronicorum
« suorum finem fecerat. »

Fol. 80 v°. Chronique de Sigebert, avec le préambule :
« Dicturi aliquid, juvante Deo, de contemporalitate regno-
« rum, primum pauca dicamus de origine singularum... »

Commencement de la chronique (fol. 84) : « Theodosius
« a Gratiano magister militum ordinatus... » — Fin de la
chronique (fol. 185 v°) : « Robertus comes Flandrensis ab
« Jerosolimis repatrians detulit secum brachium sancti
« Georgii et ecclesie Aquinicensi (sic) posuit. »

Fol. 185 v°., Chronique de Robert, précédée de :

a (fol. 185 v°). La préface : « Incipit prologus in chro-
« nicis ab hoc tempore inchoatis. De chronographia, id est
« temporum descriptione in subsequentibus locuturi.... —
« ... usque ad millesimum centesimum tricesimum quin-
« tum annum dominice incarnationis. »

b (fol. 186 v°). Le traité sur les ordres monastiques et
les abbayes normandes : « De immutatione ordinis mona-
« chorum, de abbatibus et abbatiis Normannorum et edi-
« ficatoribus earum. Libet in presenti demonstrare.... —
« ... Rannulfus monachus Cadomi. » Texte de la première
rédaction.

c (Fol. 190 v°). Lettre de Henri de Huntingdon sur les
rois bretons : « Incipit epistola Henrici archidiaconi ad
« Warinum de regibus Anglorum. Queris a me, Warine
« britto, vir comis et facete, cur patrie nostre... — ....
« ubi predicta satis prolixe et eluculenter tractata rep-
« peries. »

d (Fol. 194 v°). Extrait du même auteur sur la géographie et les saints de l'Angleterre : « Adhuc ad majorem
« evidentiam rerum dictarum et dicendarum...— ...Multos

« preterimus quorum in ecclesiis eorum nomina et gesta
« luculenter irradiant. »

La chronique de Robert, dont nous avons ici la première rédaction, commence au bas du fol. 196 : « Henricus,
« filius primi Willermi regis Anglorum et ducis Norman-
« norum, occiso secundo Willermo fratre suo rege Anglo-
« rum... » Elle se termine au fol. 216, par cet article qui appartient au commencement du chapitre relatif à l'année 1160 : « Obiit Robertus Ohsoniensis episcopus, et succes-
« sit... » La phrase n'est pas terminée, et le reste de la page est resté en blanc. — Une transposition de cahiers a été faite par le relieur ; les feuillets cotés 223-230 devraient être placés entre les feuillets cotés 212 et 213.

Il faut bien remarquer que dans ce ms. le véritable texte de la chronique de Robert s'arrête à la fin de l'année 1157, aux mots : « ...Et vocatus est Richardus¹, » et que toute la suite est le texte d'une continuation rédigée dans l'abbaye du Bec, continuation que je publierai dans le second volume sous le titre de Continuatio Beccensis.

Fol. 216 v°. Annales de Jumiéges, depuis la naissance de saint Jean-Baptiste jusqu'à l'année 874 ; les feuillets qui contenaient la suite n'existent plus. Commencement :
« Natus est Johannes Baptista transactis ab origine mundi
« annis V^m C XCVIII... » Fin (fol. 221 v°) : « DCCC
« LXXIIII... Johannes papa. »

Fol. 222. Fragment des mêmes annales, occupant deux pages et se rapportant aux années 1172-1175. En voici les premiers et les derniers mots : « Magni, liber Claudii
« poete.... — ... et aliud vobis dicere non audeo. Erat
« autem.... » Entre le folio 221 et le fol. 222 il manque six feuillets, ou douze pages, qui renfermaient la partie des annales de Jumiéges, relative aux années 875-1172. Les

---

¹ Page 310 du présent volume.

feuillets qui devaient venir après le fol. 222 ont été enlevés, de sorte que nous n'avons pas non plus ici la suite de ces mêmes annales.

Grâce à l'inépuisable obligeance du conservateur de la bibliothèque de Rouen, M. Frère, j'ai pu étudier à loisir le ms. de Jumiéges, qui est doublement précieux, puisqu'il nous fournit à la fois un bon texte de la première rédaction de Robert de Torigni et la meilleure copie de la continuation du Bec, dont les précédents éditeurs ne s'étaient pas rendu un compte exact.

Manuscrit de Saint-Wandrille.

Ms. du Vatican, n° 553 du fonds de la reine de Suède, jadis n° 322, cote sous laquelle il est cité par les bollandistes [1] et par les continuateurs de dom Bouquet [2]. Il figure avec le n° 152 sur le catalogue publié par Montfaucon [3]. Il a appartenu à Petau, et plus ancienement à l'abbaye de Saint-Wandrille. C'est un manuscrit sur parchemin, petit in-folio, de 173 feuillets, aujourd'hui coupé en deux volumes; le premier renfermant les fol. 1-152; le second, les fol. 153-173.

A l'aide de la notice recueillie par Montfaucon, des fragments publiés par les Bénédictins et des renseignements qu'ont bien voulu me communiquer M. Jules Marion en 1870, et M. le commandeur de Rossi en 1871, j'ai reconnu que le ms. 553 de la reine de Suède, écrit dans la première moitié du XIII° siècle, offre la plus grande analogie avec le ms. de Jumiéges dont il vient d'être question. Il contient les morceaux suivants :

---

[1] *Acta sanctorum*, Mai, VI, 36.
[2] XI, 386 ; XII, 775 ; XIII, 300.
[3] *Bibliotheca bibliothecarum*, I, 17.

1° Chroniques d'Eusèbe, de saint Jérôme, de Prosper et de Sigebert.

2° Chronique de Robert, précédée du traité sur les ordres monastiques (première rédaction), et de la lettre de Henri de Huntingdon sur les rois bretons. Le texte de la chronique, qui est celui de la première rédaction, descend jusqu'à l'année 1157, aux mots « ..... et vocatus est « Richardus [1], » et est suivi de la continuation faite dans l'abbaye du Bec pour la fin de 1157, pour 1158 et 1159 et pour le commencement de 1160; la dernière phrase est incomplète comme dans le ms. de Jumiéges : « Obiit « Robertus Obsoniensis episcopus, et successit. »

3° (fol. 153-162 et 165-168) Annales commençant à la naissance de saint Jean et descendant jusqu'en 1220. « Natus est Johannes Baptista, transactis ab origine mundi « annis V^m C XC VIII et mensibus sex... — ... Tradidit « Dominus Christianis urbem aliam fortissimam que « dicitur Taphnis, quam Sarraceni in adventu Christia- « norum perterriti vacuam reliquerunt. » Les fragments que MM. Marion et de Rossi ont pris la peine de copier pour moi, et ceux que les Bénédictins ont insérés dans le *Recueil des Historiens* [2], suffisent pour montrer que ces annales ont été écrites dans l'abbaye de Saint-Wandrille, et que, pour le fond, elles doivent être identifiées avec celles de Jumiéges, dont il était question tout à l'heure, à propos du ms. de Rouen Y. 15. Dans le ms. du Vatican, les annales présentent une lacune pour les années 1200 et 1201; à cet endroit (fol. 163) ont été intercalés les catalogues des archevêques de Rouen, et des évêques d'Evreux, Avranches, Séez, Bayeux, Lisieux et Coutances.

---

[1] Page 310 du présent volume.
[2] XI, 386; XII, 775.

4° « Sancti Methodii Patarensis liber de principio
« seculi. »

5° Notes ajoutées au xiv° siècle et dont plusieurs concernent des abbés de Saint-Wandrille.

Manuscrit de Lire.

Ms. de la Bibliothèque nationale, fonds latin n° 4864, jadis inscrit sur l'inventaire de l'année 1682 avec le n° 5217.2, ayant fait partie de la collection de Bigot (n° 185 du *Bibliotheca Bigotiana*), et plus anciennement de la bibliothèque de Saint-Taurin d'Evreux, comme le montre la note : « Iste liber est de Sancto Taurino Ebroi-
« censi, » inscrite au bas des fol. 1 et 152 v°. On verra plus loin qu'il contient un texte arrangé dans l'abbaye de Lire, et par ce motif je me suis cru autorisé à le désigner sous le titre de manuscrit de Lire, quoiqu'en réalité ce soit probablement la copie d'un ms. de Lire exécutée pour les moines de Saint-Taurin. — 160 feuillets de parchemin, hauts de 300 millimètres, larges de 235. L'écriture est disposée sur deux colonnes, à partir du fol. 108 v°.

Ce volume, copié au commencement du xiii° siècle, au plus tôt vers l'année 1220, contient les morceaux suivants :

Fol. 1. Chronique d'Eusèbe. — Préface de saint Jérôme : « Vetus iste disertorum mos fuit... » — Préface d'Eusèbe (fol. 1 v°) : « Moysen gentis hebraice qui primus
« omnium... » — Commencement de la chronique (fol. 3) : « Primus Assyriorum rex Ninus... » Fin de la chronique (fol. 30) : « ... sequenti anno Rome edita. »

Fol. 30. Chronique de saint Jérôme. « Huc usque hysto-
« riam scribit Eusebius... cui nos ista subjecimus.
« Arnobius rethor in Affrica... — ... omnes anni V^m

« D LXXVIIII. Huc usque Jeronimus presbiter ordinem
« precedentium digessit annorum. Que sequntur Prosper
« digessit » (fol. 32).

Fol. 32 v°. Chronique de Prosper. « Igitur Valente a
« Gothis... — ... Carthaginem abducti sunt. Huc usque
« Prosperi chronografia, etc. » (fol. 34 v°), comme dans
le ms. d'Avranches, décrit un peu plus bas.

Fol. 35. Chronique de Sigebert, avec le prologue:
« Dicturi aliquid juvante Deo... » — Commencement de
la chronique (fol. 37) : « Theodosius a Gratiano magister
« militum ordinatus... » — Fin de la chronique (fol. 92) :
« ecclesia Aquinicensi posuit. »

Fol. 92. Prologue de Robert sur sa chronique : « Incipit
« prologus. De cronographia, id est temporum... —...
« usque ad millesimum centesimum tricesimum quintum
« annum dominice incarnationis. »

Fol. 92 v°. Lettre de Henri de Huntingdon sur les rois
bretons. « Incipit epistola Henrici archidiaconi ad Wa-
« rinum de regibus Britonum. Queris a me, Warine brito..
« — ... eluculenter tractata repperies. Vale. » — Fol. 94 v°.
Extrait du même auteur sur la géographie et les saints de
l'Angleterre. « Adhuc ad majorem evidenciam... » —
Fol. 95 v°. « De sanctis Anglorum. Quis Cantuarie metro-
« polis... — ... luculenter irradiant. »

Fol. 95 v°. Chronique de Robert depuis l'année 1100 jusqu'à l'année 1182. Commencement de la chronique :
« Henricus filius primi Willelmi regis... » — Fin de la
chronique (fol. 120 v°) : « ... Obiit Henricus, abbas Pra-
« telli, monachus Becci. »

Fol. 121. Lettre d'Olivier à l'archevêque de Cologne sur
le siége de Damiette et les événements de l'Orient en 1218
et 1219. « Oliverus E. archiepiscopo Coloniensi. Sapiens
« corde et fortis robore... — ... de quo superius in prio-

« ribus litteris scriptum est. Letare specialiter, provincia
« Coloniensis. »

Fol. 124. Extraits d'Orderic Vital sur le concile de Lillebonne[1], sur le concile de Rouen[2], et sur les origines de l'ordre de Citeaux, etc.[3]

Fol. 128. Extrait d'un traité de Hamelin de Verulam, sur l'état monachal, dont Martene[4] a donné des fragments :
« Hamelinus de Verolamio, discipulus Lanfranci, Doro-
« bernensis archiepiscopi... — ... ut primum humilitatem
« custodiatis. »

Fol. 130 v°. Vers en l'honneur de Pierre, évêque de Poitiers :

Cernite christicole que premia promereantur.

Fol. 130 v°. Vers sur le coq des clochers :

Turribus ecclesie gallum solitum superesse.

Fol. 130 v°. Vers sur les mauvais prélats :

Vos igitur miseri, pastorum nomen habentes.

Fol. 131. Autre pièce de 8 vers sur le même sujet :

Pontifices, quare reticetis ? Solvite linguam.

Fol. 131. Troisième édition de l'ouvrage de Guillaume de Jumiéges : « Incipit epistola Willelmi, Gemmeticensis
« monachi, ad Willelmum nobilem regem Anglorum, de
« gestis Normannorum ducum. Pio, victorioso atque
« orthodoxo... » — Fol. 131 v°. « Incipit liber primus

---

[1] Edit. Le Prévost, II, 315.
[2] Ibid. II, 237.
[3] Ibid. III, 434.
[4] *Thesaurus anecdotorum*, V, 1453.

« de gestis Normannorum ducum, de Rollone primo duce.
« Ex quo Francorum gens.... » — Epilogue final (fol. 152
v°) : « Hactenus illustrissimos ac celeberrima annalium
« pagina dignissimos Willelmi regis actus.... — .... et
« universa immobilibus movet ac moderatur legibus.
« Amen. »

Fol. 153. Annales commençant à la naissance de Jésus-Christ, allant d'abord jusqu'à la mort de Louis VIII et continuées par différentes mains jusqu'à la mort de Clément V. Premiers mots : « Anni ab Adam primo homine
« usque ad Ninum regem quando natus est Abraham... »
Ces annales offrent beaucoup d'analogie avec celles de Fécamp ; la dernière partie seule est originale et a été écrite dans l'abbaye de Saint-Taurin d'Evreux ; le texte en a été publié dans le *Recueil des historiens*, XII, 770; XVIII, 353; XXIII, 466.

Dans le ms. 4861, le texte de Robert n'est point homogène. En effet, pour les années 1100-1157 nous y trouvons la première rédaction, avec beaucoup de retranchements à partir de 1136 ; — pour la fin de 1157, pour 1158 et 1159, et pour le commencement de 1160, c'est tout simplement la continuation du Bec, comme dans les mss. de Jumiéges et de Saint-Wandrille ; — enfin, pour la dernière partie, il nous offre la troisième rédaction, dans l'état où elle se trouvait constituée en 1182.

Aux années 1065, 1099, 1136, 1147, 1148, 1152, 1165 et 1177 sont des interpolations plus ou moins considérables, qui sont incontestablement l'œuvre d'un moine de Lire, au diocèse d'Evreux, et que je réunirai dans le second volume sous le titre de AUCTARIUM LIRENSE.

Manuscrit de John Pyke.

Ms. du musée britannique, fonds du roi, n° 13. C. XI. « Liber quondam Johannis Pyke [1], magistri scholarum « Sancti Martini Magni Londoniarum, et postea domus « Sancti Thomæ de Acon, ex dono domini Jacobi comitis « Ormandiæ. » Volume sur parchemin, écrit au xii° siècle et contenant les chroniques d'Eusèbe, de saint Jérôme, de Prosper, de Sigebert et de Robert.

La chronique de Robert, qui est suivie du traité sur les ordres monastiques, se termine à l'année 1169, par la phrase relative à Catane : « Catina, civitas Siciliæ, terræ motu « concussa et prostrata est et multi in ea perierunt. »

Ce ms. nous offre un texte de Robert dans lequel ont été introduites plusieurs des corrections faites par l'auteur après la première publication de son travail, mais dans lequel ont été supprimés un assez grand nombre de passages. Je ne saurais dire s'il faut attribuer à Robert de Torigni, ou simplement à un copiste, cette récension qui nous a été transmise par six manuscrits et que j'ai cru pouvoir appeler la deuxième rédaction de la chronique.

Je me suis rendu compte du ms. 13. C. XI du musée britannique d'après la notice de David Casley [2], d'après celle de Bethmann [3], et surtout d'après les extraits qu'ont bien voulu faire à mon intention M. Bordier en 1870, et M. Francisque Michel en 1871.

---

[1] Je ne puis dire si ce John Pyke est le même que John Pyke, auteur d'une compilation historique conservée dans le ms. Cottonien Julius. D. VI, dans le ms. d'Arundel 220, dans le ms. harleien 685 et dans le ms. latin 6234 de la Bibliothèque nationale. Voyez Thomas Duffus Hardy, *Descriptive catalogue* II, 124, et III, 12 et 376.

[2] *A Catalogue of the manuscripts of the King's library*, p. 224.

[3] Pertz, *Scriptores*, VI, 295. Conf. *Archiv*, VII, 77.

Manuscrit de Saint-Victor.

Ms. de la Bibliothèque nationale, fonds latin, n. 14663, jadis n. 287 du fonds de Saint-Victor (anciennement conservé à l'abbaye de Saint-Victor sous les cotes BBB. 4, — C. f. 27, — 893 et 419). 304 feuillets, quelques uns en parchemin, la plupart en papier ; hauts de 290 millimètres, larges de 215. Ce volume doit avoir été copié du temps de Charles VI (fol. 23) et de Guillaume de Vienne, archevêque de Rouen, c'est-à-dire entre les années 1389 et 1407 (fol. 24 v°), et probablement avant 1401. C'est un précieux recueil de chroniques, qui a été mis à profit par beaucoup de savants, tels que Claude Fauchet (voyez fol. 145), André Duchesne et les continuateurs de Dom Bouquet. En voici le dépouillement.

Fol. 1. Histoire des comtes d'Anjou, telle qu'elle est publiée dans les Chroniques des comtes d'Anjou, p. 319-347. « De origine comitum Andegavensium. Anno « Domini DCCCXLIII. Fuit vir quidam de Armorica « Gallia..... —..... quicquid habebat in episcopatu Ceno- « mannensi. »

Fol. 13. Notes sur l'élection, le couronnement et la mort de plusieurs papes depuis Clément VII jusqu'à Eugène IV, sur la mort de Henri V, roi d'Angleterre et sur celle de Charles VI, roi de France.

Fol. 13 v°. « Leges Ligurgi : Populum in obsequia « principum... — ... esse voluit. Libro tertio epithomatis « Trogi Pompei. »

Fol. 13 v°. « Juramentum quod prestat rex Francie in « sua coronacione prelatis ecclesie astantibus in ecclesia « Remensi, etc. Hec populo christiano et michi subdito.... « — ..... studebo. Hec omnia supradicta firmo jura- « mento. »

Fol. 14. Chronique abrégée des rois de France, jusqu'au règne de Philippe de Valois. « Comment Valentiniam em-« pereur fist regner avecques lui Gracian, et de Prian, le « premier roi qui regna sur les François..... — ..... « Comment ilz sont descendus l'un de l'autre. » Après coup, on a ajouté (fol. 20) de courtes notes sur les règnes de Jean, de Charles V et de Charles VI.

Fol. 21. Catalogues historiques, renfermant les noms des patriarches et des autres personnages de l'histoire sacrée, — des empereurs (fol. 21 v°), jusqu'à Frédéric II, — des papes (fol. 22), jusqu'à Benoit XI, avec continuation jusqu'à Clément VII; — des rois de France (fol. 23), jusqu'à Charles VI; — des archevêques de Sens (fol. 23), jusqu'à Pierre de Corbeil; — des évêques d'Auxerre (fol. 23 v°), jusqu'à Hugues de Noyers; — des archevêques de Rouen (fol. 24), jusqu'à Louis de Harcourt, dont le nom a été ajouté après coup.

Fol. 25. Notes sur l'histoire sainte et sur l'histoire ancienne. « Adam primus homo ad ymaginem Dei formatus « est in Ebron, in Paradiso cum Eva VII horis commo-« ratus..... — ..... ab hoc fluvius dicitur Tiberis in eo et « extinctus, qui antea est Albula dictus. »

Fol. 30. Répétition des derniers paragraphes de la chronique abrégée des rois de France, tels qu'on les a lus plus haut, fol. 20. Ici les notes additionnelles relatives à Jean, Charles V et Charles VI, paraissent avoir été tracées le 13 février 1401.

Fol. 31. Extrait de Raoul de Prêles relatif à la ville de Paris : « Bernardus Guidonis, en son cathologue que il fist « des pappes, des empereurs... — ... combien que il eust « un frère d'une autre mère. Radulphus de Praelis, in sua « exposicione quam fecit super libro de civitate Dei, libro « octavo. »

Fol. 35. Poëme rhythmique sur l'origine des fleurs de lis et sur la fondation de l'abbaye de Joyenval. « Hic est « modus qualiter tres flores lilii imprimendi in armis regis « Francie revelati fuerunt cuidam heremite residenti tunc « temporis in hunc locum.... »

Fol. 36 v°. Vers sur la valeur numérale des lettres, dont voici les deux premiers :

Possidet A numero quingentos limite recto. A. v°.
Et B tres centum per se retinere notatur. B. III°.

Fol. 37. Catalogue des ordres religieux. « Isti sunt ordi- « nes approbati! Ordo Sancti Benedicti... »

Fol. 37 v°. Prophéties. « Excerpta de quodam libro col- « legii Sorbone, qui incipit sic : Qui me interrogant in « Abela etc. Romanorum fastigia diruet unicornu.... »

Fol. 38. Extrait de Raoul de Prèles relatif aux fleurs de lis et à l'oriflamme. « Raoul de Praelles, en la translacion « du livre de saint Augustin de civitate Dei, en son pro- « logue, dit, entre aultres choses, en parlant au roy Charles- « le-Quint, qu'il le povoit convenablement comparer à « l'aigle... »

Fol. 39. Mémoire sur la parenté du roi Jean avec le roi de Navarre, composé pendant la captivité du roi Jean par frère Richard l'Escot, à la demande d'Anceau Choquard, conseiller du roi et du régent. Titre et premiers mots du mémoire : « Genealogia aliquorum regum Francie, « per quam apparet quantum attinere potest regi Franco- « rum rex Navarre. Dulcifilius (sic) ornato moribus, jocun- « dissima natione oriundo.... » A la suite du mémoire (fol. 41 et v°) sont des tableaux généalogiques dressés ou du moins terminés en 1411 et 1413.

Les fol. 42-47 ont été enlevés. Le morceau qu'ils conte- naient est ainsi indiqué dans la table placée en tête du

volume : « Brevis cronica et compendiosa ducum Nor-
« mannie. »

« Fol. 48. Note sur l'origine du royaume d'Yvetot. « His-
« toria unde processit regnum de Yvetot. Tempore primi
« Clotharii regis Francie filii condam Clodovei.... »

« Fol. 48 v°. Extraits de Pomponius Mela, Julius Celsus
(*corr.* Julius Cesar), Julius Solinus, Orosius et Eutropius,
relatifs à la Gaule.

Fol. 50. Extrait de l'abbé Joachim. « Remenses cum
« suis complicibus, imperii dominici transgressores.... —
« ..., ac, per hoc curia, sedis Petri jam nullum pontificat
« qui hujusmodi simulachrum non adorat. Hec Joachin de
« presagiis provincialium.... »

Le fol. 51 manque.

Fol. 52. « Incipit tractatus de statu et mutacione Romani
« imperii, per dominum Landulphum de Columpna, cano-
« nicum Senensem, compilatus. Vestra nuper dilectio
« postulavit, ut... si quid inveniret quod limam
« debite correctionis exposcat. Explicit tractatus de statu
« Romani imperii et ejus translacione per summos ponti-
« fices ecclesie Romane facta. »

Fol. 59. Vie de Charlemagne par Eginhard, précédée
de cette rubrique : « Incipit prologus in vitam Karoli
« Magni, regis Francorum et imperatoris Romanorum,
« secundum Guertinum, » et terminée par ces mots
(fol. 67 v°) : « Explicit vita Karoli Magni... secundum
« Guertinum, ejus alumpnum. » En regard du titre, en
marge du fol. 59, une main comtemporaine de la transcription, peut-être même celle du copiste, a ajouté cette
observation : « In libro Sancti Dyonisii ponitur *secundum*
« *Bernardum*, et forte vocabatur auctor Bernardus Guer-
« tini. »

Fol. 68. Histoire des ducs de Normandie par Guillaume

de Jumiéges, telle qu'elle a été publiée par Du Chesne.
« Incipit epistola Wilelmi Gemeticensis ad Wilelmum,
« ortodoxum Anglorum regem, in Normanorum ducum
« gestis... — .... Corradus, nepos Henrici quarti, qui ante
« Lotharium imperaverat. » — A la suite (fol. 130 v°),
une main contemporaine a ajouté les trois notes qui terminent l'année 1137 dans la chronique de Robert de Torigni : « Kalendis Augusti quando..... — .... a domno
« Hugone archiepiscopo [1]. » — Viennent ensuite (fol. 130
v°), les fragments que Du Chesne a publiés sous le titre de
« Additamenta ad Historiam Normannorum [2], » à la suite
de Guillaume de Jumiéges : « Quante humilitatis Rollo
« fuit.... — .... manerium quod ipse illis pro anima sua
« dabat. »

Fol. 133. Partie de la chronique de Robert de Torigni,
depuis l'année 1138 jusqu'à 1169 : « MCXXXIX (sic),
« Stephanus rex Anglorum in Natali obsedit Bedefort [3] ...
« — .... Cathina civitas Sicilie terre motu concussa et
« prostrata est, et multi in ea perierunt. » Cette portion
de chronique, copiée avec beaucoup de négligence d'après
un exemplaire de la deuxième rédaction, a été insérée ici
pour servir de continuation à l'ouvrage de Guillaume de
Jumiéges. C'est pour rendre le raccord encore plus parfait
que le copiste a ajouté (fol. 130 v°), à la fin de Guillaume
de Jumiéges, les trois dernières notes de la chronique de
Robert relatives à l'année 1137.

Fol. 158. Chronique de Normandie, depuis 1169 jusqu'en 1272, formant une sorte de continuation de la
chronique de Robert : « MCLXIX. Fondata est ecclesia de
« Vallo Monte... — ... a civitatibus et castellis Nor-

---

[1] Page 208 du présent volume.
[2] *Historiæ Normannorum scriptores*, 315.
[3] Page 209 du présent volume.

« mannie receptus est. » Cette chronique, dont la plupart des dates ont été altérées, a été publiée dans le recueil de Du Chesne, p. 1003 — 1014, et par fragments dans le *Recueil des Historiens*, XII, 788 ; XVIII, 345 ; XXIII, 213.

Fol. 168 v°. Chronique de Normandie, depuis 1087 jusqu'en 1239. « MLXXXVII. Obiit Guillelmus, rex An-
« glorum et dux Normannie, qui Angliam et Cenomaniam
« et castrum Danfrontis... — ... Eodem anno natus fuit
« Edoardus, filius Henrici regis Anglie. » Cette chronique a beaucoup d'articles communs avec les Annales de Jumiéges, dont j'ai parlé un peu plus haut à l'occasion des manuscrits de Jumiéges et de Saint-Wandrille, aujourd'hui conservés à Rouen et à Rome. La dernière partie de la chronique, années 1210-1239, a été publiée d'après le présent ms. de Saint-Victor dans le *Recueil des Historiens*, XVIII, 343-345.

Fol. 175. Epitaphe métrique de Richard Cœur de Lion : « A Chalus cecidit.... » — Vers sur l'archevêque Gautier de Coutances : « Vixisti (corr. Vicisti), Galtere, tui... » — Epitaphe de Rollon, en cinq vers : « Dux Normannorum cunctorum norma bonorum... »

Fol. 175 v°. Histoire des comtes de Toulouse, jusqu'à la mort d'Alfonse, frère de saint Louis, par Bernard Gui. « De comitibus Tholosanis. Legitur in Gestis Francorum
« et cronicis antiquis quod Karolus hujus nominis pri-
« mus.... — .... et sic deinceps totum jus comitatus et
« dominium ad manus illustris regis est devolutum. »

Fol. 179 v°. « C'est la paix et le traictié fait entre le roy
« Loys de France et Henry roy d'Angleterre. Henry par
« la grace de Dieu roy d'Angleterre..... — .... à Lon-
« dres, le vendredi prouchain après la feste Saint-Gille,
« l'an de l'incarnacion Nostre Seigneur mil CC cinquante
« IX°, ou moys de Septembre. »

Fol. 181. Chronique abrégée des rois de France, depuis l'origine jusqu'en 1137. « Incipit abreviatio gestorum re-
« gum Francie. Antenor et alii profugi ab excidio Troye...
« — .... et dux Acquitanorum anno ab incarnacione
« Domini millesimo centesimo XXXVII°. » La dernière partie de cette chronique, à partir du règne de Louis le Débonnaire, a été publiée dans le *Recueil des Historiens*, VI, 238 ; VII, 255 ; X, 226 ; XI, 213 ; XII, 67.

Fol. 193. « De majoribus domus, regum Francie.
« DCLXII. Abhinc Francorum regibus a solita fortitu-
« dine.... — .... DCCLI. Pipinus fit rex Francorum re-
« giaque dignitas et majorie domus in ipso confuse fue-
« runt. »

Fol. 193. v°. « Consuetudines regni Anglie, unde orta
« est discordia inter Henricum regem Anglie et sanctum
« Thomam, Cantuariensem archiepiscopum. 1. Ecclesie de
« feodo regis.... — .... 6. Filii rusticorum non debent
« ordinari absque assensu domini sui de cujus terra nati
« dignoscuntur. — Singulis dampnatis, hec tolleravit.
« Sequntur quas dampnavit. Primum de advocatione....
« — ... 10. Placita de debitis que fide interposita deben-
« tur vel absque interpositione fidei sint in curia regis. »—

Fol. 194. Histoire des rois de France depuis l'origine jusqu'en 1214. « Incipit prologus in Historia regum Fran-
« corum. Cum animadverterem quam plurimos et fere
« omnes.... — .... ad preces legati per spacium quin-
« que annorum dedit. » Cette histoire est divisée en trois livres. Il y a une lacune dans le livre II, par suite de l'enlèvement des fol. 215-217. Le livre III a été publié dans le *Recueil des Historiens*, X, 277 ; XI, 319 ; XII, 217 ; XVII, 424.

Fol. 249 v°. Catalogue d'historiens et de chroniqueurs :
« De viris illustribus quo tempore scripserunt. Trogus

« Pompeius a tempore Nini.... — ... Radulphus de Di-
« ceto, decanus Londoniensis in Anglia, suam cronicam
« inchoavit anno M CXLVIII, quam perduxit usque ad
« annum incarnati Verbi MCXC...«...

Fol. 250 v°. Prophétie. « Arnaldus de Villa Nova. Gal-
« lia que versus Occasum et usque ad Germaniam ab Al-
« pibus et montibus Pireneis protenditur.... » — A la
suite, note sur le sens des prophéties, etc.

Fol. 251. « Croniques des nobles et puissans roys de
« France, abbregées par frère Guillaume de Nangis, moyne
« de Saint-Denis en France. Pour ce que moult de gens et
« especialement li hault homme.... — ... il eut trois fils
« Loys, Philippe et Charles, qui puis furent tous trois roys
« de France l'un après l'autre, et Robert qui mourut en
« s'enfance, et une fille qui fu royne d'Angleterre. »

Fol. 275. Extraits du ms. de l'abbaye de Saint-Wandrille
renfermant la chronique de Fontenelle. « Excerpta de
« libro monasterii Sancti Wandregisilli, Rothomagensis
« diocesis, que habentur de gestis per Karolum Martellum.
« Anno dominice incarnationis 737, nunciatum est invic-
« to.... cum magno triumpho remeavit in Franciam[1]. »
— « Item anno ejusdem incarnationis 739, qui erat
« annus exarchatus Karoli XXVII; Hilderici.... —
« ad proprias sedes reversus est. » — « Sequitur in eodem
« libro commemoratio genealogie domini Arnulfi episcopi,
« unde Francorum reges orti sunt: Ansbertus; qui fuit ex
« genere Senatorum, vir nobilis et multis diviciis pollens...
« —.... Deinde Karolus rex Francorum, filius Ludovici
« regis Noricorum, monarchiam totius imperii Franco-
« rum et Romanorum assumit, anno Domini Nostri oc-
« tingentesimo octogesimo quinto, indictione tercia. »

---

[1] *Recueil des Historiens*, II, 661 A.
[2] Ibid. 661 E.

Fol. 276 v°. Catalogue des rois de France, depuis Clovis jusqu'à Charles le Gros. « Nomina regum Francorum « christianorum. Clodoveus rex regnavit annis XXX. » Lotharius annis LI.... — .... Karolus rex Franco- « rum, filius Ludovici regis Noricorum, monarchiam to- « cius imperii Francorum et Romanorum assumit anno « Domini octingentesimo octogesimo quinto, et regnavit « annis quinque. »

Fol. 277. Fragment d'un mémoire relatif aux droits de la couronne d'Angleterre sur le Pontieu. « De la conté « de Pontieu. Je treuve par le III° article du memoire « abbregie de la matiere de la guerre d'entre les rois.... » L'auteur de ce mémoire cite « la cronique Froissart. »

Fol. 279. Histoire de Nithard. « Cum ut optime.... — .... « spem omnium bonorum eripiebat. » Dans cette copie, la place que devait occuper le texte des serments est restée en blanc.

Fol. 289. Annales de Flodoard, de 919 à 966, précédées d'une note relative à la mort de Charles le Chauve : « Anno « DCCCLXXVII, et indictionne XII, nonas Octobris, pre- « cellentissimus imperator Karolus.... » Premiers et derniers mots des Annales, y compris l'appendice relatif aux années 966, 976, 977 et 978 : « Anno incarnacionis D. N. « J. C. DCCCCXVIIII, cecidit Remis grando..... — ..... Abbaciam, dum corporaliter in hoc seculo vivens mansit, pio moderamine rexit. Explicit. » Cette copie des Annales de Flodoard, de même que la copie de Nithard qui précède, a été faite d'après le ms. latin 9768 de la Bibl. nat., qui est ainsi indiqué dans la note mise en tête des Annales (fol. 289) : « Non plus reperi de ista cronica, quam habui « de monasterio Sancti Maglorii Parisiensis, que ibidem « reperitur scripta de littera vetustissima, cujus auctor, ut « creditur, fuit Frodoardus presbiter Remensis ec- « clesie. »

Les feuillets jadis cotés 305-318 ont été enlevés. D'après la table placée en tête du volume, ils contenaient une chronique de France, depuis l'origine des Francs jusqu'à saint Louis : « Cronica Francorum ab eorum exordio usque ad « sanctum Ludovicum. »

Des fragments de tables astronomiques servent de feuillets de garde. Ces feuillets sont cotés A, B, 319 et 320. Au verso du feuillet B, Claude de Grandrue a inscrit, vers le commencement du XVIe siècle, une table des différents morceaux contenus dans le volume.

Manuscrit de Fécamp.

Ms. de la Bibliothèque nationale, fonds latin, n° 4992, jadis inscrit sur l'inventaire de l'année 1682 avec le n° 5219. 2, ayant fait partie de la collection des Bigot (n° 189 du *Bibliotheca Bigotiana*), et ayant plus anciennement appartenu à Louis Martel, de Rouen. — 194 feuillets de parchemin, hauts de 273 millimètres, larges de 170. Ce volume a été écrit, vers la fin du XIIe siècle, dans l'abbaye de Fécamp.

Fol. 1. Notice des provinces de l'empire et des cités de la Gaule : « Incipiunt nomina XI regionum continentium « infra se provincias CXIII. » — Fol. 1 v° : « Incipiunt « nomina civitatum provinciarum Gallie. »

Fol. 3. Calendrier à l'usage de l'abbaye de Fécamp, comme le prouvent les articles suivants : « VII idus Janua« rii, translatio sanctorum corporum in Fiscanno ; — Vidus « Martii, translatio ducum Ricardi et Ricardi, patris et « filii ; — XVII kalendas Julii, dedicatio Fiscannensis « monasterii. »

Fol. 9. Chronique de Sigebert, avec le prologue : « Dic« turi aliquid, juvante Deo, de contemporalitate regno-

« rum... » Commencement de la chronique (fol. 13 v°) : « Theodosius a Graciano magister militum ordinatus... » Fin de la chronique (fol. 124) « ... ecclesie Aquiniensi « posuit. »

Fol. 124. Chronique de Robert, précédée de :

a (fol. 124 v°). La préface : « Incipit prologus in chro-« nicis ab hoc tempore incoatis. De ghronographia id est « temporum descriptione... — ... usque ad M C tricesi-« mum quintum annum dominice incarnationis. »

b (fol. 125 v°). Le traité sur les ordres monastiques et les abbayes normandes. « De immutatione ordinis mona-« chorum, de abbatibus et abbatiis Normannie et edifica-« toribus earum. Libet in presenti demonstrare... — ... « Ranulfus monachus Cadomi. » C'est le texte primitif.

Ce traité se termine sur la dernière page du quinzième cahier du ms. (fol. 130 v°). Le seizième cahier manque ; il contenait la lettre de Henri de Huntingdon sur les rois bretons, le passage du même auteur relatif à la géographie et aux saints de l'Angleterre, et le commencement de la chronique de Robert. Dans l'état actuel du ms. la chronique commence (fol. 131) par les mots : « Robertus igitur « in pace perhendinavit... » vers le milieu du chapitre consacré aux événements de l'année 1101 [1]; elle se termine au fol. 194 v°, par les mots : « fraudulenter introierunt « civitatem et multos latinos, » au milieu du récit des événements de l'année 1182. Les feuillets qui conté-naient la suite du récit n'existent plus. On doit supposer qu'à l'origine le texte allait jusqu'à l'année 1186, parce que le ms. du Valasse, dont il sera question tout à l'heure et qui avait une étroite parenté avec celui de Fécamp, des-cendait jusqu'à cette date.

[1] Voyez plus bas, p. 122, ligne 8.

Dans la copie de la chronique de Robert que nous offre le manuscrit de Fécamp, il faut distinguer trois parties : la première (fol. 131-161 v°), années 1101-1156, est conforme au texte primitif; la deuxième (fol. 162 v°-175 v°), années 1146-1169, suit le texte abrégé de la deuxième rédaction, que j'ai déjà signalé dans le manuscrit de John Pyke et dans celui de Saint-Victor ; la troisième (fol. 176-194), années 1169-1182, est conforme au manuscrit d'Avranches, sauf quelques passages, pour lesquels le copiste de Fécamp n'a pas connu la leçon définitive adoptée par Robert et consignée après coup dans le ms. d'Avranches.

Le ms. 4992 contient pour les années 566, 588, 662, 665, 1044, 1078, 1108, 1139 et 1168, des notes additionnelles relatives à l'abbaye de Fécamp et aux églises qui dépendaient de l'abbaye de Fécamp. Je les ai réunies sous le titre de AUCTARIUM FISCANNENSE, dans le second volume.

Manuscrit du Valasse.

L'édition de la chronique de Sigebert, avec diverses continuations jusqu'en 1210, qui a été publiée en 1513, renferme la portion de la chronique de Robert qui se rapporte à la période comprise entre la fin de l'année 1154 : « Moritur etiam Gislebertus episcopus Pictavensis [1] » et l'année 1186 inclusivement. Cette édition représente un manuscrit perdu, qui devait avoir été fait dans l'abbaye du Valasse, comme l'indiquent suffisamment les interpolations faites aux années 1157, 1164 et 1181, interpolations que je réunirai dans le second volume sous le titre de AUCTARIUM VALASSENSE.

Le ms. du Valasse dérivait d'un manuscrit très sem-

---

[1] Page 288 du présent volume.

blable à celui de Fécamp. Comme le ms. de Fécamp, il contenait le texte de la deuxième rédaction jusqu'au second tiers de l'année 1169, et le texte de la troisième pour la fin de la chronique. On y voyait reproduite la note relative à l'incendie de Fécamp, qui a été intercalée après coup dans le ms. de Fécamp, à l'année 1168. Enfin, beaucoup de particularités et de petites variantes orthographiques, propres au ms. de Fécamp, se retrouvent dans l'édition de 1513, et par conséquent devaient figurer dans le ms. du Valasse. On ne peut cependant pas dire que le ms. du Valasse était une copie du ms. de Fécamp, à moins que cette copie n'ait été revue et collationnée sur un autre exemplaire. En effet, à l'année 1173, là où le véritable texte porte : « Comes vero Cestrie et Radulfus de Fulge-« riis et LX milites..., » on lit dans le ms. de Fécamp la leçon vicieuse *et XL milites*, tandis que le ms. du Valasse, suivi par l'éditeur de 1513, portait la leçon correcte : *et LX milites*.

Manuscrit bodleien.

Ms. 212 de la Bibliothèque bodleienne à Oxford, n. 2041 des catalogues publiés en 1697[1]. Volume de 171 feuillets de parchemin, in-folio, ayant appartenu à Guillaume Camden. Il a été copié par une main anglaise au xve ou peut-être à la fin du xive siècle.

Il contient les chroniques d'Eusèbe, de saint Jérôme, de Prosper, de Sigebert et de Robert, avec le traité de Robert sur les ordres monastiques.

La chronique de Robert commence au fol. 108 v° et se termine au milieu de l'année 1182 par *Johannes episcopus*

---

[1] *Catalogi librorum manuscriptorum Angliæ et Hiberniæ* (Oxford, 1697, folio), 1, 106. Conf. Montfaucon, *Bibliotheca bibliothecarum*, 1, 655.

Pictavensis ; ce sont les trois premiers mots d'une phrase qui est restée inachevée.

D'après les notes de M. Meyer, je suis porté à croire que le ms. d'Oxford présente la dernière récension du texte de Robert, avec les retranchements qui caractérisent les exemplaires de la deuxième rédaction pour la période antérieure à l'année 1169.

Manuscrit de Hanovre.

Ms. de la Bibliothèque royale de Hanovre. Je traduis la notice qu'en a donnée Bethmann [1] : « Volume sur papier, « écrit à la fin du xvii° siècle, copié d'après un ms. de la « bibliothèque bodleienne, lequel ne doit pas être con- « fondu avec celui qui est aujourd'hui coté 212. En effet, « le ms. 212 se termine par le mot *Becci* (vers le milieu du « chapitre consacré à l'année 1182), tandis que le ms. de « Hanovre va un peu plus loin, jusqu'au mot *Pictavensis* « (soit une trentaine de lignes après le mot *Becci*). Ce ms. « contient le texte de la dernière récension ; la partie « correspondant aux années 1139-1169 y est telle que « dans le ms. de Saint-Victor. »

Il faut rectifier la notice de Bethmann en faisant remarquer que le ms. 212 de la Bodleienne se termine, non pas par le mot *Becci*, mais par le mot *Pictavensis*, de sorte que le ms. de Hanovre est purement et simplement une copie moderne du ms. 212 de la Bodleienne.

Manuscrit de Guillaume Fillâtre.

Ms. de la bibliothèque de Rouen, coté U 81, jadis du couvent des Capucins de Mortagne, à qui il avait été donné

---

[1] Pertz, *Scriptores*, VI, 296.

en 1675 par « Mademoiselle de la Barre, sœur de feu « Monsieur Aber. » 107 feuillets de parchemin, hauts de 295 millimètres, larges de 210. On verra plus loin que ce manuscrit a été copié vers le commencement du xve siècle pour le cardinal Guillaume Fillâtre. Il contient :

Fol. 1. Chronique d'Eusèbe. Rubrique : « Eusebius Jero« nimus de temporibus. » — Préface de saint Jérôme : « Eusebius Jeronimus, Vincentio et Galieno suis, salutem. « Vetus iste disertorum mos fuit... » — En tête de cette préface, un avertissement aux copistes : « Adjuro te, quicunque « hos descripseris libros, per Dominum nostrum Jhesum « Christum et gloriosum ejus adventum, in quo veniet « judicare vivos et mortuos, ut conferas quod scripseris et « emendes ad exemplaria ea de quibus scripseris diligen« ter, et hoc adjurationis genus similiter transcribas et « transferas in eum codicem (quem descripseris. » Cet avertissement se trouve également dans le ms. latin 4865 de la Bibliothèque nationale. — Préface d'Eusèbe (fol. 2) : « Moysem gentis hebraice qui primus omnium propheta« rum... » — Préliminaires (fol. 3 v°) : « Incipiunt tem« pora tocius seculi regesque gencium omnium... » — « Ab Adam usque ad diluvium... » (fol. 5). — « Abraham « primam etatem apud Caldeos agebat... » (fol. 6.) — Commencement de la Chronique (fol. 7) : « Regnum Assirio« rum. Primus omni Asie regnavit Ninus... »

Fol. 71 v°. Chronique de saint Jérôme. Rubrique : « Hactenus Eusebius, deinceps Jeronimus incipit. » Commencement : « Huc usque historiam scribit Eusebius, « Pamphili martyris contubernalis, cui nos ista subjeci« mus. Anorbius (sic) in Affrica rhetor... »

Fol. 74. Chronique de Prosper. Rubrique : « Huc usque « Jeronimus presbiter ordinem precedentium digessit « annorum, nos que consecuta sunt adicere curavimus. « Incipit Prosper. »

Commencement : « Igitur Valente a Gothis in Tracia « concremato, Gracianus cum fratre Valenciano... » — Rubrique finale (fol. 76 v°) : « Hic finit Prosper post « Jheronimum. Explicit cronica Eusebii Jheronimi près- « biteri [et Prosperi]. Gracias Domino nostro Jhesu « Christo. »

Fol. 77. Abrégé de la chronique de Sigebert et de la continuation de Robert. — Rubrique : « Que secuntur « sumpta sunt ex cronica Sigisberti, monachi Gembla- « censis, Leodiensis diocesis, et resumuntur tempora ab « anno mundi V^m V^c LXXX et Domini CCC L XXX, « ubi incipit Prosper, et prosequitur iste, plurima addens, « per annos VIII' LX, usque ad annum Domini MC LXX. » — Commencement : « Theodosius a Graciano magister « militum ordinatus, devictis multis... » — Fin (fol. 94 v°) : « Longobardie civitates Mediolanum rehedificant et omnes « ab imp. desiscunt preter Papiam et Vercellas. » Pour mon édition de Robert, je n'ai trouvé aucune ressource dans cet abrégé, qui, s'arrêtant à l'année 1167, a sans doute été rédigé d'après un exemplaire de la seconde rédaction.

Fol. 95. Chronique d'Isidore de Séville. Rubrique : « Incipit cronica ab exordio mundi usque ad tempora « Eraclii et Sisebii. » Commencement : « Brevem tem- « porum seriem per generationes et regna primus ex nostris « Julius Affricanus... » — Fin (fol. 102 v°) : « Eraclius « cum Constantino filio suo imperavit annis XXI. Hujus « tempore Sisebutus Gothorum gloriosisssimus princeps « [in] Hispania plurimas Romane milicie urbes sibi bel- « lando subjecit et Judeos sui regni subditos ad fidem « Christi convertit. Hujus tercio anno imperii Cosdroe rex « Persarum partem multam reipublice Romane et Jhero- « solimam cepit, loca sacra vastavit, et christianos cum « patriarcha et sancta cruce in Persidem duxit, qui

« ejusdem XII° anno ab eodem interfectus est et reportata
« sunt que abstulit Jherosolimam. Per idem tempus
« Maehometus pseudopropheta apparuit, ex principe
« latronum perveniens ad regnum. Hiis temporibus Ysi-
« dorus claruit Yspalensis episcopus, scientia et eloquio
« illustris. Sanctus etiam Gallus in abbacia Sancti Colum-
« bani et ejus discipulus vita et miraculis claruit. Explicit
« cronica ab exordio mundi usque ad tempora Eraclii et
« Sisebuti principum. Gracias Domino Nostro Jhesu
« Christo. Amen. Amen. Amen. »

Fol. 103. Abrégé de l'histoire romaine de Rufus Festus.
— Commencement : « Pio perpetuoque domino Valen-
« tiniano imperatori et semper Augusto, Rufus Festius
« (sic), v. c. Brevem fieri precepit clemencia tua..., » —
Fin (fol. 107. v°) : « Maneat modo concessa Dei nutu cui
« credis et creditus est numine indulta felicitas ut hanc
« ingentem sicut de Gotis etiam Babilonie tibi palma
« pacis accedat. Amen. »

L'opuscule de Rufus Festus a été copié par une autre
main que les chroniques qui précèdent; mais le volume
tout entier est de la même époque, c'est-à-dire du commencement du xv° siècle. En effet, au bas du frontispice
sont peintes dans un écu rond les armes suivantes : de
gueules à une tête de cerf d'or, avec une bordure dentelée
de même. Au-dessus de l'écu, un chapeau de cardinal, et
le lion de saint Marc tenant sous sa patte une banderolle
sur laquelle on lit : PAX TIBI MARCE EVA[NGELISTA].
Ce sont les armes de Guillaume Fillâtre[1], qui fut créé
cardinal du titre de Saint-Marc en 1411, et qui mourut le
6 novembre 1428, pourvu de l'archevêché d'Aix et de
l'évêché de Saint-Pons[2].

---

[1] *Gallia christiana*, des frères Sainte-Marthe, I, 19.
[2] *Gallia christiana*, des Bénédictins, I, 326, et VI, 244. — Hauréau, *Histoire littéraire du Maine*, IV, 219-244.

XLI

Il est très-probable que Guillaume Fillâtre a fait exécuter ce volume, alors qu'il était simplement cardinal, c'est-à-dire entre les années 1411 et 1420. Guillaume, dont l'instruction était fort étendue, l'a enrichi de notes autographes. La plus importante se rapporte à l'éclipse qui signala la mort de Jésus-Christ ; elle se trouve au bas du folio 64 et est ainsi conçue :

Beatus Dionisius Ariopagita scribit ad Policarpum de quodam philosopho Apolophane, quod, cum ipse et idem Apolophanes simul essent in Egipto, in Eliopoli civitate, viderunt in plenilunio solis eclipsim lunamque retrogradientem, que pervenit usque ad ipsum solem cui erat opposita, et deinde hiisdem gradibus ad suum locum redire. Que admirantes, dicit Apolophanes hec fore signa magnarum rerum, quia contra comunem nature cursum facta. Et asserit Dionisius hanc fuissē causam suē conversionis, cum post de Christo habuit noticiam, et illa Christo attribuit. Hec et tenorem epistole habui a quodam episcopo greco, utriusque lingue peritissimo, qui pro me grecam epistolam latinam fecit. G. CARDINALIS SANCTI MARCI.

Manuscrit de Madrid.

A côté du manuscrit de Guillaume Fillâtre, je citerai, comme aussi peu important pour la constitution du texte de Robert de Torigni, le manuscrit X, 81 de la Bibliothèque royale de Madrid. Il est ainsi décrit par Bethmann [1] : « Volume sur papier, in-folio, du XV° siècle. Les 17 premiers feuillets contiennent Sigebert avec la continuation de Robert, jusqu'à ces mots de l'année 1182 : « Obiit Hen« ricus tercius filius Henrici, patre viro rex Anglie. » Le texte y est tellement écourté qu'on peut à peine le mettre au nombre des mss. de Sigebert et de Robert. Il n'y a ni les préfaces de Sigebert et de Robert, ni la lettre à Guérin. Ce ne sont que des extraits, sans aucun passage propre à ce

---

[1] Pertz, *Scriptores*, VI, 296.

XLII

ms. Après la chronique, viennent Asconius et Valerius Flaccus, copiés de la main de Pogge. »

Manuscrit cottonien.

Ms. du Musée britannique, fonds cottonien, Domitien, VIII. Je connais ce ms. par le Catalogue publié en 1802 [1], par l'extrait que l'abbé de La Rue en donna à Dom Brial [2], par les notices de M. Pertz [3] et par les renseignements que m'ont communiqués M. Bordier, en 1870, et M. Francisque Michel, en 1871.

Les fol. 70-92 du ms. cottonien sont les restes d'un volume in-quarto, copié à la fin du XIIe siècle, qui devait contenir la chronique de Robert de Torigni depuis 1154 jusqu'en 1182. Dans l'état actuel, la fin manque. Nous y trouvons seulement la portion de chronique comprise entre le commencement de l'année 1154 : « Ludovicus rex « Francorum duxit uxorem filiam Anforsi.... » et la fin de l'année 1179 : « Ut cum eclipsim videritis, a terra « exeatis cum omnibus vestris [4]. »

D'après les notices de M. Pertz, ce fragment vient de l'abbaye du Mont-Saint-Michel. M. Bordier a remarqué au bas de la première page une note du XIVe siècle, fort mutilée, dont il a rapporté un croquis, et que je crois pouvoir lire ainsi : « Isti quatuor quaterni fuerunt fratris « Petri (?) de Persatona (?) de diversis cronicis, quos ha-

---

[1] *A Catalogue of the manuscripts in the Cottonian library deposited in the British museum*, p. 573.

[2] *Recueil des historiens*, XVIII, 333.

[3] *Archiv*, VII, 75. *Scriptores*, VI, 295 et 841.

[4] Sur un fac-simile que je dois à la plume exercée de M. Bordier, je crois voir, au bas de la dernière ligne du folio 93 vo, les vestiges des mots *Omnibus vestris*, qui ont été enlevés par le couteau du relieur.

« buit aliquando [frater] Nicolaus Trivet in custodia sua,
« et restituit fratri Petro (?) de P[ersatona]. »

Sur la première page de ces cahiers, une main de la fin du XII° ou du commencement du XIII° siècle, a copié une lettre de Robert de Torigni, que je reproduirai dans mon second volume. Si je comprends bien cette lettre, l'abbé du Bec aurait possédé un exemplaire de la seconde rédaction de la Chronique, s'arrêtant à la fin de l'année 1169 ; pour le compléter, il demanda à l'auteur de lui donner la suite de son ouvrage, depuis l'année 1170, date du meurtre de l'archevêque de Cantorbéry, jusqu'à l'année 1182. Robert de Torigni alla au-delà des désirs de l'abbé du Bec ; pour faire suite à l'exemplaire original de la première rédaction de sa Chronique, qu'il avait laissé au Bec en 1154, il envoya son histoire des vingt-huit dernières années, de 1154 à 1182, c'est-à-dire tout ce qu'il avait composé depuis son arrivée au Mont-Saint-Michel. Le manuscrit cottonien, quand il n'était pas mutilé, devait représenter la portion de texte que Robert de Torigni déposa en 1183 dans l'abbaye du Bec.

Manuscrit de Cambridge.

Ms. de l'Université de Cambridge, coté Ff. I, 31. A l'aide du catalogue publié en 1857[1] et des notes qu'a bien voulu me communiquer M. Paul Meyer, j'ai pu me rendre un compte exact de ce manuscrit, qui nous offre le texte de la Chronique de Robert sous la dernière forme que l'auteur lui donna.

[1] *A Catalogue of the manuscripts preserved in the library of the university of Cambridge* (Cambridge, 1857, in-8), II, 332. — Le ms. dont je m'occupe figure sous le n° 1153 du catalogue de Nasmith. Voyez aussi *Catalogi librorum manuscriptorum Angliæ et Hiberniæ*, I, II, 173, n° 2431, et Montfaucon, *Bibliotheca bibliothecarum*, I, 672.

C'est un volume sur parchemin, in-folio, écrit au commencement du xiii° siècle, et renfermant les ouvrages suivants :

Fol. 1. Traité de Methodius. Cet article, écrit au xiv° siècle, ne faisait pas primitivement partie du volume.

Fol. 5. Chronique d'Eusèbe, incomplète au commencement, par suite de l'enlèvement du feuillet qui était jadis coté 4.

Fol. 53. Chronique de saint Jérôme, incomplète au commencement, par suite de l'enlèvement du fol. 52.

Fol. 55. Chronique de Prosper.

Fol. 58. Chronique de Sigebert, sans le commencement, qui était sur le folio 57, aujourd'hui arraché.

Fol. 130. Chronique de Robert. Le prologue : « De chronographia, id est temporum descriptione... »[1] est immédiatement suivi du texte de la chronique : « Henri-
« cus filius primi Willelmi regis Anglorum et ducis Nor-
« mannorum... [2] ». Ce texte s'arrête aux mots : « pacem
« tenent et inimicos pacis persecuntur, » (fol. 172 v°), vers la fin du chapitre consacré à l'année 1183.

Fol. 174. Traité sur les ordres monastiques et les abbayes normandes. « Libet in presenti... »

Fol. 176 v°. Lettre de Henri de Huntingdon sur les rois bretons. « Incipit epistola Henrici archidiaconi ad Wari-
« num de regibus Britonum. Queris a me, Warine...
« — ... tractata reperies. Vale. »

Fol. 179 v°. Extrait du même auteur sur la géographie et les saints de l'Angleterre. « Item de eadem hystoria.
« Adhuc ad majorem evidentiam... » — Fol. 180 v°:
« Ex eadem hystoria de modernis sanctis Anglie. Quis
« Cantuarie... — ... luculenter irradiant. »

---

[1] Plus bas, p. 91.
[2] Folio 132 du ms. Page 119 du présent volume.

Manuscrit du Mont-Saint-Michel.

Ms. de la bibliothèque d'Avranches coté 159 (précédemment 186, 1942 et 2473), jadis de l'abbaye du Mont-Saint-Michel, où il a successivement porté les n°˙ II. 1 et 198. 238 feuillets de parchemin, hauts de 300 millimètres et larges de 215. De ces 238 feuillets, les trois premiers ont été ajoutés après coup, et ne sont, à proprement parler, que des gardes; les autres forment 29 cahiers, dont chacun consiste en quatre feuilles, sauf les cahiers 3 (fol. 20-29), 20 (fol. 158-167) et 26 (fol. 208-217), qui ont chacun cinq feuilles. Le cahier 29 (fol. 234-238) est mutilé : il a perdu les feuillets 4, 5 et 7, c'est-à-dire qu'il y a une lacune de quatre pages entre les fol. 236 et 237, et une lacune de deux pages entre les fol. 237 et 238. Les signatures des cahiers I, II, III, VI, VII, VIIII, X, XI, XIIII, XV, et XVI se voient encore au bas des fol. 11 v°, 19 v°, 29 v°, 53 v°, 61 v°, 77 v°, 85 v°, 93 v°, 117 v°, 125 v° et 133 v°. Avec le 21e cahier, le scribe avait commencé une nouvelle série de signatures, et les chiffres I, III, IIII et V sont encore très-nettement inscrits au bas de la première page des cahiers 21, 23, 24 et 25, sur les fol. 168, 184, 192 et 200.

Le fol. 3 v° est à moitié rempli par le titre suivant :

In hoc volumine ista continentur. Cronica Eusebii, Cesariensis episcopi, quam incepit ab Abraham et regno Nini et Semiramidis, et perduxit usque ad vicesimum annum imperii Constantini imperatoris, quam transtulit Jeronimus de greco in latinum. Exinde idem Jeronimus perduxit usque ad mortem Valentis imperatoris, et continent cronica Eusebii et Jeronimi II^m CCC XCIII annos. Fiunt ab Adam usque ad XIIII Valentis annum, id est ad consulatum ejus sexies et Valentiniani iterum, omnes anni V^m D LXXIX. Secuntur cronica Prosperi in ordine historie, que continent annos LXXVII. Sequitur exinde cronographia Sigiberti, Gemblacensis monachi, quam incepit a CCC LXXXI dominice incarnationis anno, et perduxit usque ad M C annum ejusdem incarnationis dominice, quo anno primus Henricus rex Anglorum cepit regnare. Ab eodem anno Robertus, abbas Sancti Michaelis de Periculo maris, fecit historiam continentem res gestas Romanorum, Francorum, Anglorum usque ad presens tempus, continentem scilicet annos usque ad annum dominice incarnationis M C LXXXIIII, quem librum presentavit karissimo domino suo Henrico regi Anglorum, continentem istam historiam et reliquas in hac pagina notatas, scilicet Eusebii, Jeronimi, Prosperi, Sigiberti et propriam que in fine ponitur.

Suit, sur la même page et de la même main, le compte des années écoulées depuis Adam jusqu'à l'an 379 de Jésus-Christ. « De historia Orosii quam fecit de ormesta
« mundi. Sunt ab Adam primo homine usque ad Ninum
« magnum ut dicunt regem... — ... et predicatione
« Domini nostri Jhesu Christi anni CCC LI. »

Les chroniques commencent au fol. 4, et les différentes parties s'en présentent dans l'ordre suivant :

Fol. 4. Chronique d'Eusèbe. — Préface de saint Jérôme :
« Jeronimus, Vincencio et Galieno suis, salutem. Vetus
« iste disertorum mos fuit ut exercendi... » — Préface d'Eusèbe (fol. 5) : « Incipit prefatio Eusebii in chronicis,
« a sancto Jeronimo interpretata. Moysen gentis hebraice
« qui primus omnium prophetarum... » — Commencement de la chronique (fol. 7 v°) : « In Christi nomine
« liber incipit cronicorum Eusebii a sancto Jeronimo de
« greco in latinum translatus. Primus Assiriorum rex
« Ninus Beli filius regnavit... » — Fin de la chronique (fol. 61 v°) : « Vicennalia Constantini Nichomedie acta et
« sequenti anno Rome edita. Explicit chronica Eusebii. »

Fol. 61 v°. Chronique de saint Jérôme : « Incipit chro-
« nica Jeronimi. Huc usque historiam scribit Eusebius,
« Pamphili martiris contubernalis, cui nos ista subjecimus.
« Arnobius rethor in Affrica clarus habetur... » — Fin de la chronique (fol. 66) : « Fiunt ab Adam usque ad

« quartum decimum Valentis annum, id est usque ad
« consulatum ejus sexies et Valentiniani iterum, omnes
« anni V^m DL XXVIIII. »

Fol. 66. Chronique de Prosper : « Huc usque Jeronimus
« presbiter ordinem precedentium digessit annorum. Que
« secuntur Prosper digessit. Igitur Valente a Gothis in
« Tracia concremato... » — Fin de la chronique (fol. 69 v°) :
« Cum regina et filiabus ejus Carthaginem abducti sunt.
« Huc usque Prosperi chronografia, in qua dominice in-
« carnationis annos non annotavimus, quia in subse-
« quenti chronographia eadem pene, et eo amplius, que a
« Próspero, a Sigisberto monacho sub annis Domini reci-
« tantur, a CCC° LXXX° I° dominice incarnationis incepta,
« quo Jeronimus presbiter chronicorum suorum finem
« fecerat. »

Fol. 69 v°. Prologue de la chronique de Sigebert :
« Incipit prologus Sigiberti, Gemblacensis monachi, in
« chronographiam ab eo editam, quam incepit a CCC°
« LXXX^{mo} I° dominice incarnationis anno, et perduxit
« usque ad M C annum, quo anno primus Henricus rex
« Anglorum cepit regnare. » — Fol. 70 : « Dicturi aliquid,
« juvante Deo, de contemporalitate regnorum, primum,
« pauca dicamus de origine singularum gentium... » —
Fin du prologue (fol. 73 v°) : « ... Fritigernus, Wini-
« tharius, Balamber. Explicit prologus. »

Fol. 74. Chronique de Sigebert, commençant par les
mots : « Theodosius a Gratiano magister militum ordi-
« natus... » et précédée de la rubrique : « Incipit chrono-
« graphia Sigiberti monachi, » tracée au bas du fol. 73 v°.
— Fin de la chronique (fol. 169) : « Detulit secum bra-
« chium sancti Georgii et ecclesie Aquinicensi posuit.
« Explicit chronica Sigiberti monachi Gemblacensis. »

Fol. 169. Prologue de Robert sur sa chronique : « In-
« cipit prologus Rotberti in ea que secuntur de temporum

« descriptione usque ad M C L XXX IIII annum. De
« chronographia, id est temporum descriptione, in subse-
« quentibus locuturi.... — .... usque ad millesimum
« centesimum tricesimum quintum annum dominice in-
« carnationis. » Dans la pensée de l'auteur, ce prologue
devait immédiatement précéder la chronique ; c'est ce que
prouve la note marginale qu'il a fait tracer en encre rouge
à la marge du fol. 170 v° : « Explicit prologus. Consequen-
« tiam chronographie invenies in antea in xii^{mo} folio ; hic
« enim vicio scriptoris quedam, licet non indigna memo-
« ria, interponuntur. »

Fol. 170 v°. Traité sur les ordres monastiques et les
abbayes normandes. « De immutatione ordinis monacho-
« rum ; de abbatibus et abbatiis Normannorum et edifi-
« catoribus earum. Libet in presenti demonstrare.... —
« .... Bermo, monachus Sancti Martini Majoris Monas-
« terii. »

Fol. 174 v°. Lettre de Henri de Huntingdon sur les rois
bretons. « Incipit epistola Henrici archidiaconi ad Wari-
« num de regibus Britonum. Queris a me, Warine brito....
« — .... ubi satis prolixe et eluculenter tractata reperies.
« Vale. »

Fol. 178 v°. Extrait du même auteur sur la géographie
et les saints de l'Angleterre. « Item de eadem hystoria.
« Adhuc ad majorem evidentiam rerum dictarum et dicen-
« darum.... » — Fol. 180 : « Ex eadem ystoria de mo-
« dernis sanctis Anglie. Quis Cantuarie metropolis eccle-
« siam.... — .... nomina et gesta luculenter irradiant. »

Fol. 180 v°. Commencement de la chronique de Robert.
« Incipiunt cronica Roberti. Henricus filius primi Wil-
« lermi regis Anglorum.... » Le texte de la chronique se
poursuit jusqu'au bas du fol. 236 v°, lequel se termine,
dans le cours de l'année 1185, par les mots : « In qua post

« amministrationem domini regis quandiu vixit satis ho-
« neste conversatus est ; ipse vero ante octo dies mortis
« sue factus. » Le feuillet qui contenait la suite, et qui
était le quatrième du cahier 29, a disparu, comme je l'ai
expliqué un peu plus haut ; il devait contenir le texte des
douze ou quinze dernières lignes de la chronique ; le reste
de ce feuillet, de même que le cinquième et le septième,
également enlevés, devait être resté en blanc ou avoir reçu
après coup des notes et des essais de plume analogues à ce
qu'on voit sur le sixième et le huitième feuillet du même
cahier, aujourd'hui cotés 237 et 238.

Sur les feuillets du commencement et de la fin, ainsi
que dans un blanc du fol. 8 v°, plusieurs mains du XII° au
XIV° siècle ont ajouté les pièces ou notes suivantes :

Fol. 1. Note sur le tonnerre entendu au Mont-Saint-Michel en 1270 [1].

Fol. 1 v°. Catalogue des livres donnés à l'abbaye du Bec
par Philippe, évêque de Bayeux : « Tituli librorum quos
« dedit Philippus episcopus Baiocensis ecclesie Becci. In
« uno volumine Augustinus super Johannem..... —
« .... exceptis XXVII voluminibus quos dedit episcopus
« sed nondum habuerunt. » Ce catalogue, ainsi que le suivant, a été écrit par un des moines qui ont exécuté la copie
du présent exemplaire de la chronique de Robert. Tous
deux ont été publiés par M. Ravaisson [2].

Fol. 2. Catalogue de la bibliothèque du Bec vers le milieu du XII° siècle : « Tituli librorum Beccensis almarii.
« Libri beati Augustini episcopi. In uno volumine super
« Johannem... — ... In alio super epistolam ad Romanos
« libri X. »

---

[1] Cette note et la plupart de celles qui vont être indiquées sont reproduites dans le t. XXIII du *Recueil des Historiens*, p. 571 et suiv.

[2] *Rapports*, p. 375-395.

L

Fol. 3. Note sur l'apparition d'une croix dans le soleil en 1247, et sur une apparition de saint Michel le 16 octobre 1102.

Fol. 3. Note sur des miracles arrivés au monastère de Saint-Michel en Cornouaille, en 1262.

Fol. 8 v°. Note sur une tempête du 27 octobre 1265.

Fol. 237. Notes sur des consécrations d'autels en 1248 et 1249, et sur la dédicace de l'église de Saint-Pair en 1264.

Fol. 237. Note sur des pièces d'argenterie qui furent déposées en 1355 dans un coffre du trésor de l'abbaye.

Fol. 237. Note sur le tonnerre entendu en 1284.

Fol. 238. Note sur la rougeur observée dans la lune en 1265.

Abstraction faite des pièces et des notes inscrites après coup sur les feuillets blancs du commencement et de la fin, il faut distinguer dans le corps du manuscrit deux parties dont les différences sont facilement appréciables.

La première partie (fol. 4-206 v°) s'arrête au commencement de l'année 1156, aux mots *Et rex Henricus e vestigio illum subsecutus est*. Elle a été copiée avec beaucoup de régularité par un seul et même scribe. Les notes additionnelles qu'on y remarque çà et là ont été intercalées, les unes par le copiste même de la première partie, les autres par une des mains qui ont travaillé à l'exécution de la seconde partie. Celles-ci n'existaient pas dans l'exemplaire qui avait servi de modèle et ont été ajoutées par l'auteur après l'année 1157. Celles-là devaient figurer dans le modèle; seulement, si je ne me trompe, elles y avaient été inscrites avec confusion sur les marges ou dans les interlignes, de sorte que le copiste n'en avait pas d'abord tenu compte; mais l'omission se trouva réparée avant que les cahiers fussent livrés à l'enlumineur, qui a, dans la première partie du volume, tracé les initiales alternativement en rouge et en bleu.

La seconde partie (fol. 206 v°-236) comprend la fin de la chronique de Robert, à partir des mots *Circa hoc tempus inundatione Tyberis....*, vers le commencement de l'année 1156. Autant la première est d'une exécution soignée et uniforme, autant la seconde est irrégulière; le caractère de l'écriture y change une dizaine de fois; on y observe à chaque instant des variations dans la grosseur des lettres, dans le système des abréviations, dans la teinte de l'encre, dans la réglure des lignes, dans la coupure des paragraphes et dans l'enluminure des initiales. De plus, on y remarque fréquemment des passages remaniés, corrigés ou grattés. Il suffit de la feuilleter pour y apercevoir tous les signes qui caractérisent un exemplaire retravaillé par l'auteur.

Nous avons bien sous les yeux un manuscrit original et dont certains morceaux sont peut-être autographes. Ce qui le prouve, c'est qu'on y saisit les modifications que le texte a subies avant d'arriver à sa forme dernière et définitive. Ainsi, à l'année 1135, Robert, énumérant les travaux de Henri Ier, avait d'abord employé les termes suivants[1] : « Vallem Rodulii, turrem Ebroicarum, turrem Alentionis, « turrem Constanciarum, turrem Sancti Johannis juxta « Montem Sancti Michaelis, et alias plures quas supra com- « memoravimus ; monasterium Radingense..... » Telle est la leçon que donnent les manuscrits de Bayeux, de Jumiéges, de Fécamp et de Lire ; telle est aussi la leçon qu'offrait primitivement le manuscrit du Mont-Saint-Michel (fol. 193), et qui en a été effacée pour faire place à celle-ci : « Vallem Rodolii, turrem Ebroicarum, turrem « Alentionis, turrem Constanciarum ; fecit enim in Nor-

---

[1] Voyez plus bas, p. 197.

« mannia et in Anglia monasteria plurima, scilicet monas-
« terium Radingense..... » — Autre exemple. Le chapitre
relatif à l'année 1146 se termine par ces mots dans les manuscrits de Bayeux, de Savigny, de Jumiéges, de Fécamp
et de Lire : « Rex Rogerius Sicilie Tripolitanam provin-
« ciam in Affrica super Paganos cepit. In hac expeditione
« fuit et multum profuit Ricardus de Lingheve, miles
« optimus, qui nuper de Baiocensi comitatu illuc per-
« rexerat et a rege Rogerio comitatum Andri insule, quam
« nuper idem rex super imperatorem Constantinopolitanum
« ceperat, dono acceperat. Facta est eclypsis solis v kalen-
« das Novembris[1]. » C'était bien aussi la leçon que portait
primitivement le manuscrit du Mont-Saint-Michel, et que
nous pouvons encore y lire au fol. 199 v°, quoique la phrase
relative à Richard de Lingèvre (*In hac expeditione — dono
acceperat*) y ait été grattée et qu'on y ait substitué une
note relative à l'apparition des crapauds dans la ville du
Mans : « Inventus est buffo unus inclusus in concavo lapide
« in muro civitatis Cenomannis. Quo occiso, buffones
« infra menia exinde fuerunt, cum antea ibi nunquam
« visi fuissent. »

Je pourrais multiplier les observations de ce genre ; mais
je ne citerai plus qu'un passage, où l'on peut voir comment
certaines corrections indiquées après coup dans le manuscrit du Mont-Saint-Michel sont passées dans les copies
postérieures. A l'année 1156, Robert avait d'abord simplement annoncé la mort de Gilbert de Gand : « Obiit Gisle-
« bertus de Gant. » Dans la suite, à cette note si brève il
trouva bon de joindre une mention relative à l'héritière
de Gilbert de Gand : « Et Symon juvenis filius comitis
« Symonis, cum careret terra, dono regis Henrici, accepit
« filiam ejus unicam cum honore ejus. » Il n'y a que les

---

[1] Voyez plus bas, p. 240.

mots *Obiit Gislebertus de Gant* dans les manuscrits de Jumiéges, de Lire et de Bayeux ; le membre de phrase *Et Symon — honore ejus* a été ajouté dans le manuscrit du Mont-Saint-Michel, sur la marge inférieure du fol. 207 recto ; ce même membre de phrase se trouve fondu dans le texte des manuscrits de Fécamp, du Valasse, de Saint-Victor et de Cambridge.

Le manuscrit du Mont Saint-Michel, aujourd'hui n° 159 de la bibliothèque d'Avranches, est donc, selon toute vraisemblance, l'original de la chronique que Robert de Torigni acheva de réviser en 1182, qu'il offrit en 1184 au roi Henri II et à laquelle il ajouta un supplément descendant jusqu'à l'année de sa mort, c'est-à-dire jusqu'en 1186.

Deux pages de ce manuscrit ont été reproduites en facsimile pour les études des élèves de l'Ecole des Chartes [1].

En résumé, nous possédons plus ou moins complètement le texte de dix-huit manuscrits de la chronique de Robert de Torigni. Pour la facilité des citations, je les ai indiqués par les signes suivants :

A. — Ms. d'Arundel, à Londres ; voyez plus haut, p. III.

B. — Ms. de Bayeux ; p. IX.

Bo. — Ms. de la Bodleienne, à Oxford ; p XXXVI.

Ca. — Ms. de Cambridge ; p. XLIII.

Co. — Ms du fonds Cottonien, à Londres ; p. XLII.

F. — Ms. de Fécamp, à Paris ; p. XXIII.

Fi. — Ms. de Guillaume Fillâtre, à Rouen ; p. XXXVII.

---

[1] Sur le ms. que je viens de décrire, on peut encore voir une notice de l'abbé Desroches, dans *Mémoires de la Société des antiquaires de Normandie*, 2ᵉ série, I, 87 ; les *Rapports* de M. Ravaisson, p. 162 ; le *Catalogue général des manuscrits des bibliothèques des départements*, IV, 511, et le *Catalogue* de Duffus Hardy, II, 437.

LIV

H. — Ms. du fonds Harleien, ou de Reading, à Londres; p. VIII.

Ha.— Ms. de Hanovre; p. XXXVII.

J. — Ms. de Jumiéges, à Rouen; p. XIII.

L. — Ms. de Lire, ou de Saint-Taurin, à Paris; p. XIX.

M. — Ms. du Mont-Saint-Michel, à Avranches; p. XLV.

Ma.— Ms. de Madrid; p. XLI.

P. — Ms. de John Pyke, à Londres; p. XXIII.

S. — Ms. de Savigny, à Paris; p. IV.

Va. — Ms. du Valasse, aujoud'hui perdu; p. XXXV.

Vi. — Ms. de Saint-Victor, à Paris; p. XXV.

W. — Ms. de Saint-Wandrille, à Rome; p. XVII.

De ces dix-huit manuscrits, deux sont d'informes abrégés dont les caractères sont trop vagues pour être déterminés; cinq nous offrent un texte composite, c'est-à-dire dont une partie dérive d'un ms. de la première ou de la deuxième rédaction, tandis que l'autre partie est tirée d'un ms. de la troisième rédaction. La première rédaction se trouve en tout ou en partie dans sept manuscrits; la deuxième dans six, et la troisième dans huit.

Voici à peu près de quelle manière peut s'établir la filiation des manuscrits. Le chiffre 1 ou 2 qui, dans ce tableau, suit le signe des manuscrits composites Bo, F, Ha, L et Va. désigne la première ou la seconde partie de chacun de ces manuscrits:

Original perdu de l'abbaye du Bec.

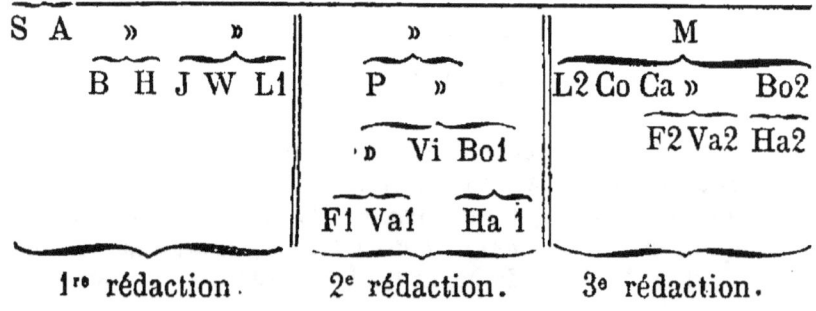

Je n'ai point compris dans ce tableau les mss. de Guillaume Fillâtre et de Madrid, qui ne peuvent servir à constituer le texte de Robert, et j'ai aussi, pour plus de clarté, négligé un certain nombre de copies intermédiaires qui ont pu et même dû exister, mais dont l'existence n'est pas absolument indispensable pour expliquer les variantes des exemplaires qui nous sont parvenus.

Outre les manuscrits qui viennent d'être énumérés, j'ai encore mis à contribution le ms. latin 6042 de la Bibliothèque nationale, qui contient l'Histoire d'Angleterre de Henri de Huntingdon. En effet, ce manuscrit est un calque fidèle de l'exemplaire de Henri de Huntingdon que Robert de Torigni avait sous les yeux dans l'abbaye du Bec[1] et d'où il a tiré à peu près tout ce qu'il dit de l'Angleterre pour la période antérieure à l'année 1147. Le caractère que j'assigne au ms. 6042 ressortira de la description détaillée que je vais donner de ce manuscrit.

Ms. de la Bibliothèque nationale, fonds latin, n. 6042, jadis de Colbert (n. 3969), et plus anciennement de Jacques Auguste de Thou. 122 feuillets de parchemin, hauts de 252 millimètres, larges de 175. Je montrerai plus loin que ce livre a été copié dans la seconde moitié du XIIe siècle pour l'abbaye du Mont-Saint-Michel.

Il contient l'ouvrage de Henri de Huntingdon, disposé comme il suit :

Fol. 3. « Incipit prologus hystoriæ Anglorum contextæ

---

[1] Le catalogue des livres du Bec, que Robert de Torigni nous a conservé, contient cette mention : « In alio, historia Henrici de gente « Anglorum libri X. » Dans mon second volume, j'aurai l'occasion de parler d'un autre manuscrit de Henri de Huntingdon, conservé à la Bibliothèque de Rouen, qui pourrait bien aussi dériver de l'exemplaire du Bec.

« ab Henrico, Huntendunensi archidiacono, anno gratiæ
« millesimo centesimo tricesimo quinto. Cum in omni fere
« litterarum studio... — Explicit prologus ad Alexandrum,
« Lincoliensem episcopum, directus. »

Fol. 4. « Historiæ Anglorum liber primus incipit, de
« regno Romanorum in Britannia. Britannia igitur beatis-
« sima... »

Fol. 19. « Incipit liber II de adventu Anglorum. Trac-
« tatum est in superioribus de quadraginta quinque.... »

Fol. 31 v°. « Incipit liber III de conversione Anglo-
« rum. Liber hic conversionis Anglorum est que per Gre-
« gorium... »

Fol. 49. « Incipit quartus de regno Anglorum. In
« nomine Domini nostri Jhesu Christi Salvatoris, impe-
« rantibus dominis nostris piissimis Egfrido rege Himbro-
« nensium.... »

Fol. 61 v°. « Incipit quintus de bellis Dacorum. In hujus
« historiæ principio quinque plagis percussam diximus
« Britanniam.... »

Fol. 71. « Incipit VI de adventu Normannorum. Mil-
« lesimo anno ab incarnatione Domini, Ricardi consulis
« Normannorum.... »

Fol. 81 v°. « Incipit VII de regno Normannorum. Hac-
« tenus de his que vel in libris veterum legendo repperi-
« mus.... » Ce livre finit à la mort de Henri I.

Fol. 91 v°. « Incipit octavus de summitatibus. Hic est
« annus qui comprehendit scriptorem, annus tricesimus
« quintus regni gloriosi et invictissimi regis Anglorum
« Henrici, annus LXIX ab adventu Normannorum... » Ce
livre comprend trois opuscules de Henri de Huntingdon :

a. Fol. 92 v°. « [Epistola regi Henrico de serie regum
« potentissimorum qui per orbem terrarum huc usque fue-
« runt :] Cum maxime noticia gestorum pateant et enites-
« cant gerenda.... »

b. Fol. 98. « Exemplar secundæ epistolæ de serie Bri-
« tonum hoc est : Queris a me, Warine brito, vir comis... »

c. Fol. 101. « Exemplar terciæ epistolæ de contemptu
« mundi per ea quæ ipsi vidimus hoc est : Waltere, quon-
« dam decus juvenum, quondam deliciæ rerum.... »

Fol. 105 v°.« Incipit liber nonus de miraculis Anglorum.
« De viris illustribus Anglorum et quæ per eos deitatis
« omnipotentia... — ... Verum etiam omni populo divul-
« gatum est et omnium commune notorium. Et jam hic de
« gloriosis operibus Dei liber nonus explicit. »

Fol. 115. « Incipit liber decimus. Defuncto igitur Hen-
« rico rege magno, libera ut in mortuo.... » Ce livre finit
à l'année 1147 par les mots : « Unde comparet quante rex
« Stephanus audacie et animi pericula non reformidantis
« fuerit. » Suivent, sur le fol. 121, les canons du concile de
Londres en 1151, avec ce titre marginal : « Anno dominice
« incarnationis M° C° L° I°, papatus domni Eugenii pape III
« incipiente VII°, Anglorum rege Stephano regnante
« anno XVI, præsidente Tebbaldo Cantuariensi archiepis-
« copo, tocius Britanniæ primate et sedis apostolicæ legato
« anno XIII°, celebratum est Londoniæ concilium mense
« Martio, in quo statuta hec fuerunt que subter annexa
« sunt. »

Au commencement et à la fin du volume, plusieurs
mains de la seconde moitié du xii° siècle ont ajouté des catalogues d'archevêques, d'évêques et d'abbés, qui sont
très-exactement indiqués dans un avertissement placé en
tête du volume et dont je dois reproduire ici le texte, en
faisant, pour plus de clarté, précéder chaque article d'un
numéro d'ordre :

In sequenti folio invenies :

1. Nomina omnium archiepiscoporum Rothomagensium ;
2. Et nomina omnium episcoporum Constantiensium ;

3. Et nomina quorumdam episcoporum Sagiensium;
4. Et quedam nomina episcoporum Baiocensium;
5. Et quedam nomina episcoporum Abrincensium;
6. Et quedam nomina episcoporum Lexoviensium;
7. Et quedam nomina episcoporum Ebroicensium;
8. Et nomina abbatum Sancti Michaelis de Periculo maris;
9. Et nomina abbatum Becci;
10. Et nomina episcoporum Lingonensium;
11. Et nomina episcoporum Carnotensium;
12. Et nomina episcoporum Wintoniensis ecclesiæ;
13. Et nomina episcoporum Cenomanicæ urbis;
14. Et nomina pontificum Pictaviensium;
15. Et nomina episcoporum Nannetensium;
16. Et nomina archiepiscoporum Cantuariæ;
17. Et nomina episcoporum Belvacensium;
18. Et nomina archiepiscoporum Senonensium;
19. Et nomina episcoporum Parisiensium;
20. Et nomina episcoporum Aurelianensium;
21. Et nomina episcoporum Silvanectensium;
22. Et nomina archiepiscoporum Turonensium;
23. Et nomina episcoporum Andegavensium;
24. Et nomina abbatum Gemeticensium [1].

In fine libri invenies :

25. Nomina archiepiscoporum Remensium et suffraganeorum ejus;
26. Nomina episcoporum Laudunensis ecclesiæ;
27. Nomina episcoporum Chathalaunensium;
28. Et nomina episcoporum Morinensium;
29. Et nomina episcoporum Viromandensium;
30. Et nomina episcoporum Noviomensium ac Tornacensium;
31. Et nomina episcoporum Ambianensium;
32. Et nomina episcoporum Atrebatensium et Cameracensium;
33. Et nomina episcoporum Authisiodorensium, qui fuerunt quinquaginta quinque, quorum triginta duo fuerunt sancti, et quattuor ex ipsis triginta duobus fuerunt martyres, reliqui viginti tres fuerunt

---

[1] Les catalogues indiqués dans cet avertissement sous les numéros 17-24, occupaient un feuillet qui manque depuis longtemps dans le ms.

simpliciter episcopi : hoc cognovi ex catalogo pontificum illius ecclesiæ quem quidam presbiter noster usque ad nos attulit ; quod vix aut nunquam in alio episcopatu invenies tot sanctos episcopos in uno episcopatu fuisse.

Dans cette collection de trente-trois catalogues, trois seulement se rapportent à des abbayes, et les trois monastères dont on a ainsi recueilli les noms des abbés appartiennent tous à la Normandie. Ce sont le Mont-Saint-Michel, le Bec et Jumiéges. Il n'en faudrait pas davantage pour être autorisé à supposer que le recueil a été formé dans une de ces trois maisons. Je ne doute pas qu'il ne faille l'attribuer à l'abbaye du Mont-Saint-Michel. En effet, la liste des abbés du Mont-Saint-Michel est, avec celle des archevêques de Cantorbéry, la seule qui ait été complétée par des additions plus récentes que la transcription des catalogues eux-mêmes. De plus, un essai de plume, pouvant dater de la fin du XIIIᵉ siècle, qu'on remarque sur la première page, semble indiquer que les possesseurs du volume attachaient un intérêt spécial à la série des évêques d'Avranches. Tout porte donc à croire que le ms. 6042 vient du Mont-Saint-Michel, et, comme dans ce manuscrit la liste des abbés du Mont-Saint-Michel s'arrêtait primitivement au nom de Robert, et que le volume, écrit un peu après le milieu du XIIᵉ siècle, nous offre le même air de famille que plusieurs des manuscrits connus pour avoir été exécutés sous l'administration de Robert, j'en conclus que le ms. 6042 est un exemplaire de l'Histoire de Henri de Huntingdon que Robert de Torigni fit transcrire pour son abbaye, très-probablement d'après l'exemplaire de l'abbaye du Bec[1].

Lors même qu'on s'inscrirait en faux contre l'origine que je propose d'attribuer au ms. 6042, il n'en faudrait pas

---

[1] M. Stevenson rapporte aussi à Robert de Torigni l'origine du ms. 6042 ; voyez le *Catalogue* de Thomas Duffus Hardy, II, 273.

moins reconnaître que ce manuscrit a la plus étroite parenté avec la copie de Henri de Huntingdon que Robert de Torigni avait sous les yeux quand il composait sa chronique. Il contient en effet beaucoup de leçons vicieuses et singulières qui sont passées dans la chronique de Robert. La description de la Grande-Bretagne, par laquelle s'ouvre le livre I de l'Histoire de Henri de Huntingdon et que Robert a insérée en tête de la seconde partie de sa chronique en fournit un grand nombre d'exemples. Pour un passage qui n'occupe pas trente lignes de l'édition de Petrie [1] j'ai relevé dans le ms. 6042 dix-huit variantes, les unes insignifiantes, les autres radicalement vicieuses, qui toutes se retrouvent dans le texte de Robert de Torigni. En voyant une telle conformité entre le texte de Robert et celui du ms. 6042, on pourrait être tenté de croire que ce ms. 6042 est l'exemplaire même que Robert avait sous les yeux quand il écrivait sa chronique. Mais il ne faudrait pas s'arrêter à cette hypothèse, et pour montrer qu'elle n'est pas admissible, je me bornerai à présenter une seule observation.

Henri de Huntingdon commence par cette phrase le portrait qu'il a tracé de Guillaume le Conquérant : « Willermus « omnibus Normanniæ consulibus fortior fuit, omnibus « Anglorum *regibus potentior, omnibus* prædecessoribus « suis laude dignior. » Cette phrase est exactement reproduite dans la Chronique de Robert à l'année 1085 [2]. Or il n'a pu la prendre dans le ms. 6042, puisqu'à cet endroit [3] le copiste du ms. 6042, sautant les trois mots qui sont ci-dessus imprimés en italiques, a défiguré comme il suit la phrase de l'historien anglais : « Willelmus omnibus

---

[1] *Monumenta historica britannica*, p. 692, lignes 8-35.
[2] Plus loin, p. 66.
[3] Fol. 80 v° du ms. 6042.

« Normanniæ consulibus fortior fuit, omnibus Anglorum
« prædecessoribus suis laude dignior fuit. »

En résumé, l'abbaye du Bec possédait, vers le milieu du xiiᵉ siècle, un exemplaire de l'Histoire de Henri de Huntingdon qui ne nous est pas parvenu. Robert de Torigni, alors qu'il était prieur du Bec, s'en est servi pour composer sa chronique, et plus tard il en a fait exécuter, pour son abbaye du Mont-Saint-Michel, une copie qui forme aujourd'hui le ms. latin 6042 de la Bibliothèque nationale.

ÉDITIONS DE LA CHRONIQUE DE ROBERT DE TORIGNI.

Le nombre des anciens manuscrits qui nous ont transmis la Chronique de Robert de Torigni atteste le succès qu'elle obtint en Normandie et en Angleterre au moment où l'auteur la publia. Elle n'a pas été moins goûtée dans les temps modernes, s'il faut en juger par la multiplicité des éditions qu'on en a imprimées depuis le commencement du xviᵉ siècle jusqu'à nos jours. Il n'y en avait pas moins de onze avant celle que la Société de l'Histoire de Normandie a prise sous ses auspices.

La première de ces éditions est fort incomplète, car elle ne commence qu'à la fin de l'année 1154, aux mots : « Moritur etiam Gislebertus, episcopus Pictavensis ... [1] » Elle n'en est pas moins infiniment précieuse : seule elle nous fournit le moyen de combler à la fin de la Chronique une lacune que présentent tous les manuscrits. Cette édition de la Chronique de Robert occupe les fol. 124-160 vᵒ d'un rare et curieux volume intitulé : « Sigeberti, Gem-
« blacensis cœnobitæ, chronicon ab anno 381 ad 1113,

---

[1] Page 288 du présent volume.

« cum insertionibus ex historia Galfridi, et additionibus
« Roberti abbatis Montis, centum et tres sequentes annos
« complectentibus [1], promovente egregio patre D. Guil-
« lelmo Parvo, doctore theologo, confessore regio : nunc
« primum in lucem emissum. Cum privilegio. Venale
« habetur in officina Henrici Stephani, ubi impressum est,
« e regione scolæ Decretorum sita, et in vico Sancti Jacobi,
« in officina Johannis Parvi, sub Lilio aureo. »

Ce volume, composé de 164 feuillets in-quarto, plus
22 feuillets préliminaires, fut achevé d'imprimer le
1 juin 1513, comme l'annonce la souscription du fol. 164 :
« Absolutum est Parisiis hoc Sigeberti chronicon, cum
« non paucis additionibus, per Henricum Stephanum, artis
« litterarum excusoriæ industrium opificem, in sua officina
« e regione scolæ Decretorum, expensis ejusdem et Joannis
« Parvi, bibliopolæ insignis, anno Domini, cuncta tempora
« disponentis, 1513, calendis Junii. »

L'édition imprimée par Henri Estienne fut préparée
principalement d'après un manuscrit de l'abbaye du Valasse [2] par Antoine Le Roux, qui offrit son travail en ces
termes à Guillaume Petit :

Plurimum reverendo patri et domino Guillelmo Parvo, regiæ ma-
jestati ascito confessori, doctori theologo quam clarissimo, Anto-
nius Rufus, salutem.

Superioribus diebus, cultor tui nominis et litteris achademiæ nostræ
Parisiensis utcunque potest inserviens, Jacobus Faber, tuo nomine et
Joannis Parvi, insignis bibliopolæ ejusdem studii, colendissime pater,

---

[1] Le rédacteur de ce titre a par erreur attribué à Robert la première et la troisième partie de la continuation de Sigebert, telle que
nous l'offre l'édition de 1513. La première partie, jusqu'à l'année 1155,
est la continuation d'Anselme de Gemblours et d'un chanoine de
Prémontré, avec les interpolations d'un moine d'Ourscamp; la dernière partie, de 1187 à 1210, a été écrite dans l'abbaye de Jumiéges.

[2] Voyez plus haut, p. xxxv.

tradidit michi historiam Sigeberti, Gemblacensis monachi, quod superiore æstate Chronicon Eusebii de temporibus emitti jusseras [1]. Ego vero protinus acceptam historiam cum vetusto exemplari ex bibliotheca Divi Victoris in summeniis urbis Pariseæ multa cum humanitate cum abbatis tum venerabilium illius loci patrum ad tuum nomen extracto, contuli, et quam plurima scitu digna comperi, maxime quæ ad rem ecclesiasticam et religiosam pertinent. In tuo tamen exemplari, religiosissime pater, sunt quædam inserta ex Historia britannica Galfridi Monemutensis, ex antiquissimis britannici sermonis monumentis in latinum sermonem traducta, quæ quia sic repperi intexta dimisi. Quare, celeberrime pater, arbitraturus nostram operam haud tibi displicituram, aggressus sum domesticæ officinæ Henrici Stephani, apud quem diversor, committere opus, ut ad effigiem Eusebii cuderetur : sic enim hoc opus cupiebas multis prodesse ac in publicum elucescere. Si optymo desiderio tuo satisfecero, reipublicæ satisfactum putavero, cujus utilitati in emittendis nondum luce donatis libris, quæ tua est animi tui nobilitas, vel maxime studes. Unde tibi non parum merito debebit studiosorum omnium posteritas. Recte vale.

L'éditeur Antoine Le Roux est-il le même qu'Antoine Le Roux, abbé de Saint-Georges de Baucherville, de 1506 à 1535 [2] ? Appartenait-il à la famille des Le Roux qui firent construire à Rouen, vers le commencement du XVIe siècle, le merveilleux hôtel du Bourg-Theroulde [3] ? Je pose les questions sans avoir de réponse à y faire. Quant à Guillaume Petit, le promoteur de l'édition de Sigebert et de Robert, nous savons qu'après avoir été chapelain et confesseur du roi, il s'assit sur les siéges épiscopaux de Troyes et de Senlis, et nous possédons le catalogue qu'il dressa

---

[1] Cette phrase, dont plusieurs mots ont peut-être été omis ou altérés par l'imprimeur, fait allusion à un volume que Henri Estienne avait fait paraître en 1512 et qui renferme les chroniques d'Eusèbe, de saint Jérôme et de Prosper.

[2] *Gallia christiana*, XI, 272.

[3] Voyez le Mémoire de M. Le Prévost dans *Archives annuelles de la Normandie*, 1826, p. 161-184.

en 1518 des livres de François I, conservés au château de Blois[1]. Guillaume Petit, par une lettre du 7 juin 1513, fit publiquement hommage à Antoine Boyer, abbé de Fécamp[2], de l'édition de Sigebert, qui venait de lui être offerte par Antoine Le Roux :

Amplissimo patri domino Antonio Boero domino Fiscannensi, Guillelmus Parvus, salutem.

Cum præsens Sigeberti clarissimi monachi chronicon michi hodie cum præfixo ad me epistolio oblatum fuisset, id non satis pro dignitate factum putavi, et indolui plane. Nam non michi debebatur, sed alii potius, et tibi potissimum, qui es ingentis monachicæ vitæ multitudinis amplissimus pater et optimus moderator, et ejus quidem professionis cujus fuit et ipse Sigebertus, temporum rerumque insignium in eis ipsis gestarum vigilantissimus collector. Quare exemplo ejus, præsertim cum tibi nuncupabitur opus, poterunt tui exhortari ut studiis honestatis vacantes posteris vivant. Ad quod præterea poterunt animos eorum plurimum impellere multorum sanctorum illic descripta clarissima facinora, sed maxime omnium, ut mea fert opinio, tui nominis in hujus libri frontispicio gravissima conspecta authoritas. Hæc me causa promovit ut et opus tibi dicatum iri vellem et ad te breviusculam hanc conscribere epistolam, præter illam antiquam observantiam qua te tuosque semper summe colui atque magni feci. Vale.

Parisiis, ex regia curia, septimo idus Junias, anno Christi M D XIII.

Tout insuffisante qu'elle était, l'édition de Robert de Torigni publiée en 1513 fut reproduite cinq fois :

1° En 1566 par Simon Schard, dans *Germanicarum rerum quatuor celebriores vetustioresque chronographi* (Francfort, in-folio), folio 142 v°-165 v° ;

2° En 1583 par R. Laurent de La Barre, dans *Historia christiana veterum patrum*[3] (Paris, in-folio), fol. 460 v°-476 v° ;

---

[1] Voyez mon Histoire du Cabinet des Manuscrits, I, 175.
[2] *Gallia christiana*, XI. 213.
[3] Cet important ouvrage de notre compatriote n'est indiqué ni dans

3° En 1583 par Pistorius, dans *Illustrium veterum scriptorum qui rerum a Germanis per multas ætates gestarum historias vel annales posteris reliquerunt tomus unus* (Francfort, in-folio), p. 632-676;

4° En 1613 dans la réimpression du recueil de Pistorius (Hanovre, in-folio);

5° Enfin, en 1726, dans le recueil de B. G. Struve : *Rerum Germanicarum scriptores aliquot insignes* (Ratisbonne, in-folio).

André Du Chesne donna, en 1619, dans ses *Historiæ Normannorum scriptores antiqui* (p. 977-1003) la partie de la chronique de Robert qu'il avait trouvée dans le ms. de Saint-Victor[1], c'est-à-dire la partie de la deuxième rédaction qui correspond aux années 1138-1169; il l'intitula : « Chronica Normanniæ, continens multa ad Francos et « Anglos pertinentia. »

Le véritable texte de Robert de Torigni fut pour la première fois mis en lumière par Dom Luc d'Achery, qui le comprit dans son édition des OEuvres de Guibert de Nogent[2] (pages 717-810). Le savant bénédictin mit à contribution le manuscrit du Mont-Saint-Michel et celui de Jumiéges.

C'est d'après l'édition de Luc d'Achery que Dom Brial, en 1786 et 1822, inséra la meilleure partie de la chronique de Robert de Torigni dans les tomes XIII (pages 283-326) et XVIII (pages 334-338) du *Recueil des Historiens*. Le travail de Dom Brial se recommande par les notes et par l'emploi

---

le *Manuel* de Frère, à l'article de La Barre (II, 126), ni dans la notice de M. Pillet, faisant partie du *Bulletin de la Société de Bayeux* (année 1852, p. 61-100). L'épitre dédicatoire à Jean de Rieux, seigneur de la Feillée, de l'Isle-Dieu et de Belle-Isle, se termine par cette date : « Parisiis, ex musæolo nostro apud Gervasianos, idibus Julii, « 1582. »

[1] Voyez plus haut, p. xxv.
[2] *Venerabilis Guiberti abbatis Beatæ Mariæ de Novigento opera omnia.* Paris, 1651, in-folio.

qu'il a fait des manuscrits de Savigny, de Lire, de Fécamp et de Saint-Wandrille.

En 1844, Louis Conrad Bethmann a joint le texte de Robert de Torigni à l'excellente édition de Sigebert dont il a enrichi le tome VI des *Scriptores* de Pertz (pages 476-535). Cette nouvelle édition de Robert, qui a été littéralement reproduite, en 1854, dans le tome CLX de la Patrologie latine de Migne (col. 413-546), a surtout le mérite d'être un calque assez fidèle du manuscrit du Mont-Saint-Michel.

Grâce à la libéralité de l'administration municipale d'Avranches, qui m'a permis d'étudier à loisir ce même manuscrit, et de le comparer minutieusement aux autres, j'espère avoir amélioré sur plus d'un point le texte de la chronique. J'ai essayé de reproduire exactement la rédaction que l'auteur arrêta en 1186, à la veille de sa mort ; de retrouver le texte primitif des passages qu'il a remaniés après coup ; d'indiquer les emprunts qu'il a faits à ses devanciers ; de bien fixer la chronologie ; enfin, de renvoyer aux documents authentiques à l'aide desquels le témoignage de Robert peut être infirmé, corroboré ou complété. Puisse mon travail répondre aux intentions de la Société de l'histoire de Normandie, et justifier la confiance dont elle m'a honoré !

APPENDICE A LA PRÉFACE.

1. *Lettre de Hugues, archevêque de Rouen, sur les reliques découvertes à Gasny en 1167* [1].

Venerandis[2] patribus cunctisque ecclesiæ catholicæ fidelibus, Hugo, Rothomagensis sacerdos, salutem et idipsum sapere in Christo Jesu et in ecclesia ejus. Cuidam noto, vitæ venerabilis, Ganfrido heremitæ, nostris temporibus, primum manifestis visionibus, deinde angelica collocutione, ostensum est quod, apud quandam villam in nostra parrochia, deinde Vadum Nigasii, quæ vulgo Waenie dicitur[3], absconsæ essent a longe retro actis temporibus reliquiæ preciosæ sub altari beati Nigasii, quarum notatio in libello ibidem invento scripta contineretur. Ipse vero, in loco quem prius, absens corpore, præsentia spiritus viderat, optatum suæ visionis effectum habere desiderans, introductus ad nos per manum karissimi filii nostri Rogeri, abbatis Sancti Audoeni[4], cum nobis rem aperuisset, accepta a nobis benedictione, cum quibusdam monachis Sancti Audoeni iter arripiens, in via cœpit infirmari, illisque qui cum eo erant, ut ipsi testantur, quædam prophetice prædixit. Deinde, ad locum veniens, indicto triduano jejunio, antequam reliquiæ effoderentur, omnia sicut erant, ac si corporeis oculis vidisset, denuntians, se moriturum sentiens, adjecit quod corpus ejus inhumatum teneretur donec eventus rei factam[5] sibi revelacionem certificaret; et si veritas rei consequeretur, ecclesiastica ei fieret sepultura; sin autem, quolibet projiceretur[6]. Ante mortem ejus et post, ut testantur illi qui viderunt, quædam per eum Dominus miracula fecit. Eo defuncto, effodientes viri in loco monstrato,

---

[1] Voyez plus haut, p. x.
[2] *Venerandus* dans le ms.
[3] Gasny, Eure, arr. des Andelys, canton d'Ecos.
[4] *Audoei* dans le ms. — Roger l'Aigle, abbé de Saint-Ouen de Rouen, depuis 1157 jusqu'en 1167 ; voyez plus loin, page 307, et *Gallia christiana*, XI, 145.
[5] *Factum* dans le ms.
[6] *Proiceretur*, ms.

reliquias honorifice et mirabiliter, eo modo quo vir sanctus prædixerat, repositas invenerunt. Benedictus Deus, qui beneficia sua suis largiri non desistit! Omnibus igitur ad has reliquias visendas [1] et honorandas venientibus, secundum tenorem libelli ibidem reperti, sit absolutionis indictum et salus æterna! Propter quarum honorem et reverentiam, de clementia Dei confidentes, his qui devote advenerint de pœnitenciis injunctis pro criminalibus terciam partem relaxamus, de levioribus medietatem. Talibus enim indulgentiis confortatur ecclesia Christi. Inventæ sunt autem hæ reliquiæ anno ab incarnatione Domini M CLX septimo, decimo kalendas Augusti. Continentia vero litterarum quæ ibi repertæ sunt hæc est : « Clarus, Midelmo, « Aldricus, et Johannes, jubente eis Domino per angelum, coram « venerabili Pientia paucisque fidelibus, ut modici absconsores tantæ « religionis, illis tempore quorum seu quibus revelabuntur [2], domi- « nicæ absolutionis indictum et salutem æternam. Zonam matris « Christi. Cingulum ejus in cuna. Mitra sancti Nigasii. Stola et scan- « dalia ejusdem. Gladium mortis suæ sociorumque ejus. Quæ qui « viderint et crediderint et fide perceperint [3], Domino viventes, Do « mino morientur, atque resurgent ei cujus sunt. Et si quorum forte « temporaliter indiguerint, fide postulent, et fiet eis. Ira Dei in filios « diffidentiæ. Dominus salvet sperantes in se. Amen. »

2. *Vers gravés sur la couronne de lumières de l'église de Bayeux* [4].

Versus supra coronam ecclesie Baiocensis.

1. Pax et honor vobis celestis civibus urbis!
  Spes redeat mundo : lupus est superatus ab agno.

---

[1] Le ms. porte *visandas*; peut-être pour *visitandas*.
[2] Le manuscrit porte *revelabaintur*.
[3] *Perceperunt* dans le ms.
[4] Voyez plus haut, p. xii. — La couronne de lumières de la cathédrale de Bayeux est ainsi mentionnée sur un inventaire de l'année 1476 qu'a bien voulu me communiquer M. l'abbé Laffetay : « Item en « la nef, devant le crucifix, est une couronne ronde, de grant circuite,

VERSUS CIRCA CORONAM, QUORUM UNUS DEFFICIT ET INORDINATE SITU-
ANTUR IBIDEM.

 Urbs est angelicis semper possessa colonis.
 Nomenque est [1] urbis supreme visio pacis.
5. Illius [2] est murus fidei fundamine firmus,
 Turres virtutes fidei de rupe tenentes,
 Hanc contemplari debet cujusque fidelis
 Mens et in archano memori recondere templo ;
 Cujus ad accessum non est temere properandum,
10. Sed suspirando, flendo, commissa luendo.
 Ejus amore pium bellari vincere sanctum
 Dulce triumphari.... [3] sic sine fine beari.
 Hujus in excubiis qui solicite vigilabit,
 Regem [4] judicii secura mente videbit.
15. Urbis in exemplum decorant dyademata templum.
 Horum custodes duodeni bis seniores,
 Culmen apostolicum complens numerum duodenum,
 Atque prophetarum totidem primordia legum.
 Horum concives, ipsorum jussa sequentes;

« pendante à une grosse chaine de fer, laquelle est très excellente et
« de grande estimation, faitte de fin et chier metal, escripte toult
« environ en mètres, à lanternes haultes de diverses façons, et toute
« dorée, et au boult de bas de la dicte chaine; qui la porte, a une
« grosse pomme de semblable matiere et toulte dorée. » Sur cette
couronne, qui fut détruite en 1562, voyez Hermant, *Hist. du diocèse
de Bayeux*, p. 133, et Beziers, *Hist. de la ville de Bayeux*, p. 39. — Sur
les couronnes de lumières en général, on peut consulter le *Cours
d'antiquités*, de M. de Caumont (VI, 120), le tome III des *Mélanges
archéologiques* des PP. Martin et Cahier, le *Bulletin monumental*
(XX, 290), et le *Dictionnaire raisonné du mobilier français* de Viollet
Le Duc (I, 136). Aux textes indiqués dans ces ouvrages, il faut ajouter
les pièces CCLIII et CCLIV des poésies de Baudri, abbé de Bourgueil.
que j'ai insérées dans la *Romania*, année 1872, p. 50.

[1] Les mots *Nomenque est* ont été récrits au xvie siècle.

[2] Henri Oresme avait d'abord écrit le vers : *Turres virtutes* avant
Illius est murus.

[3] *Triumphare atque*, s'il faut s'en rapporter à une correction du
xvie siècle.

[4] Le mot *regem* a été retracé au xvie siècle.

20. Clamant assidue : Gens sancta, venite, venite,
    Currite, ne fiat tardata diu fuga vestra.
    Hoc est quo tendit, quod [1] pastor prædicat omnis.
    Hiis ab spiritibus inimicis insidiatur :
    Namque quis ut fiat civis dum mente laborat,
25. Atque fere totum perfecit iter meritorum,
    Solicite vigilant, curant ut ad yma reducant,
    Et [2] de prostrato letantur ab arce colono.
    Horum............. pervertit ceca cupido
    Jud................ et judicialia jura,
30. Un.............. jus pauperis atque potentis.
    Magnum namque malis favet aurea gracia summis,
    In quorum lingua fiunt falsissima vera ;
    Verum si loquitur pauper, mendax reperitur.
    Sic ergo premitur vicii luctamine virtus.
35. Sed quia lingua sonat raro, doctrinaque cessat,
    Ut quod verba tacent, exempla fidelia monstrent
    Verborumque loco, signo saciatur in isto
    Cordis in aure sitim paciens devocio plebis.
    Hic puto deficere versum : Hujus et in medio *etc.*
40. Sedit rex agnus, quem virginis edidit alvus,
    Qui dum mactatur (mactatur enim) saciatur
    Corde fidelis homo, si percipit, esuriendo,
    Et manducatur totus bibiturque futurus.
    Namque caro verus cibus est sanguis quoque potus,
45. Idem semper idem, patre non divisus eodem.
    Circulus et turres circum quid significantes ?
    Judicio nostro, nil signant certius isto
    Quod canitur legitur populoque rudi reseratur.
    Munere pro tanto venerandus episcopus Odo
50. Leticie palma potiatur in arce superna. Amen.

[1] La lecture du mot *quod* est douteuse.

[2] Ce vers et les sept suivants avaient d'abord été copiés dans un autre ordre. Je les ai rétablis suivant l'ordre des lettres marquées en marge pour indiquer la transposition. Henri Oresme les avait primitivement disposés comme il suit : *Et de — Magnum — In quorum — Verum si — Horum — Jud.... — Un... — Sic ergo.*

Istos XLVII versus[1], confuse et sine ordine in corona dispersos, per inadvertenciam aurifabri, qui nuper eam polivit et tersit, recollegi in ordine, prout melius potui. Et qui melius viderit, corrigat et emendet.   H. ORESME.

[1] Henri Oresme n'a compté que 47 vers, parce qu'il a négligé les deux vers gravés sur la partie supérieure de la couronne, et le vers dont il a signalé l'absence avant le vers 40.

ROBERTI ACCESSIONES

AD SIGEBERTUM.

94.

Tercius[1] Romanæ ecclesiæ præfuit episcopus Clemens annis novem. Quo tempore ad collocandum in Galliis novæ fidei fundamentum pietas superna magnificos atque industrios viros destinavit, Parisiensibus videlicet Dionisium, Silvanectensibus Regulum, Rothomagensibus Nigasium, Ebroicensibus Taurinum, Arelatensibus Trophimum, Narbonæ Paulum, Tholosæ Saturninum, Arvernis Astremonium, Lemovicis Marcialem, Turonicis Gazianum[2], Cenomannicis Julianum,

---

[1] Cet article est emprunté aux Annales de Rouen.

[2] Le copiste de J avait d'abord écrit *Gazianum*. On a ajouté un *r* en interligne, pour faire le mot *Grazianum*. La forme *Gazianum* a été puisée par Robert de Torigni dans les Annales de Rouen; voy. le ms. latin 5530, fol. 2 et fol. 5.

Belvacensibus Lucianum, Ambianensibus Firminum, Ludunensibus Photinum.

96.

Hoc anno beatus Dionisius atque Nigasius cum sociis suis per coronam martyrii pervenerunt ad Christum gloriosi [1].

131.

Floruit sanctus Taurinus, Ebroicensis episcopus primus.

306.

Ordinatus est sanctus Maslonus [2], archiepiscopus Rothomagensis secundus.

311.

Subrogatur [3] Avitianus, archiepiscopus Rothomagensis tertius, qui interfuit concilio Arelatensi primo.

326.

Subrogatur [4] Severus, archiepiscopus Rothomagensis quartus.

---

[1] *Gloriosi* omis dans J.

[2] *Mallonus* J. — Saint Melon figure à l'année 306 dans les Annales de Rouen, ou du moins dans les Annales de Saint-Evroul, qui, pour cette période, représentent les Annales de Rouen.

[3] La substance de cet article est tirée des Annales de Rouen, qui, sous l'année 312, portent : « Concilium Arelatense primum, in quo fuit Avitianus Rot. archiep. »

[4] Cette note est à l'année 325 dans les Annales de Rouen. Je fais observer, une fois pour toutes, que les noms d'archevêques de Rouen qui vont suivre, jusqu'à la fin du xi° siècle, sont tirés des Annales

341.

Eusebius, archiepiscopus Rothomagensis quintus, subrogatur.

366.

Subrogatur Marcellinus, archiepiscopus Rothomagensis sextus.

385.

Subrogatur Petrus, archiepiscopus Rothomagensis septimus.

405.

Subrogatur Victricius, archiepiscopus Rothomagensis octavus, cui Innocentius papa misit decretalem epistolam.

409.

Subrogatur sanctus Evodius [1], nonus archiepiscopus Rothomagensis.

417.

Subrogatur Innocentius, decimus archiepiscopus Rothomagensis.

426.

Subrogatur Evodus, XI archiepiscopus Rothomagensis.

430.

Subrogatur [2] Silvester, XII archiepiscopus Rothomagensis.

---

de Rouen. Les numéros d'ordre qui accompagnent ces noms sont une addition de Robert.

[1] Le nom d'Evodius manque dans les Annales de Rouen.

[2] Silvestre est placé à l'an 434 dans les Annales de Rouen.

442.

Subrogatur Malsonus, archiepiscopus Rothomagensis XIII.

451.

Subrogatur Germanus, archiepiscopus Rothomagensis XIIII.

459.

Subrogatur Crescentius, xv Rothomagensis archiepiscopus.

473.

Claruerunt [1] sanctus Gildardus, xvi archiepiscopus Rothomagensis, et sanctus Remigius, Remensis episcopus, et sanctus Laudus, Constantiensis episcopus, consecratus a Gildardo.

499.

Subrogatur Flavius, xvii Rothomagensis archiepiscopus.

534.

Subrogatur Prætextatus, xviii archiepiscopus Rothomagensis.

569.

Natus [2] est sanctus Wandregisilus.

---

[1] Article emprunté aux Annales de Rouen, comme ceux qui précèdent et ceux qui suivent.

[2] La naissance de saint Wandrille est placée à l'année 570 dans F et J.

582.

Interficitur[1] Prætextatus, Rothomagensis archiepiscopus, cui successit Melantius XIX, licet indigne, quia, ut fertur, de nece ejus particeps fuit[2].

593.

Subrogatur Hildulfus, xx archiepiscopus Rothomagensis.

596.

Transitus[3] sancti Ebrulfi abbatis.

623.

Sanctus Romanus, miræ sanctitatis, fit archiepiscopus Rothomagensis XXI.

635.

Defuncto[4] sancto Romano, ordinatus est sanctus Audoenus, XXII Rothomagensis archiepiscopus.

652.

Constructa[5] sunt fundamenta ecclesiæ Sancti Wandregisili.

---

[1] La mort de Prétextat est à l'an 581 dans F et J.

[2] *De necis ejus consensu calumnialus est.* Annales de Rouen.

[3] Note empruntée aux Annales de Saint-Evroul.

[4] Les Annales de Rouen placent la mort de saint Romain en 633, et l'ordination de saint Ouen en 635. — L'ordination de saint Ouen est à l'année 634 dans F et J.

[5] C'est à l'année 645 que la Chronique de Fontenelle rapporte la fondation de l'abbaye de Saint-Wandrille.

677.

Sanctus Audoenus transit ad Dominum [1] ; cui successit sanctus Ansbertus, XXIII Rothomagensis archiepiscopus.

695.

Defuncto [2] sancto Ansberto, successit Grippo XXIIII Rothomagensis archiepiscopus.

719.

Subrogatur Ravilandus [3], XXV Rothomagensis archiepiscopus.

722.

Claruit [4] Hugo sanctus, XXVI Rothomagensis archiepiscopus, qui præfuit etiam ecclesiis Parisiacensi, Baiocensi, abbaciis etiam Gemmeticensi et Fontinellensi.

730.

Defuncto sancto Hugone, successit Ratbertus [5], Rothomagensis archiepiscopus XXVII.

741.

Subrogatur [6] Ragenfridus [7], XXVIII Rothomagensis archiepiscopus.

---

[1] *Transit a seculo* J. — Cet événement est à l'an 676 dans J.
[2] A l'année 694 dans J.
[3] *Ranilandus*, dans F et J, qui mettent cette note sous l'année 718.
[4] A l'an 721 dans F et J.
[5] *Robertus* F. *Rolbertus* J.
[6] A l'an 739 dans les Annales de Rouen.
[7] *Raginfredus* J.

755.

Subrogatur ¹ Remigius, xxix archiepiscopus Rothomagensis, frater uterinus Pipini ² regis.

761.

Mortuo ³ Ædelbrith rege Anglorum, regnavit Ecgfed xxxiii annis.

772.

Subrogatur Meinardus, xxx archiepiscopus Rothomagensis.

780.

Subrogatur Willermus⁴, xxxi archiepiscopus Rothomagensis.

794.

Mortuo ⁵ Ecgfrerd rege Anglorum, regnavit Ebrid Pren tribus annis, et captus est et abductus a Cenwolfo rege ⁶.

798.

Cudred rex Anglorum regni infulas optinuit novem annis.

---

¹ A l'an .754 dans F et J.

² *Pipinis* M. — Le degré de parenté de Rémi avec Pépin n'est point mentionné dans les Annales de Rouen. Il est indiqué par Orderic Vital, I, 153.

³ Note empruntée à Henri de Huntingdon, dans Petrie, I, 734.

⁴ Ce mot est une faute pour *Guillebertus*.

⁵ A l'an 793 dans F et J.

⁶ *Cenwolfore* M. J'ai rétabli la véritable leçon d'après Henri de Huntingdon (dans Petrie, I, 734), à qui Robert a emprunté cet article, de même que le suivant.

802.

Obiit [1] Remigius, Rothomagensis archiepiscopus, cui successit domnus Hugo, filius Karoli Augusti, imperatoris et regis Franciæ.

806.

Mortuo Cudred, regnavit Baldred xxviii annis [2].

828.

Beatus [3] Hugo, relicto archiepiscopatu Rothomagi, effectus est monachus Gemetiensis.

834.

Fugato [4] Baldred, cessavit regia stirps [5] Cantuariæ, et de alienis regnavit Athelwifus [6] xix annis.

836.

Herio [7] insula, translatio sancti Philiberti vii idus Junii, quando Northmanni vastaverunt Britanniam et alias terras.

---

[1] A l'an 801 dans F et J. — Cet article n'est pas dans les Annales de Rouen.

[2] xxix annis F et J. — Il y a xviii annis dans Henri de Huntingdon (Petrie, I, 734), de qui cet article est tiré.

[3] Cet article n'est pas emprunté aux Annales de Rouen, qui se bornent à mentionner, sous l'année 828, le pontificat de Ragnoardus.

[4] Article emprunté, au moins en partie, à Henri de Huntingdon, dans Petrie, I, 734.

[5] Stirips M.

[6] Athelvulfus F.

[7] Article emprunté aux Annales de Rouen.

837.

Subrogatur Gumboldus [1], xxxiiii archiepiscopus Rothomagensis, et obiit sanctus Hugo.

842.

Translatio [2] sancti Audoeni archiepiscopi, quando vastaverunt Northmanni Rothomagum et succenderunt monasterium illius, idibus Maii.

849.

Subrogatur Paulus, xxxv archiepiscopus Rothomagensis.

851.

Bier [3], filius Lotroci, regis Danemarchiæ, cum magistro et pædagogo suo Hastingo, venit in regnum Francorum, quod ferro et flammis attriverunt fere per triginta annos. Postea vero Bier repatriare volens, in Anglia naufragium passus, multis sociorum amissis, in Frisia obiit. Hastingus autem in Francia remanens cum Karolo Simplici, rege Francorum, fœdus pacis iniit, et urbem Carnotensem stipendii munere ab ipso accepit, quam postea, tempore Rollonis, Teboldo, comiti Blesensi, ipsius versuciis deceptus, vendidit, et peregre profectus disparuit.

[1] *Guboldus* F et J. — Cet archevêque figure à l'année 838 dans les Annales de Rouen.
[2] Article emprunté aux Annales de Rouen.
[3] Article rédigé d'après Guillaume de Jumièges, I, 5, 9 et 11, et II, 11.

855.

Mortuo Paulo, subrogatur Wanilo, xxxvi archiepiscopus Rothomagensis.

859.

Sepulto [1] Ædelbaldo apud Scyreburnam, regnavit frater ejus Ætelbrith quinque annis, cujus duces Dacos vicerunt.

863.

Mortuo [2] Ætelbrith, regnavit frater ejus Altelred sex annis.

865.

Venerunt [3] Northmanni medietate Julii.

Obiit [4] Wanilo, cui successit Adalardus, xxxvii archiepiscopus Rothomagensis.

869.

Obiit Adelardus, cui successit Riculfus, xxxviii archiepiscopus Rothomagensis.

Mortuo [5] Altelred, qui contra Dacos cum fratre suo mire conflixit, regnavit Alfredus, frater ejus, viginti octo annis [6], qui fecit magna.

---

[1] Henri de Huntingdon, dans Petrie, I, 750.

[2] Henri de Huntingdon, dans Petrie, I, 750.

[3] Phrase tirée des Annales de Rouen.

[4] La mort de Wanilon est à l'an 866 dans F, et telle est la version des Annales de Rouen.

[5] Henri de Huntingdon, dans Petrie, I, 750.

[6] *Annis* xxix F et J.

872.

Obiit Riculfus, cui succedit Johannes, xxxix archiepiscopus Rothomagensis.

874.

Obiit Johannes, cui successit Witto [1], xl archiepiscopus Rothomagensis.

875.

Obiit Witto, cui successit Franco, xli archiepiscopus Rothomagensis.

876.

Northmanni [2], origine Dani, duce quodam Rollone nomine, a Scitia inferiore egressi, atque per Oceanum vecti, cum sæpe numero ante tam Germaniam quam Galliam more piratico per eadem Oceani littora excursantes infestassent, tandem egressi, Galliam, qua in parte Britanniam respicit, pervaserunt, civitatemque in ea Rothomagum occupantes usque in hanc diem Northmaniam de suo nomine vocaverunt. Francis tunc Karolus qui Simplex dictus est imperabat. Northmani vero lingua barbarica quasi homines septentrionales dicti sunt eo quod primum ab illa mundi parte venerunt. Karolus autem rex Francorum, inito cum eis fœdere, filiam suam Gislam Rolloni uxorem dedit, et eam terram quæ nunc Northmannia vocatur ei

---

[1] *Wito* dans J, qui met cette note à l'année 873.
[2] Ce qui est ici sous l'année 876 vient de Guillaume de Jumièges, notamment des chapitres 12, 17, 18, 19 et 22 du livre II.

concessit, addita etiam ad sumptuum supplementa tota minori Britannia, quæ antiquitus Letavia sive Armorica vocata est ¹. Nam terra maritima quæ nunc vocatur Northmannia ob diuturnos paganorum excursus, silvis ubique adultis, cultro et vomere torpebat inculta. Flandrensem vero comitatum voluit ei rex primum dare, sed noluit præ paludum impeditione recipere.

Anno igitur dominicæ incarnationis nongentesimo XII, benedicto fonte in nomine sanctæ Trinitatis, Rollo a Francone archiepiscopo Rothomagensi baptizatur; quem Robertus dux Francorum a fonte excipiens, ei suum nomen imposuit. Rollo autem postquam baptizatus est, per VII dies quibus in albis mansit, Deum et sanctam ecclesiam devote, datis muneribus, honoravit. Nam primo die dedit terram præmaximam sanctæ Mariæ Rothomagensi ecclesiæ; secundo, sanctæ Mariæ Baiocensi ecclesiæ; tercio, sanctæ Mariæ Ebroicensi ecclesiæ; quarto, sancti Michaelis archangeli ecclesiæ in periculo maris supra montem positæ; quinto, sancti Petri et sancti Audoeni in suburbio Rothomagi ecclesiæ; sexto, sancti Petri et sancti Aichadri Gemeticensi ecclesiæ; septimo, Brenneval ²

---

¹ Le membre de phrase *quæ — vocata est* n'est point dans Guillaume de Jumièges. Plusieurs hagiographes donnent à la Bretagne le nom de *Letavia*; ainsi, on lit dans la vie de saint Gildas : « Armorica.... « tunc autem a Britannis a quibus possidebatur Letavia dicebatur. » Bouquet, III, 449.

² *Breneval* J. — En 968, Richard I, duc de Normandie, confirma à l'abbaye de Saint-Denis « quandam potestatem, Britnevallem no- « mine, sitam in pago Tellau, quam olim prædecessores mei, avus

cum omnibus appendiciis sancto Dionisio dedit. Octavo die expiationis ejus, vestimentis crismalibus exutus, verbis cœpit adquisitam terram metiri comitibusque suis et ceteris fidelibus suis largiri. Videntes autem pagani ducem suum christianum esse, relictis idolis, Christi nomen suscipiunt, ac unanimes ad baptismum convolant, et exinde gens Northmannorum, Christo credens, fidei subacta est.

Rollo autem dux, qui et Robertus, postquam uxor ejus Gisla mortua est absque liberis, repudiatam Popam, filiam Berengerii comitis Baiocensis [1], ex qua genuerat Willermum Longam Spatam [2] et unam filiam Gerloch [3], quam postea duxit Willermus dux Aquitanorum, iterum repetens sibi copulavit.

893.

Capta [4] est civitas Ebroicensis, sed episcopus Sebar Deo auctore evasit.

« scilicet meus, Robertus nomine, paterque meus Willelmus partibus « Sancti Dionysii tradiderunt. » Bouquet, IX, 731. — A raison de son fief de Berneval-le-Grand (Seine-Inférieure, arr. Dieppe, cant. Offranville), l'abbé de Saint-Denis devait au duc de Normandie le service d'un chevalier : « Abbas Sancti Dyonisii, servicium I militis de feodo Bernevallis; » Rôle de 1172, dans Bouquet, XXIII, 694.

[1] Ainsi portent M et C; mais il y avait d'abord dans M *filiam Widonis comitis Silvaneclensis*. C'est la leçon de J, L et F. Guillaume de Jumièges donne simplement à Bérenger la qualification de *illustris vir* (II, 12). Voyez plus bas, p. 15, note 1.

[2] Le surnom de Longue-Epée n'est pas dans le passage correspondant de Guillaume de Jumièges (II, 22).

[3] *Gelloc* F. *Gerloc* S. Dans les passages correspondants (II, 12 et 22), Guillaume de Jumièges ne mentionne pas le mariage de la princesse; mais il en parle ailleurs (III, 3).

[4] A l'an 892 dans F. Cette note est tirée des Annales de Rouen.

899.

Edwardus [1] rex Anglorum regnat xxIIII annis, et pugnavit contra Dacos in Nordimbre, et in egressione Merce vicit eos gloriose, et occidit reges fortes. Vicit quoque Dacos apud Totenhale et conquisivit Merce.

908.

Rollo [2], primus dux Normanniæ, cum exercitu suo Carnoti civitatem obsedit; sed episcopus ejusdem urbis, Walterius [3] nomine, vir religiosissimus, Ricardum Burgundiæ ducem et Ebalum Pictavensium comitem in suo auxilio provocans, tunicam sanctæ Mariæ virginis in manibus ferens, Rollonem ducem divino nutu fugavit et civitatem liberavit.

912.

Babtizatus [4] est Rollo dux Northmannorum, cum multitudine gentis suæ virorum illustrium a Francone Rothomagensi archiepiscopo, factaque est pax inter Karolum, regem Franciæ, et Rollonem, deditque ei Karolus filiam suam nomine Gislam : qua mortua sine filiis, Rollo accepit Popam, prius repudiatam uxorem, de qua genuerat Willermum Longam Spatam et Ger-

---

[1] Henri de Huntingdon, dans Petrie, I, 750.
[2] Article tiré des Annales de Rouen, où il se trouve à l'année 898.
[3] Le véritable nom de cet évêque est Waltelmus. *Gallia christiana*, VIII, 1108. Obituaire de Notre-Dame de Chartres, au 31 janvier, dans *Cartul. de N. D. de Chartres*, III, 32.
[4] Cet article, dont la substance a été fournie par Guillaume de Jumièges, est un abrégé de ce qui a été dit plus haut sous l'année 876.

loch, filiam [1] scilicet Berengarii, comitis Baiocensis, neptem vero Widonis comitis Silvanectensis. De hòc retro invenies plenius.

915.

Relatus [2] est beatus Audoenus de Francia in Normanniam, kalendis Februarii, regnante Karolo.

917.

Obiit [3] Rollo, primus dux Normannorum, cui successit Willermus Longa Spata, filius ejus.

919.

Obiit Franco, cui successit Guntardus, XLII archiepiscopus Rothomagensis.

923.

Edwardo filio Alfredi rege Anglorum mortuo, successit filius ejus Athelstan et regnavit XIII annis, qui fecit maximum prœlium apud Bruneberi [4].

934.

Factum [5] est prœlium apud Rothomagum inter

---

[1] Ainsi portent M et C. *Filiam scilicet Widonis, comitis Silv.* J, F et S. C'était la leçon primitive de M. Sur le mariage de Rollon avec Poppa et sur la famille de Poppa, voyez l'édition de Dudon de Saint-Quentin par Jules Lair, p. 60.

[2] Article des Annales de Rouen.

[3] Article des Annales de Rouen. Robert a ajouté le surnom de *Longa Spata*.

[4] *Bruneber* F et J. *Bruneburh* dans Henri de Huntingdon (Petrie, I, 50), à qui ce passage est emprunté.

[5] Article puisé dans Guillaume de Jumièges, III, 2, 5 et 6.

Willermum ducem et Riculfum fraudulentum ceterosque infideles Willermi comitis, in loco qui dicitur Pratum de Bello. Antea enim, anno ab incarnatione Domini DCCCCXXVII, firmata amicicia inter Franciæ Ludovicum et Henricum regem Theutonum, in quo placito fuit Willermus dux Northmannorum et Ricardus dux Burgundionum, Willermus dux rediens filium Ludovici Lotharium Lauduno de sacro fonte levavit. Regresso ¹ igitur Willermo duce victore de præfato bello, Fiscannensis castri legatus dirigitur, deferens ex quadam nobilissima puella, danico more sibi juncta, nomine Sprota, filium esse natum. Qui lætus valde effectus, sub festinatione Baiocas illum episcopo Heirico mandavit dirigere, ut per ipsius manus sacro lotum fonte, proprio nomine vocaret eum Ricardum. Quod ita factum est. Hic Willermus dux reædificavit ecclesiam Gemeticensem ², ad quod opus, inter cetera beneficia, soror sua Gerloch, Pictavensis comitissa, XII monachos cum abbate suo, nomine Martino, a Sancti Cypriani cœnobio sublatos, fratri destinavit.

936.

Mortuo ³ Athelstan rege Anglorum, successit filius ejus Edmundus, et regnavit VI annis et dimidio, qui super Dacos quinque urbes cepit, et eisdem victis Nordhymbram in dominio tenuit.

---

¹ *Eegresso* M.
² Il y avait d'abord dans M *Gemetiensem*.
³ Henri de Huntingdon, dans Petrie, I, 750

938.

Hericus[1], præsul sanctissimus Baiocensis ecclesiæ, baptizavit primum Ricardum, filium Willermi, ducis Normanniæ, quem de Sprota[2] genuit ipse Willermus filius Rollonis.

942.

Obiit Guntardus, cui successit Hugo, monachus habitu non opere, XLIII archiepiscopus Rothomagensis.

Occiditur[3] Willermus Longa Spata, dux Normannorum, filius Rollonis, nequitia et traditione Arnulfi, comitis Flandrensium[4]. Cum enim idem Arnulfus Herluino comiti Pontivi Monasteriolum[5] castrum vi abstulisset, petendi auxilii causa, dominum Normanniæ Willermum idem Herluinus lugubris aggreditur. Cujus calamitati dux benivolo animo compassus, exercitum congregans, castrum obsidione occupavit et alimoniis munitum Herluino reddidit. Unde Arnulfus efferatus, invitans ducem ad fraudulentum[6] colloquium, fecit illum trucidari apud Pinchiniacum[7], in quadam insula

---

[1] Guillaume de Jumièges, III, 2. Voyez plus haut à l'année 934.

[2] Il y avait d'abord *Sporta* dans M.

[3] Le récit de la mort de Guillaume Longue-Epée est emprunté à Guillaume de Jumièges, III, 10, 11 et 12. Sur cet événement, voyez la dissertation que M. Jules Lair a publiée dans la *Bibliothèque de l'école des chartes*, année 1870, à propos d'un poëme latin découvert par M. Gaston Paris à la bibliothèque de Clermont-Ferrand.

[4] *Flandensium* M.

[5] Montreuil-sur-Mer, Pas-de-Calais.

[6] *Fradulentum* M.

[7] Picquigny, Somme, arr. Amiens.

Somnæ fluvii. Traditorum autem illorum qui eum occiderunt hæc sunt nomina : Heiricus, Balcecurtus [1], Robertus, Ridulfus [2].

Huic Willermo duci Normannorum successit filius ejus Ricardus primus, qui Vetus dicitur, quem de Sprota genuit.

Mortuo [3] Edmundo rege Anglorum, successit Edredus, frater Edmundi, et regnavit novem annis, qui omnes Angliæ partes feliciter obtinuit.

951.

Edredo [4] rege Anglorum mortuo, succedit ei Edwi filius Edmundi, et regnavit IIII annis, qui eodem spatio et potentia regnum tenuit.

955.

Mortuo [5] Edwi rege Anglorum, succedit Edgarus filius Edmundi, et regnavit XVI annis pacifice, et gloriosius omnibus aliis imperavit.

Hujus [6] Edgari pacifici anno quinto, Adelwoldus

---

[1] Au lieu de *Balcecurtus* il y a *Balzo* dans Guillaume de Jumièges.

[2] *Riculfus* F et J.

[3] Henri de Huntingdon, dans Petrie, I, 750.

[4] Henri de Huntingdon, dans Petrie, I, 750.

[5] Henri de Huntingdon, ibid. I, 750.

[6] Ce qui suit est également emprunté à Henri de Huntingdon, ibid. I, 747. — Voici les noms modernes des établissements mentionnés dans le paragraphe relatif aux fondations de saint Athelwood : Winchester, Glastonbury, Abingdon sur la Tamise, Peterborough près Stamford, Thorney, Ramsey, Ely, Chatteris, Croyland, Spalding, Saint-Ives sur l'Ouse, Saint-Gilles sur la Cam et Thetford.

venerabilis feliciter episcopatum Wincestriæ suscepit. Hic, secundo anno episcopatus sui, canonicos quosdam in veteri monasterio Wincestriæ degentes et ordinem suum pigre et negligenter observantes ejecit et monachos imposuit, quæ ecclesia temporibus nostris [1] loco avulsa est, quia nimis conjuncta erat matri ecclesiæ, quæ sedes est episcopi. Consensu igitur episcopi et abbatis ejusdem monasterii extra muros urbis sita est [2]. Adelvoldus vero egregius præsul ædificator sepium fuit, avertens semitas iniquitatis et plantans [radices] [3] caritatis. Ipse namque seminator optimi consilii fuit : cujus monitis, rex Edgarus novellas plantationes et arbusta teneritudinis Deo gratissima instituit. Abbatiam namque Glastingebiriæ construxit, abbatiam Abbaudunæ [4] super Tamasim composuit; abbatiam apud Burch prope Stanfordiam stabilivit; abbatiam Torneigæ, prope illam quæ est apud Burch, in mediis paludibus loco tamen amœnissimo fixit. Consilio etiam Adelvoldi episcopi Adilwinus, consul ejusdem regionis, abbatiam Rameisæ in insula pulcherrima intra easdem paludes fixit. Est autem palus illa de qua loquimur latissima et visu decora, multis fluviis decurrentibus irrigata, multis lacubus magnis et parvis depicta, multis etiam silvis et insulis florida, intra

---

[1] Les mots *temporibus nostris* appartiennent à la rédaction de Henri de Huntingdon. Le changement dont il est ici question date de l'année 1110.

[2] *Fundata est* Henri de Huntingdon.

[3] Robert de Torigni a oublié le mot *radices*.

[4] *Abaudune* J.

quam sunt ecclesia Heliensis, abbatia Remesiensis, abbatia Chaterit[1], abbatia Torneigæ[2], abbatia Crulandiæ ; sed juxta eam sunt abbatia Burgensis, abbatia Spaldingæ, ecclesia Sancti Ivonis super Usam fluvium Huntendoniæ, ecclesia Sancti Ægidii super Grentam fluvium Cantebrugiæ, ecclesia[3] Sanctæ Trinitatis in Tedfordia.

960.

Menardus[4] abbas cœnobium Fontinellam reædificat.

964.

Hoc[5] tempore, Ricardi scilicet ducis Northmannorum, qui tercius a Rollone, avo ejus, Normanniæ regebat ducatum, quique propter ætatis diuturnitatem Vetuli sumpserat cognomen, piæ memoriæ Menardo abbate insistente in sacri cœnobii Fontinellensis restauratione, vir quidam ex transmarinis partibus frequenti commonitus visione in Gallias venit, et ad locum qui super Auturam[6] situs Acineia[7] dicitur intem-

---

[1] *Claterit* M. *Catherit* F et J. *Chateric* Henri de H.

[2] *Tornaige* J.

[3] *Ecclesiæ* M.

[4] *Manardus* S. *Mainardus* J.

[5] Ce paragraphe est la reproduction du chap. V de l'appendice à la Chronique de Fontenelle, qui est principalement relatif aux miracles de saint Vulfran et que d'Achery a publié dans le *Spicil.*, édition in-folio, II, 283.

[6] *Acturam fluvium* J. Il s'agit de l'Eure.

[7] Acquigny, Eure, arr. et cant. de Louviers. Pour tout ce qui concerne le martyre et les reliques de saint Mauxe et de saint Vénérand,

pestæ noctis silentio accessit, sanctorumque corpora Maximi et Venerandi martirum, ut ex revelatione didicerat, invenit, secumque secrecius tulit et ad portum Logiensem[1] festinus descendit, ubi, dato naulo cuidam viro nomine Amalberto, naviculam ingredi voluit, at divina retentus virtute velut ebrius labare cœpit, iterque quod disposuerat explere [2] nullatenus valebat. Quod cum nauta ille cerneret, et novitate rei attonitus, paulo diutius aspectaret, tandem hominem percunctatus quid sub involucro ferret, ad Fontinellæ monasterium, quod juxta erat, secum venire compulit, abbatique et fratribus illum offerens quod actum fuerat expedivit. At ille deprehensum se intuens, spemque deferendi penitus non habens, sancta ossa involuta retexit, nomina et visionem cunctis palam exposuit, sicque amisso quem per tot pericula quæsierat cœlesti thesauro, tristis mœstusque vehementer recessit. Quæ res cum præfato principi Normannorum innotuisset, et fratres humiliter illi suggererent ut quid inde agere deberent decerneret, vigilanter hoc decrevit ut quo divino imperio et sua sancti pervenerant, electione ibidem deinceps permanerent sua quoque auctoritate. Unde hactenus in Fontinellensi cœnobio iidem [3] sancti

---

il faut consulter la *Notice historique sur la commune d'Acquigny* par l'abbé Lebeurier (Evreux, 1862, in-8°), p. 8 et s. Au jugement des Bollandistes (Mai, VI, 36-38) la légende de ces saints est apocryphe.

[1] Le port de Loge sur la Seine, près de Caudebec. Duplessis, *Description de la Haute-Normandie*, I, 88.

[2] *Impleri* J.

[3] M porte *idem*; mais la leçon primitive était *ibidem*. Le texte publié par Luc d'Achery porte *apud nos iidem*.

martyres cum debita habentur reverentia. Progeniem autem eorum et patriam et vitam et passionem libet breviter intimare.

Valentiniano juniore cum matre Placidia [1] rempublicam gubernante, Vitalio et Sabino in Formiana civitate Italiæ consulibus, repentinus gentilium tumultus ejusdem provintiæ in idolorum culturis exoritur. Erant ergo duo fratres germani Maximus et Venerandus, cives Brexiani [2], fide et opere christiani, quorum primus a beato Damaso papa Romano episcopus ordinatus, alter in levitarum numerum ascitus, cum multis aliis ad Italiam euvangelizandi gratia venerunt. Civibus itaque suis cœperunt fidem sanctæ Trinitatis prædicare, culturam idolorum fidei documentis adnullare; sed populus his admonitionibus non adquiescens, Vitalio proconsuli, in Formianam civitatem venienti, super prædicationem sanctorum querimoniam depromunt, et quod simulacro Nestorioso sacrificare dedignarentur eos accusant. Erat [3] autem idem simulacrum sculptum in honorem Liberi patris Bachi, id est Nestorii [4]. Tunc judex jussit exungulari eos et postea in fornacem ardentem projici. Ex qua cum illæsi Dei virtute exissent, flamma exundans Vitalium proconsulem consumpsit. Iterum sancti Dei sub alio judice, scilicet Sabino, experti vertiginem rotarum, feras, jejunium septem die-

---

[1] La leçon primitive était *Placida* ; elle est restée dans F.

[2] *Brixiani* J.

[3] Ce qui suit, jusqu'aux mots *ceperunt flagitare* inclusivement, manque dans F et J.

[4] Une ancienne correction a substitué à ce mot dans M *Nestororii*.

rum in carcere, ex quo ministerio angelico educti sunt, ad præceptum angeli ascitis duobus presbiteris, Etherio scilicet et Marco, se in partes Galliæ direxerunt. Venientes itaque ad civitatem Autisiodorum, a beato Germano honorifice sunt suscepti, et cum eo aliquandiu conversati. Comperiens tandem proconsul Sabinus illos de carcere exisse, et quod fama vulgante partes expetissent Galliæ, cum ducentis armatis viris per quæque eos ubi hospitandi gratia devenerant loca perquirens prosequutus est. Jam enim prædicti duo fratres cum suis comitibus in pagum pervenerant Parisiacum, ad locum videlicet qui dicitur Confluentium [1], ubi fluvius Ysara [2] in fluvium defluit Sequanæ; ubi cum quieti post fatigationem longi itineris indulgerent, fama vulgante, audiunt eminus proconsulem Sabinum cum ducentis satellitibus italicis sese prosequi. Tunc, facta oratione, veloci Dei virtute, viderunt fluvium Sequanæ more rubri maris divisum, quo transito illæsi ad pagum Arbociniacum [3] divina voluntate pervenerunt. Sabinus vero et qui cum eo erant, videntes sanctos fluvium transisse, more Pharaonis immerserunt post ipsos gurgitibus; quorum media pars in eodem flumine interiit, Sabinus autem et qui cum ipso erant natabundi de periculo emerserunt, sanctos Dei persequentes, et fere post triduum apprehenderunt eos super fluvium Auturam, ix kalendas Junii, miliario a vico cui prisca

---

[1] Conflans-Sainte-Honorine, Seine-et-Oise, arr. Versailles, cant. Poissy.

[2] *Sacra* L. L'Oise.

[3] L'Evrecin.

vetustas Achinniacus nomen indidit; comprehensos vero perduxerunt in unam ipsius fluminis insulam, ubi eos diversis affecere contumeliis et tormentis. Cum autem duos inerguminos per Dei virtutem et suam orationem curatos baptizassent, ex centum comitibus Sabini xxx et viii° viri crediderunt Christo, et ut in sanctæ Trinitatis nomine baptizarentur humiliter cœperunt flagitare. Dum ergo beatissimus Maximus episcopus et Venerandus archidiaconus in his baptizandis [1] intenderent, a Sabino proconsule una eademque die, octavo scilicet kalendas Junii, capite plexi sunt. Ipsi vero xxx et viii viri qui baptizari deprecabantur, a suis commilitonibus, sanguine proprio baptizati, decollati sunt. Reliqui igitur tenentes duos presbiteros Etherium et Marcum perducere illos temptabant ad civitatem Ebroicas. Nocte vero sequenti, gloriosi martyres Maximus et Venerandus, propriis sumptis capitibus, ductu angelico, extra insulam in qua decollati fuerant deportaverunt, et in loco ubi olim ecclesia constructa fuerat, sed jam tunc wandalica persequutione apparebat deserta, deposuerunt. Etherius vero et Marcus presbiteri, fuga de manibus persequentium lapsi, ad locum in quo sanctorum corpora dimiserant regressi sunt [2]. Quæ non invenientes, divina voce edocti sunt quo requiescerent loco. Gavisi igitur de glorificatione eorum, infra parietes semirutos ejusdem ecclesiæ, in vico videlicet Achinniaco, sanctissima martyrum corpora sepelierunt.

---

[1] *In populis bapt.* J.
[2] *Regressi, divina voce edocti* J.

Emma [1], uxor Ricardi primi ducis Normanniæ, filia Hugonis Magni, absque liberis moritur. Ipse vero non multo post quandam speciosissimam virginem, nomine Gonnor, ex nobilissima Danorum prosapia ortam, sibi in matrimonio christiano more desponsavit, ex qua filios genuit, Ricardum videlicet qui ei successit, et Robertum postea archiepiscopum Rothomagensem, et Malgerium comitem Curbuliensem, aliosque duos, et filias tres, quarum una nomine Emma Edelredo [2] regi Anglorum nupsit, de qua idem rex Edwardum et Alvredum, Godoini comitis longo post dolis interemptum, procreavit; secunda vero, Hadvis nomine, Goisfrido Britannorum comiti juncta, Alannum et Eudonem duces progenuit [3]; tertia quidem, nomine Matildis, Odoni comiti [4], quæ absque liberis mortua est.. Genuit etiam duos filios et totidem filias ex concubinis, quorum unus Godefridus, alter vero dicebatur Willermus : horum prior comes fuit Aucensis, quo defuncto, accepit frater ejus eundem comitatum, quem adhuc heredes ejus jure possident successionis, licet comes Brionnensis [5], Gislebertus, filius prædicti Godefridi, eundem comitatum parumper tenuerit ante-

---

[1] Paragraphe emprunté à Guillaume de Jumièges, IV, 18.

[2] *Adelredo* J. — Sur Emma, femme des rois Ethelred et Canut, voyez plus bas, aux années 1006, 1038 et 1051.

[3] Geoffroi I, duc de Bretagne, eut de sa femme Havoise deux fils, Alain, duc de Bretagne, et Eudes, comte de Penthièvre.

[4] Eudes, comte de Champagne. Voyez d'Arbois de Jubainville, *Histoire des comtes de Champagne*, I, 203.

[5] Le mot *Brionnensis* n'est pas dans Guillaume de Jumièges.

quam occideretur ¹ a Radulfo de Waceio, filio Roberti archiepiscopi Rothomagensis.

966.

Hoc ² anno ejecit Ricardus marchisus Normannorum clericos sæculares de hoc monte, et aggregavit ibi monachos sub regula beati Benedicti Deo perpetuo servituros.

971.

Mortuo ³ Edgaro rege Anglorum, filio Edmundi, succedit filius ejus, Edwardus rex sanctus, et regnavit v annis, et feliciter occisus est, cujus regni principio apparuit cometa, signum maximæ famis quæ anno secundo secuta est.

972.

Venit ⁴ Aigroldus, rex Danorum, consilio Normannorum fidelium primi Ricardi pueruli in Normanniam, et pugnavit contra Ludovicum ⁵ regem Franciæ, in quo prœlio occisus est Herluinus comes Musterioli, et rex Ludovicus ⁶ captus est; sed Gerberga regina,

---

¹ Le texte de Guillaume de Jumièges s'arrête au mot *occideretur*. La participation de Raoul de Gacé au meurtre de Gilbert, comte de Brionne, est indiquée par Guillaume de Jumièges dans un autre passage (VII, 2).

² Cet article manque dans F, J et C. Il a été ajouté après coup dans la marge de M.

³ Henri de Huntingdon, dans Petrie, I, 748 et 750.

⁴ Guilllaume de Jumièges, IV, 7 et 8.

⁵ *Contra Lotarium* S.

⁶ *Rex Lotarius* S.

consilio Hugonis Magni, filium suum Lotharium in obsidem et duos episcopos, Hildierum Belvacensem et Guidonem Suessionensem, misit pro observanda fide, et rex a captione est liberatus, et Ricardus in patria firmiter dux corrobatus est.

975.

Omnes [1] obtimates Anglorum ceciderunt a quodam solio apud Calne [2], præter sanctum Dunstanum, qui trabe quadam apprehensa restitit, unde quidam valde læsi sunt, quidam vero mortui, Dei scilicet signum quod proditione et interfectione regis sui Edwardi ab amore Dei casuri erant et a diversis gentibus digna contricione conterendi.

976.

Occiso [3] sancto Edwardo, rege Anglorum, filio Edgari, a noverca ejus, matre scilicet regis Adelredi, dum cifum ei porrigeret, cutello eum percutienti, successit frater ejus Adelredus, qui regnavit super universos fines Angliæ xxxvii annis, semper cum labore.

989.

Subrogatur Robertus, xliiii archiepiscopus Rothomagensis.

---

[1] Henri de Huntingdon, dans Petrie, I, 748.
[2] Calne, Wiltshire.
[3] Henri de Huntington, dans Petrie, I, 748.

996.

Obiit[1] primus Ricardus, dux Normanniæ, filius Willermi filii Rollonis, cui successit filius ejus Ricardus secundus. Ipse Ricardus apud Fiscannum, pater Willermus et Rollo avus apud Rothomagum requiescunt[2].

1001.

Obiit[3] Willermus, primus abbas Fiscannensis.

1006.

Circa[4] hoc tempus, Emma, Normannorum gemma, filia Ricardi[5] ducis Normanniæ, venerat in Angliam, et diadema nomenque reginæ, facta regis Adelredi uxor, susceperat. Quo proventu rex Adelred in superbiam elatus et perfidiam prolatus, omnes Dacos qui cum pace erant in Anglia clandestina prodicione fecit mactari una eademque die, scilicet in festivitate sancti Bricii; de quo scelere loqui audivimus[6] quod in unam-

---

[1] A l'an 995 dans F. — La première phrase de cet article est empruntée aux Annales de Rouen.

[2] Sur les sépultures de Rollon et de Guillaume Longue-Epée, voyez Deville, *Tombeaux de la cathédrale de Rouen*, p. 3 et 19.

[3] Cette note a été cancellée dans F, et à cet endroit du ms. une main du xiv⁰ siècle a ajouté en marge : « Mendacium quia tunc creatus est. » C'est en effet en 1001 que Guillaume commença à gouverner l'abbaye de Fécamp. *Gallia christiana*, XI, 206.

[4] Tout ce paragraphe a été emprunté à Henri de Huntingdon, dans Petrie, I, 752 et 736.

[5] Le texte primitif portait *primi Ricardi* ; le mot *primi* a été effacé dans M. Voyez plus bas, à l'année 1051.

[6] « De quo scelere in pueritia nostra quosdam vetustissimos loqui audivimus. » Henri de Huntingdon.

quamque urbem rex præfatus occultas miserit epistolas, secundum quas Angli Dacos omnes eadem die vel gladiis truncaverunt inpræmeditatos, vel igne simul cremaverunt subito comprehensos. Quod indigne ferens Sueni rex Dacorum, vir fortissimus, cui Deus regnum Angliæ destinaverat, cum navibus multis venit ad Norwic et eam prædatus est et combuxit. Siquidem inmiserat Dominus omnipotens jam dudum velut examina apium gentes crudelissimas in Angliam, quæ nec ætati nec sexui parcerent, scilicet Dacos cum Gothis, Norwagenses cum Suathedis, Wandalos cum Fresis, qui ab exordio regni Ædelvulfi regis usque ad adventum Normannorum Willermi regis ductu, ccxxx annis terram hanc desolaverunt, qui etiam ex affinitate Britanniæ nonnunquam Dei vindices et stimuli Galliam pro meritis crudeliter invaserunt, sed tamen tempore Edredi Daci quieti manebant in Anglia.

Obiit [1] Hildebertus, abbas Sancti Audoeni, qui ipsum locum restauravit.

Audi [2], quod nesciebas, quomodo conjuncti sunt ducatus Aquitaniæ et comitatus Pictaviæ. Willermus pius, dux Aquitaniæ [3], habebat cognatum unum Rannulfum comitem Pictaviæ, qui ex propria uxore habebat filium nomine Eblum [4]. Quem, cum pater ejus moreretur,

---

[1] La note relative à Hildebert est tirée des Annales de Rouen.

[2] Le paragraphe relatif aux ducs d'Aquitaine manque dans F, J et C. Il a été ajouté après coup dans la marge de M.

[3] Guillaume dit le Pieux, comte d'Auvergne et marquis de Gothie de 886 à 918.

[4] Ranulfe II, comte de Poitiers, mort en 890. — Son fils et succes-

tradidit eum nutriendum sanctus Geraldus Willermo pio, duci Aquitaniæ, cognato suo. Hic Willermus Aquitaniæ dux fecit monasterium Cluniacense; et uxor ejus Eva ¹, post aliquantulum temporis, cum dux Willermus pius venisset ad extrema, dedit ducatum Aquitaniæ Eblo suo cognato, comiti Pictaviæ; et ex tunc una persona est et dux Aquitaniæ et comes Pictaviæ.

1013.

Ricardus ², dux Normannorum, qui secundus dicitur, hoc tempore duxit uxorem Judith nomine, sororem Goisfredi ducis Britannorum, corpore admodum et moribus elegantem, de qua profluentibus annis tres filios genuit : Ricardum siquidem et Robertum necnon et Willermum apud Fiscannum monachali ³ vellere in adolescentia functum ; totidemque filias, quarum una nomine Adelith Reinaldo Burgundionum comiti ⁴ nupsit, ex qua Willermum et Widonem procreavit ; altera ⁵, Balduino comiti Flandrensi ; tercia

---

seur Eble, chassé de Poitiers en 893, recouvra son comté en 902, prit en 927 le titre de duc d'Aquitaine et mourut en 935.

¹ Ave était la sœur et non pas la femme de Guillaume le Pieux. Celui-ci avait épousé Ingelberge, sœur de Louis l'Aveugle. — Sur les personnages mentionnés dans ce paragraphe, voyez Emile Mabille, *Le royaume d'Aquitaine et ses marches sous les carlovingiens*, p. 16 et suiv.

² Guillaume de Jumièges, V, 13.

³ *Monachili* S.

⁴ Renaud I, comte de Bourgogne, mort en 1057, père de Guillaume I⁽ᵉʳ⁾, comte de Bourgogne, et de Gui, seigneur de Vernon et de Brionne, dont il sera question plus loin à l'année 1046.

⁵ Éléonore, femme de Baudouin IV, comte de Flandre.

jam adulta obiit virgo. Porro Goisfridus, qui sororem suam dederat Ricardo duci Normannorum, sororem ejusdem duxit, Hadvis[1] nomine, de qua genuit Alanum et Eudonem, postea duces. Nam Romam proficiscens orationis obtentu, totam Britanniam duobus filiis reliquit, cujus postea duces effecti sunt. Ipse vero Goisfridus, peragratis sanctorum locis, repatriando defunctus est.

Mortuo[2] Adelred filio Edgari[3] rege[4] Anglorum, succedit ei Edmundus, filius ejus, juvenis fortissimus, qui regnavit uno anno, et proditione occisus est, cujus cognomen Edmundus Ireneside, id est Ferreum latus[5].

1014.

Mortuo[6] Edmundo filio Adelred rege Anglorum, successit ei Canutus[7], filius Sueni regis Daciæ, omnium prædecessorum suorum maximus, qui duxit Emmam reginam, relictam Edredi[8] regis, sororem videlicet Ricardi secundi ducis Normannorum, ex qua genuit unum filium Hardecanutum, et unam filiam

---

[1] *Havis* S. — Guillaume de Jumièges, dans le passage correspondant, ne parle pas du mariage de Geoffroi I avec Havoise, dont il a déjà été question plus haut, à l'année 964.

[2] Henri de Huntingdon, dans Petrie, I, 755.

[3] Le texte primitif portait *Edwardi*.

[4] Dans M le mot *rege* semble avoir été corrigé en *regis*.

[5] Les mots *cujus cognomen — Ferreum latus* manquent dans F, J et C. Ils ont été ajoutés après coup dans M.

[6] Guillaume de Jumièges, V, 9.

[7] L'*a* de *Canutus* a été effacé dans M.

[8] Ou *Edaredi*, suivant une correction interlinéaire de M.

Gunildem nomine, quæ postea [1] nupsit Henrico, imperatori Romanorum. Regnavit autem idem rex Canutus super Angliam et Datiam gloriosissime viginti annis.

1017.

Obiit [2] Judith, comitissa Normanniæ, quæ fecit abbatiam de Bernai, uxor ducis Ricardi.

1024.

Post [3] mortem Judithæ [4] comitissæ Normanniæ, accepit Ricardus [5] dux Normannorum quandam uxorem nomine Papiam, et genuit ex ea duos filios, Malgerium archiepiscopum Rothomagensem et Willermum comitem de Archis.

Idem [5] Ricardus exercitum Normannorum per tercium Ricardum filium suum usque ad Milmandum [6] castrum juxta Alpes duxit, et idem castrum viribus Normannorum cepit, et Hugonem comitem Cabillonensem, dominum ejusdem castri, qui Rainaldum, trans Saonæ fluvium Burgundionum comitem, gene-

---

[1] Le mot *postea* a été inséré après coup dans M.

[2] Les mots : « Obiit Judith comitissa, » sont tirés des Annales de Rouen.

[3] Guillaume de Jumièges, VII, 6.

[4] Ou *Judith*, suivant une correction marquée après coup dans M.

[5] Guillaume de Jumièges, V, 16.

[6] *Minilandum* F. — Mirmande, près de Valence, Drôme. « Il doit y « avoir là une grossière méprise, Mirmande n'ayant jamais appartenu « au comté de Hugues, et étant situé à une grande distance de ses « états. » A. Le Prevost, note sur le vers 7340 du Roman de Rou.

rum ejusdem Ricardi, in vinculis tenebat ad liberationem ejus coegit.

Dedit etiam idem secundus Ricardus duas villas optimas in Normannia, scilicet Wellebof super Sequanam et Cambaium in Oximensi pago, antecessoribus Symonis comitis Vilcasini, ut liceret exercitum Normanniæ pacifice transire per terram suam ad supradictam expeditionem peragendam [1].

1026.

Mortuo [2] Ricardo secundo, duce Normanorum, filio primi Ricardi, successit ei filius ejus Ricardus tercius. Hic genuit Nicolaum, postea abbatem Sancti Audoeni, et duas filias, Papiam videlicet uxorem Wal-

---

[1] Ce fut sans doute à Gautier II, comte du Vexin, bisaïeul du comte Simon, que Richard II concéda les domaines d'Elbeuf (Seine-Inférieure, arr. de Rouen,) et de Chambois (Orne, arr. d'Argentan, cant. de Trun). Le second de ces domaines resta longtemps en la possession des successeurs de Gautier et de Simon. Raoul I ou Raoul II, comte de Vermandois, neveu ou petit-neveu de Simon, donna à l'abbaye du Bec des biens situés à Chambois (Stapleton, *Magni Rotuli*, I, CLXII). En 1155, Girard, évêque de Séez, confirma à l'abbaye de Saint-Wandrille, entre autres biens voisins de Chambois, l'église de Omméel (Orne, arr. d'Argentan, cant. d'Exmes), avec la dîme du domaine de la terre du comte Raoul : « ecclesiam Ulmelli, cum decima de dominio terre Radulfi comitis » (Bibl. Nat. Collection Moreau, 67, fol. 180). Au mois de mai 1200, Eléonore, comtesse de Vermandois, céda à Jean-sans-Terre les droits qu'elle avait à Chambois (*Rotuli chartarum*, 96). Le domaine de Chambois fut donné en 1204 à Guérin de Glapion par Philippe-Auguste (*Catalogue des actes de Philippe-Auguste*, p. 188, n. 825 A).

[2] Cet article, à l'exception des détails relatifs aux enfants de Richard III et de Robert, est tiré des Annales de Rouen. Il est placé sous l'année 1025 dans S.

terii de Sancto Walerico [1], et Aeliz, uxorem Ranulfi vicecomitis de Baiocis. Hic tercius Ricardus eodem primo anno ducatus sui mortuus est, et successit ei Robertus frater ejus, qui genuit Willermum [2] de Herleva non sponsata, qui postea Angliam conquisivit, et unam filiam nomine Aeliz [3] de alia concubina.

1027.

Mortuo Balduino comite Flandrensi, successit ei Balduinus filius ejus cum Barba; qui duxit filiam [4] Roberti regis Francorum, ex qua genuit Balduinum et Robertum Frisionem et Mathildem, quam Willermus dux Normanniæ duxit; de qua genuit Robertum, Willermum, Ricardum, Henricum, et filias Ceciliam, Constantiam, Aelith [5], Adelam, quæ nupsit Stephano comiti Blesensi.

De [6] potentia et probitate Canuti regis Anglorum pauca sunt perstringenda, nec enim ante eum tantæ

---

[1] Orderic Vital (t. III, p. 484) fait allusion à cette alliance, quand il cite parmi les croisés de l'année 1096 : « Gualterius comes de Sancto « Gualerico, Ricardi junioris, ducis Normannorum, ex filia nomine « Papia, nepos. » Suivant Orderic (t. III, p. 41 et 42) le mari de Papie aurait été, non pas Gautier de Saint-Valeri, mais « Gulbertus cognomento Advocatus de Sancto Gualerico. »

[2] M porte *Willelmum,* par suite d'une correction; il y avait d'abord *Willermum.*

[3] *Haeliz* S.

[4] Adèle.

[5] *Aeliz* S. — Adélaïde, femme d'Eudes II, comte de Champagne. Voyez d'Arbois de Jubainville, *Histoire des comtes de Champagne,* I, 376.

[6] Le paragraphe suivant est emprunté à Henri de Huntingdon, dans Petrie, I, 757 et 758.

magnitudinis rex fuerat in Anglia. Erat namque dux totius Daciæ, totius Angliæ, totius Northwagiæ, simul et Scotiæ. Extra numerum vero bellorum quibus maxime splenduit, tria gessit eleganter et magnifice. Primum est quod filiam suam [1] imperatori Romano cum ineffabilibus divitiis maritavit. Secundum, quod, Romam pergens, omnes malas exactiones in via quæ per Gallias tendit quæ vocantur telonea [2] vel transversa, data pecunia sua, diminui fecit usque ad medietatem. Tercium, quod, cum maximo vigore floreret imperii, sedile suum in littore maris, cum ascenderet, statui jussit; dixit autem mari ascendenti : « Tu meæ
« dicionis es, et terra in qua sedeo mea est, nec fuit
« qui impune meo resisteret imperio : impero igitur
« tibi ne in terram meam ascendas, ne vel vestes
« vel membra dominatoris tui madefacere præsu-
« mas. » Mare vero, de more conscendens, pedes regis et crura sine reverentia madefecit. Rex igitur resiliens ait : « Sciant omnes habitantes orbem va-
« nam et frivolam regum esse potentiam, nec regis
« quempiam nomine dignum, præter eum cujus
« nutu cœlum, terra, mare legibus obediunt æter-
« nis. » Rex igitur Canutus, qui a quibusdam Cnut dicitur, nunquam postea coronam auream cervici suæ imposuit, sed super imaginem Domini quæ cruci affixa erat posuit eam in æternum, ad laudem Dei regis magni.

---

[1] Chunelinde, femme de Henri III roi de Germanie.
[2] *Que vocatur tolenea* M.

1030.

Obiit [1] Gonnor comitissa, uxor primi Ricardi.

1032.

Lanfrancus [2] Papiensis et Garnerius, socius ejus, repertis apud Bononiam legibus Romanis, quas Justinianus imperator Romanorum anno ab incarnatione Domini DXXX abbreviatas emendaverat, his inquam repertis, operam dederunt eas legere et aliis exponere; sed Garnerius in hoc perseveravit [3], Lanfrancus vero disciplinas liberales et litteras divinas in Galliis multos edocens, tandem Beccum venit, et ibi monachus factus est, sicut in sequentibus potest reperiri.

1033.

Nota [4] de Suppone, abbate hujus loci, quia hoc anno confirmatur.

1034.

Herluinus [5] venerandæ sanctitatis, abbas Beccensis

---

[1] A l'an 1029 dans S. — Cet article est emprunté aux Annales de Rouen.

[2] Cet article a été inséré après coup dans M, à la place du passage de Sigebert commençant par les mots *Istius modi decretum* et finissant par le mot *replicare*. Il manque dans F et J. Il se trouve dans C.

[3] Le professeur de droit que Robert appelle *Garnerius* est généralement connu sous le nom de *Irnerius* et considéré comme le fondateur de l'Ecole de Bologne. M. de Savigny (*Hist. du droit romain au moyen âge*, trad. par Guenoux, III, 1-21) a montré que Lanfranc n'a point été le collègue de Irnerius pour l'enseignement du droit.

[4] Cette note, qui a été ajoutée après coup dans la marge de M, n'est peut être pas de Robert. Elle manque dans J, F, C et S.

[5] Ce paragraphe est à rapprocher d'un récit analogue que Robert a

ecclesiæ primus, inspirante Domino nostro Jhesu Christo omnium bonorum auctore, postposita nobilitate terrena qua satis pollebat, abjecta seculari pompa ¹ qua ante juxta modum suum non parum floruerat, fastuque ² terreno relicto, hoc anno, cingulo militiæ deposito, ad Christi paupertatem tota devotione se contulit, et ut soli Deo liberius vacaret, sola Dei dilectione, habitum monachalem cum gaudio suscepit. A Danis, qui Normanniam primi obtinuere, pater ejus originem duxit; mater proximam ducum Flandriæ consanguinitatem attigit : Ansgotus ille, ista Helois nomen habebat. Gislebertus, Brionnensis comes, primi Ricardi Normannorum ducis nepos ex filio consule Godefrido ³, illum enutritum penes se inter omnes curiæ suæ primates habuit acceptissime. Habilis ille ad arma plurimum erat, nec minori ea animositate gestabat. Omnes omnium totius Normanniæ majorum familiæ in electis illum habebant; in armis omnique rei militaris usu et cultu corporis sui attollebant. Ab inhonestis avertebat animum; honestis quæ curiæ magnifaciunt impendebat omne studium. Domi ac militiæ commilitonum suorum præstantissimus erat; quibus de rebus non solum singularem domini sui obtinuerat favorem, verum et apud Robertum, totius Normanniæ ducem, et apud exterarum dominos re-

---

inséré dans l'ouvrage de Guillaume de Jumiéges, VI, 9. Il se retrouve textuellement dans la Chronique du Bec.

¹ M porte *ponpa*.
² *Factu*, suivant le texte primitif.
³ Voyez plus haut, p. 25.

gionum pepererat sibi nomen plurimum accessumque familiarem. Hic talis et tantus vir, cum prædiis ac facultatibus licet minimis ad monachatum venire desiderans, et in fundo sui juris qui Burnevilla [1] dicitur haud procul a Brionnio volens cœnobium construere, ecclesiam ædificavit in honorem sanctæ Mariæ, ibique religionis habitum ab episcopo Luxoviensi Herberto, maximæ sanctitatis viro, XL° ætatis suæ anno, devote suscepit, nec multo post ab eodem præsule sacerdos ordinatus est, et abbas constitutus, quia, propter paupertatem ipsius loci, quivis alius regimen ipsum nolebat suscipere. Verum quia campestris et inaquosus est locus, monitus per soporem a beata Dei genitrice Maria, in vallem ad rivum qui Beccus dicitur Deo adjutore secessit, ibique nobile ædificare cœpit in honorem ejusdem matris Domini Mariæ monasterium, quod Deus perfecit ad sui nominis gloriam et multorum hominum salutem et solatium, cui Deus ad auxilium et consilium adduxit juxta desiderium cordis sui Lanfrancum, virum in liberalibus artibus undecunque peritissimum, deinde Anselmum, virum per omnia approbatum, pollentem moribus, consilio affabilem, misericordem, castum, sobrium, in omni clericali officio mirabiliter eruditum; qui ambo, Dei annuente consilio, archiepiscopi Cantuariæ postea consecrati sunt. Inde ad eundem locum tot et tanti viri, tam clerici quam laici, ex nobili genere nati, confluxere ut sancto

---

[1] Bonneville-sur-le-Bec, Eure, arr. de Pont-Audemer, cant. de Montfort.

Herluino abbati satis decenter posset dici : « Ab ubertate domus tuæ inebriasti faciem terræ et a torrente sapientiæ eorum replesti orbem terrarum [1]. » Qui locus quantum adhuc nostris temporibus caritatis resplendeat radicibus, expertis disserendum dimittimus.

Mortuo [2] Canuto rege Anglorum, succedit ei Haraldus, filius ejus, qui regnavit IIII^{or} annis et XVI ebdomadibus [3]. Haraldus iste erat filius Cnut ex Alvina filia Alfemi [4] ducis. Fuit namque placitum magnum apud Oxinefordum, ubi omnes principes [5] ex boreali parte [6] cum Lundoniensibus elegerunt Haraldum, ut conservaret regnum fratri suo Hardecnut, filio Cnut, ex Emma regina, nobilissima domina.

1035.

Obiit [7] Robertus, dux Normannorum, frater tercii Ricardi, ab Ierosolimis rediens, apud Niceam civitatem, cui successit Willermus, filius ejus, in puerili ætate, qui Angliam postea conquisivit, pater Willermi regis Rufi et Henrici.

---

[1] Ps. xxxv, 9.

[2] Ce paragraphe est tiré de Henri de Huntingdon, dans Petrie, I, 758.

[3] *Ebdomatibus* M.

[4] *Anselmi ducis* F et J.

[5] *Duces* F et J.

[6] *Ex boreali parte Tamesis*, Henri de H.

[7] A l'an 1034 dans S.

1037.

Obiit Robertus, cui successit Malgerius [1], nepos ejus, XLV^{us} archiepiscopus Rothomagensis.

1038.

Haraldus [2], rex Anglorum, filius Cnut, exulavit Emmam, novercam suam, matrem Hardecnut, quæ divertens ad Balduinum, consulem Flandriæ, accepit ab eo castrum Brugæ ut ibi et inde viveret [3]. Guillermo namque domino Normannorum adhuc in ætate puerili cum rege Francorum manente, Normannia fiscus regalis erat. Mortuo Haraldo filio Canuti rege Anglorum, successit ei frater ejus ex patre Cnut Hardecnut munificus, qui, cum regnasset duobus annis decem diebus minus, morte præreptus est in medio flore juventutis suæ, apud Lambihthe [4], qui claræ indolis et benignæ juventutis fuerat suis. Tantæ namque largitatis fertur fuisse ut prandia regalia IIII^{or} in die vicibus omni curiæ suæ faceret apponi, malens a vocatis apposita fercula dimitti quam a non vocatis apponenda fercula

---

[1] Sur l'archevêque Mauger, voyez Guillaume de Malmesbury, éd. Hardy, p. 447.

[2] Tout ce paragraphe est extrait de Henri de Huntingdon, dans Petrie, I, 758 et 759.

[3] L'auteur de l'opuscule intitulé *Emmæ Anglorum reginæ encomium* (Pertz, *Scriptores*, XIX, 524) donne des détails sur la générosité avec laquelle le comte de Flandre reçut la reine Emma dans le château de Bruges.

[4] Lambeth, comté de Surrey.

reposci, cum nostri temporis [1] consuetudo sit, causa vel avaritiæ vel [ut] ipsi dicunt fastidii, principes semel in die tantum suis escas anteponere. Sepultus autem est rex Hardecnut in veteri monasterio apud Wincestre, juxta Gnut patrem suum. Proceres igitur Anglorum, jam Dacorum dominio liberati, hilares, pro Alvredo, primogenito filio Adelredi, ut regni diademate sublimetur, nuntios mittunt. Ille autem cum esset patre anglicus, matre normannus, aliquos ex consanguineis matris suæ, multos ex coævis commilitantibus, a Normannia secum duxit in Angliam. Goduinus vero, comes Kanciæ [2], cum esset consul fortissimus et proditor sævissimus, præcogitavit se Edwardo fratri juniori et simpliciori posse filiam suam dare in reginam. Hunc vero Alvredum, quia primogenitus erat et magnæ probitatis, nullo modo filiam suam ducere dignaturum prævidebat. Intimavit igitur proceribus Angliæ Alvredum nimiam copiam Normannorum secum adduxisse, terras Anglorum eis promisisse, gentem fortissimam et subdolam inter eos instipare, Anglis securum non esse, hos persolvere pænas oportere, ne alii post hæc audeant pro regis cognatione se Anglis ingerere. Capti sunt igitur Normanni et ligati qui venerant cum Alvredo, et cum ordine sederent, novem semper excapitati sunt, et decimus remansit apud Gelde-

---

[1] Les mots *nostri temporis* sont de Henri de Huntingdon.

[2] Les mots *comes Kancie* ont été ajoutés par une main plus récente dans la marge de M. Ils ne sont pas dans le texte de Henri de Huningdon.

forte [1]. Cum autem omnes interfecti essent nisi decima pars, nimium visum est Anglis tot superesse, feceruntque decimam decimari, et sic paucissimi evaserunt. Alvredum vero captum duxerunt in Heli, et oculos ejus eruerunt, et mortuus est. Miserunt ergo pro Edwardo juniore in Normanniam nuntios et obsides, mandantes ei quod paucissimos Normannorum secum adduceret et eum in regem fidelissime stabilirent. Paruit Edwardus, et cum paucis venit in Angliam, et electus est in regem ab omni populo, et sacratus est ab Eadsi archiepiscopo apud Vincestre in die Paschæ. Eadsi vero archiepiscopus dimisit archiepiscopatum propter infirmitatem, et sacratus est Siwardus in loco ejus. Tunc vero factus est Stigandus episcopus Estanglæ.

Obiit [2] Hugo, Baiocensis episcopus, et successit Odo.

1040.

Fundamenta ecclesiæ Sanctæ Mariæ in Gemmetico innovata sunt ab abbate Roberto, postea Cantuariorum archiepiscopo.

Mortuo Hardecnut filio Canuti, rege Anglorum, successit Edwardus rex bonus et pacificus in regno Anglorum, qui regnavit in pace viginti quatuor annis.

---

[1] Guidfort, comté de Surrey.
[2] Guillaume de Jumiéges, VII, 17. Ici, comme en d'autres endroits, Robert rapporte à une année déterminée un événement dont Guillaume ne fixe pas la date.

1041.

Edwardus [1] rex Anglorum, in patrocinium regni sui, duxit filiam Godwini fortissimi consulis nomine Edievam [2], sororem Haraldi, regis futuri. Circa hoc tempus, tanta fames Angliam invasit quod sextarius frumenti, qui equo uni solet esse honeri, venundaretur v solidis et etiam plus [3]. Postea vero Stigandus, qui erat episcopus in Estangle, factus est episcopus etiam apud Winceastre. Rex autem exulavit Suein consulem, filium Godwini prædicti consulis, qui recessit ad Balduinum, Flandrensem comitem.

1042.

Lanfrancus [4], de senatorum Papiæ nobili genere natus, in vii liberalibus artibus mirabiliter eruditus, Deo omnium bonorum auctore disponente, apud Beccense cœnobium, magnis tunc temporis facultatibus inornatum, secundum sancti Herluini ibidem abbatis desiderium, monachalem suscepit habitum. Qui quanto miraculo illuc advenisset, et quantum ibidem profuisset, et quomodo abbas Cadomi extitisset, et quam admirabilis archiepiscopus Cuntuariensis diu viguisset, in vita ipsius [5] inveniri potest.

---

[1] Article emprunté à Henri de Huntingdon, dans Petrie, I, 759.

[2] Une main plus récente a mis en interligne dans M *Editham*.

[3] *Etiam amplius*, suivant une correction marquée dans M.

[4] Cet article a été inséré dans la Chronique du Bec.

[5] Robert de Torigni renvoie ici à la vie de Lanfranc par Miles Crespin, qui a été publiée plusieurs fois, et notamment dans les Œuvres de Lanfranc, éd. Giles, I, 281.

1046.

Hoc [1] anno commissum est bellum apud Wallesdune [2], inter Henricum regem Francorum et proceres Normannorum et Guidonem, scilicet filium Ricardi comitis Burgundiæ [3], cognatum Willermi ducis Normanniæ, quia nolebant eundem Willermum in dominum recipere. Quos cum dux Willermus auxilio Henrici regis Francorum victos obtinuisset, quosdam exulavit, quosdam corpore minuit.

1049.

Eo [4] tempore, tenuit [Leo papa] synodum apud Vergelei [5], ubi Ulf episcopus [6] interfuit, et pene fractus est baculus ejus episcopalis nisi manus accipientium ungerentur [7]. Nesciebat enim officium sicut episcopum deceret. Eadsi archiepiscopus Cantuariæ vita cassatus est. Obierat enim Siwardus successor ejus.

---

[1] L'article suivant a été tiré presque en entier de Henri de Huntingdon, dans Petrie, I, 759. — La bataille du Val des Dunes est de l'année 1047. Voyez mon *Histoire du château de Saint-Sauveur*, p. 4 et 5.

[2] *Walesdunes* S.

[3] Voyez plus haut, p. 30, à l'année 1013.

[4] Article emprunté à Henri de Huntingdon, dans Petrie, I, 759.

[5] *Virgilei* F. *Verzelei* Henri de Huntingdon. Il s'agit ici, non pas de Vezelay, mais de Verceil en Italie, où le pape Léon IX tint un concile en septembre 1050. Jaffé, *Regesta pontificum*, p. 372.

[6] *Episcopus Dorces cestriæ* Henri de H.

[7] *Nisi majus pretium dedisset* Henri de H.

1051.

Lanfrancus etiam[1] Papiensis, primum monachus Beccensis, deinde archiepiscopus Cantuariensis, omnibus luculentius et mirabilius librum super hac re (corpore et sanguine Christi) contra eum (Berengarium) composuit, in quo singulis illius quæstionibus et oppositionibus laudabiliter respondit, male dicta ab eo et intellecta scripturarum testimoniis divinarum improbando convincens.

Emma[2] Normannigena, filia secundi[3] Ricardi ducis Normannorum, uxor regum Adelredi et Canuti, et mater regum Hardecnut et Edwardi, morem mortis pertulit. Alvredum et Edwardum habuit de Adelred[4], et Hardecnut de Canuto, qui genuit Haraldum de Alwina, et ita hi IIIIor fratres fuerunt.

---

[1] Cette note a été ajoutée à la suite de la mention que l'interpolateur de Beauvais avait faite du traité de Guimond, moine de la Croix-Saint-Leufroi. Le texte en a été inséré dans la Chronique du Bec.— Le traité de Lanfranc intitulé « Liber de corpore et sanguine Domini nostri adversus Berengarium » se trouve dans les Œuvres de Lanfranc, éd. Giles, II, 146-199.

[2] Le fond de cet article a été emprunté à Henri de Huntingdon, dans Petrie, I, 759.

[3] M portait d'abord *Sci*, qui a été corrigé en *scdi*, ce qui est une erreur, puisque la reine Emma était fille de Richard I·et non pas de Richard II. — Pour l'histoire de la reine Emma, il faut consulter l'opuscule contemporain intitulé « Cnutonis regis gesta, sive Encomium Emmæ reginæ, » jadis publié par Duchesne, et dont Pertz a donné une récente édition (*Scriptores*, XIX, 509 et S), d'après un ms. du commencement du xii° siècle possédé par le duc de Hamilton.

[4] *Aldered* M.

1052.

Edwardus [1] rex Anglorum cum pranderet apud Winlesores [2], ubi plurimum manere solebat, Godwinus, gener suus et proditor, recombens juxta eum, dixit : « Sæpe tibi, rex, falso delatum est me proditioni tuæ « invigilasse. Sed si Deus cœli verax et justus est, hoc « panis frustillum concedat ne mihi guttur pertran- « seat, si unquam te prodere vel cogitaverim. » Deus autem verax et justus audivit vocem proditoris, et mox eodem pane strangulatus, mortem prægustavit æternam. Haraldus vero, filius ejus, habuit consulatum patris sui. Algarus vero, consul Cestriæ, habuit consulatum Haraldi.

1054.

Ex [3] quo Northmanni arva Neustriæ occidentalis cœperunt incolere, mos fuit Francis semper eis invidere. Concitabant ergo reges adversus illos insurgere, asserentes terras quas possident suis majoribus violenter eos subripuisse. Quibus rex Henricus vehementer irritatus ambagibus, immo malignissimis æmulorum suggestionibus, ob ducis Willermi improperium, Northmanniam est aggressus, duobus hostium videlicet agminibus, unum quidem electæ nobilitatis virorum fortium ad Calcivum [4] subvertendum territorium di-

---

[1] Paragraphe tiré de Henri de Huntingdon, dans Petrie, I, 760.
[2] Windsor, Berkshire.
[3] Guillaume de Jumièges, VII, 24.
[4] Le pays de Caux.

rexit, cui fratrem suum Odonem præfecit; alteri vero, cum Goisfrido Martello, ad demoliendum comitatum Ebroicensem ipse præfuit. Dux ergo ut se suosque taliter opprimi vidit, magno et nobili tactus dolore, milites protinus elegit, quos ad comprimendos Calceii subversores celerrime direxit. Ipse autem cum suorum nonnullis circa regem se contulit, quatinus pænas lueret, si quem satellitum a regis latere aliquatenus abstrahere valeret. Venientes vero Northmanni ad Francos, repererunt eos apud Mortuum Mare [1] in incendiis et mulierum ludibriis occupatos, cum quibus ilico mane commissum bellum in continua cæde occumbentium adusque nonam ab utrisque est protractum [2]. Novissime autem Francigenæ victi fugerunt, et Normanni certaminis eventum duci mox per nuntios intimaverunt. At ille nimis lætus super hac re, Henricum regem volens effugare, terruit eum hac legatione. Nuncius [3] ducis regalibus castris appropiavit; et in quodam proximo monte noctu stans, fortiter clamare cœpit, cumque regii vigiles sciscitarentur [4] quis esset, vel quare tali hora sic vociferaretur, respondisse fertur :
« Rodulfus de Toenia nominatus sum, vobisque defero
« lugubre nuntium : Ad Mortuum Mare currus ves-
« tros cum carris ducite, et inde cadavera karorum
« vestrorum reportate. Franci quippe Northmanno-
« rum miliciam experiri super nos venerunt, eamque

---

[1] Mortemer, Seine-Inférieure, arr. et cant. Neufchâtel.
[2] *Prostratum* M.
[3] Raoul de Toeny.
[4] *Scicitarentur* M.

« multo majorem quam voluissent invenerunt. Odo,
« regis frater, eorum signifer, turpiter fugatus est, et
« Wido, Pontivi comes, captus est. Reliqui omnes
« aut capti aut perempti sunt, aut obnixe fugientes
« vix evaserunt. Hoc ex parte ducis Normannorum
« confestim renuntiate regi Francorum [1]. » Rex igitur ut infortunium suorum audivit, a Normannica infestatione concito gradu, quam cicius valuit, mæstus de interitu Gallorum, retro pedem retraxit.

Hunfridus [2] de Vetulis, pater Rogerii de Bello Monte, et Albereda, uxor ejus, duo monasteria [3], unum virorum et alterum feminarum, in fundo Pratelli ædificant.

1055.

Deposito Malgerio successit Maurilius, Rothomagensis archiepiscopus XLVI.

Obiit Robertus, archiepiscopus Canturiensis [4].

---

[1] Comme l'a déjà fait observer M. Le Prévost (Orderic Vital, t. III, p. 238), la forme rhythmique du discours mis dans la bouche de Raoul de Toeny vient sans doute d'un ancien chant populaire composé sur la bataille de Mortemer.

[2] Guillaume de Jumiéges, VII, 22. Cet article a été inséré dans la Chronique du Bec.

[3] Les abbayes de Saint-Pierre et de Saint-Léger de Préaux.

[4] Robert, d'abord abbé de Jumiéges (voyez plus haut à l'an 1040, p. 42) puis évêque de Londres et enfin archevêque de Cantorbéry, fut chassé d'Angleterre en 1052 et revint mourir à Jumiéges. On lit dans l'obituaire de cette abbaye, au 26 mai : « Robertus, Cantuariensis archie-
« piscopus : jacet in choro juxta majus altare in lœva parte. » *Recueil des historiens*, XXIII, 419.

1060.

Sanctus [1] Anselmus in Augusta [2], nobili civitate, quæ confinis Burgundiæ est et Langobardiæ, oriundus, licet nobiliori parentum prosapia natus, disertorum studiis magistrorum in brevi Deo donante coæquatus, et per divinam visionem ad sedes cœlicas denique in spiritu raptus, salutis suæ arcana [3] verba confestim audivit, quæ non multo post tempore devote complevit. Audiens igitur famam magistri Lanfranci, jam monachi Beccensis, et scolas ibidem regentis, omnium pene doctorum nomina præcellere, spreta pro Dei nomine patris et matris multimoda hereditate, cum aliquantis familiarium clericis venit ad eum; in cujus scolis aliquandiu diligenter manens, et sibi et aliis multum proficiens, tandem Lanfranci incitamento et Maurilii, Rothomagensis archiepiscopi, consilio, divina providente clementia, in Beccensi ecclesia habitum monachalem tota devotione hoc anno suscepit, anno ætatis suæ vicesimo septimo. Qui ad quanta sanctitatis et dignitatis culmina postea pervenerit, in subsequenti diligens lector inveniet.

1063.

Lanfrancus, ecclesiæ Becci prior, cum Sancti Ste-

---

[1] Ce paragraphe et le suivant sont à comparer avec la fin du chapitre 9 du livre VI de Guillaume de Jumiéges, chapitre qui est l'œuvre de Robert. Ils ont été insérés dans la Chronique du Bec.

[2] Aoste.

[3] *Archana* M.

phani Cadomi accepisset regimen, Anselmus factus est prior Beccensis ecclesiæ, qui tribus annis fuerat sine prælatione.

Cum [1], jam Henrico rege Francorum defuncto, Philippus filius ejus regnaret, Willermus dux Normannorum subjugavit sibi Cenomanniam. Haraldus vero tunc temporis transiens [2] in Flandriam, tempestate compulsus, venit in Pontivam provinciam [3], quem captum consul Ponticus [4] Willermo duci Normanniæ reddidit. Haraldus autem juravit Willermo super reliquias sanctorum multas et electissimas se filiam ejus ducturum, et Angliam post mortem Edwardi regis [5] ad opus ejus servaturum. Summo igitur honore susceptus et muneribus amplis ditatus, cum reversus esset in Angliam, perjurii crimen elegit.

1064.

Dominator [6] omnium rerum Dominus de gente Anglorum quod diu prævidérat ad effectum perduxit. Genti namque Normannorum asperæ et callidæ tradidit eos ad exterminandum. Enim vero cum basilica Sancti

---

[1] Paragraphe emprunté à Henri de Huntingdon, dans Petrie, I, 760 et 761.

[2] *Transsiens* M.

[3] Le Pontieu.

[4] Gui I, comte de Pontieu, le même qui avait été fait prisonnier à la bataille de Mortemer.

[5] Le mot *regis* ajouté après coup dans la marge de M.

[6] Article emprunté presque en entier à Henri de Huntingdon, dans Petrie, I, 761 et 762.

Petri apud Westmosterium dedicata esset in die sanctorum Innocencium [1], et postea in vigilia Epiphaniæ rex bonus Edwardus, filius Adelred et Emmæ filiæ primi Ricardi, mundo discessisset, et sepultus esset in eadem ecclesia, quam ipse construxerat et possessionibus multis ditaverat, quidam Anglorum Edgar Adeling promovere volebant in regem. Haraldus vero, viribus et genere fretus, regni diadema cum perjurio invasit. Willermus vero dux Normannorum tribus de causis mente stimulatus est et intrinsecus irritatus : primo quia Alvredum, cognatum suum, Godwinus [2] et filii sui dehonestaverant et peremerant; secundo quia Robertum episcopum et Odonem consulem [3] et omnes Francos Godwinus et filii sui arte sua ab Anglia exulaverant; tercio quod Haraldus, in perjurium prolapsus, regnum, quod jure cognationis suum esse debuerat, sine aliquo jure invaserat. Mortuo itaque Edwardo, ut supra diximus, rege Anglorum pacifico, Haraldus perjurus, filius Godwini potentissimi consulis, invasit regnum Anglorum et diadema in perjurio, qui regnavit uno anno, et tamen non pleno, quia propria injusticia

---

[1] Deux chartes d'Edouard le Confesseur sont datées du jour de la dédicace de l'église de Westminster : « Quinto kalendas Januarii, die « sanctorum Innocentium, anno dominice incarnationis MLXVI, in- « dictione III, anno regni serenissimi Edwardi regis XXV. » — *Monasticon anglicanum*, I, 293 et 295. — La dédicace de Westminster est du 28 décembre 1065, et la mort d'Edouard du 5 janvier 1066.

[2] *Gowinus* M.

[3] Robert, évêque de Londres et archevêque de Cantorbéry, dont il a été question plus haut, à l'année 1055. — Eudes, comte de Devon. — L'exil de Robert et d'Eudes est de l'année 1052.

regnum quod injuste surripuit Deo volente perdidit. Interea Haraldus rex Norwagiæ cum mille pene navibus venit in Angliam regnaturus, et in urbe Eboraca plus quam mille laicos et centum presbiteros de Anglis occidit. Cui Haraldus rex Anglorum cum septem legionibus superveniens, eum cum multis occidit.

1065.

Dux[1] Normannorum Willermus cum consilium petisset et omnes Normanniæ barones ad Angliam conquirendam audisset unanimes, gavisus est valde. Quibus ad se iterum consiliandos euntibus, Willermus filius Osberni, dapifer ducis, interfuit; qui gravissimum iter ad Angliam capessendam gentemque fortissimam Anglorum perhibens, contra paucissimos in Angliam ire volentes acerrime litigavit. Quod quidam proceres audientes, valde gavisi, fidem dederunt ei ut quod ipse diceret omnes concederent. Ingressus igitur ante eos coram duce dixit : « Paratus sum in hac expeditione « cum meis omnibus devote proficisci. » Oportuit ergo omnes Normannorum principes verbum ejus prosequi, sicut promiserant ei.

Classis igitur maxima ad portum Sancti Valerici[2] est præparata. Quod audiens rex Haraldus, vir bellis

---

[1] Le récit que Robert de Torigni a placé sous l'année 1065 est copié presque mot à mot d'après l'histoire de Henri de Huntingdon, dans Petrie, I, 761-763. La véritable date de tous ces faits est l'année 1066.

[2] Saint-Valery-sur-Somme, Somme, arr. d'Abbeville.

acerrimus, terra et mari militares turmas contra Willermum præparavit. Cum autem apud Evrohic [1], post occisionem Haraldi regis Norwagiæ et Tosti, fratris sui, lætus pranderet, audivit nuntium dicentem sibi : « Willermus Normannorum princeps littora australia « occupavit, et apud Hastinges castellum construxit. » Rex igitur non segnis advolans, aciem suam construxit in Hastinges planitiis. Willermus quidem quinque catervas equitum splendide promovit in hostem ; quibus terribiliter dispositis, sermo ducis dulcifluus tam mirabiliter in suorum majorum exemplis diutius peroravit, ut si segnes antea viderentur, omnibus audatiores postea probarentur. Nondum enim ad finem dux orationem duxerat, omnes ira accensi ultra quam credi potest, secundum acies suas impetu ineffabili provolabant in hostem, ducem jam sibi soli loquentem relinquentes. Quidam vero, nomine Tailefer, dudum, antequam coirent bellatores, ensibus jactatis ludens coram gente Anglorum, dum in eum omnes stuperent, quemdam vexilliferum Anglorum interfecit; secundo similiter egit; tertio idem agens, et ipse interfectus est, et acies sibi offenderunt. Tunc incipit lethifera nubes sagittarum [2]; tonitruum sequitur ictuum; insilit ignita collisio galearum et ensium. Cum ergo Haraldus totam gentem suam in una acie strictissime ut prudens locasset, et quasi castellum inde construxisset, impenetrabiles erant Normannis. Docuit igitur dux

[1] York.
[2] *Letifera nubes sagitarum* M.

Willermus genti suæ fugam simulare. Fugientes autem ad quandam foveam magnam dolose protectam devenerunt. Ubi multus eorum numerus corruens oppressus est. Dum igitur Angli insequendo persistunt, acies principalis Normannorum mediam catervam Anglorum pertransiit. Quod videntes qui persequebantur, per foveam prædictam redire compulsi, ibidem ex magna parte perierunt. Docuit igitur dux Willermus viros sagittarios ut non in hostem directe, sed in aera sursum sagittas mittentes, hostilem cuneum sagittis cæcarent, quod Anglis magno fuit detrimento. Viginti autem equites strenuissimi fidem suam invicem dederunt quod, Anglorum catervam prorumpentes, signum regium quod vocatur standard acciperent. Quod dum facerent, plures eorum occisi sunt; pars autem eorum, via gladiis facta, standard asportavit. Interea totus imber sagittarum cecidit circa regem Haraldum, et ipse in oculo ictus corruit. Irrumpens autem multitudo equitum regem interfecit vulneratum, necnon et Girdh consulem, et Levine consulem, fratres ejus, cum eo. Sic igitur contritus est Anglorum exercitus, et Normannis a Deo victoria conceditur. Willermus igitur dux Normannorum, tanta Deo donante potitus victoria, susceptus est a Londoniensibus pacifice et coronatus apud Westmosterium [1] ab Aldredo, Eboracensi archiepiscopo [2], quia Stigandus, Cantuariensis archiepis-

---

[1] *Westmot* avec un signe d'abréviation à la fin du mot dans M.

[2] Sur Aldred, archevêque d'York, voyez Guillaume de Malmesbury, *Gesta pontificum*, III, 115, éd. Hamilton, 252.

copus, erat excommunicatus. Sic dexteræ excelsi mutatio gloriosa comprobatur esse facta, quam cometa ingens in exordio ejusdem anni designaverat, unde dictum est :

Anno milleno sexageno quoque seno [1]
Anglorum metæ flammas sensere cometæ.

Commissum est autem hoc bellum mense Octobri, in festivitate sancti Calixti [2]. Quo in loco rex Willermus abbatiam nobilem in honore sancti Martini construxit, et eam digne nomine Belli vocavit [3]. Regnavit autem idem Willermus, rex Anglorum et dux Normannorum, viginti uno annis [4].

1066.

Obiit Conanus, dux Britanniæ [5].

1067.

Willermus rex Anglorum mare transiit in Norman-

---

[1] Au lieu de *seno*, F porte *quinto*, et c'était probablement la rédaction primitive de Robert de Torigni, qui rapportait à l'année 1065 la conquête de l'Angleterre.

[2] La bataille de Hastings fut livrée le 14 octobre 1066.

[3] Sur l'abbaye de la Bataille (Battle-Abbey), voy., *Monasticon Anglicanum*, III, 233.

[4] *Anno* M.

[5] A l'année 1067 dans L. — Le duc Conan II mourut en 1066; une épitaphe en vers, rapportée par D. Morice (*Pr.* I, 429), place sa mort au mois de décembre. Les chanoines de Chartres célébraient son anniversaire le 11 décembre, d'après l'obituaire publié à la suite du *Cartulaire de Notre-Dame de Chartres*, III, 220.

niam, ducens secum obsides et thesauros [1], qui interfuit dedicationi Sanctæ Mariæ Gemeticensis [2].

Obiit [3] Maurilius, Rothomagensis archiepiscopus, prius Fiscannensis monachus, cui successit Johannes, filius Radulfi comitis fratris Ricardi primi [4], qui prius Abrincatensi ecclesiæ VII annis et tribus mensibus præfuit, et postea rogatu Alexandri papæ, concedente Willermo rege Anglorum et principe Normannorum, adeptus est cathedram metropolitanæ Rothomagensis ecclesiæ XLVI^{us}

1070.

Deposito Stigando apostata, qui prius fuerat episcopus Halmeensis, quæ sedes postea ad Norwith translata est, [5] et postea episcopus Wincestrensis, ad ultimum episcopus Cantuariensis (et hos tres honores non causa religionis sed cupiditatis simul tenebat, unde a papa Romano excommunicatus fuerat), Lanfrancus, prius monachus Beccensis, deinde abbas Cadomensis, constitutus est archiepiscopus Cantuariensis, ubi laudabiliter et gloriose vixit ad exemplum omnium bonorum decem et octo annis. [6]

---

[1] Cet article, jusqu'au mot *thesauros* inclusivement, est emprunté à Henri de Huntingdon, dans Bouquet, XI, 309.

[2] Orderic Vital (II, 169) mentionne la présence de Guillaume le Conquérant à la dédicace de l'église de Jumiéges le 1er juillet 1067.

[3] Tout l'article suivant est tiré des Annales de Rouen. — Sur l'archevêque Maurile, voyez Guillaume de Malmesbury, éd. Hardy, 448.

[4] Raoul, comte de Bayeux et d'Ivry, frère utérin du duc Richard I. Voyez plus bas, à l'année 1074, p. 59, note 4.

[5] Le siége épiscopal d'Elmham (comté de Norfolk) fut transféré à Thetford en 1075, et de Thetford à Norwich en 1093.

[6] *X et VII annis* F. La fin de cet article, à partir du mot *Lanfrancus*, a été insérée dans la Chronique du Bec.

1071.

Rex [1] Anglorum Willermus duxit exercitum suum terra et mari in Scotiam. Melcolm vero rex Scotorum homo suus effectus est, et obsides ei dedit.

Anno [2] proximo idem rex exercitum Anglorum et Francorum duxit in Cenomannicam provinciam. Angli vero terram illam destruxerant, villas comburendo, vineas cædendo, et eam regi subdiderunt.

1072.

Secundus [3] Balduinus, Flandrensium comes, pater Matildis, uxoris regis Anglorum Willermi, habuit duos filios Balduinum et Robertum, quorum uterque uxorem accepit vivente patre eorum. Nam Balduinus primogenitus habuit uxorem comitissam Hainaucensem [4], ex qua genuit duos filios, Ernulfum et Balduinum. Robertus autem accepit conjugem relictam Florentii comitis Frisiæ [5], quæ unicam ex prædicto Florentio habebat filiam, quam Robertus longe facere volens a paterna hereditate, dedit eam Phi-

---

[1] Les deux paragraphes suivants sont empruntés à Henri de Huntingdon.

[2] *Anno sequenti* Henri de Huntingdon. L'expédition de Guillaume-le-Conquérant dans le Maine doit être de l'année 1073.

[3] Cet article est la reproduction d'une partie du chap. 14 du livre VIII de l'Histoire de Guillaume de Jumiéges, chapitre dont la rédaction est due à Robert de Torigni.

[4] Richilde.

[5] Gertrude, veuve de Florent I, comte de Hollande. Celui-ci eut pour successeur son fils Thierri V, et Robert le Frison ne posséda jamais qu'une partie des états de Florent I.

lippo regi Francorum¹, et ita comitatus Frisiæ remansit ei cum matre prædictæ puellæ, unde cognominatus est Frisio. Decessit autem ante mortem patris sui Balduini Balduinus comes Hainaucensis², et successit Ernulfus, filius ejus primogenitus. Tandem, hoc anno, mortuo secundo Balduino comite Flandriæ, cum Ernulfus comes Hainaucensis deberet ei succedere, utpote nepos ex primogenito ejus filio Balduino, et ad hoc etiam niteretur Philippus rex Francorum veniens in auxilium ejus, et Matildis, regina Anglorum, amita ejus, mittens ei Willermum filium Osberni cum armata militum manu, Robertus Frisio, patruus ejus, adjuncto exercitu Henrici Romanorum et Alemannorum imperatoris, ³ cuneis suis ex inproviso super eos irruens, die Dominico Septuagesimæ⁴, fugato Philippo rege Francorum, Ernulfum, nepotem suum, et Willermum filium Osberni comitem Herefordiæ⁵ peremit, et hac de causa Flandriam usque ad suum obitum possedit.

---

¹ Berthe, fille de Florent I, femme de Philippe I roi de France. C'est à tort qu'elle est indiquée ici comme fille unique du comte de Flandre.

² Il y a ici une inexactitude: Baudouin VI, comte de Flandre et de Hainaut, mourut en 1070, et son père Baudouin V était mort en 1067.

³ Les mots *et Al.* ont été ajoutés dans la marge de M.

⁴ Le 20 février 1071.

⁵ *Herefordi* M. — La mort de Guillaume, fils d'Osberne, est ainsi mentionnée, au 20 février, dans l'obituaire de Lire : « Obiit Guillelmus comes, institutor hujus loci, » et dans celui de Saint-Evroul : « Willelmus Britolii, comes. » *Recueil des historiens*, XXIII, 471 E et 485 C. Voyez Orderic Vital, II, 235 et 405.

1073.

Monachi[1] Becci in vigilia festivitatis Omnium Sanctorum de prima veteri ecclesia sollenni processione et magnæ gaudio devotionis venerunt in novam, quam beatus Herluinus, ejusdem loci gloriosus abbas, Lanfrancus, et Anselmus, viri magnæ auctoritatis, ædificaverant[2].

1074.

Congregatum[3] est concilium in Rothomagensi urbe, præsidente Willermo, Anglorum rege et Normannorum principe, et Johanne archiepiscopo Rothomagensi[4], et Odone Baiocensi episcopo, et Hugone Luxoviensi, et Michaele Abrincatensi, Gisleberto quoque Ebroicensi, et Roberto Sagiensi, in quo tam de negotiis ecclesiasticis quam de regni utilitatibus diligenter tractaverunt[5].

1075.

Willermus[6], rex Anglorum et princeps Norman-

---

[1] Le texte de ce paragraphe, emprunté aux Annales du Bec, est passé dans la Chronique du Bec.

[2] *Edificaverunt* M.

[3] Cet article, jusqu'aux mots *Roberto Sagiensi* inclusivement, est tiré des Annales de Rouen.

[4] A la suite des mots *Jo. ar. Rothom.* le ms. S. ajoute « filius (sic) « Radulfi comitis fratris Ricardi primi, qui fuerat episcopus Abrin- « censis. »

[5] Les canons du concile de Rouen tenu en 1074 sont dans le recueil de Dom Bessin, I, 64.

[6] Le texte de ce paragraphe, jusqu'au mot *interfecisset*, se trouve à peu près littéralement dans les Annales de Saint-Etienne de Caen, sous l'année 1074 ; Duchesne, *Hist. Norm. scriptores*, p. 1018.

norum, die sancto Pascæ¹, in ecclesia Fiscanni obtulit filiam suam Ceciliam per manus Johannis, archiepiscopi Rothomagensis, Deo consecrandam. Inibi namque legem instituit, ne aliquis scilicet aliquem hominem assalliret pro morte alicujus sui parentis, nisi patrem aut filium interfecisset². Instituit quoque alia ecclesiæ et regno valde utilia.

Idem³ rex Willermus eodem anno obsedit Dol, civitatem Britanniæ. Britanni vero castellum tenuerunt donec rex Franciæ adveniens liberavit eos. Postea vero rex Franciæ et rex Willermus concordati sunt.

Rex autem Scotorum Melcold prædatus est in Nordhumbre usque ad Tine prædam maximam, multosque homines in vinculis secum reduxit.

Rex quoque Willermus seditione militari agens contra Robertum filium suum primogenitum, apud Gerbereie⁴, quod est castellum in Francia, equo suo

---

[1] En 1075 Pâques tomba le 5 avril.

[2] *Interfectorem* M.

[3] Ce qui suit, jusqu'à la fin de l'année 1075, est emprunté à Henri de Huntingdon. — Le siége de Dol appartient aux mois de septembre et d'octobre 1076, comme le prouvent, d'une part, la chronique de Rainaud, archidiacre d'Angers, celle de Saint-Aubin et celle de Saint-Serge (*Chroniques des églises d'Anjou*, p. 12, 26 et 138), et d'autre part une charte de Philippe I, roi de France, datée de Poitiers le 15 octobre 1076, dans laquelle on lit : « Tunc enim temporis « cum magna festinatione et minus private Pictavim ad Gaufredum, « ducem Aquitanorum, ut nobis auxilium preberet contra Guillelmum, « regem Anglorum, comitem Normannorum, qui tunc contra nos in « Britannia quoddam oppidum obsederat, veneramus. » Besly, *Histoire des comtes de Poitou*, p. 365.

[4] Gerberoy, Oise, arr. de Beauvais, cᵒⁿ de Songeons. Le siége de Gerberoy est du commencement de l'année 1079. Une charte de Saint-

propulsus est, et Willermus filius ejus vulneratus, et multi ex suis occisi. Maledixit igitur rex Roberto filio suo, quam [1] maledictionem antequan moreretur evidenter perpessus est.

Porro Nordhumbri proditione occiderunt Walcherum, episcopum Dunelmiæ [2], in quodam placito pacifice statuto juxta Tinam, et centum homines cum eo.

1077.

Ecclesia [3] Becci x kalendas Decembris [4] in honorem sanctæ Mariæ, matris Domini, dedicata est ab archiepiscopo Cantuariæ Lanfranco, quod opus pergrande ipse inchoavit, et post abbatem Herluinum primum lapidem posuit, quod opus in sedecim annis peractum est. Huic etiam dedicationi interfuerunt episcopi Odo Baiocensis, Gislebertus Luxoviensis, Gislebertus Ebroi-

---

Quentin de Beauvais est ainsi datée : « Actum publice in obsidione « predictorum regum, videlicet Philippi, regis Francorum, et Guil-« lelmi, Anglorum regis, circa Gerborredum, anno incarnati Verbi MLXXIX.... » *Gallia christiana*, X, instrum. 246.

[1] Les mots *quam mal. — perpessus est* ne sont pas de Henri de Huntingdon.

[2] *Dumelinie* M. *Dumelmie* Henri de Huntingdon dans le ms. 6042, fol. 80. — Gaucher, évêque de Durham, fut massacré le 14 mai 1080; Guillaume de Malmesbury, *Gesta pontificum*, III, 132, éd. Hamilton, p. 271.

[3] Ce paragraphe, dont le texte est passé dans la chronique du Bec, fournit sur l'église du Bec plus de détails que le passage correspondant de Guillaume de Jumiéges (VI, 9), passage qui est du reste une interpolation de Robert.

[4] *X kalendas Novembris* Guillaume de Jumiéges et chronique du Bec; c'est aussi la leçon contenue dans la vie du bienheureux Herluin, dans celle de Lanfranc, et dans les Annales du Bec.

censis, Robertus Sagiensis, Arnaldus Cenomannensis. De læticia illius diei et gaudio multiplici superfluum videtur proloqui, cum de adventu personarum virorumque illustrium et mulierum nobilium, non sine magna largitione donorum, Franciæ, Normanniæ, Angliæ, et de superhabundanti omnibus præparata procuratione, nemo sufficienter vix possit disserere.

1078.

Beatus [1] Herluinus, abbas Becci primus, miles Christi gloriosus, inter choros justorum ab angelis susceptus est, preciosum corpus terræ relinquens, felicem animam cœlis inferens. Obitus ejus dolor suis, gaudium angelis; cui etiam Dominus corda hominum revelavit, et animas de corpore exeuntes, a dæmone arreptas, plangentes audivit et plangendo cognovit. De virtutibus ejus, vita et moribus si dicere volumus, dies deficiet. Mittimus igitur prudentem lectorem ad descriptam ejus vitam [2], ubi habundanter invenerit quo instrui possit.

[1] Robert a présenté sous une forme un peu différente, dans son texte de Guillaume de Jumiéges (VI, 9), presque tout ce qu'il dit ici sous l'année 1078, et que le compilateur de la Chronique du Bec s'est approprié, à l'exception de l'épitaphe du bienheureux Herluin.

[2] La vie du bienheureux Herluin forme la première partie des vies des abbés du Bec par Gilbert et Miles Crespin. Elle a été publiée différentes fois, et notamment dans les Œuvres de Lanfranc, éd. Giles, I, 260.

EPITAPHIUM[1].

Hunc spectans tumulum, titulo cognosce sepulchrum :[2]
    Est via virtutis nosse quis ipse fuit.
Dum quater hic denos ævi venisset ad annos,
    Quæ fuerant secli sprevit amore Dei.
Mutans ergo vices, de mundi milite miles
    Fit Christi subito, monachus ex laico.
Hinc sibi more patrum socians collegia fratrum,
    Cura qua decuit, rexit eos, aluit.
Quot quantasque vides hic solus[3] condidit ædes,
    Non tam divitiis quam fidei meritis.
Quas puer haud didicit, scripturas post ita[4] scivit
    Doctus ut indoctum vix sequeretur eum.
Flentibus hunc nobis tulit inclementia mortis
    Sextilis quina bisque die decima.
Herluine pater, sic cœlica scandis ovanter :
    Credere namque tuis hoc licet ex meritis.

Defuncto itaque patre Herluino VII kalendas Septembris[5], anno ætatis suæ LXXXmo IIIIto, monachatus vero XLIIIIto, paucis interpositis diebus, electus est abbas ejusdem loci Anselmus, qui prior XV annis fuerat. Sequenti vero anno, in festivitate sancti Petri quæ di-

---

[1] La pièce de vers qui suit se trouve aussi à la fin de la Vie du bienheureux Herluin citée dans la note précédente.

[2] *Sepultum* Vie de Herluin.

[3] *Primus* Même vie.

[4] *Postea* Guillaume de Jumiéges, dans Duchesne, 264, et Vie de Herluin.

[5] Le bienheureux Herluin mourut le 26 août 1078.

citur Cathedra ¹, benedictus est abbas in ecclesia Becci ab episcopo Ebroicensi Gisleberto.

1079.

Successit ² Johanni archiepiscopo Willermus XLVIII archiepiscopus Rothomagensis, qui fuerat monachus et abbas Sancti Stephani Cadomi.

Anni ab origine mundi secundum Septuaginta interpretes VII^m DC LXIIII.

1080.

Factum ³ est concilium apud Lislebonam, in præsentia Willermi regis Anglorum et ducis Normannorum, in Pentecoste, præsidente Willermo Rothomagensi archiepiscopo ⁴, cum episcopis, abbatibus, consulibus et ceteris Normanniæ principibus, ubi multa utilia instituta sunt, quæ servantur maxime in Normannia.

Idem ⁵ rex Willermus duxit exercitum suum in Waliam, et eam sibi subdidit. Odonem episcopum, fratrem suum, postea in carcerem posuit.

1083.

Obiit ⁶ Matildis regina, filia secundi Balduini comitis

---

¹ Le 22 février 1079.
² Note empruntée aux Annales de Rouen.
³ Sur le concile tenu à Lillebonne le 31 mai 1080, voyez Orderic Vital, II, 315-323.
⁴ S ajoute *qui fuerat abbas Cadumi*.
⁵ Paragraphe emprunté à Henri de Huntingdon.
⁶ Note empruntée presque textuellement aux Annales de Rouen.

Flandrensis, uxor Willermi regis Anglorum qui Angliam conquisivit, regina nobilis, de cujus nobilitate largiflua multa ecclesiæ sanctæ retinent beneficia.

Misit ¹ rex potentissimus Anglorum Willermus justiciarios suos per unamquamque scyram id est provinciam Angliæ; inquirere fecit per jusjurandum quot hidæ, id est jugera uni aratro sufficientia, per annum essent in unaquaque villa et quot animalia. Fecit etiam inquiri quid unaquæque urbs, castellum, vicus, villa, flumen, palus, silva redderet per annum. Hæc autem omnia in cartis scripta delata sunt ad regem, et inter thesauros reposita usque hodie servantur ².

Eodem ³ anno, Mauricius effectus est episcopus Londoniæ, qui templum maximum, quod necdum ⁴ perfectum est, incepit.

Willermus ⁵ rex Anglorum fortissimus, cum de more tenuisset curiam suam in Natali apud Gloveceastre, ad Pascha apud ⁶ Winceastre, ad Pentecostem apud Londoniam, Henricum filium suum juniorem virilibus induit armis. Deinde accipiens hominium omnium terrariorum Angliæ, cujuscumque feodi essent, juramentum fidelitatis recipere non distulit.

---

qui la mettent à l'année 1084. La reine Mathilde mourut le 2 novembre 1083.

¹ Paragraphe emprunté à Henri de Huntingdon.
² Allusion au Domesday-book.
³ Paragraphe emprunté à Henri de Huntingdon.
⁴ Ce mot est de Henri de Huntingdon.
⁵ Paragraphe emprunté à Henri de Huntingdon.
⁶ *Apud* omis dans M.

1085.

Hoc[1] anno pestes infirmitatis et famis Angliæ Deus inmisit, ut qui febribus evaderet fame moreretur. Immisit etiam tempestates et tonitrua quibus multos hominum occidi permisit, nec animalibus nec pecoribus pepercit. Fuerat[2] autem hoc anno Willermus rex in Franciam, prædavitque regnum regis Philippi et multos suorum neci dedit. Combussit quoque castrum nobile quod vocatur Maante[3], et omnes ecclesias quæ ibi inerant, plebemque multam et duos anachoritas sanctos igni tradidit. Quibus de causis Deus irritatus, regem, cum inde rediret, infirmitati, postea morti, concessit.

De cujus regis potentissimi vita bona perstringenda sunt et mala, ut a bonis sumamus[4] exempla, et a malis discatur cautela.

Willermus omnibus Normanniæ consulibus fortior fuit, omnibus Anglorum regibus potentior, omnibus prædecessoribus suis laude dignior. Erat autem sapiens sed astutus, locuples sed cupidus, gloriosus sed famæ deditus. Erat humilis Deo servientibus, durus sibi resistentibus. Ad castella solus omnes fatigabat construenda; si cervum caperent aut aprum, oculos eis evellebat, nec erat qui obmurmuraret. Amavit autem

---

[1] Tout ce qui est ici sous l'année 1085 vient de Henri de Huntingdon.

[2] *Iverat* Henri de H.

[3] Mantes, Seine-et-Oise.

[4] *Sumantur* Henri de Huntingdon.

feras, ipse ferus¹, tanquam pater esset ferarum, unde in silvis venationum quæ vocantur Novæ forestæ villas eradicari, gentem exstirpari et a feris fecit inhabitari. Huic Normannia hereditarie provenerat; Cenomanniam armis acquisierat; Britanniam sibi acclinem fecerat; super Angliam solus totam regnaverat, ita quod nec ibi una sola hida inerat de qua nesciret cujus esset et quid valeret; Scotiam quoque sibi subjugaverat, Waliamque reverendus in suam acceperat. Terris omnibus vicinis terrori inerat². Pacis autem tantus auctor fuerat quod puella auro onusta regnum Angliæ pertransire posset impune. Si aliquis quempiam quacunque de causa peremisset³, capitali plecteretur sententia; si aliquam vi oppressisset, armis sine dubio privabatur genitalibus. Construxit autem abbatiam Belli⁴ de qua supradictum est, et illam apud Cahem⁵ in Normannia, in qua ipse sepultus est. Uxor vera sua Matildis abbatiam sanctimonialium ibidem construxit, in qua ipsa requiescit. Quorum animabus misereatur qui solus post mortem medetur.

Willermus hic mirabilis terram suam sic divisit: Roberto filio primogenito dimisit Normanniam; Willermo secundo filio ejus, Angliæ monarchiam; Henrico

¹ Les mots *ipse ferus* ne sont pas de Henri de Huntingdon.

² Les mots *Terris o. v. t. ineral* ne sont pas de Henri de Huntingdon.

³ *Perimisset* M. C'est aussi la leçon de Henri de Huntingdon dans le ms. 6042, fol. 81.

⁴ *Belli in loco ubi vicit Heraldum, regem Anglorum* S. Voyez plus haut, p. 55.

⁵ *Apud Cadomum* F. *Cadumum* S. *Cahem* J. *Caham* Henri de H.

tercio, thesauri copiam, pro quo cum Robertus partem ei Normanniæ vendidisset, thesauro habito, quod ei vendidit iterum abstulit : quæ res valde Deo displicuit, sed vindictam in tempora reservavit.

1087.

Obiit[1] Willermus rex Anglorum et dux Normannorum Rothomagi, apud Sanctum Gervasium, v idus Septenbris[2], qui sua magna industria et probitate omnem Angliam suæ subdiderat ditioni. Translatum est igitur corpus ejus, sicut ordinaverat, Cadomum, et in ecclesia Sancti Stephani, quam ipse a fundamentis ædificaverat, ante majus altare, regaliter tumulatum. Solus autem filiorum suorum Henricus exequias patris prosequutus est, dignus qui paternam hereditatem aliquando solus obtineret, quam fratres sui particulatim post mortem patris possederunt. Decessit vero idem rex fere sexagenarius, anno ducatus sui in Normannia LII, porro regni sui in Anglia XXI° completo.

Hoc[3] Willermo rebus humanis subtracto, Willermus, secundus filius ejus, qui Rufus cognominatur, apud Tolcam[4] quam cicius potuit mari transito, susceptus est ab Anglis et Francis unctusque in regem a Lanfranco, Cantuariensi archiepiscopo, ejusque suffra-

---

[1] Guillaume de Jumiéges, VII, 44.

[2] Guillaume-le-Conquérant mourut à Saint-Gervais de Rouen, le 9 septembre 1087.

[3] La première phrase de ce paragraphe se retrouve dans Guillaume de Jumiéges, VIII, 2. Le reste appartient à Henri de Huntingdon.

[4] Touques, Calvados, arr. et canton de Pont-l'Evêque.

ganeis, Lundoniæ, apud Vestmonasterium. His vero peractis, Willermus rex pergens apud Winceastre, thesaurum patris sui secundum imperium ejus divisit. Erant tunc in thesauro illo LX millia librarum argenti, excepto auro et gemmis et vasis et palleis, deditque inde quibusdam ecclesiis X marcas argenti, quibusdam sex, et unicuique ecclesiæ villæ V solidos, et misit in unumquemque comitatum C libras divisum pauperibus. Præcepto quoque patris sui omnes vinctos a vinculis solvit. Rex igitur Willermus curiam suam ad Natale[1] tenuit apud Lundoniam, in qua affuerunt Lanfrancus archiepiscopus, qui eum sacraverat, et Thomas episcopus Eboracensis, et Wachelinus Vintoniensis, et Gaufridus episcopus Exiceastriæ[2], et Vulnof[3] episco-

---

[1] 25 décembre 1087.

[2] En 1087 l'évêque d'Exeter était Osberne, qui ne mourut qu'en 1103 (*Monasticon anglicanum*, II, 514). Je suis porté à croire que le prélat désigné ici par les mots *Gaufridus episcopus Exiceastriæ* n'est autre que Geoffroi de Montbrai, évêque de Coutances. En effet, nous verrons plus bas, à l'année 1088, que « Gaufridus episcopus, prodiens « a Brigestou, urbem Badæ et Berchelai et circumjacentia destruxit. » D'après le témoignage de Guillaume de Malmesbury et de la chronique anglo-saxonne (*Recueil des historiens*, XIII, 2 et 53), il est certain que ce détail s'applique à l'évêque Geoffroi de Montbrai, oncle de Robert de Montbrai. Or, dans la chronique de Jean Bromton (Twysden, 984), la phrase que je viens de citer est reproduite de la manière suivante : « Galfridus, Exoniensis episcopus, a Bristollia « prodiens, urbem Batoniensem et Barcheley et circumjacentia des- « truxit. » Il me paraît donc démontré que le titre de *episcopus Exiceastriæ* a été donné par quelques écrivains du moyen-âge à Geoffroi de Montbrai, évêque de Coutances.

[3] Saint Wolstan, évêque de Worcester, mort en janvier 1095. Voyez Guillaume de Malmesbury, *Gesta pontificum*, IV, 137, éd. Hamilton, p. 278-288.

pus sanctus Wireceastriæ, et Willermus Tetfordiæ, et Robertus Ceastriæ, et Willermus Dunelmiæ¹, et Odo episcopus Baiocensis, justiciarius et princeps totius Angliæ, et Remigius episcopus Lincoliensis², qui monachus fuerat Fiscanni.

Robertus³ namque, primogenitus regis defuncti Willermi, ante mortem ejus, discesserat a Normannia, indigne ferens quod ipse non permitteret ei pro sua voluntate disponere tam comitatum Normanniæ quam Cenomanniæ : alterius enim dudum heres designatus fuerat, alterius vero hac de causa vivente patre regimen quærebat, quod Margarita, filia Herberti quondam Cenomannensis comitis, ipsi fuerat desponsata, licet, antequam ad nuptias ejus pertingeret⁴, apud Fiscannum virgo eadem Christo devota obierit. Cum igitur in Pontivo apud Abbatis Villam⁵ cum suis similibus juvenibus, filiis scilicet satraparum Normanniæ, qui ei quasi suo domino venturo specie tenus obsequebantur, re autem vera novarum rerum cupiditate illecti, moraretur, et ducatum Normanniæ maxime in margine excursionibus et rapinis demoliretur, audito nuntio excessus patris, confestim veniens Rothomagum, ip-

---

¹ Guillaume, évêque de Durham, avait d'abord été moine de Saint-Calais et abbé de Saint-Vincent du Mans; *Gallia christiana*, xiv, 457.

² Sur Rémi, moine de Fécamp, qui transféra à Lincoln le siége épiscopal de Dorchester, et mourut le 10 janvier 1123, voyez Guillaume de Malmesbury, *Gesta pontificum*, iv, 177, éd. Hamilton, p. 312.

³ Guillaume de Jumiéges, viii, 2.

⁴ *Pergingeret* M.

⁵ Abbeville en Pontieu, Somme.

sam civitatem et totum ducatum sine ulla contradictione suscepit.

Eodem anno [1] obiit Robertus Wiscardus Normannigena, dux Apuliæ, et successerunt Rogerius et Boamundus, filii ejus.

Mortuo itaque, ut diximus, rege Anglorum Willermo seniori, successit ei secundus filius ejus Willermus Rufus, qui regnavit tredecim annis.

1088.

Omnes [2] nobiliores procerum in Willermum juniorem regem Anglorum non sine perjurio bella moventes, et Robertum fratrem suum in regnum asciscentes, suis quique provinciis Dei judicio debachati sunt. Odo, præsul Baiocensis, princeps et moderator Angliæ, in Cancia seditionem exordiens, regis et archiepiscopi villas invasit et combuxit. Robertus, consul de Moretuil [3], circa Pevense idem incepit. Gaufridus episcopus [4], prodiens a Brigestou, urbem Badæ et Berchelai et circumjacentia destruxit. Rogerius [5] in castello Nordwic sceleris exercicium per Estangle non segnius in-

---

[1] La mort de Robert Guiscard est de l'année 1085.

[2] Paragraphe emprunté à Henri de Huntingdon. — Noms modernes des lieux mentionnés dans ce paragraphe : Kent, Pevensey, Bristol, Bath, Berkeley, Northwich, l'East-Anglie, Leycester, Southampton, Durham, comté de Hereford, comté de Salop ou Shropshire, Worcester.

[3] Robert, comte de Mortain, frère utérin de Guillaume-le-Conquérant.

[4] Geoffroi de Montbrai, évêque de Coutances.

[5] Roger de Montgommery.

choavit. Hugo [1] in provincia Legecestriæ et Hantoniæ nichil mitius egit. Willermus episcopus Dunelmæ in finitimis similia perpetravit. Principes vero Herefordescyræ et Salopscyræ cum Walensibus prædantes combuxerunt provinciam Wireceastriæ usque ad portas urbis.

Gislebertus filius Ricardi [2], tenens castellum Tunebruge [3], contra regem Anglorum Willermum rebellat. Idem facit comes de Moretuil [4] Robertus apud Pevenesel [5]; Odo episcopus Baiocensis, patruus regis, apud Rovrecestre [6]; Willermus episcopus, apud Dunelmum; quorum castella tria prius posita idem rex per se obsidens cepit, et episcopum Odonem in Normanniam transfretare non rediturum coegit; quartum vero, scilicet Dunelmæ, per milites suos capiens, Willermum episcopum exulavit.

1089.

Obiit [7] piæ memoriæ Lanfrancus, prius monachus Beccensis, deinde abbas Cadomensis, ad ultimun archiepiscopus Cantuariensis xviiii annis. Hic, inter alia

[1] Hugues de Grentemesnil.
[2] Gilbert de Tunbridge, fils de Richard de Bienfaite. — Le paragraphe suivant fait en partie double emploi avec celui qui précède.
[3] *Tennebruge* S. Tunbridge, comté de Kent.
[4] *Moretonio* S. *Moretuid* M.
[5] *Penevesel* M.
[6] Rochester.
[7] La substance et souvent les termes mêmes de ce paragraphe ont été tirés de la Vie de Lanfranc par Milos Crespin, chap. ix, xiii et xv. Mabillon, *Acta sanctorum ordinis s. Benedicti*, VI, ii, p. 648, 656 et 657.

bona ab eo ibi instituta, majorem ecclesiam præter presbiterium renovavit, officinas monachorum novas ædificavit, dignitates Cantuariensis ecclesiæ, quæ vetustate vel negligentia deciderant, sive imminutæ fuerant, renovando reformavit; terras multas quæ ablatæ fuerant'in jus ecclesiæ revocavit; xxv maneria eidem ecclesiæ restituit. Xenodochia vel prothrophia duo extra civitatem ædificavit, quibus de suo annuos redditus quantum satis visum est delegavit. Ecclesiam Rofensem ipse instauravit, et in ea episcopum ordinavit Beccensem monachum, nomine Hernostum [1], in cujus consecratione inventus est evangelii versus : « Cito « proferte stolam primam [2] » et cetera. Quod cum audisset Lanfrancus, prædixit eum cito moriturum, et sic contigit. Namque ei in episcopatu nondum anno completo decedenti successit Gundulfus [3], et ipse Beccensis monachus, vir Deo amabilis et religiosus, qui perseveravit usque ad tempora sancti Anselmi et regis Henrici. Abbatiam quoque Sancti Albani restituit in primum statum, in qua posuit abbatem Paulum, Cadomensem monachum, qui ibi ordinem Becci et ecclesiastici officii usum instituit, sicut est cernere usque hodie [4]. Quando Willermus rex gloriosus mora-

---

[1] Ernost, évêque de Rochester (Kent) en 1076. Il est appelé « Arnostus » par Guillaume de Malmesbury, *Gesta pontificum*, I, 72, éd. Hamilton, p. 136.

[2] Luc, XV, 22.

[3] Gundulphe succéda à Ernost sur le siége de Rochester le 19 mars 1077; *Monast. anglic.* I, 155. Sur Gundulphe, qui avait été moine à Saint-Etienne de Caen, voyez Guillaume de Malmesbury, *Gesta pontificum*, I, 72, éd. Hamilton, p. 137.

[4] Paul, moine de Saint-Etienne de Caen, fut nommé abbé de Saint-

batur in Normannia, Lanfrancus erat princeps et custos Angliæ, subjectis sibi omnibus principibus et juvantibus in his quæ ad defensionem vel pacem pertinebant regni, secundum leges patriæ. Lectioni assiduus erat[1], et ante episcopatum et in episcopatu quantum poterat; et quia scripturæ scriptorum vitio erant nimium corruptæ, omnes tam veteris quam novi Testamenti libros, necnon etiam scripta sanctorum patrum, secundum orthodoxam fidem studuit corrigere[2], et etiam multa de his quibus utimur die ac nocte in servitio ecclesiæ ad unguem emendavit, et hoc non tantum per se, sed etiam per discipulos suos fecit. Qua de causa merito illum latinitas cum honore et amore veneratur magistrum; hujus emendationis claritate omnis occidui orbis ecclesia, tam gallicana quam anglica, gaudet se esse illuminatam. Ita fuit liberalis ut diceretur nullum tam largum de Italia Lombardum egressum fuisse. Ipse enim ditatus multis possessionibus locuples[3] erat; verum quanti penderet

---

Alban le 28 juin 1077; sur son administration, voyez *Gesta abbatum Sancti Albani*, I, 51—66.

[1] *Erat* omis dans M.

[2] Le ms. 15 de la bibliothèque du Mans parait être un monument du soin que prenait Lanfranc pour corriger les copies des ouvrages des pères de l'église. A la fin de ce volume, qui vient de Saint-Vincent du Mans, et qui, entre autres traités, contient l'Hexaméron de saint Ambroise, on lit : LANF. HUC USQUE CORREXI. De son côté, Mabillon, (*Acta sanctorum*, VI, II, 657, note a) cite un ms. de Saint-Martin de Séez, contenant une copie des Collations de Cassien, corrigée par Lanfranc, qui avait lui-même écrit sur une marge : HUC USQUE EGO LANFRANCVS CORREXI.

[3] *Locuplebs* M.

ista, in hoc apparebat quod quantum [1] poterat paupertatem retinebat in vilitate habitus, parcimoniam [2] tenens inter multimodas delicias; multa quoque et magna offerebantur sibi dona, quæ hilariter rogantibus vel indigentibus tribuebat. Pauperibus quoque erat ita dapsilis ut quingentas libras quotannis in elemosinam erogasse dicatur, et merito, nam in consecratione ejus repertum est super capud ejus [3] euvangelicum Domini dictum : « Date elemosinam, et ecce omnia munda sunt vobis. [4] » Quod ipse tota devotione facere studuit. Consanguineis monachorum suorum indigentibus quam benigne quam sufficienter beneficia impendebat, vere dicere poterat : « Ab adolescentia crevit mecum miseratio [5]. »

Versus Anselmi archiepiscopi de Lanfranco, decessore suo [6].

Archiepiscopii non divitias nec honores
Lanfrancus subiit, sed curas atque labores.
Natus in Italia, Papiensi de regione,
Civibus egregiis et honesta conditione,
Monachus atque prior Becci fuit, hinc Cadomensis

[1] *Tantum* M.

[2] *Parsimoniam* M.

[3] *Ejus* manque dans M.

[4] *Sunt* omis dans M. — Texte tiré de saint Luc, XI, 41.

[5] Job, XXXI, 18.

[6] Dans F la pièce est simplement intitulée : « Epytaphium ejusdem ; » elle manque dans J.
Cette pièce de saint Anselme, à laquelle fait allusion Orderic Vital (III, 309), a été publiée par Mabillon (*Acta sanctorum ordinis S. Benedicti*, VI, II, p. 659 et 660), d'après une autre source que la Chronique de Robert.

Abbas, post præsul primatus Cantuarensis [1].
Totius Anglorum fuit ecclesiæ reparator,
Et Normannorum nichilominus auxiliator.
Cujus doctrinam pars maxima senserat orbis,
Et commune fuit viduis solamen et orbis,
Claudis, contractis, leprosis, dæmoniosis,
Surdis et cæcis; necnon etiam vitiosis,
Post exhortamen, non sprevit ferre levamen [2]
Sed dum vixit erat spes omnibus atque levamen [3].
Sole sub undecima Geminos subeunte dieta,
Felicis vitæ sibi ponitur ultima meta.
Regum rex, æterne Deus, rerumque creator,
Sis sibi perpetuus defensor et auxiliator.
Virgo, redemptoris mundi sanctissima mater,
Illum conserva, ne spiritus atterat ater.
Omnes electi, precibus meritisque juvate
Lanfrancum vestris, et vobis consociate.
Vos quoque qui vitam gratanter adhuc retinetis,
Et spem venturæ donec superestis habetis,
Hortor et admoneo quod eidem subveniatis,
Ut quod [4] feceritis post mortem percipiatis :
Nam qui propter eum supplex et sedulus orat
Pro semet supplex et sedulus ipse laborat.

Hoc [5] anno terræ motus fuit terribilis, portendens mala forsitan ventura, quæ propter hominum ini-

---

[1] *Primas et Cantuariensis* Mabillon.

[2] *Juvamen* Mabillon.

[3] Après ce vers, Robert a omis 22 vers qu'on trouvera dans l'édition de Mabillon.

[4] *Et quod* M.

[5] Les mots *Hoc anno terræ motus fuit terribilis* sont empruntés à Henri de Huntingdon.

quorum peccata jam nostris temporibus vidimus impleta.

1090.

Willermus [1] rex Anglorum, regni sui ulcisci paratus injurias quas frater suus Robertus ingesserat, muneribus datis, adquisivit sibi castellum Sancti Walerici et Albemarle et Ou [2] et Fiscannum [3].

1091.

Rex [4] Anglorum Willermus cum fratre suo Roberto concordiam fecit, eo tamen pacto ut castra illa quæ frater ab eo acquisierat regi remanerent.

1092.

Rex Anglorum Willermus reædificavit civitatem Cayleol [5], et ex australibus Angliæ partibus illuc habitatores transmisit.

1093.

Sublato [6] de hac vita venerabili patre ut supra diximus Lanfranco, rex Anglorum Willermus ecclesias ac

---

[1] Ce paragraphe, jusqu'aux mots *et Albemarle* inclusivement, est tiré de Henri de Huntingdon.

[2] *Hou* S et J.

[3] Probablement Saint-Valeri sur Somme, Aumale, Eu et Fécamp.

[4] Ce paragraphe et le suivant ont été empruntés à Henri de Huntingdon.

[5] Mauvaise leçon, pour *Carleol*, leçon de Henri de Huntingdon. — Carlisle.

[6] Ce paragraphe a été copié presque littéralement dans la vie de saint Anselme par Eadmer, l. II, chap. I (Bollandistes, Avril, t. II,

monasteria totius Angliæ gravi nimirum oppressione afflixit; cujus oppressionis anno quarto, Anselmus, abbas Beccensis ecclesiæ, vir magnæ sanctitatis et doctrinæ, invitatus immo districta interpellatione adjuratus ab Hugone, Cestrensi comite [1], multisque aliis Anglorum regni principibus, qui eum animarum suarum medicum et advocatum elegerant, et insuper ecclesiæ prece et præcepto, pro communi utilitate, coactus, Angliam ingressus est. Venienti optimates alacres occurrunt. Rex ipse solio exilit et viro gaudens occurrit. Interea rex Willermus gravi corripitur langore et pene ad extrema perducitur. Suadetur ei, inter alia, a principibus ut de matre totius regni ecclesia, videlicet Cantuariensi, cogitet, et eam a pristina viduitate et calamitate per institutionem pontificis relevet : acquiescit ille consilio, et Anselmum in hoc opus dignissimum judicat. Tunc ille contradicens et reluctans, et multis modis omnibus obstans, rapitur et violenter in vicinam ecclesiam cum ymnis et laudibus portatur magis quam ducitur. Acta sunt hæc anno præsenti, pridie nonas Martii, prima Dominica Quadragesimæ[2]. Anno vero sequenti, pridie nonas Decenbris[3], debito cum honore ab omnibus episcopis Angliæ Cantuariæ consecratus est, ad laudem et gloriam nominis Domini, in cujus consecratione euvangelica illa sententia super eum

---

p. 878 et 879). — Tout ce qui suit, jusqu'à la bénédiction de Guillaume, abbé du Bec, a été reproduit dans la Chronique du Bec.

[1] Hugues d'Avranches, comte de Chester, mort en 1101.
[2] Le 6 mars 1093 tomba en effet le premier dimanche de Carême.
[3] 4 décembre 1094.

reperta est : « Vocavit multos et misit servum suum « hora cœnæ dicere invitatis ut venirent, quia jam pa- « rata sunt omnia [1]. » Qui cujus meriti extitit in vita ipsius potest reperiri.

Rexit autem hic sanctissimus vir Anselmus ecclesiam Cantuariensem xvi annis feliciter, qui monachus Becci claustralis exstiterat iii annis, xv prior post venerabilem Lanfrancum, et xv abbas post sanctum Herluinum, ejusdem cœnobii abbatem primum.

Cui successit in eadem ecclesia Becci tercius abbas [2], vir magnæ sanctitatis et doctrinæ, Willermus, nobili Normannorum prosapia originem trahens, in veteri castro super Rislam quod dicitur Mons Fortis [3] claris parentibus exortus. Pater ejus Turstinus, mater vero Albereda [4] dicebatur, Rogerii de Bello Monte, patris Roberti comitis Mellenti, ex sorore neptis; qui anno sequenti benedictus est Rothomagi, in die festivitatis sancti Laurentii [5], ab archiepiscopo Willermo.

Eodem [6] anno, Melcolm [7] rex Scotiæ, in Anglia prædans, ex inproviso est interceptus et interfectus, et Edwardus, filius suus, heres ejus si viveret. Quod ut

---

[1] Luc, XIV, 17.

[2] Voyez la vie de Guillaume, troisième abbé du Bec, publiée par D. Luc d'Achery, dans les OEuvres de Lanfranc.

[3] Montfort-sur-Risle, Eure, arr. de Pont-Audemer.

[4] Aubrée, femme de Turstin et mère de l'abbé Guillaume, devait être fille d'une sœur de Roger de Beaumont, et par conséquent petite-fille d'Onfroi de Vieilles.

[5] 10 août 1094.

[6] Paragraphe tiré de Henri de Huntingdon.

[7] *Melcoli*, avec un signe d'abréviation, dans M, ici et plus bas.

audivit Margarita regina, dupplici contricione anxiata est in animo usque ad mortem, et communionem accipiens, animam reddidit. Scoti vero elegerunt Duvenal, fratrem Melcolm in regem. Sed Dunecam [1], filius Melcolm, obses regis Willermi, auxilio ejusdem fugavit patruum, et susceptus est in regem. Anno sequenti, consilio Duvenal, Scoti regem suum Dunecam occiderunt.

1094.

Rex [2] Anglorum Willermus provocatus a fratre suo quod jusjurandum non servaret, transfretavit in Normanniam. Cum ergo fratres simul venissent, juratores omnem culpam regi imposuerunt. Rex ferus ea negligens et iracunde discedens, castellum Bures [3] invasit et cepit; e contra dux castellum Argentomum [4] cepit, et in eo consulem regis Rogerum Pictavensem [5], et cum eo DCC milites, et postea castellum Hulmetum [6]. Rex Willermus interim gentem magnam de Anglia fecit adduci in Normanniam. Dux vero Robertus adduxit Philippum [7] regem Francorum, ut caperent regem

---

[1] *Devecan* M.

[2] Paragraphe tiré de Henri de Huntingdon.

[3] Bures-sur-Béthune, Seine-Inférieure, arr. de Neufchâtel, canton de Londinières.

[4] *Argentomagum* S. *Argentom* M. — Il s'agit d'Argentan, Orne.

[5] Sans doute Roger le Poitevin, fils de Roger de Montgommery, dont il est souvent question dans Orderic Vital.

[6] *Humetum* F. Sans doute le Homme, aujourd'hui l'Ile-Marie, Manche, arr. de Valognes, canton de Sainte-Mère-Eglise, commune de Picauville. Voyez Stapleton, II, xxx.

[7] *Philipphum* M.

apud Hou[1]. Ingenio autem et pecunia sua rex Willermus remisit Philippum.

1095.

Rex [2] Anglorum Willermus misit Henricum fratrem suum in Normanniam cum pecunia multa, ut eam loco regis diutinis invasionibus expugnaret.

1096.

[Eminebat [3] in Dei hostico] Robertus, dux Normannorum, cum multis comprovincialium virorum suorum illustrium; qui iccirco Willermo, fratri suo, regi Anglorum, per nuntium mandat ut in Normanniam festinanter veniat, ducatum ipsius usque ad reditum suum habiturus, et de thesauris Anglorum opimis suam et suorum indigentiam obiter suppleat. Hujus autem legationis nuntio exhilaratus, rex Willermus in Normanniam transfretans, decies mille marchas argenti ea conditione Roberto duci commodavit ut quamdiu in prædicta peregrinatione moraretur, ipse ducatum Normanniæ pro eis vadem haberet, illum duci restituturus, cum ipse sibi prætaxatam pecuniam rediens reconsignaret. His ita gestis, comes

---

[1] *Ou* F. Le château d'Eu; voyez plus haut, à l'année 1090.

[2] Paragraphe emprunté à Henri de Huntingdon.

[3] Dans ce paragraphe et dans le suivant, Robert de Torigni a joint aux noms des croisés, tels que Sigebert les a enregistrés dans sa chronique, les détails relatifs à Robert Courte-Heuse et à ses frères qui forment le chapitre 7 du livre vii de l'Histoire de Guillaume de Jumiéges.

Henricus contulit se ad regem Willermum, atque omnino cum eo remansit ; cui idem rex comitatum Constantiniensem et Baiocensem, præter civitatem Baiocas et oppidum Cadomi [1], ex integro concessit.

Hoc tempore, prædictus rex Willermus fecit quoddam castellum, Gisorth [2] videlicet, in confinio Normanniæ et Franciæ, quod sæpe nominatus frater ejus Henricus, qui ei divina dispositione successit, mœnibus ambitum et turribus excelsis inexpugnabile reddidit.

1097.

Cum [3] igitur [Christiani] per vii ebdomadas et tres dies ibi (Laodiciæ) morati essent, iter ad Antiochiam dirigunt, et diviso exercitu in duo, circundederunt unum eorum exercitum CCC LX M Paganorum, extra Arabes quorum non erat numerus. Mittitur ergo ad alium exercitum. Interim bellum geritur horrendum, quo Christiani vehementer sunt attriti et tanto stridore eorum percussi ut quo essent ignorarent. Dum ergo jam fugam Christicolæ vel meditarentur vel inciperent, occurrit Robertus dux Normanniæ clamans : « Quo, « milites, quo fugitis? Equi eorum nostris sunt velo- « ciores. Fuga nobis non est præsidio. Melius est bene « mori quam male evadere. Mecum sentite. Me sequi- « mini. » O vir magnæ et admirandæ probitatis! Vix

---

[1] Le Cotentin et le Bessin, à l'exception des villes de Bayeux et de Caen.

[2] Gisors, Eure, arr. des Andelys.

[3] Paragraphe extrait de Henri de Huntingdon.

dixerat et in quendam Paganorum regem lanceæ direxit aciem, quæ lignum et æs et corpus æque diffidit, stravitque secundum et tercium omnino non resurrecturos. Igitur Tancheredus impiger et Boamundus belliger et Ricardus de Principatu et Robertus de Ansa [1], dux et miles fortissimus, non segnius indulgent ictibus. Pugna committitur gravissima, cum ecce Hugo Magnus [2] et Anselmus de Ribemunt, cum multa caterva militum, alium prævolantes exercitum, defessos Paganos recentes findunt. Pugnantes igitur Pagani dum tot hostes ex insperato prospiciunt, quasi cœlum ruiturum super eos esset, animis delicuerunt et fugæ indulserunt cum Solimanno, rege suo. Christiani autem victoria, licet dampnosa, et spoliis innumeris potiti sunt primo die Julii. Porro continuantes propositum Antiochiæ petendæ, venerunt ad Eracheam [3] inde ad Tharsum, quæ subdita est Balduino comiti mirifico [4]. Atena [5] vero et Mamistra [6] subditæ sunt Tanchredo. Dux Normannorum quandam [7] civitatem Turcorum dedit Simeoni [8]; Reimundus [9] et Boamun-

---

[1] Robert d'Anzi,

[2] Hugues-le-Grand, fils du roi Henri I, comte de Vermandois.

[3] Pour *Heracleam*, aujourd'hui Eregli.

[4] Tarse fut occupée par Baudouin, frère de Godefroi de Bouillon.

[5] Adana en Cilicie.

[6] *Manistra* M. — Missis en Cilicie.

[7] *Quondam* M.

[8] Les historiens des croisades appellent *Alfia* la ville de la Petite-Arménie que les chefs des croisés laissèrent à un chevalier du pays nommé Siméon. Voyez *Historiens occidentaux des croisades*, III, 32.

[9] Raimond de Saint-Gilles.

dus aliam civitatem Petro de Alpibus ¹. Tandem venerunt ad Pontem Ferreum ². Postea Antiochiam, quæ caput est Syriæ, obsederunt xii kalendas Novembris ³. In Februario congregatus est mirabilis exercitus Paganorum ad Pontem Ferreum, apud castellum Areth ⁴. Tunc nostri sex acies equitum direxerunt contra hostes. Tunc maxima vis Parthorum nostros tam acriter invasit ut paulatim jam cederent. At Boamundus, bellorum arbiter et certaminum judex ⁵, cuneum suum mediis immisit hostibus. Sic Robertus filius Gerardi ⁶, signifer, proruit inter agmina Turcorum. Quod videntes alii, animo recuperato, velud leones invadunt hostes. Dux igitur Normannorum gladio caput cujusdam magni viri et dentes et collum et humeros usque in pectora diffidit. Dux Godefridus ⁷ quendam medium secavit: cum igitur pars terræ cecidisset, partem domini ferebat equus inter Paganos pugnantes, quo monstro perterriti simul cuncti fugientes in iram dampnationis abierunt. Capita igitur multorum delata sunt a nostris cum gaudio. Venerunt interea multi de gente amiralii Babilonis ⁸ in Antiochiam.

---

¹ Orderic Vital l'appelle *Petrus de Alfia* (III, 515), et désigne par le nom de *Plastencia* la place dont il est ici question.

² Le Pont de Fer.

³ 20 octobre 1097.

⁴ La bataille du château de Hareng fut livrée le 9 février 1098, suivant Pierre Tudebode ; *Historiens occidentaux des croisades*, III, 45.

⁵ *Index* M.

⁶ Robert fils de Girard, connétable ou porte-étendard de Boémond.

⁷ Godefroi de Bouillon.

⁸ Afdhal, émir de Babylone, c'est-à-dire sultan d'Egypte.

1098.

Cum [1] Willermus rex Anglorum Normanniam, quam a Roberto fratre suo ad Jerusalem profecto in vadimonium acceperat, pro libitu suo disposuisset, rediit anno superiori ad vigiliam Pascæ in Angliam.

Anselmus vero archiepiscopus recessit ab Anglia [2], quia nichil recti rex pravus in regno suo fieri permittebat, sed provincias intolerabiliter vexabat in tributis quæ nunquam cessabant, in opere muri circa turrim Lundoniæ, in opere aulæ regalis apud Westmosterium.

Rex Willermus hoc anno fuit in Normannia semper hosticis tumultibus et curis armorum deditus, tributis interim et exactionibus pessimis Anglorum populos non abradens sed excorians [3].

In æstate autem visus est sanguis ebullire a quodam stagno [4] apud Fiscanstede [5] in Berscyre. Post hæc apparuit cœlum tota nocte pene tanquam arderet.

---

[1] Les cinq petits paragraphes qui suivent, jusqu'aux mots *Robertus de Belesme frater ejus*, sont tirés de Henri de Huntingdon. — Le second et le troisième ont été insérés dans la Chronique du Bec.

[2] Octobre 1097. Voyez la Notice de M. Charma, dans *Mémoires de la Société des Antiquaires de Normandie*, xx, 12 et 33.

[3] *Excoriens* M. C'est aussi la leçon de Henri de Huntingdon dans le ms. 6042, fol. 86.

[4] *Slanno* M.

[5] *Finchamstede* Henri de Huntingdon. — Ce village du comté de Berk est appelé *Finghamsled* et *Finghamslud* dans le livre des fiefs de la fin du xiiime siècle connu sous le nom de *Tesla de Nevill*, p. 110, 122 et 127 de l'édition de 1807.

Walchelinus episcopus Vinceastriæ obiit¹, et Hugo comes Salopesbyri occisus est², cui successit Robertus de Belesme, frater ejus.

Cœnobium Cisterciense³ incipitur, principium et origo ordinis dealbati. In Burgundia, videlicet in loco qui dicitur Molismus, Robertus abbas monasterium condens, viros religiosos secum aggregavit et consuetudines aliorum monachorum aliquandiu tenuit. Postea vero regulam sancti Benedicti, in loco ubi de labore manuum loquitur, secundum litteram intuens, dixit monachis suis ut litteram regulæ per omnia sequerentur. Illi autem nolentes novas adinventiones sequi, dixerunt se non recedere a traditis sanctorum præcedentium patrum institutis, Martini scilicet, Mauri beati Benedicti discipuli, Gregorii, Maioli. Ille autem hoc audiens, recessit ab eis cum XII monachis, et Cistercium adiens, monasterium ibi fundavit, ex cujus fonte multi rivuli religiositatis postea, ut videmus, emanaverunt.

1099.

Christianis⁴ Turcos fortiter debellantibus eorumque urbes et castella sibi debellando vendicantibus, contigit

---

¹ Sur Vauquelin, évêque de Winchester, voyez Orderic Vital, III, 310, et IV, 10, Guillaume de Malmesbury, *Gesta pontificum*, II, 77, éd. Hamilton, p. 172, et *Monasticon anglicanum*, I, 195.

² Hugues de Montgommery, comte de Shrewsbury, périt vers la fin de juillet 1098; Orderic Vital, IV, 31.

³ *Cilerciense* M. — Conf. Orderic Vital, III, 435 et suiv.

4 Conf. Foucher de Chartres, livre I, chap XXV; dans *Historiens occidentaux des croisades*, III, 353.

apud quoddam munitissimum castrum, nomine Archas[1], cis Jerusalem octo mansionibus situm, multos eorum perire, cum quibus et Anselmus de Ribemont lapide percussus in capite occumbit.

Comes[2] Normannorum ecce pro re bene gesta proprio nomine sæpe dicendus Robertus admiravisi stantarum a longe considerans, quod in summitate hastæ pomum aureum habebat, hasta vero cooperta argento decenter albicabat, ubi ipsum esse deprehendit, audacter per medias acies super eum irruit[3], et graviter ad mortem vulneravit. Quod non mediocrem gentibus incussit timorem. Ipse vero Robertus dux Normannorum post emit stantarum ab his qui illud ab admiraviso sauciato retinuerunt viginti marcas argenti, et intulit illud in sepulcrum Domini ad monimentum memorandi triumphi. Alter emit ensem ejusdem admiravisi LX bizanteos.

Optulerunt[4] igitur Normannorum duci Roberto regnum Jerusalem; quod quia causa laboris repudiavit, offensus est in eum Deus, nec prosperum quid deinceps ei contigit. Ipse et consul Flandriæ Robertus et Reimundus remearunt ad propria. Dux vero Godefridus regnavit in Jerusalem, et post eum Balduinus, strenuissimus frater ejus, et post eum Balduinus, secundus nepos eorum, et post hunc comes Andega-

---

[1] Archis.
[2] Conf. Orderic Vital, III, 622.
[3] *Iruit* M.
[4] Paragraphe emprunté à Henri de Huntingdon.

vensis Fulco, et post eum Balduinus, filius ejus, frater Gaufridi optimi comitis Andegavensis, mariti imperatricis[1]. Subdiderunt enim Christo, multa et gravissima bella peragentes, finitimas urbes, præter Ascalon, quæ adhuc in scelere suo perseverat[2].

Primus ibi (Jerusalem) tunc patriarcha constitutus est donnus Daibertus, episcopus Pisanus, qui illuc venerat causa orationis.

Tunc[3] Domino placuit quod inventa est particula una de cruce dominica, quæ antiquitus in secreto loco occultata, nunc a quodam homine Syro revelata, qui cum patre suo eam olim absconderat et conservaverat, quæ particula, in modum crucis formata, aurea et argentea fabricata est et ad Sepulchrum conservata.

Rex[4] Willermus rediit in Angliam, et tenuit curiam suam apud Westmosterium in nova aula. Quam cum inspecturus primum introisset, et alii satis magnam et æquo majorem dicerent, dixit rex eam magnitudinis debitæ dimidia parte carere. Qui sermo regis magno fuit, licet parvo constaret, honori. Rursus cum venaretur in Nova Foresta, venit ei subito nuntius a Cenomannia, dicens ei familiam suam ibi obsideri. Ilico rex festinus ad mare veniens, naves introiit. Cui nautæ :
« Cur, regum maxime, intolerabili tempestate maris
« alta lacescis, et mortis imminens periculum non for-
« midas? » Quibus rex ait : « De rege fluctibus sub-

---

[1] Les mots *frater.... imperatricis* ne sont pas de Henri de H.
[2] Ascalon fut prise par le roi Baudouin III, le 12 août 1153.
[3] Foucher de Chartres, livre I, chap. XXX, p. 361.
[4] Paragraphe emprunté à Henri de Huntingdon.

« merso sermonem non audivi. » Ergo mare transiens, spreto mortis periculo, nichil dum viveret egit unde tantam famam tantumque gloriæ decus haberet. Cenomanniam vero gressu veloci veniens, Heliam consulem turpiter fugavit, et eam sui juris esse jussit, et in Angliam iterum transiit. Tunc ipse rex Raunulfo, placitatori sed perversori, exactori sed exustori totius Angliæ, dedit episcopatum Dunelmæ [1]. Hoc etiam anno decessit Osmundus, episcopus Salesberiæ [2].

In concilio [3] Arvernensi, autentico et nominatissimo, unanimi assensu constitutum est ut quæcunque civitas, mari magno transito, a Paganorum posset excuti jugo, sine ulla contradictione sub sanctæ Jerusalem dominio vel dicione perhenniter obtineretur. Hoc etiam in Antiocheno postea concilio, Podiensi episcopo [4] magistrante, replicatum et confirmatum est ab omnibus. In Jerusalem quoque dux Godefridus et dominus Boamundus acceperunt terram suam a patriarcha Daiberto, propter amorem Dei et dignitatem ecclesiæ. Idem [5] Paschalis papa privilegiis suis corroboravit, et ea Jerosolimitanæ ecclesiæ transmisit, quibus, ecclesia Romana sic auctorizante, jure perpetuo communietur, in quibus privilegiis hæc inscripta continentur.

---

[1] Sur Renouf Flambard, évêque de Durham, voy. Orderic Vital, III, 310, et IV, 107, et Guillaume de Malmesbury, *Gesta pontificum*, III, 134, éd. Hamilton, p. 274.

[2] Voyez Orderic Vital, III, 310, et IV, 10, et Guillaume de Malmesbury, *Gesta pontificum*, II, 83, éd. Hamilton, p. 184.

[3] Ce qui suit, jusqu'à la fin de la lettre de Paschal II, a été copié dans Foucher de Chartres, l. III, chap. XXXIV et XXXV, p. 466 et 467.

[4] Adémar, évêque du Puy.

[5] Le texte primitif portait *Itidem*.

« Paschalis[1], servus servorum Dei, reverentissimo
« fratri Jerosolimitano patriarchæ Gibelino, et ejus
« successoribus canonice promovendis. Secundum
« mutationes temporum transferuntur etiam regna
« terrarum. Unde etiam ecclesiasticarum parrochia-
« rum fines in plerisque provinciis mutari expe-
« dit et transferri. Asiaticarum siquidem ecclesiarum
« fines antiquis fuerunt diffinitionibus distributi,
« quas distributiones diversarum diversæ fidei gen-
« tium confudit irruptio. Gratias autem Deo quod
« nostris temporibus et Antiochiæ et Jerosolimitæ
« civitates, cum suburbanis suis et adjacentibus pro-
« vinciis suis, in christianorum principum redactæ
« sunt potestatem. Unde oportet nos divinæ muta-
« tioni et translationi manum apponere. Præsentis
« itaque decreti pagina tibi, frater karissime et coepis-
« cope Gibeline, tuisque successoribus et per vos
« Jerosolimitanæ ecclesiæ patriarchali seu metropoli-
« tano jure regendas disponendasque sancimus civi-
« tates omnes atque provintias quas in Balduini regis
« ditionem aut jam restituit aut in futurum restituere
« gratia divina dignabitur. Dignum est enim ut Se-
« pulchri dominici ecclesia secundum fidelium mili-
« tum desideria competentem honorem optineat, et
« Turcorum seu Sarracenorum jugo libera in Christia-
« norum manu abundantius exaltetur. »

---

[1] Cette lettre de Paschal II est du mois de juin 1111. Voy. Guillaume de Tyr, l. XI, chap. XXVIII (*Historiens occidentaux des croisades*, I, 502), et Jaffé, *Regesta pontificum Romanorum*, p. 502, n. 4670.

1100.

Willermus[1] rex Anglorum in Nova Foresta, sibi multum dilecta, cum sagitta incaute cervo intenderetur, in corde percussus interiit, nec verbum edidit. In die qua obiit in proprio habebat archiepiscopatum Cantuariæ et episcopatum Vincestriæ et Salesberiæ[2] et undecim abbatias ad firmam datas. Mira res! Quicquid Deo Deumque diligentibus displicebat, sibi placebat, nec malicias occulte sed etiam aperte ipse et sui agebant.

INCIPIT PROLOGUS ROTBERTI IN EA QUÆ SECUNTUR, DE TEMPORUM DESCRIPTIONE, USQUE AD MCLXXXIIII[3] ANNUM.

De chronographia, id est temporum descriptione, in subsequentibus locuturi, primo detractoribus[4] invidis et nostrum laborem inanem reputantibus breviter respondebimus; dein amantibus benivolis[5], et id expectantibus, immo expostulantibus, rerum ordinem præsenti prologo succincte aperiemus. Qui dicunt :

---

[1] La substance de ce paragraphe est tirée de Henri de Huntingdon.

[2] *Saleb* avec un signe d'abréviation dans M.

[3] Les mots *usque ad MCLXXXIIII annum* ont été récrits dans M à la place d'un passage gratté; ils sont dans les mss. d'Oxford et de Cambridge. Le ms. royal du musée britannique, le ms. harleien et celui de Bayeux, portent *Incipit prologus Roberti in ea que sequuntur de temporum descriptione*. On lit dans J et F : *Incipit prologus in chronicis ab hoc tempore incoatis*.

[4] *Detractatoribus* M.

[5] *Beninvolis* M, ici et plus bas.

Quid necesse est vitas vel mortes vel diversos casus hominum litteris mandare, prodigia cœli et terræ vel aliorum elementorum scriptis impressa perpetuare? noverint, bonam vitam et mores præcedentium ad imitationem subsequentium proponi; malorum vero exempla, non ut imitemur, sed ut vitentur, describi. Prodigia autem vel portenta præterita, quæ famem vel mortalitatem vel aliqua alia flagella supernæ vindictæ[1] pro meritis filiorum hominum, cum videntur, significant, ideo per litteras memoriæ commendantur, ut si quando similia evenerint, peccatores, qui se iram Dei in aliquo incurrisse meminerint, mox ad remedia pœnitentiæ et confessionis, per hæc Deum placaturi, festinent. Hac de causa, licet aliæ non desint, Moyses legislator in divina historia innocentiam Abel, Caim invidiam, simplicitatem Jacob, dolositatem Esau, maliciam undecim filiorum Israel, bonitatem duodecimi scilicet Joseph, pœnam quinque civitatum per consumptionem ignis et sulphuris, manifestat; quatinus bonos imitemur, malorum esse pedisecos exhorreamus, prodigiosum autem incendium, peccati fugiendo fœtorem, devitemus. Hoc non solum Moyses, sed et omnes divinæ paginæ tractatores, et in historicis et in moralibus libris faciunt, virtutes commendando, vitia detestando, Deum timere simul et amare nos admonendo. Non igitur sunt audiendi, qui libros chronicorum, maxime a catholicis editos, negligendos[2] dicunt; in quibus tam utilis intentio, sicut et in ceteris tractatibus, generali-

---

[1] *Vindincte* M.

[2] *Neglegendos* M. Le même ms. porte plus loin *neglegenter*.

ter habetur, quamvis idiotas et moriones[1] lateat, appareat autem studiosis et perspicacibus.

Hoc non ignorantes Cyprianus, Cartaginensis episcopus et martyr, Eusebius Cæsariensis, Jeronimus presbiter, Sulpicius Severus, sancti Martini familiaris, Prosper Aquitanicus, sancti Leonis papæ notarius, Gregorius Turonensis episcopus, et, ut ad modernos veniam, Marianus Scotus Fuldensis monachus, et Sigibertus Gemblacensis, omnes non inutiliter cronica ediderunt. Fecerunt hoc et alii plures tam religiosi quam seculares, quos causa brevitatis prætereo. His contra obloquentes dictis, benivolis intentionem nostram aperiamus.

Omnibus modernis chronographis Sigisbertum Gemblacensem præferens, et ejus studium vehementer admirans, illius chronographiæ de serie temporum aliquid continuare conabor. Ille siquidem chronica Eusebii, quæ incipiunt a [2] Nino rege primo Assiriorum, cujus XLIII° imperii anno natus est Abraham, et extenduntur usque ad vicesimum annum imperii Constantini piissimi principis, secundum veracissima exemplaria describens, et illis nichilominus chronica Jeronimi subjungens, videlicet a vicesimo anno prædicti principis usque ad tercium decimum Valentis Augusti, addens etiam ex ordine chronica Prosperi, id est a primo anno Gratiani usque ad quintum annum

---

[1] *Minores* S. — *Moriones* signifie *les bouffons*.

[2] « A nativitate Abraham, anno scilicet xliii Nini primi regis Assyriorum et ext. » S.

Valentiniani et Martiani Augustorum, tandem propria supposuit; noluitque incipere ubi Prosper finierat, sed ubi inceperat, id est a fine chronicorum Jeronimi, videlicet ab anno dominicæ incarnationis CCCLXXXI°. Quod propterea fecit, quia multa, ut pote modernus et multarum historiarum diligens inquisitor, quæ Prosper necdum quando hæc scripsit audierat, addere disponebat. Ponit autem in fronte paginæ libri sui primum nomina regnorum diversorum, videlicet Romanorum, Persarum, Francorum, Britannorum, Wandalorum, Wisigothorum, Ostrogothorum, Hunorum; postea supponit regnis nomina propria regum; deorsum vero per mediam paginam annos singulorum principum; in margine nomina Romanorum pontificum, et annos Domini respondentes recta fronte annis prædictorum regum. De regno autem Britonum faciens mentionem, fere per annos centum duodecim nullum regum ejusdem insulænominat, nisi Aurelium Ambrosium. Similiter de Anglis, qui successerunt Britonibus, nonnulla locis oportunis commemorans, de illis regibus tantummodo loquitur quos Beda presbiter et doctor Anglorum in historia sua nominat, cum plures reges in eadem gente fuerint post mortem Bedæ quam ante. De ducibus Normannorum nichil aut parum dicit. Non tamen hoc fecit negligenter, sed quia carebat his tribus historiis.

Ego[1] vero, quia his habundo, nomina et successiones

---

[1] La fin de cette préface est rédigée comme il suit dans le ms. S :

« Ego vero, quia his abundo, nomina ducum et successiones et ali-
« quando facta eminentiora eorumdem, similiter et de regibus An-

et aliquando facta eminentiora eorundem ducum et omnia nomina archiepiscoporum Rothomagensium, et de episcopis ejusdem provinciæ aliquantos, locis convenientibus usque ad MC^{um} annum incarnationis dominicæ cronicis ipsius interserens, similiter et de regibus Anglorum, de quibus nullam mentionem facit, me facturum non despero. Quod et de Britonum regibus proposueram facere, si tantummodo infra cronica Sigisberti competenter illos valerem comprehendere. Sed quia Brutus pronepos Æneæ, a quo et insula Britannia vocata est, primus ibi regnavit, si vellem omnes reges sibi succedentes ordine congruo ponere, necesse esset michi non solum per librum Sigisberti, verum etiam per totum corpus chronicorum Jeronimi, et per

« glorum, a tempore Guillermi ducis qui Angliam conquisivit, locis
« convenientibus usque ad mcxiii annum incarnationis dominicæ
« chronographiæ interserui. De regibus autem Britonum sive Anglo-
« rum præcedentium memoratum regem Guillermum qui habere vo-
« luerit, adeat epistolam Henrici archidiaconi de regibus Britonum,
« in qua eos breviter enumerat a Bruto pronepote Æneæ, qui primus
« ibi regnavit, a quo et insula Britannia vocata est, et historiam
« ejusdem de regibus Anglorum, incipiens eam a Julio Cæsare et
« texens usque ad mortem regis Henrici, ibi forsitan inveniet unde
« curiositatem suam satiare possit. Igitur, sicut jam dictum est, quia
« prædictus Sigebertus chronica sua incepit ab anno dominicæ incar-
« nationis ccc° lxxx° i°, et perduxit ea usque ad annum ejusdem di-
« vinæ incarnationis millesimum c^{um} xiii^{um}, ego exinde, permittente
« et auxiliante Deo, ea quæ in diversis provinciis evenerunt, et ma-
« xime in Normannia et Anglia, et ad meam noticiam pervenerunt,
« sub annis dominicæ incarnationis colligere aggrediar. In diversis
« ecclesiis hæc plures notare curaverunt. »

Dans ce passage, une main plus récente a introduit deux corrections dont je n'ai pas tenu compte. Au lieu de *adeat epistolam*, elle a mis *extat*, sans même prendre la peine de changer *epistolam* en *epistola*. A la dernière ligne elle a substitué *plura* à *plures*.

magnam partem chronographiæ Eusebii, eadem nomina spargere. Verum quoniam indecens est scriptis virorum tantæ auctoritatis, Eusebii et Jeronimi dico, aliquid extraneum addere, ut satisfaciam curiosis, huic prologo subjiciam unam epistolam Henrici archidiaconi, in qua breviter enumerat omnes reges Britonum, a Bruto usque ad Cadwallonem, qui fuit ultimus potentum regum Britonum, fuitque pater Cadwalladri, quem Beda Cedwallam vocat. Quam epistolam, sicut in ea reperitur, cum Romam idem Henricus pergeret, me ei præbente copiam exemplaris totius historiæ Britonum, apud Beccum excerpsit.

Igitur, sicut jam dictum est, quia prædictus Sigisbertus cronica sua incepit ab anno incarnationis dominicæ CCC°LXXX° I°, et perduxit ea usque ad annum ejusdem divinæ incarnationis M^{um} C^{um}, ego exinde, permittente et auxiliante Deo, sine quo nichil possumus facere, usque ad M^{um} C^{um} LXXX^{um} II^{um} [1] annum, ea quæ in diversis provinciis, et maxime in Normannia et Anglia, evenerunt et ad meam noticiam pervenerunt, sub annis dominicæ incarnationis colligere aggrediar. Et hoc ideo libentius, quia volo gesta primi Henrici, strenuissimi regis Anglorum et ducis Normannorum, a quo habeo incipere, summatim per singulos annos annotare. Ad quod opus me adjuvabunt et historia quam de ipso rege noviter defuncto edidi et Gestis ducum Nor-

---

[1] Il y avait d'abord dans M : *usque ad MCL*, leçon qui est restée dans B, H, J, F et L. Il y a dans les manuscrits d'Oxford et de Cambridge *usque ad MCLXXXII*.

manniæ adjeci¹, et historia prædicti Henrici archidiaconi, quam composuit de regibus Angliæ, incipiens eam a Julio Cæsare, et texens ordinatim usque ad mortem prædicti regis Henrici, id est usque ad millesimum centesimum tricesimum quintum annum dominicæ incarnationis.

INCIPIT EPISTOLA HENRICI ARCHIDIACONI AD WARINUM DE REGIBUS BRITONUM [2].

Quæris a me, Warine Brito, vir comis et facete, cur patriæ nostræ gesta narrans, a temporibus Julii Cæsaris inceperim, et florentissima regna, quæ a Bruto usque ad Julium fuerunt, omiserim. Respondeo igitur tibi quod nec voce nec scripto horum temporum sæpissime notitiam quærens invenire potui. Tanta pernities oblivionis mortalium gloriam successu diuturnitatis obumbrat et extinguit! Hoc tamen anno, qui est ab incarnatione Domini M C XXX nonus [3], cum Romam proficiscerer cum Theobaldo Cantuariensi archiepiscopo, apud Beccum, ubi idem archiepiscopus abbas fuerat, scripta rerum prædictarum stupens in-

---

[1] Ce travail de Robert de Torigni forme le livre VIII de l'ouvrage de Guillaume de Jumiéges.

[2] Cette lettre se trouve, non-seulement dans les mss. de Robert de Torigni, mais encore dans le ms. lat. 6042 de la Bibl. Nat. au fol. 98, où elle est jointe à l'histoire de Henri de Huntingdon.

[3] Le copiste de M a écrit par erreur *M XXX nonus*.

veni. Siquidem Robertum de Torinneio, ejusdem loci monachum, virum tam divinorum quam secularium librorum inquisitorem et coacervatorem studiosissimum, ibidem conveni. Qui cum de ordine hystoriæ de regibus Anglorum a me editæ me interrogaret, et id quod a me quærebat libens audisset, obtulit michi librum [1] ad legendum de regibus Britonum, qui ante Anglos nostram insulam tenuerunt; quorum excerpta, ut in epistola decet, brevissime scilicet, tibi, dilectissime, mitto. [2]

Æneas igitur, Romani generis actor, genuit Ascanium; Ascanius vero Silvium; Silvius Brutum, de quo cum magus prædixisset quia interfecturus esset patrem et matrem, id casu evenit : matrem namque nascens enecavit, postea juvenis, sagitta ludens, patrem nesciens percussit; exulatus igitur ex Italia, diversas terras adiit; ædificavit autem urbem Turonis in Gallia; tandem in terram longinquam proficiscens, oblato sacrificio, responsum petiit a Diana his verbis :

Diva potens nemorum, terror silvestribus apris,
  Dic michi quas terras nos habitare velis.

Cui Dea respondit :

Brute, sub occasu solis, trans Gallica regna,
  Insula in Occeano est undique clausa mari :
Hanc pete, namque tibi sedes erit ista perhennis ;
  Hæc fiet natis altera Troia tuis.

---

[1] Ce livre ne doit être que l'ouvrage de Geoffroi de Monmouth, dont Robert parle plus loin, à l'année 1152.

[2] Voici la rédaction, beaucoup plus abrégée, que le ms. latin 6042

Hoc igitur Brutus responso fretus, hanc insulam adiit, cui nomen Albio erat, nec habitabatur nisi a gigantibus. Illi autem staturæ mirabilis et vigoris inenarrabilis erant, sed stolidissimæ mentis. Cucurrerunt igitur contra naves Bruti in mare, et cum in tantam profunditatem pervenissent quod nec in Brutum progredi nec facile regredi potuissent, sagittis et balistis occisi sunt. Obrutis autem eis et pulsis, ceteros gigantes qui non affuerunt, noctibus et insidiis, tam balistis quam aliis artificiis delevit. Inhabitavit igitur terram et divisit eam suis funiculo distributionis, et vocavit terram ex nomine suo Britanniam. Ædificavit proinde Trinovantum in memoriale sempiternum, id est Troiam novam, quam nunc Londoniam vocamus : urbs igitur magna Trinovantum tempore Heli sacerdotis et Silvii Æneæ stabilita est. Brutus autem feliciter regnans et gloriose decedens, Lucrino primogenito suo Britanniæ regnum reliquit, quem, cum decem annis potentissime regnasset, uxor sua Gondolovea occidit in bello sagitta, quia eam dimiserat. Punivit igitur Gondolovea crimen adulterii in viro suo, quod perpetraverat in ancilla ipsius Gondoloveæ, qua non erat forma venustior, visu delectabilior, unde in reginam promota est, expulsa domina sua. Gondolovea igitur post mortem viri sui regnavit XV annis, tempore Samuhelis et Homeri poetæ. Post quam regnavit Maddan, filius ejus, vir ferinus et crudelis, et

---

nous offre pour la fin de ce paragraphe « Hoc tamen anno, cum
« Romam proficiscerer, apud Beccensem abbatiam scripta rerum
« predictarum stupens inveni, quorum excerpta, ut in epistola decet,
« brevissime tibi scilicet, dilectissime, mitto. »

devoratus est a lupis. Proinde regnavit Menpricius, filius prædicti regis, XX annis, tempore Saul regis Judæorum. Deinde Ebraucus, filius Menpricii, LX annis, tempore David regis et Silvii Latini. Hic Eboracum fecit et Castellum Puellarum construxit. Ebraucus etiam rex genuit viginti filios et totidem filias, ex quorum numero Brutus, cognomine Viride Scutum, regnavit post patrem, miles invictissimus, XII annis. Hic construxit Carleil tempore Salomonis et Roboam regum. Et tunc Silvius Epitus patri Albæ successit in Italia. Postea regnavit filius ejus Rudbudibras, vir fortissimus, XXXIX annis : hic ædificavit Cantuariam et Wintoniam, quam tunc vocavit Vuente, tempore Capi filii Epiti et Aggei et Joel et Amos prophetarum. Post quem, Bladud, filius ejus, viginti annis : hic construxit urbem Badæ et balnea, et ibi posuit ignem perpetuum in domo Minervæ. Erat quippe omni genere scientiarum eruditissimus, sed arte nigromantica perfectissimus : arte nimirum nigromantica discurrens per aera, cecidit Trinovantum volatu infausto, et fractis cervicibus expiravit.

Lier, filius ejus, regnavit pro eo XL annis : hic construxit Leecestriam super fluvium Soræ, Tandem, masculina carens prole, tres filias habuit regni sui heredes, posuitque rationem cum eis, dixitque primogenitæ : « Karissima, quanta est apud te dilectio mea ? » Cui primogenita : « Sub luna quæ disterminat ab æternis « mutabilia, nichil inveniri poterit quod esse tanti « possit michi. » Tunc rex mediæ natu : « Et apud te « quanti est amor mei ? » Respondit illa : « Preciosior

« est cunctis opibus, et omnia quæ desiderantur huic
« non valent comparari. » Deinde rex juniori dixit :
« Et me, junior, quantum diligis? » Respondit :
« Quantum habes tantum vales tantumque diligo. »
Rex igitur iratus avertit faciem suam ab ea, juravitque
nichil eam regni sui principaturam, deditque primogenitam duci magno Britanniæ cum regni parte australi ;
alii vero duci, mediam natu cum parte boreali ; Cordeillam vero juniorem extorrem fecit sui et regni et
amoris. Deus autem qui eruditis interest cogitationibus
suscitavit animum Aganippi, regis Gallorum, qui eam
causa decoris a patre petiit, et in matrimonium sibi copulavit. Parva fuit medii mora temporis, cum filiæ regis in Britannia[1] degentes promoverunt maritos suos ut
patrem, quia diutius desiderato vivebat, regno expellerent. Expulsus vero, ad Cordeillam in Gallias fugiens,
ad pedes ejus provolutus est, cum lacrimis dicens :
« Sorores tuæ, quæ de amore mei magnifice locutæ
« sunt, regno me crudeles expulerunt. Precor igitur
« dulcedinem tuam ut, sicut illæ verba magniloqua
« crudelibus gestis dehonestaverunt, ita tu temperata
« et tamen vera quæ de me amando locuta es benefi-
« ciis decores et venustes, sempiternumque tibi sit
« præconium, ut sicut illæ bona malis recompensant,
« sic tu malis bona remutues, victumque michi saltem
« vestitumque non abneges. » Cordeilla vero lacrimis
commota patris, cum viro suo rege Aganippo Britanniam petiit, ducesque soceratos debellans et interfi-

---

[1] *Britanniam* M.

ciens regno patrem triumphose restituit. Hinc ergo tractum est: Moderate dicta semper sunt apprecianda. Lier vero senecta demolito, regnavit Cordeilla post patrem V annis. Sed duo nepotes ejus, Marganus et Cunedagius, quasi injurias patrum vindicaturi, fraudulenter eam ceperunt et in carcerem [1] recluserunt, ubi tantæ mutationi fortunæ offensa, seipsam viriliter peremit. Cum igitur nepotes regnum partirentur, Cunedagius interfecit Marganum, regnavitque XXXIII annis, tempore Oseæ et Isaiæ, et tunc Roma facta est. Successit ei Rivallo filius ejus, in cujus tempore sanguis pluit tribus diebus. Regnavit deinde Gurgutius, successitque ei Sisillius, inde Jago, deinde Kinemarcus, inde Robodogo vel Gerbodug, cujus filius Porrex occidit fratrem suum Ferex, quem etiam mater eorum occidit, degeneravitque jam regnum Britanniæ in V reges, et seditio pullulabat ubique. Surrexit interea Dummallo Molmutius, et reges V solus delevit, regnavitque igitur XL annis splendidissime, pacemque peroptimam legesque perutiles creavit quæ malloninæ vel molmutinæ vocantur, quas Gildas, historiographus Britonum, magnis laudibus attollit. Duo filii ejus, Belinus et Brennus, post mortem patris, compræliati sunt, et erat uterque strenuissimus.

Brennus junior filius Norwagiam victus petiit, ducensque filiam regis Norwagiæ exercitum Norwagensium in Britanniam duxit. Rex autem Dacorum, cum eandem puellam ducere præparasset, videns se frus-

---

[1] *Carcem* M.

tratum, obviatus est Brenno in mari, et dum confligeret, maxime intendens navi in qua puella residebat, unco puellam extraxit, et arrepta præda navi velocissime fugiens in fuga victor extitit. Brennus fugientes persequens et multos perimens pro victo se habebat; sed sæpe lætis interveniunt mœsta. Mirabili namque tempestate rex Dacorum appulsus est in Britanniam cum præda sua dilectissima : captus igitur a rege Belino, homo ejus effectus est, et tributarie Datiam recipiens ab eo, cum conjuge sua nova in pace reversus est. Brennus vero eadem tempestate appulsus, amissa conjuge et amissa sociorum multitudine, cum paucis in Belinum vincendus concurrit, fugiensque in Gallias ad Senonensium regem, interventu suæ probitatis et faceciæ, filiam ejus duxit, rediensque cum exercitu grandi Senonensium in Britanniam, cum fratre, maternis lacrimis permotus, concordatus est, oblatumque sibi regni dimidium spernens, auro sumpto, Romam, unde progenies eorum descenderat, petiit. Romam igitur bello primus hominum cepit : quæ cum tota Italia tamen ei non suffecit [1], sed omni auro et argento asportato, Græciam totam occupavit; Græciam quoque, stimulante probitate, relinquens, in Asia quæ voluit sibi regna retinuit, quæ voluit suis dedit. Brennus suis temporibus hominum summus, fortium decus, æternum Britanniæ sydus. Belinus vero, frater ejus, omnibus terris circumjacentibus Britanniæ subjectis, feliciter

---

[1] *Sufficeret* M.

regnavit, urbem Legionum construxit, sepultusque est in urbe Trinovantum.

Regnavit autem Gurguitartruc filius Belini pro eo, Datiamque, quia nolebat ei reddere tributa quæ patri reddiderat, bello magno adquisivit; Hiberniam vero Hispanis petentibus ab eo terram dedit, qui ibi degunt usque hodie, et tunc primum inhabitata est Hibernia. Sepultus est ubi pater, et successit ei Kinthelinus, cui Sisinnius, cui Kimarus, cui Danius, exinde etiam Morvidus, probitate laudabilis et crudelitate detestabilis, qui, post multa scelera peracta, a fera horribili, ab inferis, ut aiunt, missa, dum nimis audacter in eam proruit, absorbetur. Loco ejus regnavit Gorbonianus, filius ejus; successit abhinc Arthgallo; huic Elidurus pius, de cujus pietate fama intonuit : cum enim Peridurus, frater ejus primogenitus, absens esset, sceptra coactus suscepit; post annum vero cum frater ejus egenus remearet, cum lacrimis eum suscepit, et se sponte regno deponens, sceptro et diademate fratrem insignivit. Peridurus autem natura crudelis erat, vexavitque proceres adeo ut, eo abjecto, Elidurum iterum pium reciperent. Elidurus vero fratri regnum malens quam sibi, se ab eo capi et in carcerem poni permisit. Peridurus regnans vindictam crudeliter in proceres exercuit, donec mors eum communis absumpsit. Tunc vero Elidurus pius tercio feliciter omnium communi gaudio usque ad vitæ finem gloriosus effloruit. Successit ei in regnum filius Gorboniani; postea Marganus, filius Arthgallonis; post quem, Cumanus, frater Margani. Et ne longis morer, successerunt ex ordine

Idwallo, Runo, Gerontius, Catellus, Coillus, Porrex, Cherin; post hunc, tres filii ejus, Fulgenius, Eldradus, Andragius, alter post alterum, regnaverunt; deinde Urianus, Andragii filius. Regnaverunt ex ordine postea Elvid, Clodacus, Clotenus, Gurgincius, Merianus, Bledano, Capoenus, Sisillius. Tunc Blagabred rex facetissimus mira vocis dulcedine prænituit, nec magis Traces Orpheum nec Romani Neronem obstupuere canentes, quam Britanni regem prædictum. Quo mortuo, regnavit Arcinai, frater ejus, vir benignissimus. Post quos, ex ordine, Eldol, Redion, Redorchius, Sanvil, Pir, Capoir, Dignellus filius ejus; post hos, Heli, filius proxime dicti. Tot vero regum prædictorum bella et fortitudines et magnificentiæ, nonne hæc vel scripta sunt in libris innotissimis, vel penitus a memoria deleta? Det igitur michi Deus et meis tam nichili pendere laudes hominum quam nichil sunt.

Luid filius Heli regis prædicti, considerans Trinovantum tam bellorum copia quam vetustate decidisse, reædificavit Lundoniam ædificiis venustissimis murorum, turrium, portarum, serarum, pontium, regiarum; ubi coadunato consilio, petiit a suis, urbis decorem novum stupentibus, ut ad sui memoriam Carluńden vocaretur, et optinuit: unde nunc Lundonia corrupte vocatur. Superfuerunt tres ei filii: Cassibellanus, Belinus, Androgeus. Quomodo vero Julius Cæsar Cassibellanum et Belinum vicerit, nonne hæc scripsi in historia Anglorum? Audi tamen quid hæc dicat historia. Dum Androgeus cum fratribus suis dimicaret contra Julium Cæsarem, bis victi sunt Romani.

Pro tanto igitur tripudio sollempnitas splendidissima celebrata est apud Lundoniam, ubi inter ludendum occidit in luctamine filius ducis Androgei filium regis Cassibellani; unde rex ultra modum iratus, minatus est Androgeo fratri suo mortem nisi redderet ei filium ad occidendum. Hoc discordiæ seminario et odii fomite, misit Androgeus litteras redeundi invitatorias Julio Cæsari; redeunti Lundoniam tradidit, et cum eo in prælio victor suæ gentis exstitit. Cassibellanus, tandem Cæsari subditus, tria milia libras argenti Cæsari lege tributaria singulis annis persolvit, Sepultus est enim apud Eboracum, dum amplius vivere non potuit.

Dictis a Bruto usque Julium regibus Britanniæ, gratum tibi fore puto si ceteros reges Britonum usque ad adventum Anglorum, vel ad tempus Cadwallonis, qui fuit ultimus potentum regum Britonum, distincte prosequar.

Themantius, qui Romam cum Cæsare perrexit, frater Androgei, successit Cassibellano tam in regno quam in tributo; deinde Kinelinus, filius ejus, quem Augustus armis decoravit : hic igitur Augusto tributum gratis diligenter tradidit. Cui successit Guidenus, filius ejus, qui tributum Romanis renuit : missus ergo Claudius bello stravit eum, et Armigarum, fratrem ejus, regem statuit, data ei filia sua; hujus auxilio Claudius Occadas cepit; hic in honore Claudii Cloecestriam fecit. Idem postea Romanis rebellavit; sed Vaspasianus eum, prius bello, tandem amore, subjugavit. Successit ei Marius, a quo Westmaria, Romanis serviens; hic

Cestriam ædificavit. Post quem regnavit Coillus, filius ejus; dehinc Lucius, de quo scripsimus, quia primus fidem Christi suscepit. Constituit igitur xxviii episcopos in Britannia secundum numerum flaminum, sepultusque est ipse rex egregius apud Gloecestriam, herede carens. Ideoque Britones rebellavere Romanis, sed imperator Severus bello domuit eos, et cum a Fulgentio duce Pictorum infestaretur, fecit vallum inter Britones et Pictos, de quo alias præscripsimus. Ab eodem tamen Fulgentio apud Eboracum occiditur et sepelitur. Post quem, Bassianus, filius ejus, fratre suo Zeta superato, regnum Britanniæ in proprio tenuit ut pater. Bassianum vero occidit Carausius tyrannus. Carausium vero occidit Allectus, socius ejus. Allectum vero occidit Asclipiodotus præfectus, et Gallium socium ejus in Londonia : unde dicitur Walebroc. Asclipiodotum vero occidit Cole, dux Colecestriæ. Cole vero ducem subjugavit sibi Constantius, et post mortem ejus regnans x annis, Helenam filiam ejus duxit. Quo defuncto apud Eboracum, Constantinus filius ejus regnavit, et postea Romam occupavit. Tunc Octavius dux Wisseorum occidit proconsules Romanos. Constantinus igitur misit Trahern ducem, qui cum Octavio bis confligens, prius victus est, et postea vicit; fraude tamen occiditur. Octavius vero dedit filiam et regnum Maximo, filio Leonini avunculi Helenæ. Hic dedit Armoricam Conano nepoti Octavii. Missus est etiam a Maximo Gratianus municeps in Britanniam ut regnaret sub eo; sed perempto Maximo, Gratianus occiditur a Britannis. Cum igitur Picti et Huni asperrime terram destruerent, miserunt Romam. Legio veniens murum ædificat, sed post destruitur. Mittitur Witelinus, Lundoniensis episcopus, ad Aldroenum regem Britonum, et reduxit Constantinum fratrem ejus in regem; cujus filii fuerunt Constans monachus et Aurelius Ambrosius. Hos duos nutriit rex Britonum Budicius. Occiso prius Constantino et postea Constante monacho, quem sine episcopis regem creaverat Wortegernus dux Cornubiæ, diadematum et super hastas circa monasterium vectum, idem Wortegernus regnum invasit; qui, ascitis Anglis, proditus est ab eis. Britones irati statuerunt Wertimerum filium ejus regem; quater vicit Anglos, occiso Hors; veneno enim periit per novercam. Wortigernus item rex item proditur. Quem Aurelius ut proditorem combuxit. Occidit etiam ipse et Eldol dux Gloecestriæ Hengistum apud Kinigeburch judicio, quia post concordiam proditionem fecerat in regem;Aurelium Filio tamen Hengisti, Octa nomine, concessit vasta trans Eboracum. Interea Uter Pendragun, id est [1] capud draconis, juvenis præstantissimus, filius scilicet Aurelii, coream gigantum attulit ab Hibernia quæ nunc vocatur Stanhenges. Pascent vero filius Wortigerni fecit invenenari [2] Aurelium. Sed Uter prædictus stravit eum bello, et regem Hiberniæ cum eo. Uter etiam cepit Otta et Cosa cognatum ejus rebellantes, et posuit Lundoniæ in carcere [3]. Uter quoque Gorloin ducem Cornubiæ occidit, et Igernam sponsam

---

[1] *Est* omis dans M.
[2] *Invenerari* M.
[3] *Carcerem* M.

ducis sibi sociavit, et genuit Arturum et Annam. Otta et Cosa fugientes a carcere in Germaniam, postea rebellantes, occisi sunt apud Verolamium, et ibidem rex venenato fonte periit.

Artur ille famosus, mortuo patre Uter, sceptris insignitur regalibus, licet adolescentior esset, statimque in nova bella exardescens, Colgrinum ducem Anglorum prælio vicit, victum obsedit in Eboraco; sed per adventum Kelderici periit. Cum autem Keldricus obsedisset Lincoliam cum innumera gente Anglorum, venit Hoelus filius sororis Arturi et Budicii a minori Britannia, et Lincoliæ obsidionem dissipat per concordiam. Juraverunt enim hostes quod nunquam amplius in illam terram reverterentur. Spreto autem juramento, circuierunt terram per maria, et pervenerunt ad urbem Legionum quæ super Sibarim sita erat, et eam nichil caventem dextruxerunt. Post hæc fuit apud Bade magnum prælium, in quo Arturus Colgrinum et Baldulfum duces Anglorum occidit, et Cheldricus vix aufugit. Postea tamen occiditur in Teneth. Arturus igitur valde confortatus in regno, Anglos quotquot remanserunt tributarios facit; Scotiam sibi subdidit; omnes circumjacentes terras Britanniæ in ditionem suam accepit. Successu vero temporum, Romam adquirere studens, quia inde progenies ejus descenderat, Modredo, nepoti suo, reliquit regnum et reginam in custodiam, transiensque mare cum mirabili exercitu Romanum exercitum Parisius vicit; Franciam et Burgundiam sibi subdidit. Cum Alpes transsiturus esset, dixit ei nuntius : « Modredus, nepos tuus, diadema

« tuum sibi imposuit, auxilio Cheldrici regis Anglo-
« rum, et sponsam tuam duxit. » Arturus igitur mirabili ebulliens ira, reversus in Angliam, vicit Modredum prælio, cumque insequeretur eum usque in Cornubiam, cum paucis incidit super eum inter multos, cumque se non posse reverti videret, dixit : « Vendamus, socii, mortes nostras. Ego enim jam caput nepotis et proditoris mei gladio auferam; post quod mori delitiosum est. » Dixit, et gladio per aciem viam sibi parans, in medio suorum Modredum galea arripuit, et collum loricatum velut stipulam gladio resecavit. Inter eundum tamen et in ipso actu tot vulnera recepit quod et ipse procubuit, licet parentes sui Britones mortuum fore denegent, et venturum adhuc sollenniter expectent. Fuit equidem vir temporibus suis omnium summus milicia, largitate, facecia.

Successit ei Constantinus [1], cognatus ejus, et tercio anno occiditur a Conano, et ad Stanheng, ubi Aurelius et Uter pater Arturi, sepultus est. Post hæc Aurelius Conanus duobus annis regnavit; Wartiporius vero quatuor annis, vicitque Saxones rebellantes; post quem, Malgo pulcher, quo non erat alter forma pulcrior, affatu dulcior; deinde Catericus, cujus tempore Saxones adduxerunt Godmundum Affricanum, qui omnem destruxit patriam necnon et Christi cultum.

Augustinus venit a Roma, et Elfridus vicit Broginail apud Leecestriam, ubi etiam monachi occisi sunt.

---

[1] *Constaninus* M.

Postea Caduanus, regnans cis Humbram, Eadwinum nutriit [1], cum Cadduallone filio suo; postea, cum uterque regnaret, vicit Eadwinus et fugavit Cadwallonem in Armoriam. Cadwallo tandem cum magnis copiis revertens, vicit prius Pendam et sibi univit. Eadwinus et Offridus et Osricus occiduntur. Penda occidit Oswaldum, Oswi occidit Pendam. Chedwallo vero, cum regnasset XLVIII annis, sepelitur ad portam Lundoniæ, juxta templum Sancti Martini, in imagine ænea super equum æneum. Tandem Chedwalladrus regnavit, quem Beda Chedwallam vocat, filius Chedwallonis et sororis Pendæ. Tunc, veniente peste gravissima, fugit in Armoriam ad regem Alanum, Salomonis nepotem. Angli vero venientes a Germania terras peste vacuatas possederunt. Chedwalladrus autem rex Romam ivit, non reversurus. Exinde Britanni et nomen et regnum penitus amiserunt. Ex tunc illa Britannia est Anglia nominata.

Hæc sunt quæ tibi, Warine Brito karissime, brevibus promisi; quorum si prolixitatem desideras, librum grandem Gaufridi Arturi, quem apud Beccense cœnobium inveni, diligenter requiras, ubi prædicta satis prolixe et eluculenter tractata reperies. Vale.

Item de eadem hystoria.

Adhuc, ad majorem evidentiam rerum dictarum et dicendarum, ponemus quandam partem historiæ Henrici archidiaconi, de qua jam epistolam antepositam

---

[1] *Nutrit* M.

excerpsimus. Dicit itaque in primo libro ejusdem historiæ :

Erat [1] autem Britannia civitatibus quondam xx et octo nobilissimis insignita, præter castella innumera, quæ et ipsa muris, turribus, portis ac seris erant instructa firmissimis. Civitatum autem nomina hæc erant britannice [2] : Kair Ebrauc, id est Eboracum; Kair Chent, id est Cantuaria; Kair Gorangon, id est Wigornia; Kair Londene, id est Londonia; Kair Lirion, id est Leicestria; Kair Colin, id est Colecestria; Kair Glou, id est Glovecestria; Kair Cei, id est Ceceastria; Kair Ceri, id est Cireceastria; Kar Gent [3] id est Winceastria; Kair Grant, id est Granteceastria, quæ modo dicitur Grantebrigia; Kair Lion, quam vocamus Carleuil; Kair Dauri, id est Doreceastria; Kair Dorm, id est Dontecestre [4], quæ sita n H untedonensi provincia super fluvium quod vocatur Nen, penitus destructa est; Kair Loitchoit [5], id est Lincolia; Kair Merdin, quæ nunc quoque sic vocatur; Kair Gorcon; Kair Cucerat; Kair Gortegern; Kair Urnac; Kair Celemion; Kair Megaid; Kair Licidid [6]; Kair Peris, id est Portcestre; Kair Legion, in qua fuit archiepiscopus tempore Bri-

---

[1] Tous les détails qu'on va lire sur la géographie de la Bretagne sont tirés du livre I de l'Histoire de Henri de Huntingdon, dans Petrie, p. 692-694.

[2] Les mss. de Robert portent par erreur *Britannie*.

[3] Il y avait primitivement dans M *Karchent*.

[4] *Dormeceastre* Henri de Huntingdon.

[5] *Kair Lorchoit* M.

[6] *Kair Licelid* Henri de Huntingdon.

tonum, nunc autem vix mœnia ejus comparent, ubi Usca cadit in Sabrinam; Kair Draiton; Kair Mercipit; Kair Segent, quæ fuit super Tamisim non longe a Redinge, et vocatur Silcestre. Hæc erant nomina civitatum tempore Romanorum et Britonum.

Quinque autem plagas ab exordio usque ad præsens immisit divina ultio Britanniæ, quæ non solum fideles visitat, sed etiam dijudicat infideles : primam per Romanos, qui Britanniam expugnaverunt, sed postea recesserunt; secundam per Pictos et Scotos, qui gravissime eam bellis vexaverunt nec tamen [1] obtinuerunt; tertiam per Anglicos, qui eam debellaverunt et obtinent; quartam per Dacos, qui eam bellis obtinuerunt, sed postea deperierunt; quintam per Normannos, qui eam devicerunt et Anglis in præsentiarum dominantur.

Quando autem Saxones hanc terram sibi subjugaverunt, reges VII statuerunt, regnisque nomina pro libitu imposuerunt. Primum regnum vocatum est Chent; secundum Sudseaxe, in quo sita est Ciceastre; tertium Westsexe [2], cujus caput erat Wintonia, quæ nunc data est sanctimonialibus, in quo sunt urbes Winceastria, Salesbiria et plures aliæ; quartum regnum Eastseaxe, quod non diu duravit, sed ceteris regnis subjugatum est; quintum Eastangle, in quo sunt provinciæ

---

[1] *Necnon* M. Cette leçon fautive se trouve dans le ms. de Henri de Huntingdon, n. 6042.

[2] *Wenstsexe* M. Cette leçon fautive se trouve dans le même ms. de Henri de Huntingdon.

quæ vocantur Nordfolc [1] et Sudfolc; sextum Merche, in quo est Lincolia, Leecestria [2] et aliæ quam plures; septimum Nordhumbre, in quo est Eboracum.

Postquam autem reges Westsexæ ceteris prævaluerunt et monarchiam obtinuerunt, terras per XXXV provincias sibi diviserunt, quarum [3] situs et nomina, quamvis inhabitantibus notissima sint, non tamen pigeat subscribere. Deveniet enim forsitan ut, quemadmodum nomina civitatum prædicta, quæ olim grata et excelsa erant, modo in barbariem et risum vertuntur, ita etiam decursu temporum, quæ modo notissima sunt, incognita et incredibilia fiant. Unde patet quam misere et frustra nominis nostri famam incolæ provinciarum appetamus, cum nec ipsarum urbium vel provinciarum nomina durare possint.

Prima igitur provintia est Chent, in qua est archiepiscopatus Cantuariæ, et episcopatus Roveceastriæ; secunda est Sudseaxæ [4], in qua est episcopatus Ciceastriæ; tertia Sudriæ; quarta Hamtesyre, in qua est episcopatus Winceastrie [5]; quinta Bercsyre; sexta Wintesyre [6], in qua est episcopatus Salesberiæ; septima est Dorsete; octava Sumersete, in qua est episcopatus Baddæ vel Achemanecestriæ; nona Devenesire, in qua

---

[1] *Nordfelc* M.

[2] *Leecestria* manque dans les mss. de Henri de Huntingdon que représente l'édition de Petrie. Ce mot se trouve dans le ms. 6042.

[3] *Quorum* M.

[4] *Subseaxe* M.

[5] *Wiceastrie* M.

[6] *Willesyre* Henri de Huntingdon.

est episcopatus Exceastriæ; decima Cornu Galliæ; undecima Estseaxe[1]; duodecima Midelsexe, in qua est episcopatus Lundoniæ; tertia decima Sudfolc[2]; quarta decima Nordfolc, in qua est episcopatus Nordwitiæ; quinta decima Cantebregesire, in qua est episcopatus Eli; sexta decima Lincolesire, cujus caput est Lincolia, cui subjacent septem aliæ provinciæ, scilicet provincia Leiceastriæ, et Hamtoniæ, et Huntendoniæ, et Herefort, Bedefort, Bucingeham, Oxineford : extenditur enim episcopatus Lincoliæ a magno flumine Humbræ usque ad flumen Tamasis; vigesima quarta est Glouceastriesyre; vigesima quinta Wireceastriesire, in qua est episcopatus Wigorniæ; vicesima sexta Herefordesire, in qua est episcopatus Herefordiæ; vicesima septima Salopsyre; vicesima octava Ceastresyre, in qua est episcopatus Ceastriæ; vicesima nona Warewic; tricesima Staford; post tricesimam prima est Derebi; secunda Notingham; tercia Evrevichsyre, in qua est archiepiscopatus Eboraci; quarta est Nordhumbreland, cui præest episcopus Dunhelmiæ; quinta illa regio in qua est novus episcopatus Carluil[3]. Syra vero anglice, latine dicitur provincia. Igitur XVII episcopatibus insignita nostro tempore florescit Anglia. Urbes vero multo plures sunt quam episcopatus, ut Gloveceastria[4], Leecestria et aliæ plures. Sed in occidentali parte Britanniæ, quæ vocatur Walia, tres supersunt episcopatus, unum apud

---

[1] *Exastsexe* M.
[2] *Sulfolc* M.
[3] *Caluil* M.
[4] *Glouncestria* M.

Sanctum David, aliud apud Pangor, tertium apud Clamorgam; sunt tamen hi tres nullarum urbium episcopi, propter desolationem Waliæ, quæ sola devictis remansit Britannis. Tempore autem nostro recepit episcopus Sancti David pallium a papa, quod fuerat olim apud Carlegion, sed statim amisit.

Quatuor sunt quæ mira videntur in Anglia: primum, quod ventus egreditur a cavernis terræ in monte qui vocatur Pec, tanto vigore ut vestes injectas rejiciat et in altum elevet; secundum, apud Stanesges, ubi lapides miræ magnitudinis in modum portarum elevati [1] sunt, ut portæ portis superpositæ [2] videantur, nec potest excogitari qua arte elevati sint vel quare constructi; tertium est apud Chederhole, ubi concavitas est sub terra, quam cum multi sæpe ingressi sint et spatia magna terræ et flumina pertransierint, ad finem tamen venire non potuerunt; quartum, quod quibusdam locis pluvia videtur elevari de montibus et sine mora per campos diffundi.

Tantæ autem gratiæ inhabitantibus fuit Britannia quod quatuor in ea calles a fine in finem construerent, regia sublimatos auctoritate, ne aliquis in eis inimicum invadere auderet : primus ab oriente in occidentem, et vocatur Ichenild; secundus ab austro in aquilonem, et vocatur Erningestrate; tertius ex transverso a Dorobernia in Cestriam, et vocatur Watlingestrate; quartus, major ceteris, incipit in Catenes et desinit in Totenes, et vocatur Fossa, tenditque per Lincoliam.

Quinque autem linguis utitur Britannia, Britonum

---

[1] *Elevate* M. — [2] *Supposite* M.

videlicet, Anglorum, Scotorum, Pictorum et Latinorum, quæ doctrina scripturarum ceteris omnibus est facta communis, quamvis Picti jam videantur deleti, et lingua eorum omnino destructa, ita ut jam fabula videatur quod in veterum scriptis eorum mentio invenitur.

Ex eadem ystoria de modernis sanctis Angliæ [1].

Quis [2] Cantuariæ metropolis ecclesiam venerabilem petens, et Dunstani patris sanctissimi numerosa legens magnalia, magnopere non miretur et in laudes sancti sanctorum non erumpat? Quis Wintoniensem videns ecclesiam, et patris Edelwoldi lucidissima gesta revolvens, non laudet patrem qui solus facit per se et suos miracula? O quot ecclesias præsul ille Deo instituit! Quot congregationes regularibus disciplinis insignivit! Quot impietatis incendia rore sancti spiritus extinxit! Illic quoque sancti patris Suithuni laudes videbis, qui fortissimi regis Ecgberti assidens et pius Adelwilfi filii ejus educator fuit; Adelvulfus vero, de clericatu translatus ad regnum, concessu Leonis papæ, pontificavit eum feliciter; tercio vero anno Adelberti regis filii Adelvulfi vir sanctus decessit cum gloria. Ibi etiam Birini, præsulis Dorchecestriæ, quæ modo sedes ad Lincoliam translata est, miracula magna videbis. Sireburnam vero petens, Aldelmi, ejusdem loci episcopi,

---

[1] *De sanctis Anglorum* J et L.

[2] Ce paragraphe est tiré de l'avant dernier chapitre du livre IX de l'Histoire de Henri de Huntingdon; ce chapitre, intitulé *De sanctis modernis commemoratio*, se trouve dans le ms. latin 6042 de la Bibl. Nat. au fol. 114 v°.

miracula cernes, quæ modo sedes ad Salesburiam translata est. Kinelmi vero martyrium clandestinum leges apud Winchelcumbe : hic fuit filius regis Merciorum Kenulfi, qui, cum viginti quatuor annis regnasset, anno gratiæ D CCC et XIX decessit. Martyrium vero Kenelmi, filii ejus, revelatum est cœlitus Romæ Silvestro juniori papæ. Milburgæ vero virginalem videbis vitam apud Winlocam, quæ fuit filia Merwali filii Pendæ regis et Domnevæ filiæ Eormenredi filii regis Edbaldi Cantuariæ. Milgitha vero, soror ejus, in finibus Nordhumbrorum quiescit. Mildrithæ vero, terciæ sororis, cœlibem vitam in insula Teneth repperies. Rumaldi vitam videbis mirandam apud Buchingeham super flumen Usæ. Neoti vero vitam laudabilem videre poteris per flumen prædictum, scilicet Usæ, decurrens usque in Huntendonasyra, ubi corpus ejus sanctissimum pausat : splenduit enim tempore regis Alfredi et Marini papæ. Ramesiæ corpora et vitam Edelredi et Edelbricti repperies. Apud Burgum pausant duæ sanctæ virgines germanæ, Kineburga et Kineswitha, sorores regum Pendæ et Vulferi et Althelredi. Tibba etiam virgo sancta, prædictarum cognata, quiescit ibidem. Sanctus vero Gudlacus quiescit apud Croilande. Sancta Walburga[1] apud Cestriam quiescit, de qua cum multa dicantur, unum quod egregium [est] et pene inauditum non tangere non possum. Scribitur enim quod aucas silvaticas, quarum copia grandis frumentum suum virens depascendo exterminavit, includi fecerit

---

[1] *Werburga* ms. 6042.

in domo quadam quasi domesticas; quas cum mane emittere pararet, vidit unam deesse, quam cum a famulis comestam, rem perquirens, audisset : « Afferte, « inquit, michi plumam et ossa comestæ. » His allatis, præcepit ut integra esset et viva. Et factum est ita. Anseribus autem applaudentibus pro sociæ amissæ reditu, præcepit ne in sempiternum introiret in campum suum aliqua specie illarum participans. Recedentes igitur quod virgo præcepit observaverunt usque in hunc diem. Sancta virgo Wilfrida [1], regis Edgari spretis sponsalibus pro Deo sponso, Berchingæ fuit abbatissa, et ibidem sepulta. Sancta quidem Adelburga loci ejus fuit abbatissa. Sancta Edgitha, filia regis Edgari, Wintoniæ pausat. Multos præterimus quorum in ecclesiis eorum nomina et gesta luculenter irradiant.

INCIPIUNT CRONICA ROBERTI.

1100

Henricus[2] filius primi Willermi regis Anglorum et ducis Normannorum, occiso secundo Willermo fratre suo rege Anglorum, et sequenti die in ecclesia Sancti Petri apud Winceastre sepulto[3], ibidem in regem electus, dedit episcopatum Winceas-

---

[1] *Wifrida* M.

[2] Le commencement de ce paragraphe, jusqu'aux mots *novo regi* inclusivement, est emprunté à Henri de Huntingdon.

[3] Guillaume le Roux mourut le 2 août 1100; sur sa sépulture à Saint-Pierre de Winchester, voyez Orderic Vital, IV, 89.

triæ Willermo Giffard [1], pergensque Lundoniam, sacratus est ibi a Mauricio, Londoniensi episcopo, melioratione legum et consuetudinum optabili repromissa [2]. His auditis, Anselmus archiepiscopus, rediens in Angliam, desponsavit Matildem, puellam nobilem, filiam Melcol[3] regis Scotiæ et Margaritæ reginæ, Henrico novo regi. Quantæ[4] autem sanctitatis et scientiæ utraque regina mater et filia fuerint, liber qui de vita ipsarum scriptus est plano sermone describit. Genuit autem ex ea idem rex Henricus filium unum, nomine Willermum, et filiam unam, sicut nomine, ita honestate matrem repræsentantem. Hanc denique virginem vix quinquennem Henricus quartus Romanorum imperator augustus in conjugem per honorabiles legatos requisivit, et uxorem accepit.

Capta[5] urbe Jerusalem, ut diximus, et ingenti prælio postea victoriose patrato contra exercitum amiralii Babiloniæ, rediit Robertus dux in Normanniam mense

---

[1] Guillaume Giffard avait été chancelier de Guillaume le Roux; voyez Orderic Vital, IV, 93 et 94. — Aux Archives Nationales, parmi les titres de Saint-Martin-des-Champs, est une charte originale de « Willelmus Gifarz, Guintoniensis episcopus. »

[2] Sur le sacre de Henri I, qui eut lieu à Londres le 5 août 1100, voyez Orderic Vital, IV, 89.

[3] M portait d'abord *Melcolmi*; la syllabe *mi* a été grattée. — *Melcoli* avec un signe d'abréviation dans J. — Sur ce mariage, voyez Orderic Vital, IV, 95; Florent de Worcester, II, 47.

[4] *Quante autem sanct. utraque regina et sc.* J. — La fin de ce paragraphe, depuis les mots *Quantæ autem*, se retrouve dans le livre VIII de Guillaume de Jumiéges, 10 et 11.

[5] Cette phrase et la suivante, jusqu'au mot *desiit* inclusivement, sont tirées de Henri de Huntingdon.

Augusto¹, et cum læticia susceptus est ab omni populo.

Thomas, Eboracensis archiepiscopus, vir ingenii florentis et musarum a secretis, hominibus apparere desiit². Cui successit Girardus, cantor Rothomagensis³.

1101.

ROMANORUM HENRICUS 45. FRANCORUM PHILIPPUS 41.
ANGLORUM HENRICUS 1.

Henricus⁴, rex Anglorum, cum ad Natale tenuisset⁵ curiam suam apud Westmoster, et ad Pascha apud Winceastre, commoti sunt principes Angliæ erga regem, causa fratris sui Roberti cum exercitu advenientis. Misit igitur rex in mare navale prælium gesturos⁶ contra fratris sui adventum; sed quædam pars eorum subdidit se Roberto venienti. Cum ergo appu-

---

¹ Le retour du duc Robert en Normandie est fixé par Orderic Vital (IV, 98) au mois de septembre 1100.

² Sur Thomas, archevêque d'York, mort en novembre 1100, et qui avait commencé par être chanoine de Bayeux, voyez Guillaume de Malmesbury, *Gesta pontificum*, III, 116, éd. Hamilton, p. 257.

³ *Giraldus* J. Ce Gérard, qui était neveu de Vauquelin, évêque de Winchester, possédait l'évêché de Hereford quand il fut nommé évêque d'York; voyez Orderic Vital, IV, 12 et 93, Florent de Worcester, II, 48, et Guillaume de Malmesbury, *Gesta pontificum*, III, 117, éd. Hamilton, p. 258.

⁴ Ce paragraphe, jusqu'aux mots *fratrem suum*, est tiré de Henri de Huntingdon. Conf. Florent de Worcester, II, 48.

⁵ *Tenuisse* M.

⁶ *Gessuros* M et J.

lisset apud Portesmuthe ante kalendas Augusti, et rex tenderet contra ¹ eum cum maximis copiis, principes utrinque fratrum bellum non perferentes, concordiæ fœdus inter illos statuerunt, eo pacto quod Robertus unoquoque anno tria millia ² marcas argenti haberet ab Anglia, et qui diutius viveret, heres esset alterius, si alter absque filio moreretur. Hoc autem juraverunt duodecim eximiores procerum ³ utrinque. Robertus igitur in pace perhendinavit usque ad festum sancti Michaelis in regno fratris sui, et ad propria ⁴ rediit. Rannulfus autem, perversus episcopus Dunelmiæ ⁵, quem rex Henricus posuerat in vinculis, consilio gentis Anglorum, cum a carcere evasisset, clamdestine perrexerat in Normanniam, consilio et ammonitione sua Robertum ducem promovens in fratrem suum ⁶.

Conradus ⁷, filius Henrici imperatoris, adhuc patri rebellis, in Italia moritur. Henricus imperator Henricum Lemburgensem adversantem sibi debellat, et expugnatis ejus castellis, eum ad dedicionem cogit; sed imperator ei, multa summa gratiam suam redimenti, etiam ducatum Lotharingiæ ei donat, et sic pacificantur.

Capta est urbs Cæsarea a Christianis.

---

¹ *Cumtra* M.

² M portait d'abord *IIII millia* ; la dernière des unités du chiffre *IIII* a été grattée.

³ *Procerum* omis dans J.

⁴ *Ad patria* L.

⁵ *Dunelme* J.

⁶ Conf. Orderic Vital, IV, 107-110.

⁷ Ce paragraphe est emprunté à Sigebert, année 1101. — La mort de Conrad est du mois de juillet 1102.

1102.

Romanorum Henricus 46. Francorum Philippus 42. Anglorum Henricus 2.

Henricus[1] rex Anglorum quemdam consulem nequissimum et perfidum, Robertum de Belesme, jure in eum exurgens, exulavit. Obsedit namque prius castellum Arundel; quod cum gravissimum esset ad conquirendum, castellis ante illud constructis, ivit et obsedit Bruge, quousque castellum redditum est ei. Et Robertus de Belesme gemebundus in Normanniam migravit[2]. Eodem anno[3], ad festum sancti Michaelis, tenuit Anselmus archiepiscopus concilium apud Lundoniam; in quo prohibuit uxores sacerdotibus Anglorum antea non prohibitas. Quod quibusdam mundissimum visum est, quibusdam periculosum, ne, dum mundicias viribus majores appeterent, in immundicias horribiles ad christiani nominis summum dedecus inciderent. In illo autem concilio multi abbates, qui adquisiverant abbatias suas[4] sicut Deus noluit, amiserunt eas sicut Deus voluit.

[1] Ce paragraphe, jusqu'aux mots *Deus voluit*, est tiré de Henri de Huntingdon.

[2] Sur la guerre de Henri I contre Robert de Bellême et sur le siége des châteaux d'Arundell et de Bridge-North, voyez Orderic Vital, III, 169; Florent de Worcester, II, 49; Guillaume de Malmesbury, éd. Hardy, 621.

[3] Les canons du concile de Londres nous ont été transmis par Eadmer; voyez la collection des Conciles publiée à Venise par Nicolas Coleti, XII, 1097. Conf. Guillaume de Malmesbury, *Gesta pontificum*, I 64, éd. Hamilton, p. 118.

[4] *Suas* omis dans J.

Roberto [1] Flandrensium comite urbem Cameracum obsidente, Henricus imperator contra eum proficiscitur, et aliquibus ejus castellis expugnatis, asperitate instantis hiemis redire compellitur.

Occisus est Stephanus comes Blesensis XV kalendas Augusti apud Ramulam [2].

Mortuus est et Hugo Magnus [3] apud Tarsum; et successit ei Rodulfus filius ejus.

1103.

ROMANORUM HENRICUS 47. FRANCORUM PHILIPPUS 43. ANGLORUM HENRICUS 3.

Robertus [4] dux Normannorum venit in Angliam, et causis variis intercedentibus, et cauta regis prudentia [5], condonavit ei tria millia marchas quas rex dedebat ei per annum. Eodem anno visus est sanguis ebullire a terra in Beschyre [6] apud Hamstude [7].

---

[1] Sigebert, année 1102. — Conf. la Chronique de Cambrai, dans *Recueil des Historiens*, XIII, 486.

[2] Sur la fin d'Etienne, comte de Blois, voyez Orderic Vital, IV, 132 et suiv.

[3] Hugues le Grand, comte de Vermandois, qui eut pour successeur son fils Raoul. Conf. Foucher de Chartres, dans *Historiens occidentaux des croisades*, III, 399.

[4] Ce paragraphe jusqu'au mot *Hamstude* est tiré de Henri de Huntingdon.

[5] *Versutia* Henri de Huntingdon.

[6] *Bercscyre* Henri de Huntingdon.

[7] *Hanstude* J. *Heamstede* Florent de Worcester.— Hampstead, dans le Berkshire.

Robertus comes Flandrensium in gratiam imperatoris [1] recipitur.

Capta [2] est a Christianis urbs Acchon, quæ antiquitus dicebatur Ptholomaida, quam quidam putant esse Accaron, sed non est. Illa enim Philistea, ista vero Ptholomaida dicitur. Accaron urbs est Philistea, prope Ascalonem; Accon vero, id est Ptholomaida, ab austro habet Carmeli montem.

Boamundus commendavit principatum Antiochiæ Tancredo, nepoti suo, et ipse navigavit in Apuliam, deinde venit in Franciam.

Ebremarus [3] successit Daiberto primo patriarchæ Jerusalem.

1104.

Romanorum Henricus 48. Francorum Philippus 44. Anglorum Henricus 4.

Henricus [4] rex Anglorum, et frater suus Robertus dux Normannorum, causis intercedentibus, discordati sunt. Misit igitur rex milites in Normanniam, qui a

---

[1] *Imperatoris* omis dans J. Robert a copié cette note dans Sigebert. — La réconciliation du comte de Flandre avec l'empereur est du 29 juin 1103.

[2] Les deux paragraphes suivants sont un extrait de Foucher de Chartres, chap. xxv et xxvi ; *Historiens occidentaux des croisades*, III, 407 et 408.

[3] *Ebremadus* M.

[4] Tout l'article de l'année 1104, à l'exception des trois derniers mots *rei signum venturæ*, est emprunté à Henri de Huntingdon.

proditoribus ducis recepti, prædis et combustionibus non minimam cladem rebus consularibus ingesserunt. Willermus vero, consul Moretuil, causa perfidiæ ab Anglia exhereditatus, a rege in Normanniam discedens, animo perfecto et exercicio ferventi vir probissimus, indixit et infixit regalibus turmis werram calamitate refertam.

Apparuerunt[1] circa solem in meridie quatuor circuli albi coloris, rei signum venturæ.

1105.

Romanorum Henricus 49. Francorum Philippus 45. Anglorum Henricus 5.

Henricus[2] rex Anglorum perrexit in Normanniam contra fratrem suum certaturus : conquisivit igitur Cadomum pecunia, Baiocum[3] armis et auxilio Fulconis consulis Andegavensis. Cepit quoque plura alia castra, et omnes fere principes Normanniæ regi se subdidere. His actis, mense Augusto rediit in Angliam.

Jerosolimitæ[4] innumerabilem Paganorum multitudinem gloriosa victoria conterunt.

---

[1] Ce phénomène est du 7 juin 1104. Florent de Worcester, II, 53.

[2] Ce paragraphe, jusqu'aux mots *in Angliam*, est emprunté à Henri de Huntingdon. Conf. Florent de Worcester, II, 55.

[3] Pour *Baiocas*. Voyez l'opuscule de M. le vicomte de Toustain, *Essai historique sur la prise et l'incendie de la ville de Bayeux* (1105); Caen, 1861, in-8.

[4] La fin du chapitre relatif à l'année 1105 est extraite de Sigebert.

Filius imperatoris Henrici, a patre aversus, quoscunque potest ab eo avertit, et sub obtentu meliorandæ rei publicæ et restaurandæ ecclesiæ in eum insurgit [1].

1106.

Romanorum Henricus 50. Francorum Philippus 46. Anglorum Henricus 6.

Robertus [2] dux Normannorum venit ad regem Henricum fratrem suum, apud Norhantune, amicabiliter ab eo petens ut ablata sibi fraterna redderet gratia. Cum vero Deus eorum concordiæ non assentiret, dux iratus perrexit in Normanniam, et rex ante Augustum secutus est eum. Cum ergo rex obsedisset castrum Tenerchebrai [3], venit dux Normannorum, et cum eo Robertus de Belèsme, et consul de Moretuil, et omnes fautores [4] ejus [5]. Rex vero secum omnes proceres Normanniæ, et robur Angliæ et Andegavis et Britanniæ, non improvidus, habebat. Igitur cum cornua rauco strepuis-

---

[1] Cette dissension est rapportée au 12 décembre 1104.

[2] Tout ce paragraphe, jusqu'aux mots *ad Occidentem*, est emprunté à Henri de Huntingdon. Sur la campagne de 1106, qui se termina par la soumission de la Normandie au roi Henri I, voyez Orderic Vital, IV, 224.

[3] *Tenechebrai* S. — Tinchebrai, Orne, arr. de Domfront.

[4] *Fauctores* M et J.

[5] *Et adjutores eorum hosticum regis approximaverunt. Siquidem prius missam audierant in Landa Putrida, sublus quandam arborem, eamque donnus Vitalis, qui postea fundavit cœnobium Savigneii, fertur cantasse* S. La forêt de la Lande-Pourrie était une dépendance du comté de Mortain.

sent cantu, dux Normanniæ cum paucis multos audacissime aggressus est. Assuetusque bellis Jerosolimitanis, aciem regalem fortiter et horride, ut vir admirandæ et jam dudum probatæ probitatis, audacter [1] reppulit [2]. Willermus quoque consul de Moretolio [3] aciem Anglorum de loco in locum turbans [4] promovit. Tunc acies equestris Britannorum (rex namque et dux et acies ceteræ pedites erant, ut constantius pugnarent) aciem ducis ex adverso proruens, subito diffidit; et mole magnitudinis in brevi satis spatio [5] gens ducis oppressa, dissoluta est et victa. Mira res! Cui pater ejus maledixerat, et qui regnum Jerusalem renuerat, durare non potuit [6]. Robertus vero de Belesme simul hoc aspexit; fuga sibi consuluit [7]. Captus est igitur dux fortissimus Normannorum, et consul de Moretuil. Reddiditque Dominus vicem duci Roberto; quia, cum gloriosum reddidisset eum in actibus Jerosolimitanis, regnum Je-

---

[1] Les mots *ut vir adm. et jam pr. prob. audacter* ont été ajoutés par Robert de Torigni.

[2] *Appulit* Henri de Huntingdon.

[3] *Moritolio* J.

[4] *Turbans* omis dans L.

[5] Les mots *in brevi satis spatio* ne sont pas dans Henri de Huntingdon.

[6] La phrase : *Mira res — non potuit* est une addition de Robert de Torigni.

[7] La phrase *Robertus — consuluit* manque dans J. — J'ajoute ici en note une relation de la bataille de Tinchebrai, qui est peut-être encore inédite ; elle nous est fournie par une lettre écrite au moment même où les événements venaient de s'accomplir. Le texte en a été trouvé par M. Paul Meyer, dans un ms. d'Oxford, n. 51 du collége de Jésus. Je n'ai pas cru devoir en corriger la première phrase, qui a sans doute été altérée par le copiste :

rusalem sibi oblatum renuit, magis eligens quieti et desidiæ in Normannia deservire quam Domino regum in sancta civitate desudare. Dampnavit igitur eum Deus desidia perhenni et carcere sempiterno [1]. Hujus rei signum in eodem anno cometa apparuerat. Visæ sunt etiam in cœna Domini [2] duæ lunæ plenæ, una ad Orientem, et alia ad Occidentem.

Hoc anno impletum est quod Willermus rex, pridie quam moreretur, dixerat filio suo minori [3] Henrico, de

« Domino suo presbitero Sagii, presbiter Fiscanni, salutem et ora-
» ciones. Bonum apporto nuntium, domine mi, quoniam vos hujus
« nuntii audii novi. Rex dominus noster pugnavit cum fratre suo
« apud Tenercebraium III kalendas Octobris, hora tertia, et fuit sic
« bellum dispositum. In prima acie fuerunt Baiocenses, Abrincatini
« et Constantinienses, omnes pedites; ad hæc septingenti equites,
« utrique aciei ordinati; præterea comes Cenomannis, et comes Bri-
« tonum Alanus Fregandus, circumcingentes exercitum usque ad
« mille equites, remotis omnibus gildonibus et servis. Nam totus
« exercitus regis prope modum ad XL milia hominum æstimabatur.
« Comes vero ad sex milia habuit, equites septingentos. Et vix una
« hora prælium stetit, Roberto de Belismo statim terga vertente, ex
« cujus fuga dispersi sunt omnes. Comes vero captus est, et comes
« Moritonii, cum suis baronibus, [et] Robertus de Stutevilla, amicus
« meus, reliqui omnes fusi fugatique. Porro terra redacta est sub
« rege. Et ne quid vos præteream, illud mirum quod rex in prælio vix
« duos amisit; unus solus vulneratus est, Robertus de Bonesboz. Ad
« regem cum venissem, benigne me excepit apud Cadomum, et omnia
« quæ de terra nostra exigebat voluntarie indulsit. Et nunc pax in
« terra reddita est, Deo gratias. Vos ergo orate ut sempiterna per-
« maneat, et ut nobis Deus sanitatem mentis et corporis tribuat.
« Valete. »

L'auteur de cette lettre est peut-être Robert, chapelain de Robert d'Estouteville, dont parle Orderic Vital, IV, 214 et 215.

[1] *Carcere perpetuo vel sempiterno* J.
[2] 22 mars 1106.
[3] *Juniori* J.

quo in præsenti loquimur. Cum enim rex potentissimus thesauros suos ecclesiis et pauperibus dandos ante se a notariis describere faceret, et clero Medantensi supplex ingentia munera transmitteret, ut inde restaurarentur ecclesiæ quas combuxerat¹; et Roberto primogenito ducatum Normanniæ, licet absenti, designaret, Willermo vero Rufo regnum Angliæ, unde et epistolam de eo rege constituendo per eundem misit Lanfranco archiepiscopo, Henricus² cum lacrimis ad patrem dixit : « Et mihi, pater, quid tribuis ? » Cui rex ait : « Quinque milia libras argenti de thesauro meo tibi do. » Ad hæc Henricus dixit : « Quid faciam de thesauro, si
« locum habitationis non habuero ? » Cui pater :
« Æquanimis esto, fili, et confortare in Domino. Paci-
« fice patere, ut majores fratres tui præcedant te. Ro-
« bertus Normanniam, Willermus vero totius Angliæ
« monarchiam habebit. Tu autem tempore tuo totum
« honorem quem ego nactus³ sum habebis ; et fratri-
« bus tuis divitiis⁴ et potestate præstabis. »

Quarto⁵ nonas Februarii stella per diem visa est in cœlo, longum ex se emittens radium⁶, ab hora tercia usque ad horam nonam, quasi cubito distans a sole.

Henricus filius imperatoris, contra jus naturæ et fas legum in patrem insurgens, quam indigne eum tractaverit, declarat epistola ex ore ipsius patris scripta ad

---

¹ *Combusserat* J.

² La fin de ce paragraphe est textuellement tirée d'Orderic Vital, III, 244.

³ *Nauctus* J et M.

⁴ Au lieu de *divitiis,* M portait primitivement *diutius.*

⁵ La fin de ce chapitre est empruntée à Sigebert.

⁶ Les mots *longum ex se em. radium* ne sont pas dans Sigebert.

Philippum[1] regem Francorum. Imperatore Henrico morante Leodi, filius ejus Aquisgrani venit, et volens venire Leodium contra patrem suum, quinta feria[2] dominicæ cœnæ præmisit suos[3] præoccupare pontem apud Wiusatum[4], ne quis sibi venienti obstaret. Sed militibus patris concurrentibus ad exoccupandum pontem, milites filii a ponte repelluntur, aliis eorum captis, aliis in Mosam dimersis, aliis occisis; inter quos etiam Bruno comes occisus est. Sic filius contra patrem veniens, rediit inglorius. Coloniensibus fidem imperatori servantibus, at eorum[5] archiepiscopo[6] filium imperatoris contra patrem suum animante, Colonia obsessa oppugnatur, sed non expugnatur. Interim Henricus imperator Leodi moritur[7], ejusque filius ei Henricus succedit; qui postea duxit Maltildem[8], puellam nobilem, vix quinquennem, regis Henrici Anglorum filiam. Dux Henricus[9], qui, ab imperatore ad filium ejus animo transiens, eum contra patrem suum consilio suo armavit, et a filio ad patrem rediens, partes filii debellavit, mortuo imperatore, se ut reum[10]

---

[1] *Phylippum* J. — Le texte de la lettre de Henri est inséré dans la chronique de Sigebert; Pertz, *Scriptores*, VI, 369.

[2] *Feria* omis dans L. — 22 mars 1106.

[3] *Suos* omis dans J.

[4] *Wisatum* J. — Viset sur la Meuse, au nord de Liége.

[5] *Et eorum* J.

[6] Frédéric.

[7] 7 août 1106.

[8] *Matildem* J. — Le membre de phrase *qui postea — Anglorum filiam* est une addition de Robert.

[9] Henri de Limbourg, duc de Lothier. Voyez plus haut, à l'an 1101.

[10] *Rerum* M.

majestatis filio regis dedidit, et ab eo captus custodiæ traditur, de qua ipse per industriam suam evasit; ducatus vero ejus datus est Godefrido [1], Lovaniensium comiti.

1107.

Romanorum Henricus 1. Francorum Philippus 47. Anglorum Henricus 7.

Henricus [2] rex Anglorum, cum, deletis vel subjectis hostibus, Normanniam pro libitu disposuisset, rediit in Angliam; fratremque suum, ducem magnificum, et consulem de Moretuil carceralibus ingessit tenebris. Igitur victoriosus, et tunc primum rex fortis, tenuit curiam suam ad Pascha apud Winleshores [3]; in qua proceres Angliæ simul et Normanniæ cum timore et tremore affuerunt. Antea namque, et dum juvenis fuisset et postquam rex fuerat, in maximo habebatur despectu; sed Deus qui longe aliter judicat quam filii hominum, qui exaltat humiles et deprimit potentes, Robertum omnium favore celeberrimum deposuit, et Henrici despecti famam per orbem terrarum clarescere voluit; deditque gratis ei tria Dominus omnipotens munera, sapientiam, victoriam, divitias; quibus ad omnia prosperans, omnes suos antecessores præces-

---

[1] *Godrefrido* M.
[2] Le commencement de ce chapitre, jusqu'aux mots *regis Henrici*, est emprunté à Henri de Huntingdon.
[3] Windsor.

sit. Cujus [1] bonitatis et magnanimitatis fama in omnibus pene gentibus patuit dilatata.

Obiit Mauricius inceptor Londoniensis ecclesiæ [2], et Edgarus rex Scotiæ [3], cui successit Alexander frater suus, concessu regis Henrici.

Boamundus [4] remeavit de Gallia in Apuliam cum magno exercitu, et cœpit vastare terram Alexii imperatoris Græcorum.

Henricus [5] exdux, affectans repetere ducatum, occupat oppidum Aquisgrani contra Godefridum ducem [6]. Sed hoc non ferens Godefridus, oppidum Aquense violenter irrupit, oppidanos a favore Henrici exducis exterruit, aliquos potentes comites et multos nobiles cepit. Ipse Henricus cum filiis suis vix fuga evasit. Uxorem ejus [7] capere dux indignum duxit. Comites et honoratiores eorum quos ceperat, per conditionem sub se militandi sibi conciliatos, ad fidelitatem suam adduxit.

1108.

ROMANORUM HENRICUS 2. FRANCORUM PHILIPPUS 48. ANGLORUM HENRICUS 8.

Henricus [8] rex Anglorum, cum decessisset Philip-

---

[1] La phrase *Cujus — dilatata* est une addition de Robert.

[2] Voyez Orderic Vital, IV, 275.

[3] Edgar, roi d'Ecosse, mort le 8 janvier 1107.

[4] La fin du chapitre est empruntée à Sigebert.

[5] Henri de Limbourg, duc de Lothier.

[6] *God. comitem J.*

[7] Adélaïde, fille de Bodon, comte de Pottenstein en Bavière.

[8] Les deux paragraphes suivants sont empruntés à Henri de Huntingdon.

pus rex Francorum ¹, transiit in Normanniam, contra Lodovicum filium Philippi, regem novum Franciæ, werram promovens maximam.

Gerardo Eboracensi archiepiscopo defuncto, Thomas postea successit ².

Henricus ³ imperator contra Robertum Flandrensem vadit, et pacto pacis magis utrinque simulato quam composito, pene inefficax rediit ⁴.

Boamundus dux Apuliæ, contracto undecunque exercitu, accingitur ad invadendum Constantinopolitanum imperium.

1109.

Romanorum Henricus 3. Francorum Philippus 49.
Anglorum Henricus 9.

Missi ⁵ sunt a Henrico imperatore Romano nuntii, mole corporis et cultus splendoribus excellentes, filiam regis Anglorum Henrici in domini sui conjugium postulantes. Tenens igitur curiam apud Londoniam, qua nunquam splendidiorem tenuerat, sacramenta depostulans ab imperatoris recepit legatis ad Pentecosten.

---

¹ 29 juillet 1108.

² Sur Gérard, archevêque d'York, de 1100 au 21 mai 1108, voyez plus haut, à l'année 1100. On trouvera dans Guillaume de Malmesbury, *Gesta pontificum*, III, 118, éd. Hamilton, p. 260, l'histoire de son successeur, Thomas, fils de Sanson, évêque de Worcester.

³ Les deux phrases suivantes sont tirées de Sigebert.

⁴ Cette campagne de l'empereur est de la fin du mois d'octobre 1107.

⁵ Paragraphe emprunté à Henri de Huntingdon.

Obiit[1] venerabilis memoriæ donnus Anselmus, Cantuariensis archiepiscopus, XI kalendas Maii, feria quarta ante cœnam Domini. Ipso anno fuit ultimum Pascha, hoc est VII kal. Maii[2]. Scripsit vero idem vir reverendus nonnulla memoriæ digna, quæ subtus annectere curavimus[3]. Dum adhuc prior esset in Beccensi cœnobio, scripsit tractatus tres : primum de veritate, secundum de libertate arbitrii, tercium de casu diaboli. Scripsit et quartum, quem titulavit de gramatico; in quo et discipulo[4], quem secum disputantem introducit, respondet[5], et multas dialecticas[6] quæstiones proponit et solvit. Fecit quoque libellum quintum, quem monologion appellavit; solus enim in eo et secum loquitur, ac tacita omni auctoritate divinæ scripturæ, quod Deus sit sola ratione quærit, et invenit, et quod vera fides de Deo sentit, invincibili ratione sic nec aliter esse posse probat et astruit. Composuit etiam librum sextum, licet parvulum, sed sententiarum ac subtilissimæ contemplationis pondere magnum, quem proslogion nominavit; alloquitur

---

[1] Les détails relatifs à saint Anselme se retrouvent dans le chapitre 9 du livre VI de Guillaume de Jumiéges. Tout ce paragraphe a été inséré dans la Chronique du Bec.

[2] Les mots *feria quarta* — VII *kal. Maii* omis dans J.

Saint Anselme mourut le mercredi saint, 21 avril 1109, et cette année Pâques tomba bien le 25 avril. Comparez les Annales du Bec.

[3] Voyez l'ouvrage de M. Charma, intitulé : *Saint Anselme*, Notice biographique, littéraire et philosophique, Caen, 1853, in-8 ; extr. du t. XX des *Mémoires de la Société des Antiquaires de Normandie*.

[4] *In quo discipulo* J.

[5] *Respondit* M.

[6] *Dialeticas* M et J.

enim in eo opere aut se ipsum aut Deum. Scripsit et septimum librum epistolarum ad diversos, diversis eorum negotiis respondens, vel ea quæ sua intererant procurare mandans. Fecit et octavum de incarnatione Verbi; quod opus epistolari stilo conscriptum, sanctæ Romanæ ecclesiæ summo pontifici Urbano dicavit, destinavit. Nonum librum edidit, quem Cur Deus homo appellavit. Decimum de conceptu virginali. Undecimum de orationibus contemplativis, quem plurimi Meditationes vocant; in quibus legentibus facile apparet quanta dulcedo supernorum mentem ejus repleverat. Duodecimus, qui et ultimus illi tractatus fuit, de processione Spiritus sancti. Confutaverat enim Græcos in Barensi concilio, negantes Spiritum sanctum a Filio procedere; unde sumpta materia, rogatu Ildeberti [1], Cinomannorum [2] episcopi, hunc librum composuit. Si de natione ejus, vita et moribus quæris, aliquantum retro [3] invenies.

In [4] parrochia Legiensi porca enixa est porcellum habentem faciem hominis. Natus est etiam pullus gallinæ [5] quadrupes.

---

[1] *Ideberti* M et J. — Les Œuvres de Hildebert (Epist. II, ix et xiii, éd. Beaugendre, col. 89 et 93) contiennent deux lettres relatives au traité de saint Anselme sur le saint esprit ; dans la première, Hildebert invite son ami à composer ce traité; dans la seconde, il le remercie de lui en avoir envoyé le texte.

[2] *Cenomannorum* J.

[3] Plus haut, p. 49, à l'année 1060.

[4] Les deux paragraphes suivants sont empruntés à Sigebert.

[5] *Gallie* M.

Imperator Henricus contra Hungaros vadit, sed facto pacto redit [1].

Obiit domnus Hugo abbas Cluniacensis [2], cui successit Pontius.

Hoc anno sacro igne multi accenduntur, menbris instar carbonum nigrescentibus [3].

Philippus [4] rex Francorum obit. Ludovicus, filius ejus, post eum regnat annis viginti novem.

1110.

ROMANORUM HENRICUS 4. FRANCORUM LUDOVICUS 1. ANGLORUM HENRICUS 10.

Data [5] est filia regis Anglorum, Matildis nomine, imperatori Henrico, ut brevi dicam, sicut decuit.

Idem rex Anglorum Henricus cepit ab unaquaque hida Angliæ tres solidos. Cumque curiam suam tenuisset ad Pentecosten apud novam Winleshores [6], quam ipse ædificaverat, exhereditavit eos qui ei nocuerant,

---

[1] Cette campagne eut lieu dans l'automne de 1108.

[2] 29 avril 1109.

[3] Voyez Orderic Vital, I, 187, et IV, 296.

[4] Cette dernière note est de Sigebert. — La mort de Philippe Ier est du 29 juillet 1108, et Robert y a fait allusion à cette date.

[5] Le commencement de ce chapitre, jusqu'aux mots *regredi videbatur*, est emprunté à Henri de Huntingdon.

[6] *Wileshores* J. — Windsor.

scilicet Philippum de Brause [1], et Willermum Malet [2], et Willermum Bainard.

Helias vero consul Cenomanniæ, qui eam sub Henrico rege tenebat, vita privatus est [3]. At consul Andegavensis Fulco, pater Gaufridi, suscepit Cenomanniam cum filia illius [4], et tenuit eam contra regem Henricum.

Apparuit quædam cometa more insolito. Cum enim ab Oriente insurgens in firmamentum ascendisset, regredi videbatur.

Obiit [5] Willermus, et successit Gaufridus, Ceno-

---

[1] *Branse* M et J. C'est la leçon de Henri de Huntingdon dans le ms. 6042, fol. 87 v. Il s'agit de Philippe de Briouze, qui figure avec son père Guillaume, du temps de Guillaume le Conquérant, dans la charte de fondation du prieuré de Briouze (Orne, arr. d'Argentan) : « Ego « Guillelmus de Brausia, pro meorum remissione peccatorum, et pro « genitoris genitricisque anima, et Radulfi Waldi filii, Radulfique filii « sui, atque Gaufridi Rufi anima, et pro Philippo, filio meo unigenito, « voluntarie concedente... » *Mémoires de la Société des Antiquaires de Normandie*, XXIII, 119. Il est appelé *Philippus de Braiosa* sur le rôle de l'échiquier d'Angleterre de l'année 1131, p. 72. Voyez aussi, à la Bibl. Nat. Collection Moreau, vol. 59, fol. 98, une charte accordée à l'abbaye de Fécamp par « Willelmus filius Philippi de Braiosa, » qui parle de faits accomplis « tempore patris mei Philippi et Willelmi avi « mei. »

[2] En 1117, ou environ, Guillaume Malet donna à l'abbaye du Bec, « pro filio suo Willelmo, qui factus est monachus Becci..., pro salute « anime sue et conjugis et liberorum suorum, et pro anima patris et ma- « tris sue et fratris sui Roberti..., in episcopatu Ebroicensi, juxta Ca- « rentonam fluvium, terram que vocatur Maisnillum Joscelini. » Bibl. Nat. ms. latin 13905, fol. 21 v°.

[3] Hélie de la Flèche, comte du Maine, mourut le 3 juillet 1110, laissant pour héritière Eremburge, qui épousa Foulques le Jeune, comte d'Anjou.

[4] *Filia ejus* J.

[5] Note empruntée aux Annales de Rouen. — Guillaume, archevêque de Rouen, mourut le 9 février 1110.

mannensis decanus, XLIX⁽ᵘˢ⁾ archiepiscopus Rothomagensis.

Rex Balduinus Jerosolimitanus cepit urbes Beritum, Sidonem [1].

Gibelinus[2] fit tercius patriarcha Jerusalem.

In [3] mense Junio cometes apparuit, radios dirigens ad Austrum, multis conjicientibus [4] hoc signo portendi futuram regis Henrici expeditionem Italiam versus.

1111.

Romanorum Henricus 5. Francorum Ludovicus 2. Anglorum Henricus 11.

Henricus [5] rex Anglorum et dux Normannorum, pergens in Normanniam contra consulem Andegavensem Fulconem, qui Cenomanniam eo tenebat invito, werræ leges in eum ferro et flamma constanter exercuit.

Decessit autem Robertus consul Flandriæ, qui Jerosolimitano clarissimus interfuerat itineri. Unde memoria ejus non pertransiet in æternum. Post quem

---

[1] *Sydonem* J.

[2] Gibelin, élu patriarche de Jérusalem en 1107, fut sacré en 1110 et mourut le 6 avril 1112; Du Cange, *Les Familles d'outre-mer*, 717.

[3] Phrase empruntée à Sigebert. L'apparition de cette comète est du 8 juin, suivant Florent de Worcester, II, 60.

[4] *Conilientibus* M.

[5] Le commencement de ce chapitre, jusqu'aux mots *strenuus armis*, est emprunté à Henri de Huntingdon.

Balduinus, filius ejus, consul effectus est, juvenis omnino strenuus armis [1].

Henricus [2] imperator Romam vadit propter sedandam discordiam, quæ erat inter regnum et sacerdotium. Quæ cœpta a beato Gregorio septimo papa Romano, qui et Hildebrandus, et exagitata a successoribus ejus Victore et Urbano, et præ omnibus a Paschali, magno scandalo erat toti mundo. Rex enim uti volens auctoritate et consuetudine et auctoralibus privilegiis imperatorum, qui a Karolo Magno, qui primus de regibus Francorum imperavit Romanis, jam per trecentos et eo amplius annos imperaverant sub sexaginta tribus apostolicis, dabat licite episcopatus et abbatias, et per anulum et per virgam. Contra hanc majorum auctoritatem censebant papæ synodali judicio, nec posse nec debere dari per virgam vel per anulum episcopatum aut aliquam ecclesiasticam investituram a laicali manu. Et quicunque ita episcopatum aut aliam ecclesiastici juris investituram accipiebant, excommunicabantur. Propter hanc præcipue causam imperator Romam tendebat. Et si qui Langobardorum quoquo modo ei resistere volebant, potenter eos proterebat. In reconciliatione autem, quæ facta est inter imperatorem et papam (nam ipsum papam cum episcopis et cardinalibus ceperat), die Paschæ, Henrico in imperatorem coronato, post lectum ewangelium tradidit ei papa Pas-

---

[1] Robert II, comte de Flandre, mort en 1111, eut pour successeur son fils Baudouin VII.

[2] Le paragraphe suivant est extrait de Sigebert.

chalis, qui et Raginerius, ante altare apostolorum Petri et Pauli, in oculis omnium principum, privilegium de investitura episcopatuum vel abbatiarum, tam per anulum quam per virgam, scilicet ut regni ejus episcopis vel abbatibus, libere præter violentiam et symoniam electis, investituram virgæ et anuli conferat; post investionem vero canonice consecrationem accipiat ab episcopo, ad quem pertinuerit. Confirmatio pacis inter apostolicum et imperatorem, dum in celebratione missæ traderet ei corpus et sanguinem Domini nostri Jesu Christi : « Domine imperator, hoc corpus Do- « mini, natum ex Maria virgine, passum in cruce pro « nobis, sicut sancta et apostolica tenet ecclesia, damus « tibi in confirmationem veræ pacis inter me et te. » Datum est idus Aprilis, indictione quarta [1].

1112.

Romanorum Henricus 6. Francorum Ludovicus 3. Anglorum Henricus 12.

Mortuus est Tanchredus [2], miles fortissimus, qui tantum auxit principatum Antiochenum et dilatavit, quod omnes successores nequiverunt retinere quod

---

[1] 13 avril 1111. Sur l'accord conclu entre l'empereur Henri V et le pape Paschal II, voyez les actes recueillis par Pertz, *Leges*, II, 65-73.

[2] *Tancredus J.* Tancrède mourut en décembre 1112; il choisit pour lui succéder en la principauté d'Antioche Roger fils de Richard. Voyez Du Cange, *Les Familles d'outre-mer*, p. 181.

ille acquisivit. Huic successit Rogerius filius Ricardi, propinquus ejus.

Deo [1] peccatis hominum offenso, ecclesia Sancti Michaelis de periculo maris fulgurata divinitus arsit cum ædificiis omnibus.

Rex [2] Anglorum Henricus exulavit consulem Ebroicensem [3] et Willermum Crispinum a Normannia [4], cepitque Robertum de Belesme, de quo supra diximus.

Baldricus [5], episcopus Laudunensis, cives ipsius urbis a sacramento perperam juratæ communionis revocare nisus, a seditiosis ad arma concurrentibus (quod dictu nefas est) gladio confossus interiit, feria quinta ebdomadæ paschalis, VII kal. Maii, in letania majore [6]. Tumultuante etiam impetu confusæ multitudinis, domus episcopi succenditur; unde etiam ipsa mater ecclesia Sanctæ Mariæ et Sancti Johannis Baptistæ ecclesia in abbátia monialium [7], cum aliis ecclesiis omnibus e vicino appendentibus, concremantur. In actores seditionis a rege Francorum tam severe est

---

[1] La phrase relative à l'incendie du Mont-Saint-Michel est un emprunt fait à Anselme, continuateur de Sigebert. Sur cet incendie, voyez la Rubrique abrégée des abbés du Mont-Saint-Michel.

[2] Cette phrase est tirée de Henri de Huntingdon.

[3] *Consulem Ebricum* S. — Sur la disgrâce de Guillaume, comte d'Evreux, voyez Orderic Vital, IV, 279.

[4] *Crispinum Normannia* J. — Voyez plus bas, à l'année 1154, une note sur la famille des Crespin.

[5] *Valdricus* S et M. La bonne leçon *Baldricus* est fournie par J. Robert a pris à Anselme les détails de la sédition de Laon.

[6] 25 avril 1112, jeudi de Pâques et fête de saint Marc.

[7] *Sanctimonialium* J.

vindicatum, ut tam præsentes quam futuros a simili scelere deterrere possit exemplum.

1113.

ROMANORUM HENRICUS 7. FRANCORUM LUDOVICUS 4. ANGLORUM HENRICUS 13.

Anno [1] sequenti, non præsenti, Henricus rex Anglorum dedit archiepiscopatum Cantuariæ Rodulfo episcopo Roveceastriæ.

Tunc quoque Thoma Eboracensi archiepiscopo defuncto, Tustanus [2] successit; inter Rodulfum vero et Tustanum archiepiscopos orta est magna dissensio, quia Eboracensis Cantuariensi de more subjici [3] nolebat. Causa autem sæpe coram rege, sæpe coram apostolico ventilata est, sed necdum definita.

Henricus rex Anglorum duxit exercitum in Waliam [4], et Walenses subditi sunt ei secundum magnificentiam libitus sui.

---

[1] Le commencement de ce chapitre, jusqu'aux mots *in Normanniam*, est tiré de Henri de Huntingdon. — Raoul, évêque de Rochester, fut élu archevêque de Cantorbéry le 26 avril 1114. Florent de Worcester, II, 67, et Guillaume de Malmesbury, *De gestis pontificum*, I, 67, édit. Hamilton, p. 124.

[2] *Tustenus* J. — Thomas, archevêque d'York, mourut le 24 février 1114; son successeur Turstain fut élu le 15 aout 1114; Florent de Worcester, II, 67. Voyez Guillaume de Malmesbury, *Gesta pontificum*, III, 121-125, éd. Hamilton, p. 262-266.

[3] *Subici* M.

[4] *Walliam* J.

Cometa ingens in fine Maii apparuit.

Rex vero transiit in Normanniam [1].

Mense [2] Maio siligines et arbores sacro igne adustæ fructus sui spem sunt mentitæ; et quædam silvæ insuper arefactæ. Subsequuta est hominum valitudo gravis et diuturna, cum profluvio ventris et mortalitate.

Hoc [3] anno rex Anglorum Henricus rediens in Angliam, posuit Robertum de Belesme in carcerem perhennem apud Warhan [4].

Obiit [5] Sigisbertus, venerabilis monachus Gemblacensis cœnobii, vir in omni scientia litterarum incomparabilis ingenii, descriptor in hoc libro præcedentium temporum, III nonas Octobris; et suis gravissimum absentiæ suæ reliquit dolorem.

1114.

ROMANORUM HENRICUS 8. FRANCORUM LUDOVICUS 5. ANGLORUM HENRICUS 14.

Mortuo Ricardo filio Ricardi, filii comitis Gisleberti, monacho Beccensi, qui fuit ultimus abbas in insula

---

[1] Suivant Florent de Worcester (II, 67), Henri I passa en Normandie, en 1114, avant la fête de saint Michel.

[2] Paragraphe emprunté à Anselme, continuateur de Sigebert; mais, Anselme rapporte ces faits à l'année 1112.

[3] Phrase empruntée à Henri de Huntingdon. Conf. Florent de Worcester, II, 66.

[4] Wareham, comté de Dorset.

[5] Robert a copié cette phrase dans Anselme; il s'est borné à mettre *et suis* au lieu de *et nobis*.

Heli[1], Henricus rex constituit ibi primum episcopum Herveum. Et comitatus unus, scilicet Cantebrigesiræ, subtractus episcopo Lincoliensi, subditus est huic novo episcopo. Lincoliensi vero remanserunt adhuc[2] octo comitatus sive provinciæ, id est Lincolesiræ, Leiceastresiræ, Hantonesiræ, Huntendonesiræ, Herefordsiræ[3], Bedefordsiræ[4], Bucingehansiræ, Oxinefordesiræ.

Decedente etiam in Normannia Gisleberto viro religioso, Ebroicensi[5] episcopo, successit ei Audoenus vir magnæ sanctitatis.

Terræ motu[6] pars urbis Mamistriæ corruit, et duo castella haut procul ab Antiochia, Mariscum et Triphalech[7].

---

[1] Le dernier abbé d'Ely, Richard de Bienfaite, fils de Richard de Bienfaite et petit-fils de Gilbert, comte de Brionne, mourut le 16 juin 1107. *Mon. Anglic.* I, 461 et 462. La bulle de Paschal II relative à l'érection de l'évêché d'Ely est du 21 novembre 1103. *Ibid.* I, 482; conf. Jaffé, p. 498, n. 4610. Voyez Guillaume de Malmesbury, *Gesta pontificum*, IV, 183, éd. Hamilton, p. 322.

[2] *Adhuc* ajouté en interligne dans M.

[3] *Herefordsire* ajouté dans la marge de M.

[4] Ce mot est omis dans J.

[5] M portait d'abord *Eboracensi*. Orderic Vital rapporte au 29 août 1112 la mort de Gilbert, évêque d'Evreux, et à l'année 1113 l'avènement de son successeur (éd. Le Prévost, IV, 301).

[6] Abrégé du chapitre LII du livre II de Foucher de Chartres, dans *Historiens occidentaux des croisades*, III, 428 et 429. — Missis et Marasch sont les noms modernes des deux premières localités mentionnées ici; la troisième est appelée *Trialeth*, *Trihaleth* et *Trialet* dans les mss. de Foucher.

[7] Dans B, J, F et L, sous l'année 1114, et dans S sous l'année 1115, se trouve la note : « Alexius imperator Constantinopolitanus obiit, et successit Johannes, filius ejus. » On l'a effacée dans M, où elle avait été introduite après coup dans le blanc qui sépare les années 1114 et 1115. Elle est plus bas, p. 156, à sa véritable place, sous l'année 1118.

1115.

Romanorum Henricus 9. Francorum Ludovicus 6. Anglorum Henricus 15.

Henricus[1] rex Anglorum fecit omnes proceres patriæ fidelitatem domino debitam Willermo filio suo jurare, et in Angliam rediit.

Desolata est[2] Mamistria majori terræ motu.

Eodem anno, deposito Arnulfo patriarcha quarto per legatum apostolicum[3], idem patriarcha Romam adiit, et per Paschalem papam restitutus, pallium ab eo accepit.

1116.

Romanorum Henricus 10. Francorum Ludovicus 7. Anglorum Henricus 16.

Henricus[4] rex Anglorum ad Natale interfuit dedicationi ecclesiæ Sancti Albani, quam dedicavit Robertus,

---

[1] Cette phrase *Henricus rex — Angliam rediit* est tirée de Henri de Huntingdon.

[2] Ce paragraphe et le suivant sont extraits du chap. LIV du livre II de Foucher de Chartres; *Historiens occidentaux des croisades*, III, 431.

[3] Bérenger, évêque d'Orange; voy. *Gallia christiana*, t. I, col. 772.

[4] La phrase *Henricus rex — loci abbatem* est tirée de Henri de Huntingdon.

venerabilis Lincoliensis episcopus, per Ricardum memorabilem ejusdem loci abbatem. Offa vero rex Mercæ, vir religiosus, transtulerat quondam ejusdem martiris corpus in priori monasterio, quod ibidem construxerat, multisque rebus [1] ditaverat. Paulus autem, monachus Cadomensis, quem Lanfrancus archiepiscopus ordinaverat abbatem [2], opere majori monasterium dem renovavit. Quod successor ejus. Ricardus a Roberto Lincoliensi episcopo, præsente [3] Henrico rege, fecit dedicari. Gaufridus vero, successor eorum [4], transtulit corpus prædicti martiris in feretrum mirabiliter auro et gemmis choruscum, præsente Alexandro episcopo Lincoliensi, anno xx° ix° Henrici regis. Hic est Offa rex qui dedit vicario beati Petri, Romanæ urbis pontifici, redditum statutum, quod vocatur Romescot [5], de singulis domibus regni sui in æternum. Erant au-

---

[1] *Rebus* ajouté en interligne dans M, omis dans J. — La translation dont il est ici question est de l'année 791 ; voyez *Monast. Anglic.* II, 179.

[2] Voyez plus haut, p. 73, année 1089.

[3] *Præsente* ajouté en interligne dans M. — La dédicace de l'église de Saint-Alban fut célébrée le 28 mai 1115, en présence du roi Henri I, par plusieurs prélats, et notamment par Geoffroi, archevêque de Rouen. *Monasticon Anglicanum*, II, 183. — Richard d'Aubigny fut abbé de Saint-Alban de 1097 à 1119. Voyez *Gesta abbatum Sancti Albani*, I, 66-72.

4 Geoffroi de Gorham, abbé de Saint-Alban, mort en 1146; voyez *Gesta abbatum Sancti Albani*, I, 72-105.— Il y a dans les *Gesta*, p. 83 et suiv. de très curieux détails sur la châsse de saint Alban que fabriqua le moine Anquetil, et sur la translation qui fut célébrée le 2 août 1129, et à laquelle assista Hélic, abbé de la Trinité de Rouen.

[5] *Romesrot* M. — Voyez Du Cange, au mot *Romescot*. — L'institution d'un tribut au profit de l'église romaine est mentionnée par Henri de Huntingdon, livre IV, dans Petrie, p. 730.

tem illo tempore in Angliâ sacerdotes adeo ab avaricia inmunes, ut nec territoria ad construenda monasteria, nisi coacti, acciperent; reges in tantum religionis amatores erant, ut aut monasteria amplissima devote ædificarent, aut etiam salubriter mundi gloriam [1] declinarent, sicut fecerunt reges Westsesxæ, Cedwalla et Ine [2] : quorum prior, cum duobus annis potenter regnasset, regnum terrenum relinquens, Romam perrexit, et ibidem baptizatus, in albis mortuus est anno incarnationis dominicæ [3] DCLXXXVIII°; sequens vero, cum XXXVI annis post Cedwallam regnasset, regnum relinquens Adhelardo [4] cognato suo, Romam petiit, et ibi pro Dei amore peregrinus obiit. Hos etiam insecuti sunt duo contigui reges Mercæ, Ædelred, et, qui ei successit, Chinred, cognatus ejus. Siquidem anno ab incarnatione Domini DCC, Ædelred [5], filius Pendæ, factus est monachus XX° IX° anno regni sui, et sepultus est apud Bardeneie. Cujus successor Chinred [6], cum quinque annis regnasset, Romam pergens, monachus ibi effectus, usque ad mortem inibi perseveravit. Cum quo etiam Offa, filius Sigheri regis Orientalium Saxo-

---

[1] *Mundum* J.

[2] Cedwalla, roi de Westsex, 685-689. — Ina, cousin et successeur de Cedwalla, 689-726.

[3] *Anno ab inc. Domini* J.

[4] Je suis la leçon de J et F. On lit dans L *Adelardo*, et dans M *Ahelardo*. — Adélard, roi de Westsex, 726-740 ou 741.

[5] *Aclered* J. Ethelred, fils de Penda, roi de Mercie, 675-704, fondateur de l'abbaye de Bardney, dans le comté de Lincoln ; voyez *Monasticon anglicanum*, I, 623.

[6] Cenred, roi de Mercie, 704-708.

num ¹, rex si remansisset futurus, pari devotione Romam ivit, et monachatum suscepit. Celwulfus etiam rex Norhumbræ ², ad quem Beda historiam Anglorum scripsit, cum regnasset octo annis, anno ab incarnatione Domini DCC et XXXVIII, videlicet tercio anno post mortem Bedæ, monachus factus est. Edbrichtus ³ vero, cognatus ejus, qui ei successit, anno regni sui XXI itidem factus est monachus. Cui in eodem regno successerunt octo reges ⁴, qui omnes a perfidis provincialibus aut proditi, aut expulsi aut occisi sunt. Sibertus similiter rex Estanglæ ⁵, qui sanctum Furseum ⁶ de Hibernia venientem honorifice suscepit, cujus dono et auxilio idem sanctus monasterium fecit in castro Cnobheribuc ⁷, quod deinde Anna rex ⁸ et nobiles quique⁹ ampliaverunt, hic, inquam, Sigbertus monachus factus, regnum suum cognato suo Ecgnico ¹⁰ reliquit. Post multos annos coegerunt eum exire contra regem Pendam. Ille tamen non nisi

---

[1] Offa, fils de Sigher, roi d'Essex, 700-708.

[2] *Norhubre* J. — Céolulphe, roi de Northumberland, 730-737.

[3] Edbert, roi de Northumberland, 737-758.

[4] Noms de ces huit princes : Osulphe, Mollon-Adelwalt, Alfred, Ethelred, Alphuad, Osred, Ethelred et Osbald ou Osred.

[5] Sigebert, roi d'Estanglie, 629-632.

[6] *Fulseum* J. Sur la vie de saint Fursi, voyez les Bollandistes, janvier, II, 36.

[7] *Enobheriburc* J. — Cnobherésburg, depuis appelé Burgh-Castle, dans le comté de Norfolk ; *Monasticon anglicanum*, VI, 1623.

[8] Annas, roi d'Estanglie, 635-654.

[9] Le dernier éditeur de Robert de Torigni a imprimé *quinque* ; mais la leçon *quique*, fournie par les mss. M, J et L, est la bonne ; en effet le texte de Bède (III, XIX, dans Petrie, p. 191), à qui ce passage est emprunté, porte : « Quod deinde rex provinciæ illius Anna, ac nobiles « quique augustioribus ædificiis ac donariis adornarunt. »

[10] Egrik, roi d'Estanglie, 632-635.

virgam in manu habebat in prælio, ubi et occisus est cum rege Ecgnico [1] et exercitu. Sebbi etiam rex Orientalium Saxonum, monachi habitum ex devotione consequutus, in ecclesia Sancti Pauli Londoniæ est sepultus [2]. Isti ergo octo reges regna sua pro Christo sponte dimiserunt. Et ut ad illud unde digressus sum redeam, ideo fortasse monasterium Sancti Albani ab exactione prædicti census quod vocatur Rommescot, absolutum et quietum est, quia idem rex, scilicet Offa, et monasterium prius ædificavit et censum Romanæ ecclesiæ assignavit [3]. Quem postea censum Canutus, rex totius Angliæ et Datiæ, pergens Romam anno incarnationis dominicæ M xxx [4], de omni regno Angliæ sanctæ Romanæ ecclesiæ concessit, cum Offa tantummodo de regno suo, id est de illa parte Angliæ quæ Merce dicitur, illum censum prius dedisset.

Cum [5] autem rex Henricus ad Pascha transfretasset in Normanniam, fuit maxima discordia inter eum [6] et regem Francorum Ludovicum. Causa autem hæc erat: Tebaldus consul Blesensis, nepos regis Anglorum Henrici, contra dominum suum regem Francorum arma promoverat; in cujus auxilium rex Anglorum duces

---

[1] *Ecgnice* M et J. — Ce fut en 635 que Sigebert et Egrik périrent en combattant Penda, roi des Merciens.

[2] Sur la sépulture de Sebba, roi d'Essex, voyez l'Histoire de Bède, IV, xi, dans Petrie, p. 221.

[3] *Assignavit* ajouté en interligne dans M.

[4] Le voyage de Canut à Rome paraît être de l'année 1031.

[5] Ce paragraphe est tiré de Henri de Huntingdon.

[6] *Maxima inter eum discordia* J.

suos miliciamque misit, et regem non mediocriter afflixit.

1117.

Romanorum Henricus 11. Francorum Ludovicus 8. Anglorum Henricus 17.

Henrico [1] Anglorum regi gravissimus labor insurrexit [2]. Juraverunt namque rex Francorum Ludovicus, et consul [3] Flandrensis Balduinus, et consul Andegavensis Fulco, se Normanniam regi Henrico ablaturos, et Willermo filio Roberti ducis Normanniæ eam daturos. Multi etiam procerum regis Henrici recesserunt ab eo, quod maximo ei fuit detrimento. Qui tamen non inprovidus, in auxilio suo comitem Tebaldum prædictum, nepotem suum, et consulem Britannorum Conanum habebat. Venerunt igitur rex Francorum et dux Flandrensis cum exercitu in Normanniam. In qua cum una nocte fuissent, formidantes adventum regis Henrici cum Anglis et Normannis et Britannis, ad sua sine bello reversi sunt.

Hoc eodem anno, pro necessitate regia geldis creberrimis et exactionibus variis Anglia compressa est.

Tonitrua vero et grandines in kalendis Decembris

---

[1] Le commencement de ce chapitre, jusqu'aux mots *homines destruens*, est tiré de Henri de Huntingdon.

[2] *Insurgit* L.

[3] *Comes* J.

affuerunt, et in eodem mense cœlum rubens, acsi arderet, apparuit.

Vigilia¹ enim Nativitatis Domini factus est ventus vehemens, silvas eradicans et domos conterens.

Passa est etiam luna eclipsim².

Terræ motus etiam maximus factus est in Longobardia, ecclesias, turres, domos et homines destruens.

Donnus Pontius, abbas Cluniacensis, cum vellet ad unguem corrigere excessus et in cibo et in vestitu quorumdam monachorum, qui exteriora ejusdem monasterii negotia tractabant, insurrexerunt in eum, et crescente simultate, accusaverunt eum in præsentia Paschalis papæ de quibusdam gravissimis capitulis, licet falsis. Quibus cum dedignaretur respondere, dicens nec de accusatione eorum se curare, nec de abbatia (confidebat enim et in bona conscientia sua et in genere, utpote filius comitis Mergulensis³), invito papa abbatiam relinquens⁴, Jerosolimam perrexit. At illi, durantes in malicia sua, elegerunt in abbatem Ugonem, priorem Marciniaci. Quo defuncto infra primum annum sui regiminis, elegerunt quendam strenuæ nobilitatis juvenem, nomine Petrum⁵. Quomodo

---

¹ Les deux phrases relatives à l'ouragan et à l'éclipse de lune ne sont pas dans Henri de Huntingdon.

² L'éclipse de lune est du 11 décembre 1117.

³ Pierre, comte de Melgueil.

⁴ Ce fut en présence du pape Calixte II, et non pas de Paschal II, vers le mois d'avril 1122, que Ponce de Melgueil résigna les fonctions d'abbé de Cluni.

⁵ L'élection des abbés de Cluni Hugues II et Pierre le Vénérable est de l'année 1122.

autem prædictus Pontius de Jerosolimis rediens, iterum abbatiæ, cui renuntiaverat, præesse voluit, et quomodo, scismate facto, in eodem monasterio multum humani sanguinis effusum est, pudet dicere. Remansit tamen venerabili Petro regimen monasterii Cluniacensis, quod adhuc disponit, transactis exinde triginta duobus annis [1]. Pontius vero in monasterio, quod vocatur Cavea, ad ultimum mortuus est [2].

Mortuus est etiam [3] hoc anno [4] vir religiosus et magnæ litteraturæ, Ivo, Carnotensis episcopus. Hic dum esset juvenis audivit magistrum Lanfrancum, priorem Becci, de secularibus et divinis litteris tractantem in illa famosa scola quam Becci tenuit; in qua multi et nobilitate seculari et honestate morum convenerunt viri præditi [5], et qui postea ad summum apicem ecclesiasticæ dignitatis et religionis attigerunt. Postea vero idem Ivo aliquandiu præfuit et profuit conventui canonicorum regularium Sancti Quintini Belvacensis. Ad ultimum episcopus factus, rexit ecclesiam Carnotensem viriliter et religiose fere per annos xxiii. Reliquit autem multa monimenta industriæ suæ, religionis et

---

[1] Robert devait écrire ceci en 1154.

[2] Ponce mourut selon toute apparence le 29 décembre 1126, soit à Rome, comme le disent plusieurs auteurs, soit au monastère de la Cava, comme l'atteste Robert de Torigni.

[3] *Autem etiam* J.

[4] *Hoc eodem anno* J. Les auteurs du *Gallia christiana* (VIII, 1132) sont portés à croire que la mort d'Ives, évêque de Chartres, arriva le 23 décembre 1115. Comparez l'obituaire de l'église de Chartres, publié à la suite du *Cartulaire de N. D. de Chartres*, III, 225.

[5] M portait d'abord *predicti*.

sapientiæ, ædificando scilicet monasterium canonicorum Sancti Johannis de Valle [1], in quo et sepultus est, et domos episcopii faciendo, et a malis consuetudinibus et exactionibus comitis Carnotensis idem episcopium liberando [2], et multa utilia scribendo.

1118.

ROMANORUM HENRICUS 12. FRANCORUM LUDOVICUS 9.
ANGLORUM HENRICUS 18.

Henrici [3] et Ludovici regum procerumque eorum longa debellatio gravissime regem utrumque vexavit, donec Balduinus, strenuissimus Flandriæ consul, apud Ou in Normannia seditione militari funeste vulneratus, ad sua recessit [4].

Porro Robertus consul de Mellent, sapientissimus in

---

[1] La fondation de l'abbaye de Saint-Jean en Vallée est de l'année 1099. Les premiers chanoines en furent tirés de l'abbaye de Saint-Quentin.

[2] Sur cette exemption, voyez une charte accordée en 1105 à l'évêque de Chartres par le roi Philippe I (dans *Gallia christiana*, VIII, instr. 310), et la charte même du comte Henri Etienne, publiée par MM. de Lépinois et Merlet, dans le *Cartulaire de Notre-Dame de Chartres*, I, 104.

[3] Ce paragraphe et le commencement du suivant, jusqu'au mot *consiliarius*, sont tirés de Henri de Huntingdon.

[4] Sur la campagne de Baudouin VII en Normandie et sur les suites de la blessure qu'il reçut à Eu, voyez Orderic Vital, IV, 316, et Guillaume de Malmesbury, éd. Hardy, 630.

rebus secularibus omnium usque in Jerusalem degentium, et regis Henrici familiaris consiliarius [1], luce mundana caruit [2]. Cui successerunt filii sui, Galerannus in Normannia factus comes Mellenti, et Robertus in Anglia factus comes Leecestriæ.

Obiit [3] secunda Matildis Anglorum regina, venerabilis uxor Henrici regis, et mater imperatricis; de cujus bonitate largiflua et morum probitate multimoda dicere per singula si volumus, dies deficiet [4]. Inter alia tamen bona, multæ in Anglia et Normannia ecclesiæ et in aliis etiam provintiis adhuc suis splendent beneficiis. Sepulta est autem apud Westmonasterium [5].

[1] A partir du mot *consiliarius*, Robert de Torigni a abandonné le texte de Henri de Huntingdon, qui est ainsi conçu : « ...Consiliarius, in fine « stultus apparuit : etenim cum terras quas abstulerat sacerdotum « suasu reddere nec confessionem qualem oporteret vellet inire, « corde pauper quasi sponte deperiit. Bene igitur dictum est : Sapien- « cia hujus mundi stulticia est apud Deum. »

[2] Robert, comte de Meulan, mourut le 5 juin 1118. Sur lui, voyez Guillaume de Malmesbury, éd. Hardy, p. 635.

[3] 1er mai 1118. — Guillaume de Malmesbury, p. 649, donne beaucoup de détails sur les mœurs de la reine Mathilde. — L'auteur des Annales de Waverley, éd. Luard, II, 217, qui a copié ce passage, ajoute que les funérailles de la reine eurent lieu le 1er mai.

[4] Dans M, après *deficiet*, on a gratté cinq ou six mots.

[5] Au lieu *Sepulta est autem apud Westmonasterium*, le texte primitif portait : *Cujus misereatur a quo cuncta creantur*, leçon qui est restée dans J, F et L. Cette phrase *Cujus — creantur* a été grattée dans M et remplacée par la phrase *Sepulta — Westmonasterium*. Le ms. du fonds royal au Musée britannique, celui de Cambridge et le ms. Bodleien contiennent la seconde rédaction *Sepulta — Westmonasterium*. Le ms. Harleien et celui de Bayeux contiennent à la fois les deux rédactions : *Sepulta est supradicta regina apud Westmonasterium. Cujus misereatur a quo bona cuncta creantur.*

Mortuus [1] est etiam eodem anno Paschalis papa mense Januarii, cui successit Gelasius CLXV[us] [2].

Obiit etiam Alexius imperator Constantinopolitanus, cui successit Johannes [3].

Mortuus est[4] insuper Arnulfus patriarcha Jerusalem, et alii proceres quam plures in mundo.

Obiit etiam rex Balduinus Jerusalem primus, mense Aprilis [5]. Iste fuit miles audacissimus, qui urbes has expugnavit et cepit : Achon videlicet, Cæsaream, Beritum, Sydonem, Tripolim, Arsuth [6]; et terras Arabum usque ad mare Rubrum subdidit sibi. Qui decem et octo annis regnavit. Et successit ei secundus Balduinus, cognatus ejus, comes Edessenus.

1119.

ROMANORUM HENRICUS 13. FRANCORUM LUDOVICUS 10.
ANGLORUM HENRICUS 19.

Rex[7] Henricus LII° anno ex quo Normanni Angliam

---

[1] Tout ce qui suit, jusqu'à la fin de l'année 1118, est tiré de Foucher de Chartres, l. II, chap. LXIII et LXIV ; *Historiens occidentaux des croisades*, III, 436 et 437.

[2] Paschal II mourut le 21 janvier 1118, et son successeur Gélase II fut élu le 24 du même mois.

[3] La mort d'Alexis Commène et l'avènement de son fils Jean sont du 15 août 1118.

[4] *Est* manque dans M. — Arnoul, patriarche de Jérusalem, mourut au mois d'avril 1119.

[5] La mort du roi Baudouin, antérieure de quelques jours à celle du patriarche Arnoul, est rapportée par Du Cange (*Les Familles d'outremer*, p 9) au 16 mars 1119.

[6] *Arsurth* J.

[7] Les trois premiers paragraphes de l'année 1119, jusqu'aux mots *regis Dacorum*, sont tirés de Henri de Huntingdon.

obtinuerunt, regni vero sui anno nono decimo, pugnavit contra regem Francorum gloriose [1]. Præposuerat quidem rex Francorum aciem procerum, cui præerat Willermus filius Roberti ducis, fratris Henrici regis. Ipse vero cum maximis viribus in sequenti erat agmine. Rex vero Henricus in prima acie proceres suos constituerat, in secunda cum propria familia eques ipse residebat, in tercia vero filios suos cum summis viribus pedites collocaverat. Igitur acies prima Francorum agmen procerum Normanniæ statim equis depulit et dispersit. Postea vero aciei qua rex Henricus inerat collidens, et ipsa est dispersa. Acies itaque regales offenderunt sibi invicem, et acerrime pugnatum est utrinque. Dum hastæ franguntur, gladiis res agitur. Interim Willermus Crispinus, miles magnanimus [2], Henrici regis caput bis gladio percussit. Cumque lorica impenetrabilis esset, magnitudine tamen ictuum aliquantulum capiti regis inserta est, ut sanguis prorumperet. Rex vero animi fervore commotus, percussorem suum ita repercussit, ut cum galea esset impenetrabilis, mole tamen ictus equitem et equum prostravit [3]. Qui mox ante regios pedes captus est. Acies vero pedestris, in qua filii Henrici regis inerant, nondum percu-

---

[1] Le combat dont la description va suivre fut livré le 20 août 1119 près de Brémule; voyez Orderic Vital, IV, 354-363.

[2] Les mots *miles magnanimus* sont une addition de Robert de Torigni. — Sur la famille des Crespin, voyez plus bas, à l'année 1154.

[3] *Prosterneret* Henri de Huntingdon.

tiens, sed mox percussura, ex adverso surrexit. Quod Franci videntes, horrore insperato liquefacti, terga dederunt. Henricus autem rex victoriæ perstitit in campo donec optimates hostium capti ante pedes ejus sunt positi. Reversus vero Rothomagum, signorum sonitibus et cleri concentibus Deum et Dominum exercituum benedixit.

Eodem anno, papa Gelasius obiit, ante [1] Johannes Gadinatus vocatus, et sepultus est apud Cluniacum. Cui Guido [2] Viennensis archiepiscopus successit, vocatus Calixtus papa CLXVI.

Balduinus consul Flandriæ per vulnus quod in [3] Normannia receperat decessit. Cui successit Karolus, cognatus ejus, filius Cnut sancti regis Dacorum.

Eodem [4] anno, Rogerius Anthiochiæ princeps cum septem milibus de suis juxta Archasium [5] oppidum trucidatus est a Turcis. Itaque rex Balduinus, mortuo principe Antiocheno, rex, addito altero regno, vel, ut minus dicam, princeps efficitur.

---

[1] Les mots *ante J. G. vocatus*, omis dans J, ne sont pas dans Henri de Huntingdon.

[2] M portait d'abord *Girbertus*, leçon qui est restée dans J, F et L. — La mort de Gelase II est du 29 janvier 1119, et l'élection de Calixte II du 2 février 1119.

[3] *Quo in* M. — Baudouin VII, comte de Flandre, mourut le 17 juin 1119.

[4] Abrégé de Foucher de Chartres, l. III, chap. III et VII; *Historiens occidentaux des croisades*, III, 442 et 444.

[5] Aujourd'hui Artah. *Archasium* est sans doute une faute pour *Arthasium*.

1120.

Romanorum Henricus 14. Francorum Ludovicus 11. Anglorum Henricus 20.

Rex [1] Anglorum Henricus, omnibus domitis et pacificatis in Gallia, cum gaudio rediit in Angliam. In ipso vero maris transitu, divino Dei judicio, licet occulto, duo filii regis Willermus et Ricardus, et filia regis et neptis, necnon multi proceres, dapiferi, camerarii, die festivitatis sanctæ Caterinæ [2] naufragati sunt.

Sic mare dum superans tabulata per ultima serpit,
Mergit rege satos, occidit orbis honos [3].

---

[1] Le récit du naufrage de la Blanche Nef a été emprunté à Henri de Huntingdon ; mais Robert de Torigni en a retranché les reproches que l'historien anglais adresse à la cour de Henri 1 ; il n'a conservé que le dernier des cinq distiques rapportés par Henri de Huntingdon. — Pour la seconde partie de ce paragraphe, le ms. de Savigny présente une rédaction particulière :

« In ipso autem transitu, duo filii regis, Guillermus ex conjuge, et
« Ricardus ex concubina, et filia ejus ex concubina, uxor comitis Per-
« tici, et neptis ejus uxor comitis Cestriæ, necnon multi proceres,
« dapiferi, camerarii naufragati sunt apud..... Corpus Guillermi
« filii regis non potuit inveniri. Hunc (sic) naufragium quidam duobus
« versibus sic expressit. Sic mare etc. » La femme de Rotrou, comte du Perche, se nommait Mathilde. Richard, comte de Chester, avait épousé Mathilde, fille d'Etienne, comte de Blois.

[2] La date *die f. s. Caterinæ* est une addition de Robert de Torigni. Le naufrage de la Blanche Nef est du 25 novembre 1120.

[3] A propos de ce distique, Bethmann rapporte une pièce de vers, relative au naufrage de la Blanche Nef, et qui dans le ms. 8883 de

1121.

ROMANORUM HENRICUS 15. FRANCORUM LUDOVICUS 12. ANGLORUM HENRICUS 21.

Rex [1] Anglorum Henricus ad Natale fuit apud Brantune [2] cum Tebaldo, consule [3] Blesensi, nepote suo. Et post hæc apud Windlesores duxit Aeliz [4], filiam ducis Lovaniæ [5], causa prolis et [6] pulcritudinis. Cum autem rex ad Pascha fuisset apud Berchelea, ad Pentecosten fuit diadematus cum regina sua nova apud Londoniam. In æstate vero dum tenderet cum exercitu in Waliam, Walenses ei suppliciter obviantes, secundum magnificentiam libitus sui concordati sunt ei.

Bruxelles se trouve mêlée avec des poésies de Marbode. Comme elle est dénuée de tout intérêt historique, je me borne à en donner ici le premier distique :
   Summersos equites, summersum regis alumnum
    Anglia flet; multum nobilitatis obit.

[1] Tout ce paragraphe est emprunté à Henri de Huntingdon.

[2] Probablement Brampton, comté de Huntingdon. Les autres villes anglaises nommées dans ce paragraphe sont : Windsor, comté de Berk, Berkeley, comté de Gloucester, et Londres.

[3] *Comite* J.

[4] *Adheliz* J. *Adhelit* S. Sur le mariage de Henri I avec Alix de Louvain, voyez la continuation de Florent de Worcester, II, 75. — L'auteur des Annales de Waverley (éd. Luard, II, 218), qui copie ce passage, ajoute que le mariage fut célébré « ad festum Candelarum. »

[5] *Novanie* J.

[6] Les mots *prolis et* ont été ajoutés par Robert de Torigni.

1122.

Romanorum Henricus 16. Francorum Ludovicus 13. Anglorum Henricus 22.

Henricus[1] rex fuit ad Natale apud Nordwic[2], et ad Pascha apud Nordhantune, et ad Pentecosten apud Winleshores, inde ad Londoniam et Chent; postea vero perrexit in Nordhumbreland ad Dunelmiam.

Obiit Rodulfus, Cantuariensis archiepiscopus[3], et Johannes, Batensis episcopus[4].

1123.

Romanorum Henricus 17. Francorum Ludovicus 14. Anglorum Henricus 23.

Rex[5] Anglorum Henricus fuit ad Natale apud Duns-

---

[1] Tout l'article de l'année 1122 est pris à Henri de Huntingdon.

[2] Norwich, comté de Norfolk. — Autres lieux figurant dans ce paragraphe : Northampton, chef-lieu d'un comté; Windsor; Londres; le comté de Kent; Durham, chef-lieu d'un comté borné au Nord par le Northumberland.

[3] Raoul, archevêque de Cantorbéry, mourut le 19 octobre 1122; Continuation de Florent de Worcester, II, 77. Guillaume de Malmesbury (*Gesta pontificum*, I, 71, éd. Hamilton, p. 132) met au 20 octobre la mort de l'archevêque Raoul, sur lequel il donne des renseignements biographiques très-complets, p. 127-132.

[4] Il y a dans Guillaume de Malmesbury (*Gesta pontificum*, II, 90, éd. Hamilton, p. 194-196) un beau portrait de Jean, évêque de Bath, qui était originaire de la Touraine et qui avait beaucoup de réputation comme médecin. Il mourut le 29 décembre 1122; Continuation de Florent de Worcester, II, 77. Voyez aussi Guillaume de Malmesbury, éd. Hardy, p. 519.

[5] Le commencement de l'article de l'année 1123, jusqu'à l'entrevue

taple ¹, et inde perrexit ad Berchamestede ². Inde ivit rex ad Vudestoc ³, ad locum insignem ubi cohabitationem hominum et ferarum fecerat. Ibique Robertus, Lincoliensis episcopus, diem clausit ultimum⁴. Unde :

Pontificum ⁵ Robertus honor, quem fama superstes
   Perpetuare dabit, non obiturus obit.
Undecima Jani mendacis sompnia mundi
   Liquit, et evigilans vera perhenne videt.

Postea vero, ad festum Purificationis, dedit rex archiepiscopatum Cantuariæ Willermo de Curbuil, qui fuerat prior apud Chycce ⁶. Ad Pascha vero apud

du pape et du roi à Gisors inclusivement, est emprunté à Henri de Huntingdon.

¹ Dunstable, comté de Bedford.

² *Berchanestede* J. Aujourd'hui Berkhampstead, comté de Hertford.

³ Woodstock, comté d'Oxford.

⁴ Robert Blouet, évêque de Lincoln, depuis 1093 jusqu'au 10 janvier 1123. *Monasticon anglicanum*, VI, 1267 ; conf. Guillaume de Malmesbury, *Gesta pontificum*, IV, 177, éd. Hamilton, p. 313. Au bas d'une charte de Henri I pour le prieuré de Saint-Martin des Champs, dont l'original est aux Arch. Nat. on voit une croix, avec les mots : « Signum Roberti Bloet, episcopi Lincolniæ. » L'auteur des *Gesta abbatum Sancti Albani* (I, 92) traduit par *Fulvus* le surnom de *Blouet* : « Robertus, Lincolniensis episcopus, cognomento Fulvus. »

⁵ Robert n'a donné que le premier et le dernier des quatre distiques qui formaient l'épitaphe de Robert. évêque de Lincoln. Il faut rétablir ainsi les deux distiques intermédiaires :

   Hic humilis dives, res mira, potens, pius, ultor,
      Compaciens, mitis, cùm pateretur, erat.
   Noluit esse suis durus, studuit pater esse,
      Semper in adversis murus et arma suis.

⁶ *Chicce* F. — Le 2 février 1123, quand le roi tenait sa cour à Gloucester, Guillaume [de Corbeil], qui avait été prieur de Sainte-Osyth de Chice, dans le comté d'Essex, fut élu archevêque de Cantorbéry. Continuation de Florent de Worcester, II, 77.

Wincestre dedit episcopatum Lincoliæ Alexandro, venerabili viro, qui nepos est Rogerii Salesberiensis episcopi [1]. Dedit etiam rex episcopatum Bathæ Godefrido, cancellario reginæ [2]. Atque circa [3] Pentecosten mare transiit.

Eodem [4] anno, Hugo de Monfort perfecerat quoddam castellum validissimum in eodem loco, quod cum rex interrogaret, noluit dare monitu uxoris suæ, sororis Galerandi comitis Mellenti [5], qui, jam discordia propalata, a rege discesserat. Quod castrum rex obsidens cepit. Deinde Pontaldemer obsidens, castellum comitis, cepit. Deinde [6] Brionnium, sed non tam facilè cepit. Posueratque rex proceres suos cum magna militum copia pluribus locis in Normannia. Quæ guerra plurimum patriam afflixit.

Calixtus papa tenuit concilium Remis, cui interfuit Ludovicus rex Francorum [7]. Postea, in eodem anno,

---

[1] Alexandre, évêque de Lincoln, sacré en juillet 1123, mort en 1147. *Monasticon Anglicanum*, VI, 1267.

[2] Godefroi fut sacré évêque de Bath le 26 août 1123 et mourut le 16 août 1135. Continuation de Florent de Worcester, II, 78 et 97.

[3] *At circa* J, F, L et Henri de Huntingdon.

[4] La phrase relative à Hugues de Montfort n'est pas dans Henri de Huntingdon.

[5] *Galerani comitis de Mellent* J. Hugues de Montfort avait épousé Adeline, fille de Robert, comte de Meulan.

[6] Les phrases *Deinde Brionnium — patriam afflixit* ne sont pas dans Henri de Huntingdon. — Les détails de cette campagne, marquée par les siéges de Montfort-sur-Risle, Pont-Audemer et Brionne, se trouvent dans Orderic Vital, IV, 438-450 et 462.

[7] Les mots *Cui int. Lud. rex Francorum* ne sont pas dans Henri de Huntingdon. — Le concile de Reims fut célébré au mois d'octobre 1119.

idem papa venit in Normaniam loqui cum Henrico rege Anglorum, et locuti sunt simul¹ in castello Gisorz² magnus rex et magnus sacerdos. Idem Calixtus successerat Gelasio, qui Gelasius ante papatum dicebatur Johannes Gaditanus³, et fuerat cancellarius Paschalis papæ, et de ore ejus fluxerant multæ litteræ litteratæ.

Henricus rex circa turrem Rothomagi, quam ædificavit primus Ricardus dux Normannorum in palatium sibi, murum altum et latum cum propugnaculis ædificat, et ædificia ad mansionem regiam congrua infra eundem murum parat. Ipsi vero turri propugnacula, quæ decrant, addit. In qua turre fenestra est, quæ vocatur Conani Saltus; quia ex ea idem Henricus fecerat præcipitari quendam traditorem Rothomagensis urbis prædivitem, nomine Conanum, qui ipsam urbem volebat tradere hominibus Willermi regis Anglorum; sed præventus est a fidelibus Roberti ducis, et maxime a Henrico fratre ipsius, qui tunc partes ducis juvabat, unde et ipsum digna morte multavit⁴. Turrem nichilominus excelsam fecit in castello Cadomensi⁵, et murum ipsius castelli, quem pater suus fecerat, in altum crevit. Murum vero circa burgum, ita ut a Willermo

---

¹ *Insimul* J.

² *Gisorth* J. L'entrevue de Gisors est du mois de novembre 1119.

³ *Graditanus* J.

4 Sur la révolte de Conan, fils de Gilbert Pilate, en 1090, voyez Orderic Vital, III, 351-356 et Guillaume de Malmesbury, éd. Hardy, p. 618.

⁵ Noms modernes des châteaux dont il est question dans ce paragraphe : Rouen, Caen, Arques, Gisors, Falaise, Argentan, Exmes, Domfront, Ambrières, Vire, Gavrai et Vernon.

regé patre suo factus fuerat, intactum reliquit. Item castellum quod vocatur Archas turre et mœnibus mirabiliter firmavit. Sic etiam fecit castellum Gisorz, Falesiam, Argentomagum [1], Oximum, Danfrontem, Ambreras [2], castellum de Vira, Wavrei [3], turrem Vernonis similiter fecit.

Vigilia sancti Martini [4] thonitruus magnus factus est, et grando miræ magnitudinis.

Balduinus [5] rex Jerosolimitanus captus est a Balac quodam amirato [6], qui etiam anno præterito ceperat Goscelinum de Turvaissel [7], comitem Edessenum, et Galerannum, cognatum ejus [8].

1124.

ROMANORUM HENRICUS 18. FRANCORUM LUDOVICUS 15. ANGLORUM HENRICUS 24.

Rex [9] Anglorum Henricus fortunate glorificatus est.

---

[1] *Argentoniagum* J.

[2] *Ambreas* J.

[3] *Wavre* J et F. *Wavreium* S.

[4] 10 novembre.

[5] Abrégé de Foucher de Chartres, l. III, chap. XVI; *Historiens occidentaux des croisades*, III, 450.

[6] *Admirato* J. — Suivant Orderic Vital (IV, 247), Balak, sultan d'Alep, prit Joscelin de Turbessel le jeudi saint, 12 avril 1123, et le roi Baudouin le samedi de Pâques suivant, 21 avril.

[7] *Torvaissel* J. Sur Joscelin de Courtenay, comte d'Edesse, qui tirait son surnom de Turbessel d'un château situé à l'ouest de l'Euphrate, voyez Du Cange, *Les Familles d'outre-mer*, p. 297.

[8] Galeran du Puiset, comme nous l'apprenons d'Orderic Vital (IV, 247).

[9] Ce paragraphe est en grande partie emprunté à Henri de Hun-

Willermus namque de Tancarvilla, camerarius ejus[1], cum aliis[2] pluribus baronibus aciebus statutis confligens, cepit comitem Mellenti VII kalendas Aprilis, Galerannum, tunc satis juvenem, militem tamen armis fortem, et Hugonem de Monfort, sororium ejus[3], et Hugonem filium Gervasii[4] et alios[5] multos magnæ probitatis et magni nominis viros, in valle videlicet juxta Bortorode[6] in itinere munitionis castelli de Watevilla[7]. Rex Henricus tunc erat apud Cadomum; quod audiens credere non potuit, donec oculis suis vidit. Traditi igitur regi, positi sunt in carcerem, et sic magna illa patriæ dissensio finem accepit et destructio.

Tirus[8] capitur, quam moderni Sagittam[9] vocant.

---

tingdon. Pour plus de détails sur les événements militaires dont la Normandie fut le théâtre en 1124, voyez Orderic Vital, IV, 455 et suiv.

[1] Sur Guillaume de Tancarville, voyez Deville, *Histoire du château et des sires de Tancarville*, p. 114-120.

[2] *Aliis* ajouté en interligne dans M.

[3] Hugues IV de Montfort, qui avait épousé, en 1112, Adeline, sœur de Galeran, comte de Meulan. Le Prevost, *Notes*, II, 416.

[4] Hugues, fils de Gervais de Châteauneuf-en-Thimerais, mari d'Aubrée, fille de Robert, comte de Meulan. Merlet, *Notice historique sur la baronnie de Châteauneuf-en-Thimerais*, p. 11.

[5] Ce qui suit, à partir des mots *et alios*, jusqu'aux mots *suis vidit*, inclusivement, est une addition de Robert.

[6] *Borcturold'* J. *Bortoroud'* F. *Bortorod'* M et S. *Bortoroude* L. — Le Bourg-Théroude, Eure, arr. de Pont-Audemer.

[7] *Vatevilla* F. Vatteville, Seine-Inférieure, arr. d'Yvetot, c^on de Caudebec.

[8] Conf. Foucher de Chartres, l. III, chap. XXVIII-XXXV; *Historiens occidentaux des croisades*, III, 459-467.

[9] Dans J *Sagittam* a été remplacé en interligne par *Syr*.

Sidon vero, contermina ejus, ab incolis modo Sur [1] vocatur, et est metropolis. Capta Tyro, discordia facta est propter eam inter patriarchas Jerosolimitanum et Antiochenum : dicebat enim Antiochenus tempore antiquo Tyrum fuisse ecclesiæ suæ subjectam; Jerosolimitanus vero nitebatur privilegiis Romanorum pontificum. Si dignitates et privilegia horum patriarcharum et Jerusalem et Antiochiæ, et hujus litis terminationem audire vel legere cupis, require in primo anno vel circa postquam Jerusalem capta est a Christianis [2].

Antiochia [3] civitas est pulcherrima et munitissima, et copiosorum reddituum opulentissima. Sunt infra ipsam quatuor montaneæ satis altæ, in quarum una, sublimiori scilicet, castellum est, quod omni civitati prominet, deorsum enim civitas est decenter ædificata, et dupplici muro circumambita. Murus interior amplus et in aera porrectus est, et magnis et quadris lapidibus compactus et compaginatus. In qua muri compagine turres sunt quinquaginta quadringentæ, formosis venustatæ mœniis, et defensæ propugnaculis. Murus exterior non tantæ celsitudinis, sed tamen admirandæ venustatis. Continet in se trecentas et quadraginta ec-

[1] Dans J *Sur* a été remplacé à la marge par *Sagitta*. Dans ce même ms. les mots *et est metropolis* ont été effacés.

[2] Ici Robert renvoie aux renseignements que lui a fournis Foucher de Chartres et qui sont insérés sous l'année 1099, plus haut, p. 89 et 90.

[3] Une partie des détails qu'on va lire sur Antioche se retrouvent dans une note qu'une main du xiie siècle a ajoutée aux Annales de Corvey et qui a été publiée par Pertz (*Scriptores*, III, 14) et par Jaffé (*Bibliotheca rerum germanicarum*, I, 64).

clesias. Pro suo magno primatu patriarcham habet, cujus patriarchatui subjiciuntur¹ centum quinquaginta et tres episcopi. Ab Oriente quatuor clauditur montaneis. Ab Occidente vero civitatis muros præterfluit fluvius, cui nomen Pharfar². Octoginta enim et quinque reges eam constituendo sublimaverunt et nobilitaverunt, quorum maximus et primus emersit Antiochus, de cujus nomine Antiochia noncupata est.

Obiit donnus Willermus piæ memoriæ, tercius abbas Beccensis ecclesiæ, vir gloriosus et honestæ vitæ, qui vicesimo quinto ætatis suæ anno prædicti loci monachus effectus est, quindecimque annis in monachatu private peractis, in regimen ejusdem abbatiæ venerabili Anselmo successit. Quam cum XXX annis et dimidio, sex diebus minus, strenue gubernasset, septuagesimo ætatis suæ circiter anno, monachatus vero fere quadragesimo sexto, migravit a seculo, XVI kalendas Maii³. Cujus epitaphium decrevimus non silendum⁴ :

Hac tegitur tumba Willermus tercius abba⁵,
Qui fuit eximius, sapiens et religiosus,
Cœlica suspirans, mundanaque cuncta relinquens,
Est Christum nudus devota mente secutus.

---

¹ *Subiciuntur* M.

² *Pharphar* J.

³ 16 avril 1124. Robert comptait l'avénement de l'abbé Guillaume à partir du 22 octobre 1094. Il a dit plus haut (p. 79) que cet abbé avait été béni à Rouen le 10 août 1094.

⁴ L'épitaphe omise dans J. — Trois autres épitaphes de l'abbé Guillaume ont été insérées dans la vie de cet abbé, publiée à la suite de la Chronique du Bec.

⁵ *Abbas* M. La forme *abba* m'a semblé réclamée par la rime.

Ingenium, morum probitas [1], splendorque parentum
Omnibus hunc carum fecerunt ac venerandum.
Imperio dignam speciem vitamque gerebat;
Cordis mundiciam semper carnisque tenebat.
Beccum ter denos auxit rexitque per annos,
Mitis subjectis dominus, durusque superbis.
Dum [2] sexagenum denum venisset ad annum,
Finem vivendi faciens, in pace quievit.
Tunc Aries perdit consortia lucida Phœbi,
Sextaque dena dies illucescebat Aprilis.
Huic Deus æternum tribuat conscendere regnum,
Quatinus angelicis turmis conregnet in ævum.

Huic [3] successit pius Boso, in novo et veteri Testamento apprime eruditus, vir scientiæ admirabilis et doctrinæ incomparabilis. Tantam insuper gratiam ei virtus divina contulerat, ut nullus tam tristis et egens consilio ad ipsum accederet, quin extemplo lætus et consiliatus ab ipso recederet. Hic dilectus a Deo, et hominibus amabilis, regi Anglorum Henrico multum erat familiaris, quia veram religionem et admirandam sanctitatem et consilium incomparabile in ipso reppererat. Qui licet pene continua premeretur ægritudine, tamen ipse per Deum, immo ut credimus Deus pro ipso, omnia necessaria conventui suo [4] et supervenientibus, ut opus erat, affluenter tribuebat.

---

[1] *Probitas morum* M.

[2] *Cum* F et L.

[3] Les détails relatifs à l'abbé Boson ont été insérés dans la Chronique du Bec.

[4] *Nostro* L.

Eodem ¹ anno obiit Teulfus, Wigorniensis episcopus ², et Ernulfus, Rovecestriæ ³ episcopus.

1125.

ROMANORUM HENRICUS 19. FRANCORUM LUDOVICUS 16. ANGLORUM HENRICUS 25.

Rex ⁴ Anglorum Henricus fuit in Normannia, et ibi dedit episcopatum Wigorniæ Symoni clerico reginæ⁵. Sifrido quoque, abbati Glastingebiri, dedit episcopatum Cicestriæ ⁶. Porro Willermus archiepiscopus Cantua-

---

¹ Phrase empruntée à Henri de Huntingdon.

² Théulfe, évêque de Worcester, mourut le 20 octobre 1123; Continuation de Florent de Worcester, II, 78. Ce prélat avait d'abord été chanoine de Bayeux, comme son prédécesseur, nommé Sanson; Guillaume de Malmesbury, *Gesta pontificum*, IV, 150 et 151, éd. Hamilton, p. 289 et 290.

³ *Rovestrie* M. J'emprunte à L la forme *Rovecestrie*. Avant de monter sur le siège de Rochester, Arnoul avait été moine de Saint-Lucien de Beauvais et élève de Lanfranc à l'abbaye du Bec; Guillaume de Malmesbury, *Gesta pontificum*, I, 72, éd. Hamilton, p. 137 et 138. Arnoul mourut en mars 1124; Continuation de Florent de Worcester, II, 78.

⁴ Le commencement de l'article de l'année 1125, jusqu'à la phrase relative à la disette, est tiré de Henri de Huntingdon.

⁵ Simon fut solennellement reçu à Worcester le 7 mai 1125. Continuation de Florent de Worcester, II, 79. — L'annaliste du monastère de la Bataille (trad. de Lower, p. 66) rapporte qu'à la Chandeleur de l'année 1125 on publia en Angleterre un édit du roi sur les mesures à prendre pour pourvoir aux églises qui manquaient de pasteurs.

⁶ Sifroi fut ordonné évêque de Chichester le 12 avril 1125. Continuation de Florent de Worcester, II, 79. Il avait d'abord été moine de

riæ dedit episcopatum Rovecestriæ Johanni, archidiacono suo [1]. Ad Pascha etiam Johannes Cremensis [2], cardinalis Romanus, descendit in Angliam, perendinansque per episcopatus et abbatias non sine magnis muneribus, ad Nativitatem sanctæ Mariæ celebravit concilium sollenne apud Londoniam.

Obiit [3] Henricus imperator, qui duxerat Matildem filiam regis Anglorum Henrici.

Operæ precium est audire quam severus rex Anglorum Henricus fuerit in pravos. Monetarios enim fere omnes totius Angliæ fecit ementulari, et manus dexteras fabricantes nequitiam abscidi, quia monetam furtive corruperant.

Iste est in Anglia annus karissimus omnium [4]; in quo vendebatur onus equi frumentarium sex solidis.

Henrico imperatori successit Lotharius.

Mortuo Alexandro rege Scotorum [5], successit ei Da-

Saint-Martin de Séez, puis abbé de Glastonbury; voyez *Monasticon anglicanum*, I, 4, et VI, 1159. L'annaliste de Waverley (éd. Luard, II, 219) l'appelle « Safridus Polokin. » On lisait dans l'obituaire de Saint-Martin de Séez, au 11 août : « Obiit Seifridus, Cicestrensis episcopus; « obiit Guimardis, mater Seifridi episcopi; » Bibl. Nat. ms. français 18953, p. 219.

[1] Jean fut sacré évêque de Rochester, le 24 mai 1125. Continuation de Florent de Worcester, II, 80.

[2] Sur le concile que Jean de Crema tint à Londres le 9 septembre 1125, voyez la collection des Conciles de Nicolas Coleti, XII, 1355-1362.

[3] *Obierat* J. L'empereur Henri V mourut le 23 mai 1125. Lothaire, son successeur, fut élu le 30 août suivant.

[4] Le texte de Henri de Huntingdon porte : *Annus karissimus omnium nostri temporis*. La suppression de ces deux derniers mots rend obscur le texte de Robert. Le mot *annus* omis dans L.

[5] 24 avril 1124.

vid, frater ejus, vir magnæ sanctitatis et religiosus; qui filiam Gallevi [1] comitis et Judith consobrinæ regis uxorem duxit; binosque comitatus Nordhantonæ [2] et Huntendonæ [3], quos Symon Silvanectensis comes cum præfata muliere possederat [4], habuit. Illa vero peperit ei filium nomine Henricum, duasque filias, Clariciam et Hodiernam.

1126.

ROMANORUM LOTHARIUS 1. FRANCORUM LUDOVICUS 17. ANGLORUM HENRICUS 26.

Rex [5] Anglorum Henricus ad Natale et Pascha et Pentecosten moratus est in Normannia, et confirmatis pactis cum Franciæ principibus, qualia regem victoriosissimum decebat, circa festum sancti Michaelis

---

[1] *Galleni* J. David I, roi d'Ecosse, épousa Mathilde, fille de Walthéof, comte de Northampton. — A partir des mots *Gallevi comitis*, la fin de ce paragraphe est tirée textuellement d'Orderic Vital, III, 402.

[2] *Nortanthone* J.

[3] *Huntedone* J.

[4] M portait d'abord *possiderat*. — Sur Simon de Senlis, comte de Northampton et de Huntingdon, voyez une note de M. Le Prévost, dans Orderic Vital, III, 402, et surtout le document tiré d'un ms. de Douai, que M. Francisque Michel a publié dans *Chroniques anglo-normandes*, II, 126 et 127.

[5] Ce paragraphe, jusqu'au mot *vidualam*, est emprunté à Henri de Huntingdon. — Suivant le continuateur de Florent de Worcester (II, 84), Henri I, revenu en Angleterre, aurait célébré à Windsor la fête de Noel 1125.

rediit in Angliam '. Adduxit siquidem secum filiam suam Maltildem imperatricem, tanto viro, ut prædictum est, viduatam. Quam cum vellent in patria illa animo libenti retinere dominam, noluit.

Decessit [2] Robertus, episcopus Cestrensis.

Obiit [3] Calixtus papa; cui successit Odo, Hostiensis episcopus, et vocatus est Honorius papa CLXVII.

1127.

ROMANORUM LOTHARIUS 2. FRANCORUM LUDOVICUS 18. ANGLORUM HENRICUS 27.

Rex [4] Anglorum Henricus curiam suam tenuit ad Natale apud Windleshores, pergens inde Londoniam. In Quadragesima et Pascha fuit apud Vudestoc, ubi nuntius dixit ei : « Carolus comes Flandrensis, tibi
« dilectissimus, nefanda proditione occisus est a pro-
« ceribus suis in templo apud Bruge. Rex autem
« Francorum dedit Flandriam Willermo, nepoti et
« hosti tuo. Qui jam valde roboratus, diversis crucia-
« tibus omnes proditores Karoli multavit. [5] » Super

---

[1] Conf. Guillaume de Malmesbury, éd. Hardy, 689.

[2] Phrase empruntée à Henri de Huntingdon.— Robert Péché, évêque de Chester, mourut en 1126 et fut enterré à Coventry. Continuateur de Florent de Worcester, II, 85.

[3] Calixte II mourut le 13 ou le 14 décembre, 1124; son successeur, Honorius II, élu le 15 ou le 16 décembre 1124, fut consacré le 21 du même mois.

[4] L'article de l'année 1127 est tiré de Henri de Huntingdon.

[5] Charles-le-Bon, comte de Flandre, fut assassiné dans l'église de

his igitur rex angariatus, concilium tenuit ad Rogationes¹ apud Lundoniam; et Willermus archiepiscopus Cantuariæ similiter in eadem villa apud Westmoster².

Cum autem ad Pentecosten³ fuisset apud Wincestre, misit filiam suam imperatricem in Normanniam desponsatam Gaufrido, filio Fulconis consulis Andegavensis, et post regis Jerusalem; mulierem⁴ videlicet pollentem moribus, benignam omnibus, largam in elemosinis, amicam religionis, honestæ vitæ, dilectricem ecclesiæ, cujus habundantia beneficiorum maxime ecclesia Beccensis non modice splendet. De qua idem Gaufridus tres filios genuit, Henricum, Gaufridum⁵, Willermum.

In Augusto venit rex post filiam suam in Normanniam. Ricardus vero, Londonensis episcopus, obierat.

Saint-Donatien de Bruges, le 2 mars 1127. Guillaume Cliton, fils de Robert Courte-Heuse, fut investi du comté de Flandre le 23 du même mois.

¹ Du 9 au 11 mai 1127.

² Sur le concile tenu à Westminster, du 13 au 16 mai 1127, voyez le continuateur de Florent de Worcester, II, 85.

³ 22 mai 1127. Conf. Guillaume de Malmesbury, éd. Hardy, 692. Il faut considérer comme romanesques les détails que Jean de Marmoutier (*Chroniques des comtes d'Anjou*, p. 234-237) donne sur le mariage de Mathilde l'impératrice, avec Geoffroi-le-Bel.

⁴ Ce qui suit (*mulierem videlicet—Gaufridum, Willermum*) est une addition de Robert de Torigni, qui s'est encore exprimé à peu près de la même manière dans sa continuation de Guillaume de Jumiéges (VIII, 25).

⁵ *Graufridum* M. *Gaufridum et Willermum* J.

Cujus episcopatum dedit Gisleberto Universali, viro doctissimo [1].

Decessit etiam Ricardus, Herefordensis episcopus [2].

1128.

ROMANORUM LOTHARIUS 3. FRANCORUM LUDOVICUS 18. ANGLORUM HENRICUS 28.

Henricus [3] rex sapientissimus, moratus in Normannia, perrexit hostiliter in Franciam, quia rex Francorum tuebatur nepotem suum et hostem. Perendinans autem [4] apud Esparlum [5] octo diebus, tam secure ac si in regno suo esset, compulit regem Ludovicum, auxilia comiti Flandrensi non ferre. His igitur peractis, reversus est rex Henricus in Normanniam.

Advenit autem a partibus Alemanniæ quidam dux Theodoricus [6], Flandriam calumpnians, quosdam pro-

---

[1] Gilbert l'Universel, chanoine de Lyon, fut choisi pour succéder à Richard; il fut sacré à Cantorbéry le 22 janvier 1128. Continuateur de Florent de Worcester, II, 89. — L'annaliste de Waverley (éd. Luard, II, 220) ajoute, en parlant de Gilbert: « qui regebat scholas « apud Nevernis. »

[2] Richard, évêque de Hereford, mourut le 15 août 1127; Continuation de Florent de Worcester, II, 88. Guillaume de Malmesbury l'appelle « Ricardus clericus de sigillo; » *Gesta pontificum*, IV, 169, éd. Hamilton, p. 304.

[3] L'article de l'année 1128, jusqu'à la mort de l'évêque de Winchester inclusivement, est emprunté à Henri de Huntingdon.

[4] *Perendinans igitur* J.

[5] *Herparlun* J et F. *Hesparlum* S. Epernon, Eure-et-Loir, arr. de Chartres, canton de Maintenon.

[6] *Theodericus* J.

ceres Flandriæ secum habens; et hoc suasu regis Henrici. Willermus autem comes Flandrensis, aciebus ordinatis, obviam venit ei. Pugnatum est igitur acriter. Willermus quidem consul numerum suorum, cum pauci essent, solus supplebat probitate inæstimabili. Cruentatus igitur hostili sanguine, hostium cuneos ense fulmineo findebat. Juvenilis tunc brachii robore hostes sunt territi et fugæ dediti. Victoriosus igitur consul, dum hostile castrum obsideret, et in crastino reddi deberet, Deo volente, parvo vulnere sauciatus, in manu deperiit [1]. Nobilissimus autem juvenum, ætate brevi famam promeruit æternam. Unde :

Unicus [2] ille ruit, cujus non terga sagittam,
Cujus nosse pedes non potuere fugam.
Nil nisi fulmen erat, quotiens res ipsa monebat,
Et, si non fulmen, fulminis instar erat.

Hugo de Paens [3], magister militum Templi Jerusalem, veniens in Angliam, secum multos duxit Jerusalem. Inter quos Fulco Andegavensis comes, rex futurus, perrexit.

---

[1] Guillaume Cliton, blessé au siége d'Alost, mourut le 9 août 1128.

[2] Robert de Torigni n'a donné qu'un morceau de la pièce de vers composée en l'honneur du comte Guillaume; elle consiste en cinq distiques, et est attribuée par Henri de Huntingdon à « Walo versificator. »

[3] Sur Hugues de Payens, voyez Du Cange, *Les Familles d'outre-mer*, p. 869.

Obierunt Ranulfus¹ Flambard, Dunelmiensis episcopus, et Willermus Gifardus, Wintoniensis episcopus².

Obiit Gaufridus, Rothomagensis archiepiscopus, mense Decenbri³.

Successit Willermo, comiti⁴ Flandrensi, Terri de Auseis.

Jacobus⁵ clericus de Venecia transtulit de græco in latinum quosdam libros Aristotilis et commentatus est, scilicet topica, analyticos priores et posteriores et elencos, quamvis antiquior translatio super eosdem libros haberetur.

1129.

ROMANORUM LOTHARIUS 4. FRANCORUM LUDOVICUS 19. ANGLORUM HENRICUS 29.

Rex⁶ Anglorum Henricus in omni pene bono fortunatus, pacificatis omnibus quæ in Francia, Flandria,

---

¹ *Randulfus* J et F et Henri de Huntingdon. M portait d'abord *Radulfus*, qui semble avoir été corrigé en *Ranulfus*. Renouf Flambard mourut le 5 septembre 1128. Continuateur de Florent de Worcester, II, 91.

² Guillaume Giffard, évêque de Winchester, mourut le 25 janvier 1129. Continuateur de Florent de Worcester, II, 91.

³ Orderic Vital (IV, 495) rapporte au 26 novembre 1128 la mort de Geoffroi, archevêque de Rouen, dont les chanoines de Rouen célébraient l'anniversaire le 28 novembre ; *Recueil des historiens*, XXIII, 369. Suivant le continuateur de Florent de Worcester (II, 91), Geoffroi mourut le 28 novembre 1128.

⁴ *Comiti* ajouté en interligne dans M.

⁵ Ce paragraphe a été ajouté après coup dans M, où il remplit le vide laissé entre les années 1128 et 1129. Il est dans C et P.

⁶ Le commencement de l'article de 1129, jusqu'aux mots *Philippum in regem*, est emprunté à Henri de Huntingdon.

Normannia, Britannia, Cenomannia, Andegavi erant, cum gaudio rediit in Angliam. Tenuit igitur concilium maximum kalendis Augusti apud Londoniam [1] de uxoribus sacerdotum prohibendis. Intererant siquidem illi concilio Willermus Cantuariensis archiepiscopus, Tustanus [2] Eboracensis archiepiscopus, Alexander Lincoliensis episcopus, Rogerius Salesberiensis, Gislebertus Londoniensis, Johannes Rovrecestrensis, Sifridus Sudsexensis, Godefridus [3] Badensis, Symon Wigornensis, Evrardus [4] Norwicensis, Bernardus Sancti Davidis [5], Herveus primus Heliensis episcopus. Nam Wintoniensis et Dunelmensis et Cestrensis et Herefordensis obierant [6].

Illis quos Hugo de Paiens, de quo prædictum est, secum duxerat ad Jerusalem, male contigit. Deum siquidem offenderant Sanctæ Telluris incolæ variis sceleribus. Ut autem scriptum est in Moyse et Regum libris, non diu scelera locis illis sunt impunita. In

---

[1] Sur ce concile de Londres, qui n'est guère connu que par le récit de Henri de Huntingdon, voyez la collection des Conciles, éd. de Nicolas Coleti, XII, 1397.

[2] *Tuslenus* J. *Turstinus* F.

[3] Au lieu de *Godefridus — episcopus*, les mss. J et F portent *et alii quinque episcopi Angliæ*.

[4] *Edwardus* L.

[5] Sur Bernard, évêque de Saint-David, voyez le traité de Giraud le Cambrien intitulé : *De invectionibus*, II, 1, dans l'édition des œuvres de cet auteur donnée par Brewer, III, 49.

[6] Ces quatre évêques se nommaient Guillaume Giffard, Renouf Flambard, Robert Péché et Richard. Il en a été question dans plusieurs passages de la Chronique.

vigilia sancti Nicholai[1] a paucis Paganorum multi Christianorum devicti sunt, cum antea soleret e contrario contingere. In obsidione igitur Damascena, cum magna pars Christianorum progressa esset ad victualia perquirenda, mirati sunt Pagani Christianos plures et fortissimos se muliebriter fugientes, et persequentes innumeros occiderunt. Eos autem qui fuga salutem sibi quæsierant in montibus, tempestate nivis et frigoris Deus ipsa nocte persecutus est, ita quod vix aliquis evasit.

Ludovicus rex Francorum eodem anno fecit sullimari filium suum[2], Philippum in regem[3].

. Dicam[4] quod forsitan placeat lectori[5] de successionibus Apuliæ. Primus in Apulia præfuit Normannis[6], dum adhuc ut advenæ Wimachi ducis Salerni stipendarii essent, Tustinus[7] cognomento Scistellus[8]. Quo mortuo per venenum serpentis, quem ipse occiderat, successit ei in principatum Rannulfus, qui condidit

---

[1] Selon Guillaume de Tyr (l. XIII, c. xxvi, dans les *Historiens occid. des croisades*, 1, 597) cette défaite des chrétiens arriva le 6 décembre 1130, le jour de saint Nicolas, et non pas la veille de cette fête.

[2] *Suum* ajouté en interligne dans M.

[3] *Philipphum* M. — Philippe, fils de Louis le Gros, fut sacré à Reims le jour de Pâques 1129 ; voyez plusieurs chroniques dans le *Recueil des historiens*, XII, 116, 231, 234, 275, etc.

[4] Le paragraphe relatif aux affaires de la Pouille est emprunté à Guillaume de Jumiéges, l. VII, chap. 30 et 43.

[5] *Lectori* ajouté à la marge dans M.

[6] *Normannus* L.

[7] *Stutinus* J.

[8] *Scitellus* F. *Cistellus* L.

Aversam[1] urbem. Huic successit Ricardus filius ejus, princeps Capuæ, qui filio suo Jordani[2] reliquit moriens eundem principatum; et Jordanis filio suo Ricardo juniori. Post aliquantum temporis, Constantiniensis Drogo, filius Tancredi de Altavilla, princeps Normannorum in Apulia factus est, Hunc Wazo[3] comes Neapolis per traditionem in ecclesia Sancti Laurentii occidit. Huic successit Hunfredus, frater ejus, totamque Apuliam Normannis subegit. Hic moriens Abaielardum[4] filium suum Roberto fratri suo, quem pro versutiis Wiscardum cognominaverat, cum ducatu Apuliæ commendavit. Robertus fratres suos, qui omnes duces vel comites fuerunt, virtute et sensu ac sullimitate transcendit. Nam totam Apuliam, Calabriam, Siciliam sibi subjugavit; et transmeato mari maximam partem Græciæ, Affricæ invasit. Hic multa bona fecit; episcopatus et abbatias plures restauravit. Hic, relicta priore uxore Normannigena propter consanguinitatem, de qua susceperat filium Boamundum nomine, duxit primogenitam filiam Gaumarii[5] principis Salerni, favente Gisulfo, fratre prædictæ puellæ. Minor vero soror ejus nupsit Jordani principi Capuæ. Roberto morienti successit in ducatum Apuliæ Rogerius, filius ejus, natus ex secunda uxore, ex qua genuerat tres filios et

---

[1] Il y avait d'abord *Adversam* dans M.

[2] Les mots *Jordani — filio suo*, qui avaient été oubliés par le copiste de M, ont été rétablis dans ce ms. au bas de la page.

[3] *Warzo* J et F. *Walo* L.

[4] *Abailardum* J et F.

[5] *Waimachi* L.

quinque filias. Hoc etiam Rogerio deficiente, et filiis suis post ipsum, Rogerius patruelis ipsius, filius Rogerii comitis Siciliæ, fratris Roberti Wiscardi, solus tam Apuliam quam Siciliam obtinuit. Hic factus est rex anno ab incarnatione Domini M°C°XXX°, causa altercationis duorum apostolicorum, qui tunc Romæ electi erant. Quorum Anacletus, qui Romæ erat, concessit ei ut regio diademate decoraretur.

Audiat qui mira audire desiderat. Venit in Normaniam de longuinquis finibus avium innumerabilis multitudo; quæ gregatim volantes, et insuper longissima aeris spatia tenentes, ad invicem inter se pugnabant horribiliter, portendentes forsitan mala innumera post mortem regis Henrici ventura.

1130.

Romanorum Lotharius 5. Francorum Ludovicus 20. Anglorum Henricus 30.

Honorius papa decessit[1]. Cui successit Gregorius cardinalis presbyter[2] Romanæ ecclesiæ, vocatus In-

---

[1] Honorius II mourut le 14 février 1130. Son successeur, Innocent II fut élu le 14 février 1130 et consacré le 22 du même mois.

[2] *Presbyter* est la leçon primitive, qui est restée dans J, F et L. Elle avait d'abord été mise dans M, où elle a été corrigée en *diaconus*. La leçon *diaconus* a été relevée par Bethmann dans le ms. de Hanovre; elle doit être aussi dans le ms. bodleien. Avant d'être pape, Innocent II était diacre cardinal de Saint-Ange; il est appelé « Gregorius quondam Sancti Angeli cardinalis diaconus, » dans une lettre du 18 février 1130, qui fait partie du *Codex Udalrici* (Jaffé, *Monumenta Bambergensia*, 419).

nocentius papa CLXVIII. Electus est etiam cum eo, immo intrusus per seditionem populi furentis, et per violentiam parentelæ suæ, alius cardinalis, videlicet Petrus Leonis, vocatus a populo Anacletus [1]; et vixerunt ambo fere octo annis. Remansit autem Anacletus in urbe propter fratres suos, qui erant viri potentes et habebant principatum castelli Crescentionis. Innocentius vero ad Cismontanos transiit. Unde dictum est monosticon illud [2]:

Romam Petrus habet, totum Gregorius orbem.

Rex [3] Anglorum Henricus fuit ad Natale apud Wireceastre [4], ad Pascha apud Vudestoce [5]. Ibi fuit accusatus Gaufridus de Clintone et infamatus de proditione regis, falso [6]. Ad Rogationes fuit apud Cantuariam ad dedicationem novæ ecclesiæ [7]. Mense Septembri transiit in Normaniam [8], et ad nativitatem sanctæ Mariæ

---

[1] L'anti-pape Anaclet, élu le 14 février 1130, mourut le 25 janvier 1138.

[2] *Ille* M. *Dictus est mon. ille* J.

[3] Ce qui suit, jusqu'aux mots *in Normanniam*, est tiré de Henri de Huntingdon.

[4] *Winceastre* M. J'ai adopté la leçon des mss. J et F, laquelle se retrouve avec une légère variante (*Wirecestre*) dans L; c'est aussi la leçon de Henri de Huntingdon.

[5] *Vudestoch* S.

[6] Voyez Orderic Vital, III, 404.

[7] M portait d'abord *edificationem*. La nouvelle église de Cantorbéry fut dédiée le dimanche 4 mai 1130, veille du premier jour des Rogations. Continuateur de Florent de Worcester, II, 91; Gervais de Cantorbéry, dans Twysden, 1664.

[8] Ici Robert de Torigni a corrigé Henri de Huntingdon, qui avait dit: *Ad festivitatem sancti Michaelis transit in Normanniam.*

fuit Becci, et adduxit secum Hugonem noviter electum Rothomagensem archiepiscopum, qui fuerat abbas Radingensis. Qui etiam sacratus est in festo exaltationis [1] sanctæ Crucis, die dominica, archiepiscopus Rothomagensis quinquagesimus, quem consecravit Ricardus Baiocensis episcopus, cum coepiscopis suis, in ecclesia Sancti Audoeni.

Occiso [2] Arragois, comite Morafiæ, rex Scotiæ David extunc habuit illum comitatum.

Gratianus, episcopus Clusinus, coadunavit decreta valde utilia ex decretis, canonibus [3], doctoribus, legibus Romanis, sufficientia ad omnes ecclesiasticas causas decidendas, quæ frequentantur in curia Romana et in aliis curiis ecclesiasticis. Hæc postmodum abbrevia-

---

[1] *Exaltationis* omis dans J. En 1130 le jour de l'exaltation de la croix, 14 septembre, tomba un dimanche.

[2] Au lieu de ce qui suit, jusqu'à la fin de l'année, et qui a été récrit dans M sur un passage gratté, on lit dans les mss. B, J, F et L :

« Eodem anno, Aragois (Arageis J), comes Morafie, cum Melcolmo,
« notho filio Alexandri, fratris regis David, qui ante eum regnaverat,
« et cum quinque milibus armatorum, Scotiam intravit, totam regio-
« nem sibi subjicere voluit. David rex tunc curiæ regis Anglorum
« intererat, sed Edwardus (Oduvardus J), consobrinus ejus et prin-
« ceps miliciæ, cum exercitu illis obviavit, et Aragois (Arageis J) con-
« sulem occidit, ejusque turmas prostravit, cepit atque fugavit. Deinde
« Morafiam defensore dominoque vacantem ingressus est, totusque
« regionis spatiosæ ducatus, Deo auxiliante, per Edwardum, ex tunc
« David regi (*ce mot est omis dans* J) religioso subditus est. »

La note relative à l'invasion de l'Ecosse, par Angus, comte de Murray, telle que nous la présentent les mss. B, J, F et L, se retrouve à peu près textuellement dans Orderic Vital, III, 404. La seconde rédaction se trouve non seulement dans M, mais encore dans C.

[3] *Canoribus* M.

vit magister Omnebonum, episcopus Veronensis, qui fuerat ejus discipulus.

Occiso Boamundo principe Antiochiæ, Raimundus, frater Guillermi comitis Pictavensis, duxit ejus uxorem, et factus est princeps Antiochiæ[1].

1131.

ROMANORUM LOTHARIUS 6. FRANCORUM LUDOVICUS 21. ANGLORUM HENRICUS 31.

Rex Anglorum Henricus apud Carnotum post Natale recepit papam Innocentium [2], Anacleto subjici [3]

---

[1] Boémond II, prince d'Antioche, périt en 1131 ; ce fut, non pas sa veuve, nommée Alix, mais sa fille, nommée Constance, que le roi de Jérusalem fit épouser à Raimond le Poitevin, frère de Guillaume VIII, duc de Guyenne. Raimond le Poitevin fut prince d'Antioche depuis 1136, ou environ, jusqu'en 1148. Du Cange, *Les Familles d'outre-mer*, p. 184-189.

[2] L'entrevue de Henri I et d'Innocent II à Chartres eut lieu le 13 janvier 1131 ; Jaffé, *Regesta*, p. 563. Une charte que le roi Henri 1 accorda alors à l'abbaye de Fontevraud se termine par cette liste de témoins :

« Teste presentia et audientia Hugonis archiepiscopi Rothomagen-
« sis, Johannis Lexoviensis, Johannis Sagiensis, Audini Ebroicensis,
« Ricardi Baiocensis, et Roberti de Sigillo, et comitis Theobaldi, et
« Roberti comitis Gloecestrie, Willelmi comitis Warenne, Rabeli de
« Tancarvilla, Hugonis Bigoti, Brientii filii comitis, Gaufridi de
« Glintonia, Andree de Baldimento ; apud Carnotum, in octabis epi-
« phanie Domini, peracta feliciter ; » Bibl. Nat ms. latin 5480, t. I, p. 277 et 278.

[3] *Subici* M.

recusans. Post Pascha venit idem papa Rothomagum [1], et receptus est a rege Henrico honorifice ; et ejus auxilio receptus est per totas Gallias.

Post [2], in æstate rex Henricus rediit in Angliam [3], secum filiam suam adducens. Fuit igitur in nativitate sanctæ Mariæ magnum placitum apud Nordhantune ; in quo congregatis omnibus principibus Angliæ [4], deliberatum est quod filia sua redderetur viro suo consuli Andegavensi, eam requirenti. Missa autem post hæc filia regis viro suo, recepta est fastu tanta viragine digno.

Post Pascha mortuus est Reginaldus abbas Ramesiensis [5], novæ auctor ecclesiæ.

---

[1] Innocent II séjourna à Rouen le 9 et le 10 mai 1131. Jaffé, *Regesta*, p. 565.

[2] Ce qui suit, jusqu'aux mots *adnichilata est*, est emprunté à Henri de Huntingdon.

[3] Le cartulaire du prieuré de Beaumont le Roger (fol. 3) contient une charte d'où il résulte que Henri I dut s'embarquer à Dieppe, en 1131, pour passer en Angleterre. Elle est ainsi datée : « Peracta fe-« liciter apud Archas, in transitu meo in Angliam, anno ab incarna-« tione Domini nostri Jhesu Christi MCXXXI, et regni mei XXXI. Les personnages suivants étaient alors à la cour du roi : « Hugo ar-« chiepiscopus Rothomagensis, Johannes episcopus Lexoviensis, Au-« dinus episcopus Ebroicensis, Johannes episcopus Sagiensis, Ro-« bertus de Sigillo, Nigellus nepos Rogeri episcopi Sarisberiensis, « Robertus comes Gloecestriæ, Willermus comes de Warenna, Wale-« ranus comes Mellenti, Robertus comes Legrecestriæ, Walterus Gi-« fardus, Rabelus de Tancarvilla, Briencius filius comitis, Hugo Bi-« gotus dapifer, Robertus de Haia dapifer, Umfridus de Buhuun « dapifer, Willelmus filius Odonis conestabilis, Willermus de Rou-« mara, Henricus de Pom[ereia], Gaufridus filius Pagani. »

[4] *Gallie* M.

[5] *Ramegiensis* F. Cette note est omise dans J. Renaud, abbé de

In principio hyemis obit Herveus, primus Heliensis episcopus [1].

Eodem anno, mense Octobris [2], contigit etiam quod filius regis Francorum Philippus, jam rex factus, dum cornipedem ludens agitaret, obvium suem habuit; cui cum pedes equi currentis offenderent, cecidit rex novus, et fractis cervicibus expiravit. Ecce res insolita et admiratione dignissima! Ecce quanta celsitudo quam leviter et quam cito adnichilata est!

Eodem mense, Innocentius papa sacravit fratrem suum Ludovicum in regem Remis, satis parvæ ætatis infantem, cum idem papa ibi teneret concilium in festivitate Crispini et Crispiniani, die Dominica [3]. Qui Deum diligens et ecclesiam, plurimum vixit honeste.

1132.

ROMANORUM LOTHARIUS 7. FRANCORUM LUDOVICUS 22.
ANGLORUM HENRICUS 32.

Rex [4] Henricus fuit ad Natale apud Dunestaple; ad

Ramsey, mourut le 20 mai 1131. Continuateur de Florent de Worcester, II, 92.

[1] Hervé, premier évêque d'Ely, mourut le 30 août 1131. Continuateur de Florent de Worcester, II, 93.

[2] La date du mois d'octobre n'est pas dans Henri de Huntingdon. L'accident, qui causa la mort du jeune prince, est rapporté au 13 octobre 1131 par Orderic Vital (V, 27) et par l'auteur de la chronique de Tours (éd. Salmon, p. 133).

[3] Louis VII fut sacré à Reims par le pape Innocent II, le dimanche 25 octobre 1131. Voyez la chronique de Morigny, dans le *Recueil des historiens*, XII, 82.

[4] Le commencement de ce chapitre, jusqu'aux mots *et Fulco successit*, est tiré de Henri de Huntingdon.

Pascha apud Vudestoc. Post Pascha fuit placitum apud Londoniam, ubi de pluribus, sed et maxime de discordia episcopi Sancti David et episcopi Clamorgensis[2] de finibus parrochiarum suarum tractatum est.

Obiit Balduinus secundus, rex Jerusalem tercius[3]; et successit Fulco, comes Andegavensis, qui duxerat filiam prædicti Balduini, ex qua genuit duos filios, Balduinum et Amauricum.

Quidam[4] scolaris clericus, dolore gravi anxius, die ac nocte ejulans et flens ut mulier parturiens, quadam nocte præ dolore nec vigilans nec dormiens, vidit assistere sibi Virginem matrem Domini, quam[5] quia invocaverat, præsens sibi affuerat, albis inducta vestibus, quæ congruunt virginibus. Manum igitur porrigens quo plus erat dolor angens, sanum reddidit penitus, qui semper erat anxius.

1133.

Romanorum Lotharius 8. Francorum Ludovicus 23.
Anglorum Henricus 33.

Rex[6] Anglorum Henricus fuit ad Natale apud Win-

---

[1] *Sed maxime* J.

[2] L'évêque de Llandaff, dans le comté de Glamorgan.

[3] Baudouin III, roi de Jérusalem, mourut le 21 août 1131. Sa fille Mélisende épousa Foulques-le-Jeune, comte d'Anjou, qui lui succéda sur le trône (1131-1142).

[4] Bethmann a fait remarquer la forme rhythmique du passage suivant et a conjecturé que Robert de Torigni l'avait tiré d'un poëme plus étendu.

[5] Le ms. M portait primitivement *que*, leçon qui est restée dans J, F et L.

[6] Le commencement de ce chapitre, jusqu'aux mots *Gaufrido cancellario*, est emprunté à Henri de Huntingdon.

lesores infirmus. Ad caput jejunii fuit conventus apud Londoniam, super episcopos Sancti David et Clamorgensis, et pro discordia¹ archiepiscopi² et Lincoliensis episcopi. Ad Pascha fuit rex apud Oxineford in nova aula. Ad Rogationes etiam³ fuit iterum conventus apud Wincestre super rebus prædictis. Post Pentecosten dedit rex episcopatum Heliensem⁴ Nigello, et episcopatum Dunelmiæ⁵ Gaufrido cancellario. Paulo ante dederat Wintoniensem Henrico abbati Glastoniæ, nepoti suo⁶, qui tamen abbatiam cum episcopatu tenuit usque ad mortem suam; Herefordensem vero episcopatum Roberto de Bectona⁷, Flandrensi, viro religioso; Cestrensem vero Rogerio, archidiacono Lincoliensi, nepoti Gaufridi de Clintona⁸. Decessor ejus fuerat Ro-

---

¹ *Per discordiam* F.

² Sous-entendez *Eboracensis*, l'archevêque d'York.

³ *Etiam* omis dans J.

⁴ *Eliensem* J. — Sur Néel, évêque d'Ely, de 1133 à 1169, voyez une note de M. Le Prévost, dans son édition d'Orderic Vital, V, 92.

⁵ *Dumelmie* M. *Dunelme* J. — Geoffroi-le-Roux, chancelier de Henri I, fut sacré évêque de Durham le 6 août 1133 et mourut le 6 mai 1140. *Monasticon anglicanum*, I, 225.

⁶ Henri, abbé de Glastonbury, fut élu évêque de Winchester en octobre 1129 et sacré le 17 novembre 1129. Continuation de Florent de Worcester, II, 91.

⁷ M portait d'abord *Bertona*, leçon qui est fournie par J et L. Le prélat dont il est ici question se nommait Robert de Béthune; il avait d'abord été prieur de Lanthony. Suivant le continuateur de Florent de Worcester (II, 92), il fut évêque de Hereford en 1130.

⁸ Roger, neveu de Geoffroi de Clinton, archidiacre de Buckingham, fut sacré évêque de Chester le 22 décembre 1129. Continuation de Florent de Worcester, II, 91.

bertus cognomento Peccatum [1]; prædecessor vero Robertus [2] Normannus de Limesia. Hic [3] secularibus intentus magis quam divinis, a rege Henrico Coventrense cœnobium optinuit, ibique capitalem cathedram Merciorum constituit. Habet itaque ille episcopatus usque hodie tres sedes, Licifeldensem, Cestrensem, Coventrensem [4].

Anno siquidem incarnationis dominicæ MLXXV [5], regnante Willermo rege Anglorum, anno regni ejus nono, congregatum est Londoniæ concilium, præsidente Lanfranco archiepiscopo Cantuariensi, totius Britanniæ insulæ primate, considentibus secum viris venerabililibus Thoma Eboracensi archiepiscopo [6], et ceteris episcopis ipsius insulæ, et abbatibus, necnon et multis religiosi ordinis personis; in quo multa utilia tam clericis quam laicis instituta fuerunt. Concessum est etiam inibi regali munificentia et sinodali auctoritate tribus episcopis, de villis ad civitates sedes suas

---

[1] Sur Robert Péché, évêque de Chester, voyez Guillaume de Malmesbury, *Gesta pontificum*, IV, 174, éd. Hamilton, p. 310.

[2] *Roberti* J.

[3] Sur Robert de Limesy, voyez Guillaume de Malmesbury, éd. Hardy, p. 520.

[4] Lichfield, Chester et Coventry. Voyez plus bas à l'année 1182.

[5] Déjà, dans un concile tenu en 1072, on s'était occupé de la translation de plusieurs siéges épiscopaux d'Angleterre. Guillaume de Malmesbury, éd. Hardy, p. 474-480. — Ce qui suit, jusqu'aux mots *usque ad regis audientiam*, est tiré de la vie de Lanfranc, par Miles Crespin, chap XII (*Acta sanctorum ordinis S. Benedicti*, VI, II, 654 et 655).

[6] *Eboracensi episcopo* M.

transferre : scilicet Hermanno, de Sireburna [1] ad Seriberiam [2]; Stigando, de Senlenge ad Cicestrum [3]; Petro, de Licifelde [4] ad Cestrum. De quibusdam autem, qui in villis seu vicis adhuc degebant, dilatum est usque ad regis audientiam, videlicet Remigio Dorchacensi [5], Gisone Wellensi [6], Helfato Hermeacensi, quorum prior ad Lincoliam, secundus ad Batam, tercius ad Telford, munificentia [7] regis et suggestione Lanfranci, postea translati sunt. Elfato [8], qui fuerat capellanus Willermi regis, successit apud Teldfort [9] Willer-

---

[1] *Syreburna* J. Sur Herman et sur la translation du siége de Sherborne à Salisbury, voyez Guillaume de Malmesbury, *Gesta pontificum*, II, 83, éd. Hamilton, p. 183.

[2] *Siriberiam* F. *Syriberiam* J.

[3] Le siége primitif de l'évêché de Chichester était l'abbaye de Selsey. *Monasticon anglicanum*, VI, 1159; Guillaume de Malmesbury, *Gesta pontificum*, II, 96, éd. Hamilton, p. 205.

[4] *Licefelle* J. — Sur la translation du siége de Lichfield à Chester, par les soins de l'évêque Pierre, voyez Guillaume de Malmesbury, *Gesta pontificum*, IV, 172, éd. Hamilton, p. 308.

[5] Rémi de Fécamp, dernier évêque de Dorchester. *Monasticon anglicanum*, VI, 1266.

[6] Ici j'ai cru devoir légèrement modifier le texte des mss. qui portent : *Gisone Hermeacensi, Helfato Wellensi*. Il s'agit ici, d'abord de Giso, évêque de Wells depuis 1060 ou environ jusqu'en 1088 (*Monasticon anglicanum*, II, 275), puis de Herfast, évêque de Elmham ou Thetford depuis 1070 (*ibid.* IV, 1). Giso était originaire de Lorraine, « natione Lotharingus; » Guillaume de Malmesbury, *Gesta pontificum*, II, 90, éd. Hamilton, p. 194.

[7] Les mots *munificentia regis — apud Teldfort*, qui avaient été omis dans M, y ont été rétablis au bas de la page.

[8] *Herfasto* J, F et L. C'est aussi le nom que Guillaume de Malmesbury (*Gesta pontificum*, II, 74, éd. Hamilton, p. 150) donne à ce prélat, sur lequel il fournit d'intéressants détails.

[9] *Telfort* J et F. *Tedford* L.

mus de Belfou [1], vir genere nobilis et cancellarius ejusdem regis. Quo in brevi defuncto, successit ei, dono Willermi junioris [2], Herbertus [3], vir magnanimus et admodum litteratus. Hic monachus et prior fuit Fiscannensis; et post patrem suum abbas Ramesiensis ad ultimum vero episcopus Tedfordensis. Hic emit multa pecunia magnam partem villæ Norwicensis, et evulsis domibus et loco complanato in maximum spatium, in optimo loco super Gerne fluvium perpulcram ecclesiam in veneratione summæ Trinitatis, ad memoriam illius cujus monachus extiterat [4], ædificavit, additis etiam officinis pergrandibus ad opus monachorum necessariis, quos et ibi posuit ad serviendum Deo in illa ecclesia, quam constituit matricem et principalem sedem Nortfulcani episcopatus.

Fecit [5] etiam rex Henricus novum episcopatum apud Carluil, in finibus Angliæ et Scotiæ; et posuit ibi epis-

---

[1] Guillaume de Beaufou, évêque de Thetford, de 1085 à 1091. *Monasticon anglicanum*, IV, 1.

[2] C'est-à-dire Guillaume-le-Roux.

[3] Sur Herbert Losenga, évêque de Norwich, voyez Guillaume de Malmesbury, éd. Hardy, p. 517 et suiv., les *Gesta Pontificum* du même auteur (II, 74, éd. Hamilton, p. 151), et une ancienne notice publiée dans *Monasticon anglicanum*, IV, 15.

[4] C'est-à-dire en souvenir de l'abbaye de Fécamp, placée sous l'invocation de la Trinité.— Le passage de Herbert dans les abbayes de Fécamp et de Ramsey a été rappelé par Guillaume de Malmesbury et par l'auteur de la notice qui vient d'être indiquée.

[5] Les mots *Fecit — Carluil* sont tirés de Henri de Huntingdon. Athelwold, premier évêque de Carlisle (1133-1156), avait d'abord été prieur de l'église de Saint-Oswald de Nortell, dans le comté d'York; *Monasticon anglicanum*, VI, 91 et 142.

copum primum Adalulfum, priorem canonicorum regularium Sancti Oswaldi, cui solitus erat confiteri peccata sua. Hic autem episcopus ¹ canonicos regulares posuit in ecclesia sedis suæ.

Passus ² est sol eclipsim IIII° nonas Augusti. Eodem die, rex Henricus transfretavit in Normaniam, non rediturus; multis hoc propter signum quod acciderat mussitantibus³.

Hoc etiam tempore, vena argentaria reperta fuerat apud Carluil; unde investigatores, qui eam in visceribus terræ quærebant, quingentas libras regi Henrico annuatim persolvebant.

Mense Marcii natus est Cenomanis Henricus ⁴, primogenitus filius Gaufridi comitis et Mathildis imperatricis.

1134.

ROMANORUM LOTHARIUS 9. FRANCORUM LUDOVICUS 24.
ANGLORUM HENRICUS 34.

Natus est Gaufridus, secundus filius Gaufridi comitis ⁵ Andegavensis, mense Maio, in Pentecoste ⁶, Ro-

---

¹ *Factus episcopus* J.

² La note relative à l'éclipse et au passage de Henri I, jusqu'aux mots *non rediturus*, est tirée des Annales de Rouen. L'éclipse de soleil est bien du 2 août 1133.

³ Conf. Guillaume de Malmesbury, éd. Hardy, 699.

⁴ *Natus est Henricus Cenom.* M. *Cenomannis* S. *Cenomanni*, F.

⁵ Le mot *comitis* omis dans M.

En 1134 la Pentecôte tomba le 3 juin.

thomagi. Et infirmata est mater ejus Matildis imperatrix propter difficultatem partus usque ad desperationem. Ubi [1] prudentia ejus evidentibus indiciis manifestata est. Nam thesauros suos orphanis, viduis et reliquis pauperibus et maxime ecclesiis et monasteriis, manu sicut larga, ita devota, distribuit. Monasterium vero Beccense abundantiori benedictione in auro et argento et lapidibus preciosis et multiplici ornatu ecclesiæ quam reliqua monasteria cumulavit. Poposcit etiam patrem suum, ut ibidem sepeliretur. Quod cum ille prius renueret, dicens dignius esse ut Rothomagi sepulta condiretur [2], ubi et antecessores ejus, Rollonem et Willermum filium ejus dico [3], requiescunt, dixit animam suam nunquam esse lætam nisi compos voti in hac duntaxat parte fieret. Concessit pater quod petebat; sed Deo volente, sanitati restituta est.

Hoc [4] anno toto rex Henricus moratus est in Normannia [5], pro gaudio nepotum suorum Henrici et Gaufridi.

Eodem anno, rex Henricus donavit episcopatum Baiocensem Ricardo filio Roberti comitis Gloecestriæ, episcopatum vero Abrincatensem [6] Ricardo de Belfou.

---

[1] Ce que Robert dit ici de Mathilde est à comparer avec ce qu'il rapporte dans le livre VIII de Guillaume de Jumiéges, chap. 27 et 28.

[2] *Conderetur* M. J'emprunte la forme *condiretur* aux mss. J et F.

[3] Voyez plus haut, p. 28, note 2, à l'année 996.

[4] Cette phrase est tirée de Henri de Huntingdon.

[5] *Normanniam* M. La forme *Normannia* est fournie par J.

[6] *Abrincensem* S. — Sur la nomination de Richard de Gloucester et de Richard de Beaufou aux évêchés de Bayeux et d'Avranches,

Obiit[1] Robertus, dux Normannorum, filius Willermi regis, qui Angliam sibi subdidit, primogenitus; et sepultus est apud Gloecestrie.

1135.

Romanorum Lotharius 10. Francorum Ludovicus 25. Anglorum Henricus 35.

Luna passa est eclypsim iiii nonas Januarii[2].

Ventus[3] vehemens factus est et horribilis[4] et mentes hominum valde deterrens, turres et domos dejiciens[5] et silvas eradicans, in vigilia apostolorum Symonis et Judæ[6], mortem magni principis Henrici et totius patriæ excidium forsitan portendens[7].

Hoc[8] etiam toto anno rex Henricus continue moratus est in Normannia, et sæpe, non rediturus, in Angliam

---

voyez Orderic Vital, V, 31 et 32. — Il paraît que Richard de Beaufou, avant d'être promu à l'épiscopat, était archidiacre de Norwich et qu'il avait un fils nommé Alain de Beaufou. Chronique de l'abbaye de la Bataille, trad. par Lower, p. 133.

[1] Robert Courte-Heuse mourut à Cardiff au mois de février 1134, et fut enterré dans l'église de Saint-Pierre de Gloucester. Voyez Orderic Vital, IV, 486, et V, 18.

[2] En 1135 il y eut éclipse de lune le 1er janvier à minuit.

[3] La substance de la phrase relative à l'ouragan du 27 octobre 1135 est tirée des Annales de Rouen.

[4] M portait d'abord *est horibilis* (sans *et*), ce qui est la leçon de J.

[5] *Deiciens* M.

[6] *In festo apostolorum Symonis et Jude.* Annales de Rouen.

[7] En regard de ce passage, une main du xiie ou du xiiie siècle a ajouté ces mots dans la marge de M : *Hic tria sunt requirenda.*

[8] Ce paragraphe est emprunté à Henri de Huntingdon.

redire proponebat; sed detinebat eum filia ejus discordiis variis, quæ oriebantur pluribus causis inter regem et consulem Andegavensem, artibus scilicet filiæ suæ. Quibus stimulationibus rex in iram et animi rancorem excitatus est; quæ a nonnullis causa naturalis refrigdationis[1], et postea mortis ejus causa, dictæ sunt fuisse. Cum igitur de venatu rex idem redisset apud Sanctum Dionisium in silva Leonum[2], comedit carnes murenarum, quæ semper ei nocebant, et semper eas amabat. Cum autem medicus hoc comedi prohiberet, non adquievit rex salubri consilio, secundum quod dicitur :

Nitimur[3] in vetitum semper cupimusque negata.

Hæc igitur comestio, pessimi humoris illatrix et consimilium vehemens excitatrix, senile corpus letaliter refrigdans[4], subitam et summam fecit perturbationem. Contra quod natura renitens excitavit febrem acutam, ad impetum dissolvendum materiei gravissimæ. Cum autem restare nulla vi posset, decessit rex ma-

---

[1] J'emprunte cette forme à L. Ce devait être la leçon primitive, puisqu'elle se rencontre dans le texte de Henri de Huntingdon que contient le ms. latin 6042. M porte *refridationis*.

[2] Lions, Eure, arr. des Andelys.

[3] Ovide, Am. III, iv, 17.

[4] Ainsi portent F, L et la copie de Henri de Huntingdon dans le ms. 6042. *Refrigdans* J. Dans M le *g* de *refrigidans* a été ajouté après coup en interligne.

gnus, cum regnasset XXXV annis et quatuor mensibus in prima die Decembris [1].

Quod [2] modicum præstent, quod opes magnum nichil
[extent,
Rex probat Henricus. Rex vivens pacis amicus
Extiterat ; siquidem præ cunctis ditior idem,
Occiduæ genti quos prætulit ordo regendi.
Quippe pater populi, rex et tutela pusilli,
Dum pius ipse ruit, furit impius, opprimit, urit.
Anglia lugeat hinc, Normannica gens fleat illinc.
Occidis, Henrice, tunc pax, nunc luctus utrique.
Quo dum dura febris prima sub nocte Decenbris
Mundum nudavit, mundo mala multiplicavit.
Sensu, [3] divitiis, aditu, feritate decenti,
Mire, plus dictu, vim perpessis, scelerosis,
Excellens, locuples, haud difficilis, reverendus,
Hic jacet Henricus rex quondam, pax, decus orbis.

Nomina [4] castellorum, quæ in Normannia ex integro fecit Henricus rex, in margine ipsius provinciæ, hæc sunt : Drincurtis [5], Novum Castrum super Eptam,

---

[1] Sur la mort de Henri I, voyez Orderic Vital, V, 49, et Guillaume de Malmesbury, éd. Hardy, 701.

[2] Ces vers manquent dans J. Robert les a insérés avec quelques différences dans le livre VIII de Guillaume de Jumiéges, chap. 33.

[3] Pour comprendre ces trois vers, il faut ainsi construire : « Sensu « mire excellens, divitiis plus dictu locuples, aditu vim perpessis « haud difficilis, feritate decenti scelerosis reverendus. »

[4] Les détails qui suivent se retrouvent avec des différences dans le livre VIII de Guillaume de Jumiéges, chap. 31 et 32.

[5] Noms modernes des lieux mentionnés dans ce passage : Neufchâtel-en-Brai, Châteauneuf-sur-Epte, Verneuil, Nonancour, Bonsmou-

Vernolium, Nonanticurtis, Bonummolendinum [1], Colmiæ [2] mons, Pons Ursonis, Castrum Sancti Dionisii in Leons [3], Vallis Rodulii [4], turris Ebroicarum, turris Alentionis, turris Constantiarum [5].

Fecit enim in Normannia et in Anglia monasteria plurima, scilicet monasterium Radingense, monasterium canonicorum regularium apud Cirecestre, monasterium de Prato apud Rothomagum, monasterium de Mortuo Mari [6]. Fecit etiam alia multa pietatis opera, quæ in libro de vita ejus plenius enumeravimus.

lins, Châtillon-sur-Colmont, Pontorson, Lions-la-Forêt, le Vaudreuil, Evreux, Alençon et Coutances.

[1] *Bonmol'* M.
[2] M portait d'abord *Cormie*.
[3] *Lions* F.
[4] *Vallem Rodolii* F. C'était la leçon primitive de M.
[5] Le texte primitif portait : « ... Vallem Rodulii, turrem Ebroica-« rum, turrem Alentionis, turrem Constantiarum, turrem Sancti « Johannis juxta Montem Sancti Michaelis et alias plures quas supra « commemoravimus (voyez plus haut, année 1123), Monasterium « Radingarum... » Il y a dans M des traces visibles de cette rédaction, qui est restée intacte dans B, J, F et L. On lit dans C et P : *Turris Ebr. turris Al. turris Const. turris S. Johannis juxta Montem Sancti Michaelis et alie plures quas supra enunciavimus ; monasterium Radingarum fecit in Anglia...* Il y a dans B, P et L *enumeravimus.* C'est sans doute après être devenu abbé du Mont-Saint-Michel que Robert aura jugé à propos de ne pas citer le donjon de Saint-Jean-le Thomas parmi les fondations militaires de Henri I. Il semble, du reste, que le château de Saint-Jean-le-Thomas fut construit en 1117 par le seigneur du lieu, Thomas de Saint-Jean ; voyez Le Héricher, *Avranchin monumental et historique*, II, 222 et 639, et un acte de 1121, copié d'après l'original, à la Bibl. nat. ms latin 10,072, fol. 154.

[6] Sur les monastères de Reading et de Cirencester, voyez *Monast. Anglic.* IV, 28, et VI, 175 ; et sur ceux de Bonne-Nouvelle, près Rouen, et de Mortemer-en-Lions, *Gallia christiana*, XI, 239 et 307.

Defuncto[1] rege Henrico apud Sanctum Dionisium in silva Leonum IIII nonas Decenbris, allatum est corpus ejus in civitatem Rothomagensem ab archiepiscopo[2] et episcopis et comitibus et baronibus, qui multi convenerant, et in ecclesia Sanctæ Mariæ apertum, et cor et lingua et viscera ejus in monasterio Prati ante altare tumulata sunt ; corpus vero reliquum, sale multo aspersum, coriis est involutum, et Cadomum translatum, et juxta tumulum patris sui in monasterio Sancti Stephani positum, usquequo ventum ad transfretandum convenientem exsequutores exequiarum ejus haberent. Infra ergo duodecim dies Natalis Domini sepultum est in monasterio Sanctæ Mariæ Radingensis, quod a fundamentis ipse ædificaverat, et ornamentis et possessionibus ditaverat. Interfuit exequiis ejus Stephanus, jam rex, nepos ejus, et archiepiscopus Cantuariæ Willermus, et alii proceres regni. Siquidem prædictus Stephanus cum esset in comitatu suo Boloniæ[3], audita morte avunculi sui, transfretavit citissime in Angliam, vir magnæ strenuitatis et audaciæ. Et quamvis promisisset sacramentum fidelitatis Anglici regni filiæ regis Henrici, tamen[4] regni diadema audatia sua

---

[1] Tout ce paragraphe est emprunté à Henri de Huntingdon.
[2] Ici dans M paraît avoir été effacé le mot *Roth.*
[3] *Cum esset comes Moretonii et Boloniæ* S.
[4] *Fretus tamen vigore et impudentia* B, S et L, d'accord avec Henri de Huntingdon ; c'était aussi la leçon du ms. qu'a suivi l'annaliste de Waverley (éd. Luard, II, 224). *Fretus tamen vigore et prudentia* J et F. Le ms. M portait d'abord *Fretus tamen vigore et impudentia*, mais les mots *Fretus vigore et impudentia* en ont été grattés ; ils ne sont pas dans C.

invasit. Willermus Cantuariensis archiepiscopus, qui primus sacramentum filiæ regis fecerat, eum in regem benedixit [1], et post annum non vixit. Rogerius Magnus, Salesberiensis episcopus [2], qui secundus hoc idem fecerat et omnibus aliis prædictaverat, diadema ei et vires auxilii sui tribuit. Unde postea, justo Dei judicio, ab eodem, quem creavit in regem, captus et excruciatus, miserandum sortitus est exterminium. Sed quid morer? Omnes qui sacramentum inierant, tam præsules quam consules, ad [3] quid inde venerint perspicuum [4] est.

Audita [5] morte regis Henrici, comes Andegavensis et uxor ejus Matildis, filia ejusdem regis, absque ulla difficultate castella Normanniæ [6] obtinuerunt, videlicet Danfrontem, Argentomagum [7], Oximum, Ambreras, Gorram, Colmiæ montem. Ista tria ultimo nominata interim comes concèssit Gihello [8] de Meduana, hac

---

[1] Guillaume de Malmesbury (éd. Hardy, 704) place le couronnement du roi Etienne au dimanche 22 janvier 1135. L'annaliste de Waverley (éd. Luard, II, 225) dit que le roi fut béni « in die sancti Thomæ apostoli. »

[2] Voyez plus bas, à l'année 1139

[3] Au lieu de *ad quid i. v. p. est*, le texte de Henri de Huntingdon porte *assensum Stephano præbuerunt et hominium fecerunt*.

[4] *Prospicuum* L.

[5] Le paragraphe *Audita — in terra sua* se retrouve dans le livre VIII de Guillaume de Jumiéges, chap. 38.

[6] Noms modernes des châteaux dont les noms suivent : Domfront, Argentan, Exmes, Ambrières, Gorron et Châtillon-sur-Colmont.

[7] Je suis la leçon de S. Les mss. M, J, F et L portent *Argent.* ce que Bethmann a mal rendu par *Argentolium*.

[8] *Giello* F. *Juhello* S. Voyez plus bas, au commencement de l'année 1162.

conditione, ut ipse eum fideliter adjuvaret in adquirendo hereditatem uxoris suæ et filiorum suorum. Dicebat enim idem Gihellus illa oppida esse in terra sua.

Redditæ sunt etiam prædicto comiti omnes firmitates Willermi Talevat[1], comitis Pontivi, quas habebat in Normannia, quas rex Henricus habebat in manu sua ante mortem suam, et a quibus exulaverat eundem Willermum. Et ideo aliquanta fuerat[2] discordia inter regem et comitem et imperatricem ante mortem ipsius regis, quia nolebat reddere Willermo cassamentum suum. Erat et alia causa ipsius discordiæ major, quia rex nolebat facere fidelitatem filiæ suæ et marito ejus idem requirenti, de omnibus firmitatibus Normanniæ et Angliæ. Hoc enim requirebant propter filios suos, qui erant legitimi heredes regis Henrici. Comes vero Gaufridus benigne reddidit easdem firmitates prædicto Willermo.

Mortuo rege, ut prædictum est, optimates Normanniæ confestim miserunt propter comitem Tebaldum[3], ut veniens reciperet Normanniam. Venit itaque Rothomagum, et postea Luxovias in Sabbato jejunii decimi mensis[4]. In crastino, dum colloqueretur ipse et comes Gloecestriæ Robertus, venit nuncius de Anglia, dicens Stephanum fratrem suum jam esse regem. His auditis, comes Gloecestris reddidit castrum Falesiæ, quod ha-

---

[1] *Talevaz* S.

[2] *Discordia fuerat* J. — Sur le différend survenu entre Guillaume Talvas et Henri I, voyez Orderic Vital, V, 46.

[3] Thibaud, comte de Blois.

[4] 21 décembre 1135.

bebat, absportata prius magna parte thesauri regis Henrici, quod nuper allatum fuerat de Anglia.

1136.

ROMANORUM LOTHARIUS 11. FRANCORUM LUDOVICUS 26. ANGLORUM STEPHANUS 1.

Stephanus[1] rex duxit magnum exercitum in Scotiam, et rex David pacificatus est cum eo. Hominium tamen non fecit ei, quia primus laicorum sacramentum fecerat imperatrici, sed Henricus filius ipsius David hominium fecit regi Stephano. Ad Rogationes[2], cum esset divulgatum regem esse mortuum, cepit Hugo Bigog[3] castellum Norwit, quod tamen reddidit regi. Item rex cepit castellum Bachentun, quia Robertus dominus ejus a rege desciverat[4]. Inde obsedit Excecestre, quam tenebat Balduinus de Revers. Reddito castello abstulit rex Vectam insulam eidem Balduino, et exulavit eum ab Anglia[5].

[1] La substance de ce paragraphe, qui manque dans L, est tirée de Henri de Huntingdon.

[2] 27-29 avril 1136.

[3] *Bigod*, Henri de Huntingdon.

[4] *Hakentun* Roger de Hoveden, I, 191. Je n'ose pas affirmer que ce seigneur soit celui qui est appelé *Robertus de Baentona* sur le rôle de l'échiquier de l'année 1131, p. 154; mais il faut certainement lui appliquer l'article suivant d'un registre du prieuré de Lewes : « In De- « venschira ecclesiam de Bere dedit nobis mater Roberti de Bachen- « tuna. » *Monasticon anglicanum*, V, 14.

[5] Conf. le continuateur de Florent de Worcester (II, 96), Gervais

Mense Augusto, apud Argentomagum natus est Guillermus, tercius filius comitis Gaufridi [1].

Vigilia Epiphaniæ [2] factus est ventus maximus.

Obiit Willermus, Cantuariensis archiepiscopus. Et cessavit archiepiscopatus Cantuariensis per aliquantum temporis [3]. Interim mala multa multiplicata sunt, non solum in Anglia, sed etiam in Normannia et multis aliis locis.

Obiit [4] piæ memoriæ domnus Boso, quartus abbas Beccensis monasterii, vir magnæ auctoritatis, orbi clarus, sapientia, prudentia, præcipueque spiritu consilii pollens. Hic anno ætatis suæ circiter XXIII factus est monachus Becci sub sancto Anselmo, ejus loci abbate. Annis XXVI monachus sine prælatione fuit; deinde prior sub donno Willermo abbate, prædicti Anselmi successore, novem annis. Post quem electione totius congregationis abbas constitutus, rexit eandem abba-

---

de Cantorbéry (Twysden, 1340) et *Gesta Stephani* (éd. de 1846), p. 20-30. On trouvera quelques détails sur Baudouin de Reviers, comte d'Exeter, plus loin, à l'endroit où Robert de Torigni parle de sa mort arrivée en 1155.

[1] Dans L cette note est reportée plus loin, parmi les événements de l'année 1136.

[2] *Epihanie* M. — 5 janvier 1136.

[3] *Tempus* J. — Guillaume, archevêque de Cantorbéry, mourut le 20 novembre 1136, selon le continuateur de Florent de Worcester (II, 97), ou le 21 novembre, selon Gervais de Cantorbéry (Twysden, 1341); ce dernier auteur ajoute que l'archevêché vaqua deux ans, un mois et quatorze jours.

[4] La première phrase de ce paragraphe a été insérée dans la Chronique du Bec. — Les détails qui suivent sont empruntés à la Vie de Boson, qui fait partie des vies des abbés du Bec par Gilbert et Miles Crespin, publiées à la suite de la Chronique du Bec.

tiam annis XII, diebus XII¹. Transiit autem nocte nativitatis sancti Johannis Baptistæ, hoc est VIII kalendas Julii, anno ætatis suæ LXXI°, monachatus vero XLVII°. Paucisque interpositis diebus, electus est abbas donnus Thebaldus², vir nobilis et probus, qui tunc erat prior.

> Lucta³ finita cum carne, vir Israhelita
> Abbas Boso die requievit, qua Zachariæ
> Filius exoritur, quo major non reperitur
> Surgere cunctarum natos inter mulierum.
> Hæc pietate Dei tam lætæ festa diei,
> Sint ingressus ei paradisiacæ requiei.
>
> Abbas Beccensis, cujus sermo fuit ensis,
>   Abradens vicium, quo datur exicium,
> Boso pater magnus, tumidis leo, mitibus agnus,
>   Et dulcis populo, fit cinis hoc tumulo ;
> Fit cinis hac tumba, qui serpens atque columba
>   Ex probitate fuit, vivere dum potuit.
> Ergo videns versus, atra ne sit Stige mersus,
>   Regi funde precem, quem necis esse necem
> Credimus, et cœlis scandit quo quisque fidelis :
>   Det pius esse sibi qui Deus exstat ibi.

Comes⁴ Tebbaldus, nepos regis Henrici conductus

---

¹ La Vie de Boson porte : « Duodecim annis et viginti duobus diebus « Beccensem honorifice abbatiam rexit. »

² *Tebbaldus* J.

³ Les vers manquent dans J. — La Vie de Boson se termine par une autre épitaphe, en huit distiques, commençant par les mots : « Moribus ornatus pastor... »

⁴ Note omise dans L.

a Roberto comite Leicestriæ, obsedit Pontem Sancti Petri, et cepit eum super Rogerium de Toeneio [1]

Eodem [2] anno obierunt plures ex principibus Angliæ: Willermus Cantuariæ archiepiscopus [3], Johannes episcopus Rovecestriæ [4], Willermus episcopus Exoniæ [5], Ricardus filius Gisleberti [6], Robertus filius Ricardi patruus ejus [7], Ricardus filius Balduini consobrinus ejus [8],

---

[1] *Toenio* J et F. — Suivant Orderic Vital (V, 65), Thibaud, comte de Blois, assiégea Pont-Saint-Pierre (Eure, arr. des Andelys, canton de Grainville) la troisième semaine de juin 1136.

[2] Le contenu de ce paragraphe se retrouve dans les additions que Robert de Torigni a faites à Guillaume de Jumiéges, l. VIII, chap. 40, éd. de Duchesne, p. 314.

[3] Robert de Torigni a déjà mentionné plus haut, p. 202, la mort de ce prélat.

[4] Forme donnée par J et F. Le ms. M semble porter *Roverecestrie*. — Jean, évêque de Rochester, mourut le 20 juin 1137, selon Gervais de Cantorbéry, dans Twysden, 1343.

[5] *Oxeniæ* J. — Sur Guillaume de Warlevast, évêque d'Exeter, mort en 1136, voyez *Monasticon anglicanum*, II, 515.

[6] Richard, fils de Gilbert de Clare, avait épousé une sœur de Renouf, comte de Chester; il périt le 15 avril 1136 dans une révolte des Gallois. Voyez Robert de Torigni, livre VIII de Guillaume de Jumiéges, chap. 37, éd. de Duchesne, p. 312, le continuateur de Florent de Worcester, II, 97, *Gesta Stephani*, éd. de 1846, p. 10-12, et Giraud le Cambrien, *Itinerarium Kambriæ*, I, iv, éd. Dimock, VI, 47. Il figure plusieurs fois sous le nom de « Ricardus filius Gisleberti, » dans le rôle de l'échiquier de 1131, p. 50, 51, 53, etc.

[7] Robert, fils de Richard de Bienfaite, mentionné par Orderic Vital, III, 344. Il épousa une fille de Walthéof, comte de Northampton; Robert de Torigni, livre VIII de Guillaume de Jumiéges, chap. 37, éd. de Duchesne, p. 312. Ce Robert était frère de Gilbert de Clare, et, par conséquent, oncle paternel du Richard dont il est question dans la note précédente.

[8] Richard, fils de Baudouin de Meules, cité par Orderic Vital

secundus Willermus de Warenna, comes Surreiæ [1].

Mense [2] Septembris, Gaufridus, comes Andegavensis, adduxit maximum exercitum in Normanniam usque Luxovias, quando combusta est eadem civitas [3]. In redeundo cepit Sapum [4]. Eadem septimana, Galeranus, comes Mellenti, cepit apud Achinneium [5] Rogerium de Toenio [6], rapinæ et incendio vacantem.

(III, 344), et par Robert de Torigni, dans ses additions à Guillaume de Jumiéges, livre VIII, chap. 37, éd. de Duchesne, p. 312. C'est probablement lui qui figure dans l'article suivant du rôle de l'échiquier de 1131 (p. 153) : « Ricardus filius Balduini reddit compotum... de veteri « firma Devenesciræ. »

[1] Guillaume de Varenne, deuxième du nom, comte de Surrey, mari d'Elisabeth, fille de Hugues-le-Grand, comte de Vermandois, et veuve de Robert, comte de Meulan. Robert de Torigni, dans ses additions à Guillaume de Jumiéges, livre VIII, chap. 40, éd. de Duchesne, p. 314. La nouvelle édition du *Monasticon anglicanum* (V, 14 et 51) contient plusieurs chartes de lui pour les prieurés de Lewes et de Castleacre.

[2] La fin de ce chapitre manque dans L.

[3] Voyez Orderic Vital, V, 69 et 70.

[4] Le Sap, Orne, arr. d'Argentan, canton de Vimoutiers. — Ici le ms. S ajoute la phrase : *Tebaldus comes cepit Pontem Sancti Petri super Rogerium de Toeneio.*

[5] M porte *Achinnum*. La leçon *Achinn'* du ms. J m'a autorisé à rétablir *Achinneium*, comme dans Orderic Vital (V, 77), à l'endroit où il raconte la défaite de Roger de Toeny, près d'Acquigny, le 3 octobre 1136.

[6] *Toneio* F. — En 1143, Rotrou, évêque d'Evreux, confirma les biens que Roger de Toeny avait donnés à l'abbaye du Bec « apud Achin- « neium et in aliis locis diocesis nostre. » Bibl. nat. ms. latin 13905, fol. 89 v.

1137.

Romanorum Lotharius 12. Francorum Ludovicus 27. Anglorum Stephanus 2.

Stephanus[1] rex Anglorum in Quadragesima transiit in Normanniam, et obsedit Lislebonam[2] et cepit, quam tenebat Rabellus camerarius[3]. Inde obsedit Grantsilvam[4]. Locutus est etiam apud Ebroicas cum fratre suo comite Teobaudo[5], et pepigit ei duo milia marchas argenti per annum; quia comes Tebbaldus indignaba-

---

[1] Dans L tout ce paragraphe est remplacé par la note : « Stephanus « rex Anglorum in Quadragesima transit in Normanniam. Rex Ste- « phanus in Adventu rediit in Angliam. » Etienne passa en Normandie au mois de mars 1137; Gervais de Cantorbéry, dans Twysden, 1343. Ce fut probablement pendant ce mois de mars, qui appartenait encore à l'année 1136 comptée suivant l'ancien style, qu'il expédia de Bayeux une charte portant confirmation des biens de l'abbaye de Montebourg et ainsi datée : « Testibus R. epis- « copo Baiocensi, et A. episcopo Constanciensi, et G. comite « Meullenti, et R. comite Gloecestrie, et R. de Curci, et W. de Mon- « téfichet (Montesich dans le ms.), et R. Malet, et W. Glat., et Rogero « vicecomite, et Radulfo, et Ricardo fratre suo de Haia; apud « Baiocas, anno incarnationis dominice M C XXXVI, regni vero mei « secundo. » Cartulaire de Montebourg, p. 14 et 15, charte 30.

[2] Lillebonne, Seine-Inférieure, arr. du Havre. Voyez Orderic Vital, V, 81.

[3] Sur Rabel de Tancarville, voyez Deville, *Histoire du château et des sires de Tancarville*, p. 121 et suiv.

[4] Grossœuvre, Eure, arr. d'Evreux, canton de Saint-André; voyez Orderic Vital, V, 89.

[5] *Tebaldo* F. Il y avait d'abord dans M *Teob'do*.

tur quod idem Stephanus, qui junior erat, acceperat coronam, quæ sibi, ut dicebat, debebatur. Reddita igitur firmitate Grantsilvæ, concordatus est rex Stephanus cum rege Francorum. Et Eustachius, filius ejus, fecit ei hominium de Normannia, quæ adjacet regno Francorum. Exinde cum Stephanus vellet ire in terram comitis Andegavensis, facta est discordia magna in exercitu ejus apud Livarrou [1] propter unam hosam vini, quam abstulerat quidam Flandrensis cuidam armigero Hugonis [2] de Gornai. Facta est magna dissensio inter Normannos et Flandrenses [3]. Rediit ergo rex infecto negotio. Nec mora exinde, quod comes Andegavensis adduxit exercitum multo majorem illo quem antea [4] anno præterito adduxerat. Intercurrentibus tamen nuntiis inter ipsum et regem Stephanum, idem dux dedit trevias usque ad tres annos, hac conditione ut rex singulis annis daret ei duo milia marchas argenti; et de primo anno statim debitam summam accepit. Istæ treviæ uno anno utrinque duraverunt, id est usque ad festivitatem sancti Johannis anni futuri. His ita gestis, rex Stephanus in Adventu rediit in Angliam.

Obiit [5] Ludovicus senior rex Francorum, et successit

---

[1] *Livarou* J. — Livarot, Calvados, arr. de Lisieux.

[2] *Hugoni* M. Voyez *The record of the house of Gournay*, p. 87.

[3] Voyez Orderic Vital, V, 84.

[4] *Antea* omis dans J.

[5] 1 août 1137.

filius ejus Ludovicus, qui accepit filiam ducis Aquitanorum, Alienor nomine, ex qua genuit duas filias.

Eodem anno mortuus est [1] Lotharius, imperator Romanorum, cui successit Conradus [2], nepos Henrici quarti, mariti imperatricis, qui ante Lotharium imperaverat.

Kalendis [3] Augusti, quando rex Ludovicus decesserat, combustum est ipsa nocte monasterium Corbeiæ.

Ipso anno tanta siccitas fuit [4], ut etiam stagna et flumina multa siccarentur, terra in multis locis diutissime arderet, arbores plurimæ in silvis et virgultis arescentes morerentur, et arderent nullo incendente.

Tebaldus [5], electus Beccensis ecclesiæ, vir magnæ probitatis [6] et scientiæ, benedictus est abbas ejusdem ecclesiæ, omni conventu animo libenti concedente, apud Rothomagum, a domno Hugone archiepiscopo.

---

[1] 3 décembre 1137.

[2] *Corraldus* J et F.

[3] Cette note manque dans L. L'incendie du monastère de Corbie, en 1137, est mentionné dans les chroniques de Saint-Médard de Soissons et de Saint-Pierre de Gand; *Recueil des historiens*, XII, 278, et XIV, 19.

[4] Jean de Marmoutier parle de cette sécheresse, qui, suivant lui, dura du mois de mars au mois de septembre. *Chroniques des comtes d'Anjou*, p. 281.

[5] Ce paragraphe a été inséré dans la Chronique du Bec. — On lit dans la vie des abbés du Bec, qui est à la suite de la Chronique du même monastère, que l'abbé Thibaud fut béni par l'archevêque de Rouen seulement quatorze mois après avoir été élu.

[6] *Bonitatis* L et Chronique du Bec.

1138.

Romanorum Conradus 1. Francorum Ludovicus 1. Anglorum Stephanus 3.

Stephanus[1] rex Anglorum in Natali obsedit Bedefort[2]; qua reddita, exercitum promovit in Scotiam. Rex namque Scotorum David, quia sacramentum fecerat filiæ regis Henrici, quasi sub velamento sanctitatis per suos execrabiliter egit. Mulieres enim gravidas findebant, et fœtus anticipatos abstrahebant; presbiteros super altaria detruncabant, et alia multa mala perpetrabant. Quæcumque igitur Scoti attingebant, omnia erant plena horroris. Aderat clamor mulierum, ejulatus senum, morientium gemitus, viventium desperatio. Rex igitur Stephanus insurgens combuxit et destruxit australes partes regni regis David, ipso quidem non audente ei congredi. Post Pascha vero exarsit rabies proditorum nefanda. Quidam namque Talebot[3] nomine tenuit contra regem castellum Herefort in Wales[4], quod rex per obsidionem in sua recepit. Robertus

---

[1] Ce qui dans ce chapitre se rapporte à l'histoire d'Angleterre est tiré de Henri de Huntingdon. — Le premier paragraphe manque tout entier dans L. — C'est ici que la chronique de Robert commence dans Vi.

[2] Sur le siége de Bedford, voyez Orderic Vital, V, 103.

[3] *Taleboth* J et F. Il s'agit ici de Geoffroi Talbot. Voyez *Gesta Stephani*, éd. 1846, p. 37, et le rôle de l'échiquier de 1131, p. 67.

[4] *Hereford* J. *Herefort in Vallibus* Vi. Le siége de Herefort est du mois de mai 1138 ; continuateur de Florent de Worcester, II, 106.

consul de Gloecestre tenuit contra eum Bristoud et Slede [1]; Radulfus Luvelt [2], castellum de Cari [3]; Paganellus, castellum de Ludelave [4]; Willermus de Moium [5], castellum de Dunestor [6]; Robertus de Nicole [7], castellum de Warhan [8]; Eustachius, filius Johannis [9], Mealtune [10]; Willermus filius Alani [11], Salopesbiri [12],

---

[1] Orderic Vital appelle cette place *Ludas*; c'est sans doute Leeds, dans le comté d'York.

[2] *Luvet* J et F. — Ce chevalier est nommé « Radulfus Lupellus » par Orderic Vital, V, 111.

[3] Castle-Cari, comté de Somerset.

[4] « Gervasius Painel tenuit castellum de Ludelave; » Annales de Waverley, éd. Luard, II, 126. « Castellum de Duddelœge, quod Radulfus Paignel contra illum munierat; » continuateur de Florent de Worcerter, II, 110. — *Ludelave* semble donc désigner le château de Dudley; toutefois, le même continuateur (II, 115) parle d'un fait de guerre qui eut lieu en 1139 à Ludlow, *apud Ludelawe*. Voyez plus bas, p. 214, note 1.

[5] *Movili* J et F. *Moum* Vi. Sur la famille de Guillaume de Moyon et sur les domaines qu'elle possédait en Normandie et en Angleterre, voyez les recherches de M. de Gerville dans *Mémoires de la Société des Antiquaires de Normandie*, V, 211.

[6] Dunster, comté de Somerset.

[7] Robert fils d'Auvré de Lincoln. Voyez Orderic Vital, V, 110, et le rôle de l'échiquier de 1131, p. 15

[8] *Warban* F. — Warham, comté de Dorset.

[9] Sur Eustache fils de Jean, qui est mentionné dans le rôle de l'échiquier de 1131, p. 24, voyez le continuateur de Florent de Worcester (II, 112) et *Gesta Stephani*, éd. de 1846, p. 35.

[10] Probablement Malton, comté d'York. — Le passage correspondant des Annales de Waverley (éd. Luard, II, 226) porte *Meltun*.

[11] Guillaume fils d'Alain, vicomte de Shrewsbury. Conf. le continuateur de Florent de Worcester, II, 110. Il y a dans le *Monasticon anglicanum*, III, 523, une charte de Guillaume fils d'Alain, pour l'abbaye de Saint-Pierre de Shrewsbury.

[12] Shrewsbury

quod rex quidem cepit armis, captorumque nonnullos suspendit. Walchelinus de Dovre, hoc audiens, reddidit castrum Dovræ [1] reginæ se obsidenti. Occupato igitur rege circa partes australes Angliæ, David Scotorum rex innumerabilem exercitum promovit in Angliam. Contra quem proceres borealis Angliæ, ammonitione et jussu Tustani, Eboracensis archiepiscopi, restiterunt viriliter, fixo standart, id est regio insigni, apud Alvertune [2]. Ibi duodecim [3] milia Scotorum fama refert occisa, extra eos qui in segetibus et silvis inventi sunt perempti. Ceteri [4] vero minimo sanguine fuso feliciter triumpharunt. Hujus pugnæ dux fuit Willermus consul de Albemarle [5], et Willermus Piperellus de Notingehan [6], et Walterius Espec [7],

---

[1] *Drove* J. *Drone* F. *Dovra* Vi. Sur le siége de Douvre par la reine Mathilde, voyez Orderic Vital, V, 112. D'après l'annaliste de Waverley (éd. Luard, II, 227), le château de Douvre fut rendu par Vauquelin Maminot.

[2] Sur la bataille de l'Etendard, qui fut livrée le 22 août 1138, à Northallerton (comté d'York), voyez Orderic Vital, V, 114, et le continuateur de Florent de Worcester, II, 111.

[3] *Undecim* Henri de Huntingdon.

[4] *Nostri* Henri de Huntingdon, au lieu de *Celeri*.

[5] Guillaume, comte d'Aumale, de 1127 ou environ à 1180.

[6] Guillaume Pevrel de Nottingham, que Henri II dépouilla de ses biens en 1155, comme on le verra plus loin à cette date.

[7] Sur Gautier Espec, voyez le rôle de l'échiquier de 1131, p. 32, Geoffroi Gaimar, éd. Wright, p. 225, et le continuateur de Florent de Worcester, II, 112. Il mourut en 1153 après avoir pris l'habit religieux dans l'abbaye de Rievall, qu'il avait fondée; *Monasticon Anglicanum*, V, 280. Il avait aussi fondé l'abbaye de Wardon, au comté de Bedford; ibid. V, 369. Sur les biens que la famille Espec possédait en Normandie, voyez mon *Cartulaire normand de Philippe-Auguste*, p. 123, col. 2, et p. 257, col. 2.

et Ilbertus de Laci[1], cujus frater ibi solus ex omnibus equitibus occisus est. Cujus eventus belli cum regi Stephano nunciatus esset, ipse et omnes qui aderant summas Deo gratias exsolverunt. Hoc[2] bellum Augusti mense factum est.

In[3] Adventu Domini concilium apud Londoniam Albricus, ecclesiæ Romanæ legatus et Hostiensis episcopus, tenuit, et ibidem, adnitente rege Stephano et regina, Tebaldus, abbas Beccensis ecclesiæ, vir[4] admodum venerandus, Cantuariensis ecclesiæ archiepiscopus effectus est, transactis[5] duobus annis et dimi-

---

[1] Le nom de *Ilbertus de Laceio* est au bas de la charte accordée en 1136 par le roi Etienne à l'église d'Angleterre, dont le fac-simile est dans le t. I de *The statutes of the realm*. Ce personnage figure en ces termes sur le rôle de l'échiquier, p. 8 : « Robertus de Lusoriis « reddit compotum de VIII libris et VI solidis et VIII denariis, ut « ducat in uxorem sororem Ilberti de Laci. » Le berceau de la famille de Lacy était Lassy au diocèse de Bayeux (Calvados, arr. de Vire, canton de Condé-sur Noireau). En 1146, Robert, comte de Gloucester, abandonna à l'évêque de Bayeux les prétentions qu'il pouvait avoir sur « tota feoda Ilberti et Gilberti de Laceio que de Baiocensi « ecclesia et de episcopo tenebant apud Laceium et apud Campels ; » Livre noir du chapitre de Bayeux, charte 41.

[2] Cette phrase manque dans Vi.

[3] Ce paragraphe a été inséré dans la Chronique du Bec, mais sous l'année 1137. Sur le concile tenu à Londres le 13 décembre 1138, voyez la collection de Nicolas Coleti, XII, 1489 ; conf. Gervais de Cantorbéry, dans Twysden, 1347, et le continuateur de Florent de Worcester, II, 114.

[4] Les mots *vir admodum venerandus* ne sont pas dans Henri de Huntingdon.

[5] Ce qui suit, à partir du mot *transactis*, est une addition de Robert de Torigni. — La fin du paragraphe manque dans Vi. — Thibaud fut élu archevêque de Cantorbéry le 24 décembre 1138 et sacré le 8 janvier 1139 ; Gervais de Cantorbéry, dans Twysden, 1348.

dio, postquam abbas constitutus fuerat. Consilioque ejus fuit abbatia Becci sine abbate sub Ricardo de Belfou priore [1], a nativitate Domini vel paulo ante usque ad Pentecosten, quo usque videlicet ipse a Roma rediret [2].

Hoc [3] eodem anno, mense Octobri, Gaufridus, comes Andegavensis, obsederat Falesiam per xv dies cum magno exercitu, et Robertus comes Gloecestriæ cum eo, qui circa præteritum Pascha concordiam cum eo fecerat. Hoc etiam anno Oximenses et Baiocenses subditi sunt ei [4].

1139.

Romanorum Conradus 2. Francorum Ludovicus 2. Anglorum Stephanus 4.

Rex [5] Anglorum Stephanus post Natale [6] castellum de Slede [7] cepit obsidione. Post hæc perrexit in Sco-

---

[1] *Priore* ajouté en interligne dans M. Le ms. J porte *Ricardo priore de Belfou.*

[2] Nous verrons un peu plus bas que Thibaud assista au concile de Latran le 4 avril 1139.

[3] Ce paragraphe est omis dans L.

[4] *Oximum et Baiocas redditæ sunt ei* S. *Oximenses et Baioc'* J et M. Robert de Torigni a voulu parler des habitants de l'Hiémois et du Bessin.

[5] Paragraphe emprunté à Henri de Huntingdon. Il est omis dans L.

[6] Immédiatement après la fête de Noël (25 décembre 1138), le roi Etienne étant à Cantorbéry confia l'abbaye de la Bataille à un moine de Lonlay, Gautier, frère de Richard de Lucé; Chronique de la Bataille, trad. par Lower, p. 71 et 72.

[7] *De Leslede* S. Voyez plus haut, p. 210, note 1.

thiam, ubi cum rem Marte et Vulcano ducibus ageret, rex Scotiæ cum eo concordari coactus est. Henricum igitur filium regis Scotorum secum ducens in Angliam, cepit Ludelawe [1], ubi idem Henricus unco ferreo equo abstractus pene captus est; sed ipse rex ab hostibus eum splendide retraxit. Inde, re perfecta, Oxinefordiam petiit. Ubi res infamia notabilis et ab omni consuetudine remota comparuit [2]. Rex namque Rogerium episcopum Salesbiriensem, et Alexandrum Lincoliensem, ipsius nepotem, violenter in curia sua cepit, nichil recti recusantes. Ponens igitur ibidem Alexandrum episcopum in carcerem [3], episcopum Salesbiriensem secum duxit ad castellum ejusdem quod vocatur Divisæ [4], quo non erat splendidius intra fines Europæ. Angarians [5] igitur eum fame, et filii ejus, qui cancellarius fuerat [6], collo laqueum innectens, ut suspenderetur, sibi tali modo castellum extorsit, non satis recordans bonorum quæ in introitu regni ille sibi præ aliis congesserat. Similiter cepit Sireburnam [7], quod

---

[1] Ludlow, dans le Shropshire. — Voyez plus haut, p. 210, note 4.

[2] L'arrestation des évêques de Salisbury et de Lincoln eut lieu à Oxford le 24 juin. Sur tout l'épisode qui va être raconté, consultez Orderic Vital, V, 119; *Gesta Stephani*, éd. de 1846, p. 46; Guillaume de Malmesbury, éd. Hardy, 715.

[3] *Carcere* J.

[4] Devizes, comté de Wilt.

[5] *Affligens* S.

[6] L'annaliste d'Osney (éd. Luard, IV, 23) nous fait connaître le nom de ce chancelier du roi Etienne : « Rogerum episcopum Saleberiensem... et filium ejus Rogerum, cognomento Pauperem, cancellarium « regis... »

[7] *Syreburnam* J. Sherborne. Voyez plus bas, à l'année 1142.

parum Divisis decore cedebat. Accipiensque thesauros episcopi, comparavit inde Constantiam, sororem Ludovici regis Francorum, filio suo Eustachio [1]. Inde rex rediens, similiter egit de Alexandro episcopo, donec reciperet castellum [2] de Newerthan [3] amœnissimum. Similiter redditum est ei Eslaford [4] castellum.

Tunc [5] satis proxime filia regis Henrici, quæ fuerat imperatrix Alemanniæ, cui Anglia juramento addicta fuerat, et Robertus comes Gloecestriæ, frater ejus, mense Augusto transierunt in Angliam. Invitaverat enim eos Willermus de Albinneio, qui duxerat Aeliz [6] quondam reginam, quæ habebat castellum et comitatum Harundel, quod rex Henricus dederat ei in dote. Appulerunt itaque apud Harundel [7], quia tunc

---

[1] Suivant le continuateur de Florent de Worcester (II, 125) et selon Gervais de Cantorbéry (Twysden, 1350), le mariage (desponsatio) du fils du roi d'Angleterre avec Constance fut célébré en France au mois de février 1140.

[2] La fin du paragraphe manque dans Vi.

[3] Newark, comté de Nottingham.

[4] M portait d'abord *Esleford*. — Aujourd'hui Sleaford, comté de Lincoln.

[5] *Hinc* J. — Pour ce paragraphe, Robert de Torigni a fait quelques emprunts à Henri de Huntingdon ; mais il donne beaucoup de détails qui manquent dans l'historien anglais. Conf. Guillaume de Malmesbury, éd. Hardy, 724.

[6] *Adeliz* L. Alix de Louvain, veuve de Henri I, se remaria à Guillaume d'Aubigny, comte d'Arundel, qui mourut le 12 octobre 1176. Cette princesse s'appelle « A. Dei gratia regina » dans une charte qu'elle fit en faveur de l'abbaye de Reading, « pro anima domini mei « regis Henrici et pro anima Godefridi ducis, patris mei, et matris « mee... et pro salute domini mei Willielmi comitis Cicestriæ ; » *Monasticon anglicanum*, IV, 42. Les Annales de Margan (éd. Luard, I, 14) marquent à l'année 1151 la mort de « Adelidis, regina secunda « Henrici regis. »

[7] Sur le débarquement de l'impératrice Mathilde et du comte de

alium portum non habebant. Exinde comes Robertus cum decem militibus et decem equestribus sagittariis per mediam terram Stephani regis perniciter venit Warengueford [1], et inde Gloecestrie, et nuntiavit adventum imperatricis Brientio filio comitis [2] et Miloni de Gloecestria [3], quam reliquerat cum uxore sua [4] et aliis impedimentis in castello Harundel, ubi rex Stephanus obsedit eam, sed postea abire permisit pacto quodam ad Bristout [5].

Obiit [6] Rogerus prædictus episcopus Salesbiriensis, tam mœrore [7] quam senio confectus.

Gloucester à Arundel ou plutôt à Portsmouth, vers le 1 août 1139, voyez Orderic Vital, V, 121; *Gesta Stephani*, éd. de 1146, p. 56; Gervais de Cantorbéry, dans Twysden, 1349; le continuateur de Florent de Worcester, II, 116.

[1] *Warengeford* J et F. *Walingeford* L. Wallingford, au comté de Berk.

[2] Conf. *Gesta Stephani*, éd. de 1846, p. 58. — On remarque le nom de « Brientius filius comitis » dans le rôle de l'échiquier de l'année 1131, p. 4; au bas d'une charte de Henri I, datée d'Elbeuf (cartulaire de Savigny, n° 4), et au bas de la charte que le roi Etienne accorda en 1136 à l'église d'Angleterre, et dont le fac-simile est dans le tome I de *The statutes of the realm*.

[3] Le 25 juillet 1141 l'impératrice Mathilde étant à Oxford conféra le titre de comte de Hereford à Miles de Gloucester; Rymer, I, 14. Miles mourut en 1143; Gervais de Cantorbéry, dans Twysden, 1359. Sur Miles, voyez Giraud le Cambrien, *Itinerarium Kambriæ*, I, II, éd. Dimock, VI, 29.

[4] Mathilde.

[5] Conf. *Gesta Stephani*, éd. de 1846, p. 56.

[6] Paragraphe emprunté à Henri de Huntingdon. — Roger, évêque de Salisbury, mourut le 4 décembre 1139. Conf. *Gesta Stephani*, p. 62; Gervais de Cantorbéry, dans Twysden, 1346; le continuateur de Florent de Worcester, II, 113; Guillaume de Malmesbury, éd. Hardy, p. 636.

[7] *Memore* M.

Innocentius papa tenuit concilium Romæ, cui interfuit Thebaldus, Cantuariensis archiepiscopus [1].

Electus [2] est et constitutus abbas Beccensis ecclesiæ, ab omni æqualiter congregatione, vir magnæ sanctitatis et scientiæ donnus Lethardus, de Beccensi prosapia natus; in utroque Testamento apprime eruditus, pollens consilio, affabilis colloquio, moderatus in verbis, discretus in disciplinis, tarde lætus in terrenis, semper gaudens in æternis, diligens bonos, erigens [3] malos; qui pro qualitate temporis gregem sibi commissum optime rexit, licet in suo tempore assidua tempestate patria turbaretur.

1140.

ROMANORUM CONRADUS 3. FRANCORUM LUDOVICUS 3. ANGLORUM STEPHANUS 5 [4].

Stephanus [5] rex fugavit Nigellum, episcopum Heliensem, de episcopatu suo, quia nepos episcopi Salesbiriensis erat, a quo incentivum in progeniem ejus

---

[1] Ce concile de Latran fut célébré le 4 avril 1139. Voyez la collection des conciles de Nicolas Coleti, XII, 1497.

[2] Ce paragraphe a été inséré dans la Chronique du Bec. Il est remplacé dans Vi. par ces mots : « Constitutus est abbas Beccensis ecclesie dominus Lethardus. »

[3] *Corrigens* J et Chronique du Bec.

[4] Toutes ces dates ont été omises dans M.

[5] Paragraphe emprunté à Henri de Huntingdon, et supprimé dans L.—Le ms. M porte *Sthephanus*.

traxerat[1]. Ubi autem ad Natale vel ad Pascha fuerit, dicere non attinet; jam quippe curiæ sollennes, et ornatus regii scematis ab antiqua serie descendens, prorsus evanuerant, ingens thesauri copia deperierat; pax in terra nulla; cædibus, incendiis, rapinis omnia exterminabantur; clamor, et luctus, et horror ubique.

Obiit[2] comes Ebroicensis Amalricus, et successit frater ejus Symon.

Obiit Rabellus camerarius, et successit Willermus, filius ejus[3].

Obiit Henricus comes de Ou, et successit Johannes filius ejus[4].

Obiit Tustanus, archiepiscopus Eboracensis, et successit Willermus thesaurarius ejusdem ecclesiæ[5].

---

[1] Conf. *Gesta Stephani*, éd. de 1846, p. 63, et le continuateur de Florent de Worcester, II, 122.

[2] La mort d'Amauri II, comte d'Evreux depuis 1137, est rapportée, mais sans preuves, à l'année 1143 par Le Brasseur, *Histoire du comté d'Evreux*, 144.

[3] Sur Rabel de Tancarville et sur sa femme, Agnès de Mésidon, voyez Deville, *Histoire du château et des sires de Tancarville*, 121-124. Rabel est appelé « Rabelis de Tancarvilla » sur le rôle de l'échîquier de 1131, p. 22, et l'auteur de la chronique de la fondation de l'abbaye du Valasse (éd. Somménil, p. 9) lui accorde cet éloge : « Camerarius de Tankardi Villa Rabel, vir laudabilium operum et « religionis amator. »

[4] Conf. la Chronique des comtes d'Eu, dans le *Recueil des historiens*, XXIII, 440.

[5] Turstain, archevêque d'York, mourut le 5 février 114° et fut remplacé par Guillaume en 1142. Gervais de Cantorbéry, dans Twysden, 1350 et 1357 ; conf. le continuateur de Florent de Worcester, II, 123, et Guillaume de Malmesbury, *Gesta pontificum*, III, 125, éd. Hamilton, p. 266.

Obiit Audoenus, episcopus Ebroicensis, in Anglia[1], et successit Rotrodus vir religiosus, bonis ornatus moribus et dilectus ab omnibus, filius Henrici comitis de Warwic.

Gaufridus[2], comes Andegavensis, obsedit et postea destruxit in Oximensi pago castellum Fontanetum[3], munitissimum et arte et natura, quia Robertus Marmium, dominus ipsius[4] castelli, tenebat contra eum Falesiam.

Henricus fit abbas Fiscannensis, nepos regis Stephani[5].

---

[1] Suivant Orderic Vital (V, 118), Audin, évêque d'Evreux, frère de Turstain, archevêque d'York, serait mort le 2 juillet 1139, au prieuré de Merton, en Angleterre. Dans la cathédrale d'Evreux, on célébrait le 4 juillet l'anniversaire d'Audin et de Turstain; *Recueil des historiens*, XXIII, 463.

[2] Les deux paragraphes suivants manquent dansL.

[3] Sur le château de la famille Marmion, à Fontenay-le-Marmion (Calvados, arr. de Caen, canton de Bourguébus), voyez M. de Caumont, *Statistique monumentale du Calvados*, II, 166.

[4] *Gaufridus comes Andegavorum cepit et destruxit in Oximensi pago castellum munitissimum arte et natura, Britavilla super Leziam, quia Robertus Marmion, dominus ipsius...* S. Dans ce ms. le mot *Leziam* a été récrit par une main plus moderne. = La seigneurie de Bretteville-sur-Laize (Calvados, arr. de Falaise) appartenait bien à la famille Marmion; voyez *Statistique monumentale du Calvados*, par M. de Caumont, II, 211, et *Statistique de l'arr. de Falaise*, par Galeron, III, 112.

[5] Orderic Vital (V, 123) et le continuateur de Florent de Worcester (II, 124) mentionnent à l'année 1140 la nomination de cet abbé de Fécamp, Henri de Sully, qui était probablement issu du mariage de Guillaume de Blois, frère du roi Etienne, avec l'héritière de la maison de Sully. — Dans F, le mot *va-cat* a été inscrit au-dessus de cette note, et on a ajouté, dans le même ms. sous l'année 1139, la mention de la mort de Roger, abbé de Fécamp, et de la nomination de Henri son successeur.

1141[1].

Romanorum Conradus 4. Francorum Ludovicus 4. Anglorum Stephanus 6.

Rex[2] Stephanus Lincoliæ urbem infra, Natale obsedit, cujus munitiones ingenio ceperat Rannulſus comes Cestrensis. Seditque ibi rex usque ad Purificationem sanctæ Mariæ. Tunc namque Rannulſus prædictus adduxit secum Robertum, filium regis Henrici, socerum[3] suum, et proceres multos et milites validissimos, ad obsidionem regis dissolvendam. Cum autem consul validissimus et audacissimus paludem pene intransibilem vix transisset, in ipsa die aciebus dispositis regem bello aggressus est. Ipse[4] cum suis, ut vir admirandæ probitatis[5], aciem primam construxerat ; secundam

---

[1] Le ms. M portait primitivement ici : *MCXLI*. On a effacé le *I* final pour faire *MCXL*, parce que la date *MCXL* avait été, par erreur, omise au commencement du chapitre commençant par les mots : *Stephanus rex fugavit...* Ici et plus bas j'ai rétabli les véritables dates.

[2] Tout ce paragraphe est un abrégé de Henri de Huntingdon. Sur la bataille de Lincoln, livrée le 2 février 1141, voyez Orderic Vital, V, 125 ; *Gesta Stephani*, éd. de 1846, p. 70 ; Gervais de Cantorbéry, dans Twysden, 1351 ; Guillaume de Malmesbury, éd. Hardy, 741.

[3] *Socium* J. Nous verrons plus bas, à l'année 1153, que Renouf, comte de Chester, avait épousé une fille de Robert, comte de Gloucester.

[4] Ce qui suit, jusqu'à la prise du roi (*patuit prædæ*) manque dans L.

[5] Les mots *ut vir adm. probitatis* ne sont pas dans Henri de Huntingdon.

illi quos Stephanus rex dehereditaverat; tertiam Robertus dux magnus cum suis. Rex interea Stephanus, curarum exæstuans fluctibus, missam in |tanta sollennitate audierat. Cum autem de more cereum rege dignum Deo offerens, manibus Alexandri episcopi [1] imponeret, confractus est. Hoc fuit regi signum contricionis. Cecidit etiam super altare pixis, cui corpus Domini inerat, abrupto vinculo, præsente episcopo. Hoc etiam fuit regi signum ruinæ. Poinde rex strenuissimus progreditur, aciesque cum summa securitate bello disponit. Ipse pedes omnem circa se multitudinem loricatorum, equis abductis, strictissime collocavit; consules cum suis in duabus aciebus equis pugnaturos instituit. Sed admodum parvæ equestres acies illæ comparuerant [2]; paucos enim secum ficti et factiosi consules adduxerant. Acies autem regalis maxima erat uno tantum, scilicet ipsius regis, insignita vexillo. Principium pugnæ. Acies exheredatorum, quæ præibat, percussit aciem regalem, in qua consul Alanus [3] et ille de Mellent [4] et Hugo consul de Estangle [5] et Symon

---

[1] Alexandre, évêque de Lincoln.

[2] *Apparuerant* J et F.

[3] Alain, comte de Richemont, fils d'Etienne, comte de Penthièvre. Il est appelé « Alanus Britonum dux » par Gervais de Cantorbéry, dans Twysden, 1351. Conf. *Gesta Stephani*, éd. de 1846, p. 65 et 74, où il est dit que le roi Etienne avait donné le comté de Cornouaille au comte Alain. Il y a dans le cartulaire de Savigny (n. 307) une charte de « Alanus comes Anglie et indigena comesque Britanie. »

[4] Galeran, comte de Meulan.

[5] Sans doute Hugues le Pauvre, comte de Bedford ; voyez Orderic Vital, V, 104, et *Gesta Stephani*, éd. de 1846, p. 74.

comes¹ et ille de Warenna² inerant, tanto impetu, quod statim quasi in ictu oculi dissipata est, et divisio eorum in tria devenit. Alii namque eorum occisi sunt, alii capti, alii aufugerunt. Acies cui principabatur consul de Albemarle³, et Willermus Yprensis⁴, percussit⁵ Walenses, qui a latere procedebant, et in fugam coegit. Sed acies consulis Cestrensis perculit cohortem prædictam, et dissipata est in momento, sicut acies prior. Fugerunt igitur omnes equites regis, et Willermus Yprensis, vir exconsularis et magnæ probitatis. Alii vero capti sunt, qui fugæ non paruerunt. Res⁶ mira, nimis a multis miranda! cum rex Stephanus, rugiens ut leo, solus in campo persisteret, nullus ad eum accedere auderet, stridens dentibus, spumans ore, apri more,

---

¹ Simon de Senlis, comte de Northampton.

² Guillaume III de Varenne.

³ Guillaume, comte d'Aumale.

⁴ Sur Guillaume d'Ypre, fils de Robert, comte de Flandre, voyez le *Cartulaire de Saint-Bertin*, éd. Guérard, p. 326. — Voici une charte de ce seigneur, relative à deux églises qu'il possédait en Angleterre : « Universis sancte ecclesie fidelibus, Willemus de Ipra, salutem. « Notum sit universis, presentibus et profuturis, quod ego Willelmus « de Ipra concessi duas ecclesias, de Cilham videlicet et de Trulleda, « que mei juris erant, in perpetuam elemosinam, per manum domini « Thedbaldi, Cantuariensis archiepiscopi, ecclesie Beati Bertini possi- « dendas, ita etiam quod quicumque de cetero predictas possederit « ecclesias, nomine ecclesie Beati Bertini et monachorum eas cum « omnibus appenditiis suis possidebit. Valete. » Bibl. nat. Collection Moreau, vol. 66, fol. 208.

⁵ Les mots *percussit — Willermus Yprensis* ont été omis dans F et ajoutés à la marge de J.

⁶ En ce qui concerne la prise du roi Etienne, Robert de Torigni a notablement modifié le récit de Henri de Huntingdon.

bipenni quadam crebris pulsans ictibus hostium præcipuos, nimis ab omnibus admirabatur. O si centum similes essent, campum diutius defenderent! Cum solus ipse, vix patuit prædæ. Capitur igitur rex Anglorum Stephanus in die Purificationis sanctæ Mariæ, et in Lincoliam, ab hostibus diruptam, miserabiliter introductus est. Dei igitur judicio circa regem peracto, ducitur ad imperatricem, et in turri de Bristoud in custodia ponitur. Tunc imperatrix ab omni gente Anglorum pene [1] suscipitur in dominam, exceptis Kentensibus [2], ubi regina [3] et Willermus Yprensis contra eam pro viribus repugnabant. Suscepta prius est imperatrix a legato Romano Wintoniensi episcopo [4], et mox a Londoniensibus. Igitur [5] sive subdolorum instinctu, sive Dei nutu, expulsa est a Londoniensibus; et regem tunc in compedibus poni jussit. Post autem dies aliquantos, cum avunculo suo rege Scotorum [6] et fratre suo Roberto viribus coactis veniens, obsedit turrim Wintoniensis episcopi; episcopus autem misit pro regina et Willermo Yprensi et ceteris proceribus Angliæ. Factus est igitur utrinque magnus exercitus. Venit tandem exercitus Londoniensis; et aucti [7] numerose, qui contra

---

[1] *Pene* omis dans J.

[2] *Khentensibus* J.

[3] Mathilde, femme du roi Etienne.

[4] Henri de Blois. Conf. le continuateur de Florent de Worcester, II, 130.

[5] Les mots *Igitur-Londoniensibus* ajoutés à la marge dans J.

[6] David I, roi d'Ecosse, frère de Mathilde, mère de l'impératrice.

[7] *Acti* M. J'emprunte la leçon *aucti* à Henri de Huntingdon, dans le ms. 6042.

imperatricem contendebant, eam recedere compulerunt. Capti sunt igitur multi. Captus est et Robertus frater imperatricis, in cujus turri rex erat, cujus sola captione rex evadere poterat. Absolutus est uterque. Sic rex, Dei justicia miserabiliter captus, Dei misericordia mirabiliter [1] est liberatus. Fuerat autem Robertus captus in die exaltationis sanctæ crucis [2].

Eodem [3] anno, in octavis Paschæ, episcopus Luxoviensis Johannes subdidit se Gaufrido comiti Andegavensi, et reddidit ei civitatem, quam aliquandiu contra eum tenuerat. Subditi sunt etiam ei omnes potentes Luxoviensis comitatus. Circa Pentecosten obiit prædictus Johannes episcopus. Hic multum episcopalem sedem ædificiis et ornamentis accrevit. Urbem quoque, cujus muros Herbertus episcopus [4] propter ecclesiam ædificandam destruxerat, mænibus ambivit. Successit ei Arnulfus, nepos ejus, Sagiensis archidiaconus, vir admodum callidus, eloquens, litteratus.

Walerannus [5] comes Mellenti, qui omnibus Normanniæ primatibus, et firmitatibus et redditibus et affini-

---

[1] *Miserabiliter*, Henri de Huntingdon, dans le ms. 6042. De même le ms. J portait primitivement *miserabiliter*, mais la syllabe *se* a été exponctuée.

[2] La phrase *Fuerat-crucis* est une addition de Robert de Torigni. Cette date répond au 14 septembre 1141.

[3] Ce paragraphe est très abrégé dans L. En 1141, Pâques tomba le 30 mars. — Orderic Vital (V, 132) fixe la mort de Jean, évêque de Lisieux au 21 mai 1141, qui était le mercredi après la Pentecôte.

[4] Herbert, évêque de Lisieux, mort vers le milieu du xie siècle.

[5] Ce qui suit, jusqu'à la fin de l'année 1141, manque dans L.

bus præstabat, concordiam fecit cum comite Gaufrido Andegavensi, et concessum est ei castellum Montis Fortis ¹, quod ex tempore mortis Henrici regis possederat. Subdiderunt itaque se nobili principi etiam omnes Rothomagenses, non cives urbis, sed hi videlicet qui commanent citra fluvium Sequanæ usque flumen Rislæ ².

Reddita est etiam Falesia comiti Gaufrido Andegavensi.

Inceptum ³ est capitulum Becci, tam consilio quam auxilio Roberti Novi Burgi ⁴.

1142 ⁵.

ROMANORUM CONRADUS 5. FRANCORUM LUDOVICUS 5. ANGLORUM STEPHANUS 7.

Robertus⁶ comes Gloecestriæ in æstate transfretavit

---

¹ Montfort-sur-Risle, Eure, arr. de Pont-Audemer.

² Les habitants du Roumois, compris entre la Seine et la Risle. Voyez le mémoire de M. Le Prévost sur les anciennes divisions territoriales de la Normandie, dans les *Mém. de la Soc. des antiq. de Norm.* XI, 14.

³ Cette note a été insérée dans la Chronique du Bec.

⁴ Les mots *Novi Burgi* manquent dans Vi.

⁵ A la date de 1142 on a indûment substitué celle de 1141 dans M. Pour faire la substitution, on a gratté un *I* à la fin de *MCXLII*. La date de 1142 a été omise dans J, qui réunit dans un même chapitre les années 1141 et 1142.

⁶ Tout le commencement de ce chapitre, jusqu'aux mots *Castellum de Siresburna*, est omis dans L.

in Normanniam, ducens secum obsides, filios scilicet comitum et magnatum Angliæ qui imperatrici favebant, petentium quatinus illos comes Gaufridus retineret, et ad regnum Angliæ sudjugandum transfretans se præpararet. Quod comes ad tempus renuit, quia rebellionem Andegavensium et aliorum hominum suorum timebat. Tradidit tamen illi Henricum, primogenitum filium suum, ut eum secum duceret. Nec mora, præsente comite Roberto, obsedit castellum Alnei [1] et cepit. Et majori exercitu congregato, pergens ad Moritolium, redditum est ei, et Tenechebrai, Cerences [2], Tiliolum, scilicet quatuor castella [3] propria comitis Moritoliensis [4]. Inde Abrincatenses subdide-

---

[1] Sur le château d'Aunay (Calvados, arr. de Vire), voyez *Statistique monumentale du Calvados*, III, 239. — Ce château est cité par Guillaume de Malmeshury (éd. Hardy, 765) comme une des places dont Geoffroi le Bel s'empara pendant le séjour du comte de Gloucester en Normandie : « Decem castella expugnavit in Normannia, quorum hæc « sunt vocabula : Tenerchebrai, Seithilaret, Brichesart, Alani (corri- « gez : Alnai), Bastonborg, Triveres, Castel de Vira, Plaiseiz, Vilers, « Moretoin. » Ce passage, si précieux pour l'histoire de plusieurs de nos châteaux normands, manquait dans les anciennes éditions, et notamment dans le *Recueil des historiens*, XIII, 30.

[2] Je suis la leçon de S et Vi. Les mss. M et J portent *Cereces*. On lit dans Jean de Marmoutier : « Ipse autem movens exercitum Ceren- « tias venit, quo sine ferro in deditionem recepto... » *Chroniques des comtes d'Anjou*, p. 298.

[3] Les mots *quatuor castella* ont été ajoutés dans la marge de M. Les noms modernes de ces quatre châteaux sont Mortain, Tinchebray, Cérences et le Teilleul. Tous quatre figurent encore sur l'état qui fut dressé en avril 1235 pour faire trois lots du comté de Mortain; *Cartulaire normand de Philippe-Auguste*, p. 66, n° 412.

[4] Ici, dans le ms. S, est intercalée la phrase : *Tunc obsedit Sanctum Hylarium diebus.....* Le nombre de jours a été omis dans le

runt se eidem duci, et Constantinienses ¹.

Rex Francorum Ludovicus afflixit comitem Tebaldum, et vastavit terram suam, maxime in Campania, ubi combuxit castellum optimum, Vitreium scilicet; ubi multitudo maxima hominum diversi sexus et ætatis concremati sunt ².

Innocencius papa interdixit tunc terram dominicam ipsius regis, quia nolebat recipere archiepiscopum Bituricensem; quem tamen postea recepit; et papa absolvit eum de sacramento quod irrationabiliter fecerat ³.

Ecclesia de Bello Monte datur ecclesiæ Beccensi ⁴.

---

ms. Il s'agit ici de Saint-Hilaire-du-Harcouet (Manche, arr. de Mortain); c'est le château désigné par le mot *Seithilaret* dans le passage de Guillaume de Malmesbury cité plus haut, p. 226, note 1. Jean de Marmoutier (*Chroniques des comtes d'Anjou*, p. 295) donne quelques détails sur la prise du château de Saint-Hilaire.

¹ *Constantienses* F. Comparez le récit de Jean de Marmoutier, p. 298 et 299.

² Sur l'expédition de Louis VII contre Thibaud IV, comte de Champagne, et sur l'incendie de Vitry-le-Brulé (près de Vitry-le-François, (Marne), voyez d'Arbois de Jubainville, *Histoire des comtes de Champagne*, II, 347-350.

³ Sur les difficultés auxquelles donna lieu la nomination de Pierre de la Châtre, archevêque de Bourges, voyez, entre autres documents originaux, les Gestes d'Innocent II (*Recueil des historiens*, XV, 359) et la chronique de Morigny (ibid., XII, 86).

⁴ Cette phrase, empruntée aux Annales du Bec, a été reprise dans Robert de Torigni, par le compilateur de la Chronique du Bec. Le cartulaire du prieuré de Beaumont-le-Roger (fol. 3 et 16) contient deux chartes, en date du 8 décembre 1142, relatives à l'introduction des moines du Bec dans l'église de Beaumont-le-Roger : l'une est émanée de Galeran, comte de Meulan ; l'autre, de Rotrou, évêque d'Evreux.

Rex [1] Anglorum Stephanus construxit castrum apud Wintoniam [2]. Tunc superveniens multitudo nimia hostium ex insperato, cum regii milites circuitionibus bellicis incepissent, et non potuissent resistere, regem in fugam compulerunt; multi autem de suis capti sunt. Captus est etiam Willermus Martel [3], dapifer regis, qui pro redemptione sua dedit insigne castellum de Siresburna [4]. Eodem anno, rex obsedit imperatricem apud Oxineford [5], post festum sancti Michaelis, usque ad Adventum Domini. In eo quippe termino, haud procul a Natali, recessit inde imperatrix nocte per Tamasim glaciatam, circumamicta [6] vestibus albis, reverberatione nivis et similitudine fallentibus oculos obsidentium. Abiit autem Warengeford [7]; et sic Oxineford tandem regi reddita est.

Obiit Johannes, imperator Constantinopolitanus, cum nimis intenderet arcum cum sagitta toxicata, adeo ut in manu letaliter vulneraretur. Cui successit Manuel [8], filius ejus.

---

[1] Paragraphe emprunté à Henri de Huntingdon.

[2] *Wiltoniam* Henri de Huntingdon. La leçon de Robert est fautive ; il s'agit en effet de Wilton; voyez *Gesta Stephani*, p. 91.

[3] *Conf. Gesta Stephani*, p. 92, et Gervais de Cantorbéry, dans Twysden, 1359. — Guillaume Martel est témoin à une charte de Henri I pour Raoul Péché (Rymer, I, 10) et à deux chartes du roi Etienne pour l'abbaye de Savigny (Cartulaire de Savigny, n° 538 et 539).

[4] *Syreburna* J. *Sireburna* F. Sherborne. Voyez plus haut, p. 214.

[5] Sur le siége d'Oxford, voyez *Gesta Stephani*, p. 88.

[6] *Circuamicta* M.

[7] La lecture de ce mot est fournie par Vi. Les mss. J, F, M et L portent *Wareng* avec un signe d'abréviation. *Walingeford* dans Henri de Huntingdon. Il s'agit de Wallingford.

[8] *Emmanuel* J. C'était la leçon primitive de M. *Manuel filius suus*

1143 ¹.

ROMANORUM CONRADUS 6. FRANCORUM LUDOVICUS 6. ANGLORUM STEPHANUS 8.

Obiit Ricardus, Baiocensis episcopus ² ; cui successit Philippus de Haricuria.

Obiit etiam Ricardus, Abrincensis episcopus, et successit Ricardus, ejusdem ecclesiæ decanus ³.

Eodem ⁴ anno, comes Andegavensis obsedit Cæsarisburgum, donec ei redderetur. Redditum est etiam Vernolium, et Vallis Rodulii ⁵. Gauterius etiam Gifardus comes, et alii Caletenses, pacem ejus adepti sunt ⁶.

Mense Septembri, eodem anno, obiit Innocencius

C. L'empereur Jean Comnène mourut le 8 avril 1143, et eut pour successeur son fils Manuel Comnène.

¹ Il y a *MCXLII* dans M ; mais la leçon primitive était *MCXLIII*.

² La mort de Richard III, évêque de Bayeux, est fixée au 3 avril 1142 par les auteurs du *Gallia christiana*, XI, 361.

³ Richard de Beaufou, évêque d'Avranches, paraît être mort à la fin du mois d'avril 1142, ou peut être 1143, et immédiatement remplacé par Richard de Subligny.

⁴ Ce paragraphe est omis dans L. — Sur le siége de Cherbourg par Geoffroi le Bel, voyez Jean de Marmoutier, dans *Chronique des comtes d'Anjou*, p. 299.

⁵ *Rodoli* J. *Rodolii* F. — Verneuil, Eure, arr. d'Evreux, et le Vaudreuil, Eure, arr. de Louviers, canton de Pont-de-l'Arche.

⁶ Gautier Giffard, IIIe du nom, l'un des plus puissants barons du pays de Caux. Nous verrons plus loin qu'il mourut en 1164.

papa [1], et successit Guido de Castello [2], sanctæ [3] Romanæ ecclesiæ cardinalis, vocatusque est Cœlestinus, papa CLXIX. Sedit autem v menses et v dies.

Rex [4] Stephanus interfuit concilio Londoniæ in media Quadragesima [5], quod, quia nullus honor vel clericis vel ecclesiæ Dei a raptoribus deferebatur, et æque capiebantur et redimebantur clerici et laici, tenuit Wintoniensis episcopus, urbis Romæ legatus [6], apud Londoniam, clericis pro tempore necessarium; in quo sancitum est ne aliquis qui clerico manus violenter ingesserit ab alio possit absolvi quam ab ipso papa, et in præsentia ipsius. Unde clericis aliquantulum serenitatis vix illuxit.

Stephanus rex eodem anno Gaufridum de Magna Villa [7] in curia sua cepit apud Sanctum Albanum. Igitur ut rex liberaret eum, reddidit ei turrim Londoniæ et castellum de Walendene [8] et illud de Plaiseith [9]. Qui carens possessionibus, invasit abbatiam Ramesiensem [10],

---

[1] Innocent II mourut le 24 septembre 1143. Son successeur Célestin II fut élu le 26 septembre.

[2] *Casle* J et F.

[3] Il y avait d'abord dans M *Sancte Marie* R.

[4] Ce qui suit, jusqu'à la ligne 5 de la p. 231, est tiré de Henri de Huntingdon. — Toute la fin de ce chapitre manque dans L.

[5] *In medio Quadragesimæ* J. Sur ce concile voyez la collection de Nicolas Coleti, XII, 1557.

[6] Henri de Blois, évêque de Winchester.

[7] Sur le différend du roi Etienne avec Geoffroi de Mandeville, voyez *Gesta Stephani*, p. 101, et Gervais de Cantorbéry, dans Twysden, 1360.

[8] Sans doute Walden, comté d'Essex. — L'auteur des *Gesta Stephani*, p. 110, mentionne le château « de Waldena, » que le roi Etienne avait confié à Turgis d'Avranches.

[9] Pleshy, comté d'Essex.

[10] L'abbaye de Ramsey au comté de Huntingdon; voyez *Monasticon anglicanum*, II, 547.

et monachis expulsis raptores immisit. Erat autem summæ probitatis, sed majoris in Deum obstinationis.

Wintoniensis episcopus [1], et postea Cantuariensis archiepiscopus [2], Romam petierunt de legatione acturi, mortuo jam Innocencio papa.

Decessit [3] piæ memoriæ Hugo, canonicus Sancti Victoris Parisius, vir religiosus, et admodum tam secularibus quam divinis litteris eruditus, relinquens multos libros in monimento suæ scienciæ [4].

1144 [5].

ROMANORUM CONRADUS 7. FRANCORUM LUDOVICUS 7. ANGLORUM STEPHANUS 9.

Stephanus [6] Lincoliam obsedit, ubi, cum munitionem contra castellum, quod vi obtinebat consul Cestrensis,

---

[1] Henri de Blois.

[2] Thibaud.

[3] Hugues de Saint-Victor mourut le 11 février 1141; *Histoire littéraire de la France*, XII, 6. D'anciens catalogues de ses œuvres ont été publiés par M. Hauréau, dans *Bulletin du Comité, Histoire*, III, 178-188.

[4] Au lieu de la note relative à la mort de Hugues de Saint-Victor, qui a été écrite dans M sur un passage gratté, et qui se trouve dans C, la rédaction primitive portait : *Emmanuel, imperator Constantinopolitanus, duxit neptem Conradi imperatoris Romanorum, sororem videlicet Frederici, qui eidem Conrado successit.* Cette leçon, effacée dans M, est restée dans B, J, F et L. Ce fut en 1144 que Manuel Comnène épousa Berthe, dite Irène par les Grecs, sœur de Gertrude, femme de l'empereur Conrad.

[5] M portait d'abord *MCXLIIII*. Le dernier *I* de ce chiffre a été effacé pour faire *MCXLIII*.

[6] Paragraphe emprunté à Henri de Huntingdon. Les deux premières phrases manquent dans L.

construeret, operarii sui ab hostibus præfocati sunt fere octoginta. Re igitur inperfecta, rex confusus abscessit. Gaufridus, consul de Magna Villa, regem validissime vexavit, et in omnibus valde gloriosus effulsit. Mense autem Augusti, miraculum, justitia sua dignum, Dei splendor exhibuit. Duos namque, qui, monachis avulsis, ecclesias Dei converterant in castella, similiter peccantes simili pœna multavit. Robertus namque Marmium [1], vir bellicosus, hoc in ecclesia de Conventre [2] perversus exegerat. Porro Gaufridus in ecclesia Ramesensi [3], ut diximus, scelus idem patraverat. Insurgens igitur Robertus Marmium in hostes, inter suorum cuneos coram ipso monasterio solus interfectus est, et excommunicatus morte depascitur æterna. Similiter Gaufridus consul, inter acies suorum confertas, a quodam pedite vilissimo solus sagitta percussus est, et ipse vulnus ridens, post dies tamen ex ipso vulnere excommunicatus occubuit. Ecce Dei laudabilis omnibus seculis [4]; prædicanda ejusdem sceleris eadem vindicta. Dum autem ecclesia illa pro castello teneretur, ebullivit sanguis a parietibus ecclesiæ et claustri, indignationem divinam manifestans, sceleratorum vero exterminationem denuntians. Arnulfus vero filius consulis,

---

[1] Sur Robert Marmion, voyez plus haut, p. 219, à l'année 1140.

[2] *Cowintri* J. Coventry, comté de Warwick.

[3] Voyez plus haut, p. 230, note 10.

[4] Je tire cette leçon de L. Les mss. J et M (de même que Henr de Huntingdon dans le ms. 6042) portent *scis*, avec un signe d'abréviation, c'est à dire *sanctis*.

qui post mortem patris ecclesiam in castella [1] retinebat, captus est et exulatus. Princeps autem militum [2], ab equo corruens, effuso cerebro [3] expiravit. Princeps peditum Rainerius, solitus ecclesias frangere et incendere, demum mare transiens, navis immobilis facta est. Qui, tertio [4] sorte data et sibi sortita, missus est in scapha cum uxore et pecunia; qui statim deperierunt. Navis vero ut antea paccata sulcavit æquora.

Gaufridus comes Andegavensis, congregato magno exercitu, post festum sancti Hylarii, transiit Sequanam apud Vernum; et metatis castris apud Sanctam Trinitatem de Monte Rothomagi, sequenti die, videlicet in festivitate sanctorum Fabiani et Sebastiani [5], receptus est a civibus Rothomagi sollenniter. In ipso tamen suo introitu, et per totum diem usque post nonam, fuit ventus vehementissimus, silvas eradicans et domos prosternens. Reddita urbe, homines comitis Warennæ [6], qui regi Stephano favebat, noluerunt turrem reddere. Obsedit ergo eam comes Gaufridus, et Galeranus comes Mellenti, et ceteri principes Normanniæ, qui jam cum duce concordati erant. Factis igitur

---

[1] Je crois qu'il faut lire *ecclesiam incastellatam*, leçon fournie par le passage correspondant de Gervais de Cantorbéry, dans Twysden, 1360.

[2] L'expression *princeps militum* répond peut-être à connétable voy. Madox, *The history of the exchequer*, p. 28.

[3] *Celebro* M.

[4] *Et tercio* J. C'était la leçon primitive de M.

[5] 20 janvier 1144.

[6] Guillaume III de Varenne.

machinis multis, non potuerunt eam expugnare propter situm loci et ipsius arcis fortitudinem.

In illa obsidione mortuus est comes Perticensis Rotrodus [1], relinquens duos filios parvulos, Rotrodum et Gaufridum [2]. Uxorem vero suam postea Ludovicus rex Francorum dedit Roberto fratri suo [3].

Tandem deficiente alimonia intra arcem Rothomagi obsessis, reddiderunt se et turrem, videlicet Gaufrido antea Andegavensi comiti, jam exinde Normannorum duci. Anno [4] præterito [5], quædam pars ejusdem turris corruerat, ex ea parte videlicet per quam dux Gaufridus urbem intraverat, cum ei reddita est, et in qua machinas suas posuit ad eandem turrem expugnandam.

Ordinatis igitur in turre et urbe quæ necessaria fuerunt, dux impiger ad anteriora se extendens, con-

---

[1] Rotrou II, comte du Perche. Voyez Gilles Bry, *Histoire du Perche*, p. 163-189, et Odolant Desnos, *Mémoires sur la ville d'Alençon*, I, 294.

[2] *Gaufridum et Rotrodum* J, F et L. C'était la leçon primitive de M; mais la transposition des mots *Gaufridum* et *Rotrodum* y a été marquée par des signes interlinéaires.

[3] Harvise d'Evreux, veuve de Rotrou II, se remaria à Robert de France, comte de Dreux; Gilles Bry, p. 187, et Odolant Desnos, I, 295. Une charte de Girard, évêque de Séez, prouve que l'autorité de Robert de France était reconnue à Bellême en 1144 ; elle est ainsi datée : « Facta autem est hæc concessio anno ab incarnatione Domini « MCXLV, residente piissimo papa Eugenio, Hugone Rotomagensi ar- « chiepiscopo, Francorum rege Ludovico, fratre ejus Roberto Belis- « m[ensi) domino; » Bibl. Nat. Collection Moreau, 61, fol. 208.

[4] Ce qui suit, jusqu'à la mort de l'évêque de Séez exclusivement, manque dans L.

[5] En 1143.

gregato maximo equestri exercitu, non solum suorum, sed etiam amicorum et dominorum (venerat enim comes Flandrensis [1], sororius ejus, cum mille quadringentis equitibus; venerat et Ludovicus, rex Francorum, cum copiis suis), aggressus est expugnare castellum Drincurtis [2], quod adhuc tenebant ei resistendo stipendarii comitis Warennæ; qui videntes se ei non posse resistere, reddiderunt ei antedictum castellum, licet inviti. Hugo etiam de Gornaco reddidit castellum de Leons [3], timens ne comes omnem terram suam exterminaret.

Pacificatis itaque omnibus in Normannia, excepto castello de Archis [4], quod Willermus Monachus Flandrensis adhuc tenebat, propter fidelitatem regis Stephani, licet homines ducis Gaufridi illud sine intermissione obsiderent, redierunt quique in sua.

Obiit Johannes, Salariensis [5] episcopus; cui successit Girardus, canonicus ejusdem ecclesiæ, vir jocundus et admodum litteratus. Iste Johannes rem dignam memoria tempore Henrici regis effecit. Canonicos enim seculares suæ ecclesiæ regulariter et secundum sancti Augustini institutionem vivere fecit, additis officinis congruentibus et claustro [6]. Hoc idem Johannes Luxo-

---

[1] Thierri d'Alsace, comte de Flandre, avait épousé Sibylle, sœur de Geoffroi-le-Bel.

[2] Neufchatel-en-Brai, Seine-Inférieure.

[3] Lions-la-Forêt.

[4] Arques. Voyez Deville, *Histoire du château d'Arques*, p. 121.

[5] *Sagiensis* a été substitué à *Salariensis* dans S, J et F.

[6] La charte par laquelle Jean, évêque de Séez, institua des chanoines réguliers dans sa cathédrale est datée de 1131; le texte s'en trouve

viensis, avunculus ejus¹, et Gaufridus Carnotensis² episcopi temptare in suis ecclesiis voluerunt; sed in ipso conatu defecerunt.

Mense Martio obiit Cœlestinus papa³; cui successit Girardus, civis Bononiensis, canonicus regularis et cancellarius Romanæ ecclesiæ et cardinalis tituli ecclesiæ Sanctæ Crucis vel Jerusalem, quod idem est, vocatus postea Lucius II, papa CLXX, qui sedit uno anno.

1145⁴.

ROMANORUM CONRADUS 8. FRANCORUM LUDOVICUS 8.
ANGLORUM STEPHANUS 10.

Stephanus⁵, rex Anglorum, prius in agendis circa discursus Hugonis Bigot occupatus fuit; sed in æstate Robertus consul et omnis inimicorum regalium cœtus castellum construxerant apud Ferendunum⁶: sed rex

---

dans *Gallia christiana*, XI, instr. 160. Voyez aussi une lettre écrite par Arnoul, évêque de Lisieux, au pape Alexandre III; *Arnulfi epistolæ*, éd. Giles, p. 172.

¹ Jean, évêque de Lisieux, mort en 1141. *Gallia christiana*, XI, 774. Orderic Vital (II, 434) atteste aussi que ce prélat était l'oncle de Jean, évêque de Séez.

² Geoffroi de Lèves, évêque de Chartres, de 1116 à 1149. *Gallia christiana*, VIII, 1134.

³ Célestin II mourut le 8 mars 1144. Son successeur Lucius II fut sacré le 12 mars.

⁴ M porte *MCXLIIII*; mais il y avait primitivement *MCXLV*.

⁵ Les deux premiers paragraphes du récit des événements de 1145 sont tirés de Henri de Huntingdon.

⁶ *Ferendun'*M. *Ferendim'*J et F. Faringdon. Voyez *Gesta Stephani*, p. 113.

non segniter viribus coactis advolat, et Londoniensium terribilem et numerosum adduxit exercitum. Assilientes igitur totis diebus castrum, dum Robertus consul et fautores sui copias majores non procul ab exercitu regis expectarent, gloriosissima probitate, non sine magna sanguinis effusione, ceperunt. Tunc demum regi fortuna cœpit in melius permutari, et in sublime protelari.

Lincoliensis [1] episcopus iterum Romam pergit, Alexander videlicet; qui cum papæ gratia sequenti anno rediens, a suis cum gaudio susceptus est.

In æstate redditum est castellum Arcense [2] duci Gaufrido, occiso Willermo Monacho fortuitu in turre sagitta, qui illi præerat.

Eodem anno [3], per proditionem perdiderunt Christiani in principatu Antiochiæ civitatem Edessam, quæ antiquitus dicebatur Rages, a modernis vero Rohaies [4], et venit in potestatem Sarracenorum, occisis christianis quos ibi invenerunt. Gocelinus enim junior de Torvaisel [5], comes ipsius civitatis, tunc aberat.

---

[1] Les deux petits paragraphes suivants sont omis dans L.

[2] La prise du château d'Arques par les troupes de Geoffroi-le-Bel est ainsi mentionnée dans la date d'une notice du Cartulaire de Saint-Laud d'Angers : « anno ab incarnatione Domini MCXLV, ipso comite « ducatum Normannie in pace habente, eo scilicet anno quo idem dux « Normannie Archas castrum acquisivit, quod solum ei de toto ducatu « resistebat. » Bibl. nat. Collection Housseau, V, n° 1711.

[3] Sur le siége d'Edesse, voyez Guillaume de Tyr, l. XVI, chap. IV et V, dans *Historiens occid. des croisades*, I, 708 et s.

[4] *Rohais* J et F.

[5] Joscelin II, comte d'Edesse, surnommé le Jeune ; voyez Du Cange, *Les Familles d'outre-mer*, p. 299.

Hoc¹ eodem anno cœperunt homines prius apud Carnotum carros lapidibus onustos et lignis, annona et rebus aliis, suis humeris trahere ad opus ecclesiæ, cujus turres tunc fiebant. Quæ qui non vidit, jam similia non videbit. Non solum ibi, sed etiam in tota pene Francia et Normannia et aliis multis locis, ubique humilitas et afflictio, ubique pœnitentia et malorum remissio, ubique luctus et contrictio. Videres feminas et homines per profundas paludes genibus trahere, verberibus cædi, crebra ubique miracula fieri, Deo cantus et jubilos reddi. Extat de hac re prius inaudita Hugonis epistola, Rothomagensis archiepiscopi, ad [Theodoricum], episcopum Ambianensem², super hac re scis-

---

¹ L'enthousiasme des populations pour les constructions d'églises, vers l'année 1145, est attesté par plusieurs auteurs contemporains, et notamment par Haimon, abbé de Saint-Pierre-sur-Dive, dans une longue lettre de l'année 1145, que j'ai publiée en 1860 dans la *Bibliothèque de l'Ecole des chartes*, 5ᵉ série, I, 113.

² La lettre dont parle Robert de Torigni nous a été conservée par Etienne de Rouen et a été publiée plusieurs fois. En voici le texte revu sur le ms. original d'Etienne de Rouen (Bibl. Nat. ms. latin 14146, fol. 167 v°):

« Reverendo patri T. Ambianensium episcopo, Hugo, Rothoma-
« gensium sacerdos, prosperari semper in Christo. Magna opera Do-
« mini exquisita in omnes voluntates ejus. Apud Carnotum cœperunt
« in humilitate quadrigas et carpenta trahere ad opus ecclesiæ cons-
« truendæ, eorum humilitas etiam miraculis choruscare. Hæc fama
« celebris circumquaque pervenit, nostram denique Normanniam
« excitavit. Nostrates igitur, benedictione a nobis accepta, illuc usque
« profecti sunt et vota sua persolverunt. Deinde forma simili ad ma-
« trem suam ecclesiam in diocesi nostra per episcopatus nostros ve-
« nire cœperunt, sub tali proposito quod nemo in eorum comitatu
« veniret nisi prius data confessione et pœnitentia suscepta, nisi, de-
« posita ira et malivolentia, qui prius inimici fuerant convenirent in

citantem ¹. Diceres ² prophetiam impleri : « Spiritus ³ vitæ erat in rotis. »

Gaufridus ⁴ dux pontem Rothomagi reficit firmissimum.

Obiit ⁵ Lucius papa, mense Martio; cui successit Bernardus, abbas monasterii Sancti Anastasii, quod est extra muros Romæ, ubi Innocentius papa, qui quartus ante istum fuerat, abbatiam noviter fecerat de ordine monachorum de Cistelth; et Bernardus, abbas de Clara Valle, quando illuc misit conventum, hunc præfecerat; maxime quia papa Romanus aliquando antequam ad monachatum iste veniret, ad sacrum ordinem illum promoverat. Erat enim transmontanus, utpote civis Pisensis. Fuit autem ordinatus prima ebdomada mensis Marcii, et vocatus est Eugenius, papa CLXXI.

« concordiam et pacem firmam. His præmissis, unus eorum princeps
« statuitur, cujus imperio in humilitate et silentio trahunt quadrigas
« suas humeris suis, et præsentant oblationem suam non sine disci-
« plina et lacrimis. Tria illa quæ præmisimus, confessionem videli-
« cet cum pœnitentia, et concordiam de omni malivolentia, et humi-
« litatem veniendi cum obedientia, requirimus ab eis cum ad nos ve-
« niunt, eosque pie recipimus et absolvimus et benedicimus si tria
« illa deferunt. Dum sic informati in itinere veniunt, quandoque et
« in ecclesiis nostris quam maxime miracula creberrima fiunt, de suis
« etiam quos secum deferunt infirmis, et reducunt sanos quos secum
« attulerunt invalidos. Et nos permittimus nostros ire extra episco-
« patus nostros, sed prohibemus eos ne intrent ad excommunicatos vel
« interdictos. Facta sunt hæc anno incarnati Verbi Mᵒ Cᵒ XLᵒ Vᵒ.
« Bene vale. »

¹ *Scicitantem* J et M.
² *Dicens* L.
³ Ezech. I, 20.
⁴ Note omise dans L.
⁵ Lucius II mourut le 15 février 1145. Eugène III fut élu le 15 février et sacré le 18.

Inceptum [1] est caput [2] monasterii Beccensis ecclesiæ pridie kalendas Augusti, præsente piæ memoriæ donno Letardo abbate.

1146 [3].

ROMANORUM CONRADUS 9. FRANCORUM LUDOVICUS 9. ANGLORUM STEPHANUS 11.

Rex [4] Stephanus magnum congregans exercitum, castellum construxit inexpugnabile, situm contra Walingefort [5], ubi Rannulfus, comes Cestrensis, jam regi concordia conjunctus, cum magnis interfuit copiis. Dehinc vero consul ipse ad regis curiam cum pacifice venisset apud Norhantone, rex nichil tale metuentem cepit et in carcerem intrusit, donec redderet ei clarissimum Lincoliæ castellum, quod ab eo dolose ceperat, et cetera quæcumque fuerant ditionis suæ castella. Sic igitur [6] consul ejectus carcere in liberum constitutus est arbitrium.

---

[1] Cette note, qui manque dans L et Vi, a été insérée dans la Chronique du Bec sous l'année 1146.

[2] *Capitulum* Chronique du Bec.

[3] Il y avait d'abord *MCXLVI* dans M ; à ce chiffre on a substitué *MCXLV*.

[4] Paragraphe emprunté à Henri de Huntingdon, et omis dans L. — Conf. *Gesta Stephani*, p. 115, et Gervais de Cantorbéry, dans Twysden, 1361.

[5] Voyez plus haut, p. 228.

[6] *Sic ergo* J.

Visis miraculis quæ fiebant in locis religiosis, et afflictione cum humilitate multimoda, carris venientibus, audita etiam conquestione Christianorum de sanctis locis venientium super irruptione Paganorum, prædicatione etiam Bernardi abbatis de Clara Valle, viri non contempnendæ auctoritatis, cui papa Eugenius injunxerat hoc officium; commoti Ludovicus rex Francorum, Conradus inperator Alemannorum, Fredericus etiam nepos ejus dux Suevorum, Galerannus comes Mellenti[1], tercius Willermus de Warenna comes, frater ejus [2], Theodericus etiam de Auseis, comes Flandrensis, et alii multi magnæ auctoritatis et dignitatis viri, Franci, Normanni, Angli, et de aliis regionibus innumerabiles, non solum milites et laici, sed etiam episcopi, clerici, monachi, crucem in humeris assumentes, ad iter Jerosolimitanum se præparaverunt. Rex autem Francorum, et Robertus frater ejus [3], et Galerannus comes Mellenti, et alii multi, juxta Vigeliacum die dominica in Ramis palmarum crucem assumpserunt [4].

Tornacensis [5] ecclesia cœpit habere proprium ponti-

---

[1] Il y a dans la chronique de l'abbaye du Valasse, éd. de M. F. Somménil, p. 7 et 8, des détails sur l'expédition de Galeran, comte de Meulan, en Terre-Sainte.

[2] Isabelle de Crépi épousa d'abord Robert, comte de Meulan, père de Galeran, puis Guillaume II de Varenne, père de Guillaume III.

[3] Robert, comte de Dreux, frère de Louis VII.

[4] La plupart des chroniqueurs rapportent que Louis VII prit la croix à Vezelay aux fêtes de Pâques de l'année 1146. En 1146, Pâques tomba le 31 mars, et le dimanche des Rameaux le 24 du même mois.

[5] Ce paragraphe manque dans L. Sur le rétablissement d'un siége épiscopal à Tournai, voyez *Gallia christiana*, III, 212.

ficem, cum a tempore sancti Eligii sub Noviomagensi episcopo egisset.

Dux Gaufridus sartatecta turris Rothomagensis et castelli, quæ per obsidionem corrupta fuerant, decenter restaurat.

Rex Rogerius Siciliæ Tripolitanam provinciam in Affrica super Paganos cepit [1].

Inventus [2] est buffo unus inclusus in concavo lapide, in muro civitatis Cenomannis; quo occiso, buffones infra mœnia exinde fuerunt, cum antea ibi nunquam visi fuissent.

Facta est eclypsis solis V kalendas Novembris [3].

1147 [4].

ROMANORUM CONRADUS 10. FRANCORUM LUDOVICUS 10. ANGLORUM STEPHANUS 12.

Rex [5] Stephanus ad Natale Domini in urbe Linco-

---

[1] L'amiral Georges d'Antioche conquit Tripoli en 1146; cette place fut remise à un chef indigène, qui reconnut la suzeraineté de Roger, roi de Sicile. De Mas Latrie, *Traités avec les Arabes de l'Afrique septentrionale*, Introduction, p. 42.

[2] Au lieu de la phrase *Inventus – fuissent*, leçon de M, C et Vi., les mss. B, S, J, F et L portent *In hac expeditione fuit et multum profuit Ricardus de Lingheve, miles optimus, qui nuper de Baiocensi comitatu illuc perrexerat et a rege Rogerio comitatum Andri insulæ, quam nuper idem rex super imperatorem Constantinopolitanum ceperat, dono acceperat*. C'était le texte primitif, qui a été gratté dans M, pour être remplacé par la phrase relative aux crapauds du Mans.

[3] L'éclipse de soleil ayant eu lieu le 6 novembre 1146, il semble qu'il faut lire *VIII idus Novembris*. Peut-être aussi Robert a-t-il voulu parler de l'éclipse du 26 octobre 1147 (*VII kalendas Novembris*).

[4] Le ms. M portait d'abord *MCXLVII*, chiffre qu'on a maladroitement remplacé par *MCXLVI*.

[5] Paragraphe emprunté à Henri de Huntingdon. Conf. Gervais de Cantorbéry, dans Twysden, 1362.

liensi diademate regaliter insignitus est, quo regum nullus introire, prohibentibus quibusdam supersticiosis, ausus fuerat. Unde [1] comparet, quantæ rex Stephanus audatiæ et animi pericula non formidantis fuerit.

Henricus, filius ducis Gaufridi et imperatricis, de Anglia in Normanniam veniens [2], susceptus est a conventu Becci sollenpni processione, die ascensionis Domini [3].

Controversia [4] inter monachos Becci et canonicos de Oxineford, pro ecclesia de Bello Monte, Parisius in præsentia papæ Eugenii terminata est.

Eodem [5] anno, canonici regulares auctoritate papæ

---

[1] Phrase omise dans L.

[2] L porte *venit* et omet le reste de l'année 1147.

[3] 29 mai 1147. Cette note a été insérée dans la Chronique du Bec, sous l'année 1146.

[4] La lettre par laquelle le pape Eugène III régla les difficultés qui s'étaient élevées entre les moines du Bec et les chanoines d'Oxford, pour l'église de Beaumont-le-Roger, est datée de Paris, le 27 mai 1147; Jaffé, p. 626, n. 6314. L'accord avait été conclu dès le 25, comme on le voit par un acte de Robert, prieur de Sainte-Frideswide, dont voici les dernières lignes : « Hec inter eos transactio Parisius acta « est, in presencia, sicut diximus, domini pape Eugenii tertii, ipso « mediante et precipiente, assistentibus sancte Romane curie episco- « pis et cardinalibus, anno ab incarnatione Domini MCXLVII, mense « Maio, VIII kalendas Junii, indictione X. Huic quoque transactioni, « cum multis aliis et nominatissimis viris, interfuerunt dominus The- « obaldus, Cantuariensis archiepiscopus, dominus Hugo Rothomagen- « sis archiepiscopus, dominus Algarus Constanciensis episcopus, do- « minus Rotrocus Ebroicensis episcopus, dominus Arnulfus Luxovien- « sis, et dominus Willelmus Norwicensis. » Bibl. nat. ms. latin 13905, fol. 65 v°.

[5] Les détails relatifs aux chanoines de Sainte-Geneviève se retrou-

Eugenii positi fuerunt in ecclesia Sanctæ Genovefæ Parisius, quoniam seculares canonici injuriam fecerant hominibus papæ in quadam processione; et habuerunt idem canonici primum abbatem Henricum [1], priorem ecclesiæ Sancti Victoris, de qua ecclesia ordinem susceperunt.

Ludovicus, rex Francorum, et regina Alienor, et socii sui, quos super memoravimus, præsente papa Eugenio, in expeditionem Jerosolimitanam ituri a Parisius recesserunt [2]. Quas tribulationes et miserias in ipso itinere, dum per terram imperatoris Constantinopolitani transirent, a fame, pestilentia, incursione Paganorum, perpessi sint, non est nostri studii enarrare. Quia enim de rapina pauperum et ecclesiarum spoliatione illud iter ex majori parte inceptum est, nec in eos qui se inhoneste habebant vindicatum est, fere nichil prosperum, nichil memoria dignum, in illa peregrinatione actitatum est.

---

vent mot à mot dans les Annales de Rouen, à l'an 1145. Voyez à ce sujet *Gallia christiana*, VII, 709 et suiv.

[1] Dans le ms. Vi. le mot *Henricum* a été effacé au xve siècle et remplacé en interligne par le mot *Odonem*. En effet, le premier abbé de Sainte-Geneviève de Paris fut Eudes, jadis prieur de Saint-Victor; *Gallia christiana*, VII, 712.

[2] C'est à la fête de la Pentecôte 1147 (8 juin) que Louis VII se mit en route pour la croisade; Eudes de Deuil, dans *Recueil des historiens*, XII, 93. Henri, moine de Stavelo, dans une lettre adressée à Guibaud, son abbé, parle du désordre qu'il trouva à Saint-Denis, à la cour du pape, le mardi de la Pentecôte, 10 juin 1147, par suite du départ du roi : « Tercia feria Pentecostes, apud Sanctum Dyonisium ad dom- « num papam pervenimus, ubi domno cancellario tantum nos pre-

Occiso[1] a Sarracenis Raimundo, principe Antiochiæ[2], remansit uxor ejus cum filio parvulo Boamundo tercio et filia Constancia.

1148 [3].

ROMANORUM CONRADUS 11. FRANCORUM LUDOVICUS 11 ANGLORUM STEPHANUS 13.

Pervenerunt Christiani quocunque labore ad sancta loca in Jerusalem, et circa Augustum mensem Damascum obsidentes [4], et dolo Jerosolimitanorum parum proficientes, repedare cicius studuerunt.

Melius acciderat anno præterito christianis principibus in Hispania [5]. Nam imperator Hispaniarum [6], cujus imperii caput est civitas Toletum, adjutus a Pisa-

---

« sentavimus, propter tumultum permaximum, qui in exitu domini
« regis circa domnum papam aderat. » Jaffé, *Monumenta Corbeiensia*,
p. 123.

[1] Raimond, prince d'Antioche, périt le 27 juin 1149, laissant de Constance, sa femme, un fils, Boémond III, qui lui succéda, et une fille, appelée Marie, et non Constance, comme le croyait Robert de Torigni. Voyez Du Cange, *Les Familles d'outre-mer*, p. 188 et 189. — Cette dernière note, qui manque dans B, S, J, F et L, a été ajoutée après coup dans M ; elle est dans C et Vi.

[2] *Antichioc'* M.

[3] *MCXLVII* M.

[4] Sur le siége de Damas, voyez Guillaume de Tyr, XVII, ii—vii ; *Historiens occidentaux des croisades*, I, 760-768.

[5] La prise d'Alméria est du 17 octobre 1149.

[6] *Hispaniarum* omis dans J. — Il s'agit ici d'Alfonse Raimond, roi de Castille et de Léon, mort le 21 août 1157.

nis et Genuensibus, Almariam nobilissimam urbem super Paganos cepit.

Rex Galliciæ [1], fretus auxilio Normannorum et Anglorum et aliorum multorum, qui navali exercitu Jerusalem petebant, Lixebonam urbem Agarenis abstulit [2], sicut aliam civitatem, Saintarein scilicet, anno præterito super eosdem ceperat [3].

Comes etiam Barcinonensis Tortosam urbem eodem anno cepit [4].

Eodem anno, mortuo Ascelino, Rofensi episcopo, Tebaldus, archiepiscopus Cantuariensis, fratrem suum Gauterium, archidiaconum Cantuariensem, eidem ecclesiæ subrogavit [5].

Mortuo etiam Rogerio, Cestrensi episcopo, in itinere Jerusalem, successit ei Walterius, prior ecclesiæ Christi Cantuariæ [6]. Henricus etiam Murdarch [7], monachus Cistellensis [8], fit archiepiscopus Eboracensis.

---

[1] Alfonse-Henriquez I, roi de Portugal.

[2] La prise de Lisbonne doit être de l'année 1147, du 27 octobre, selon Gervais de Cantorbéry, dans Twysden, 1365.

[3] La prise de Santarem est fixée à l'année 1145 par les auteurs de *l'Art de vérifier les dates*, I, 777.

[4] Les mêmes auteurs (II, 296) placent à la fin de l'année 1148 la prise de Tortose par Raimond-Bérenger IV, comte de Barcelone.

[5] La mort d'Ascelin est rapportée au 24 janvier 1147, et le sacre de Gautier au 14 mars 1147, par les auteurs du *Monasticon anglicanum*, I, 155. Conf. Gervais de Cantorbéry, dans Twysden, 1361.

[6] Roger de Clinton, mort à Antioche en 1148, eut pour successeur sur le siége de Chester Gautier Duredent, nommé le 2 octobre 1149. *Monasticon anglicanum*, VI, 1239.

[7] *Murdach* L et Vi. Henri Murdac, archevêque d'York, sacré en 1147, mort le 14 octobre 1153. *Monasticon anglicanum*, VI, 1172.

[8] Telle est la leçon de J. Telle était aussi la leçon de M avant que ce mot eût été en partie gratté. Le ms. Vi. porte *Cisterciensis*.

Eugenius papa in Quadragesima concilium congregavit Remis ¹, ad quod ² venit latenter et contra prohibitionem regis Stephani Thebaldus, archiepiscopus Cantuariensis : unde et favorabiliter a papa susceptus est.

Mortuo Roberto, episcopo Herefordensi ³, successit Gislebertus ⁴, abbas Gloecestriæ.

Willermus ⁵ etiam de Sancta Barbara, decanus Eboracensis, anno præterito factus fuerat episcopus Dunelmensis ⁶.

Circa ⁷ Adventum Domini, dux Gaufridus obsedit in comitatu Luxoviensi castellum Roberti Bertran Fagernun ⁸ et destruxit.

---

¹ Le concile de Reims fut célébré le 21 mars 1148. Voyez la collection des Conciles de Nicolas Caleti, XII, 1651.

² Ce membre de phrase manque dans L. — Sur les démêlés de l'archevêque Thibaud avec le roi Etienne en 1148, voyez Gervais de Cantorbéry dans Twysden, 1363 et 1364.

³ Suivant l'annaliste d'Osney (éd. Luard, IV, 26), l'évêque de Hereford mourut au concile de Reims, en 1148 : « Ibi obiit Robertus de « Bethuine, Herefordensis episcopus, qui Bonus episcopus appella- « tus est. »

⁴ Gill. J. — Le 5 septembre 1148, à Robert de Béthune succéda Gilbert Foliot, qui avait été abbé de Saint-Pierre de Gloucester depuis 1139 ; Monast. angl., I, 532, et VI, 1211.

⁵ Dans le Monasticon anglicanum, I, 225, l'élection de Guillaume de Sainte-Barbe au siége épiscopal de Durham est fixée au 14 mars 1143, et son intronisation au 18 octobre 1144.

⁶ C'est après coup qu'ici on a mis dans le ms. M la rubrique : MCXLVIII. (Conradus) XI. (Ludovicus) XI. (Stephanus) XIII.

⁷ Cette note manque dans L.

⁸ J'emprunte la leçon Fagernun à Vi. Ce nom est écrit en abrégé (Fag.) dans J et M. Sur le château de Fauguernon, Calvados, arr. de

Mira miranda Eudonis pseudoprophetæ et hæretici patrata sunt, qui in concilio Remis dampnatus et in turre archiepiscopi retrusus, ut male cœpit, ita deperiit. De cujus incantationibus et fantasiis et factis et dictis, melius est silere quam loqui [1].

Rainaldus de Castellione factus est princeps Antiochiæ, ducta uxore Raimundi principis [2].

1149 [3].

ROMANORUM CONRADUS 12. FRANCORUM LUDOVICUS 12. ANGLORUM STEPHANUS 14.

Obiit [4] sanctæ recordationis donnus Letardus, sextus abbas Beccensis ecclesiæ. Vir quidem iste venerabilis, Beccensis indigena, monachatum suscepit sub donno

---

canton de Lisieux, qui resta longtemps dans la famille des Bertran, voyez de Caumont, *Statistique monumentale du Calvados*, V, 32.

[1] Sur l'hérésie d'Eon, voyez Othon de Frisingue, I, 54 et 55 (dans Pertz, *Scriptores*, XX, 381), Guillaume de Newburgh (I, 19, dans *Recueil des historiens*, XIII, 97), le moine de Gemblours, qui a continué la chronique de Sigebert (Pertz, *Scriptores*, VI, 389) et le chanoine de Prémontré, qui a continué la même chronique (ibid., 454). Le témoignage de ce dernier auteur a été cité sous le nom de Robert de Torigni, dans la collection des conciles de Coleti (XII, 1659).

[2] La note relative au mariage de Renaud de Châtillon avec Constance, veuve de Raimond, prince d'Antioche, manque dans B, J, F et L. Elle a été intercalée après coup dans M et se trouve dans Vi et C. Ce mariage paraît s'être fait sur la fin de l'année 1152 ou au commencement de 1153; Du Cange, *Les Familles d'outre-mer*, p. 191.

[3] Au lieu de *MCXLIX*, le ms. M portait primitivement *M CXLVIII*.

[4] La première phrase de ce paragraphe a été insérée dans la Chronique du Bec. Dans Vi, ce qui se rapporte aux abbés Létard et Roger se réduit à ces mots : « Obiit Bechardus VI abbas Becci, cui successit « Rogerius. »

Willermo abbate venerando, strenueque in eo vivens, laudabilis vitæ suæ cursum virgo senex finivit[1] VI nonas Julii, sabbato infra octavas apostolorum Petri et Pauli, circa decimam horam diei, anno ætatis suæ circiter [2] LXV°, monachatus vero L°. Rexit autem abbatiam sibi commissam prudenter, utpote filius religionis et postea pater et pius amator, annis decem et diebus XXIII.

> Ad[3] patriam, pro qua suspiria tanta dedisti,
>   Hinc, Letarde pater, carne solutus abis.
> In patribus sextus, quoniam perfectus et ipse,
>   Præmia cum patribus percipis ampla tuis,
> Julius a sexto nonas properabat ad idus,
>   Tuque datis septem partibus octo metis.

Aliud[4].

> Frumenti granum, remanens in cespite sanum,
>   Donec putruerit crescere non poterit :
> Sic nisi nostra caro mortis tangatur amaro,
>   Percurrens stadium, non recipit bravium.
> Ergo scire datur quod non decet ut doleatur,
>   Si patriam quærat qui peregrinus erat.
> Tutet ab æterno Deus hunc miseratus Averno
>   Detque sibi regnum, cœlesti lumine plenum.
> Virgo Dei mater, ne spiritus atterat ater,
>   Obtineat rogitans regnum sibi luminis optans.

---

[1] *Vitæ senex virgo cursum finivit* J. — La mort de l'abbé Létard est du samedi 2 juillet 1149.

[2] *Circiter* omis dans J.

[3] Les deux pièces de vers qui suivent manquent dans J.

[4] Cette seconde pièce de vers a été grattée dans M, pour fournir la place nécessaire à l'intercalation du paragraphe relatif aux travaux

Huic[1] sancto viro successit donnus Rogerius, prior secundus, in utroque Testamento apprime eruditus, necnon clericali ac seculari scientia decenter ornatus, et ab omni communiter congregatione electus[2], in ipsis octavis videlicet apostolorum Petri et Pauli, qui benedictus apud Sanctum Wandregisilum, in die festivitatis sancti Jacobi apostoli[3], a venerabili Hugone, Rothomagensi archiepiscopo, ab eodem coram conventu Beccensi in sede sua collocatus est; extunc supra gregem sibi commissum pro posse suo die ac nocte decenter invigilans.

Magister[4] Vacarius, gente Longobardus, vir honestus et juris peritus, cum leges Romanas anno ab incarnatione Domini M°C°XL°IX° in Anglia discipulos doceret, et multi tam divites quam pauperes ad eum causa discendi confluerent, suggestione pauperum, de Codice et Digesta excerptos novem libros composuit, qui sufficiunt ad omnes legum lites, quæ in scolis fre-

---

de Vacarius. Lē ms. C est conforme à l'état actuel de M ; seulement, le paragraphe relatif à Vacarius s'y trouve maladroitement placé entre la pièce de six vers et la note relative à l'abbé Roger, parce que le copiste de C n'a pas compris la valeur des lettres placées à la marge de M pour indiquer dans quel ordre doivent se succéder le paragraphe relatif à l'abbé Roger et le paragraphe relatif à Vacarius.

[1] Paragraphe inséré dans la Chronique du Bec.

[2] 6 juillet 1149.

[3] 25 juillet 1149.

[4] Ce paragraphe a été intercalé après coup dans M ; il manque dans B, J, F et L. Sur les travaux de Vacarius, voyez *Histoire du Droit romain au moyen âge*, par M. de Savigny, trad. par Ch. Guenoux, IV, 90.

quentari solent, decidendas, si quis eos perfecte noverit.

Eodem [1] anno, post Pascha, obierat donnus Bernardus, abbas Montis Sancti Michaelis, monachus [2] Beccensis; qui multum intus et foris idem monasterium emendavit [3].

Dux [4] Gaufridus castellum Monasteriolum in pago Pictavensi obsedit, et fecit ibi tria castella lapidea; et duravit illa obsidio per tres annos, usquequo Berlai, dominus castelli, reddidit se comiti. Tunc etiam comes turrem et castellum funditus [5] evertit.

Eodem anno, turbo factus est horribilis, subvertens domos, nemora et virgulta confringens, in quo etiam dæmones in specie turpium animalium pugnasse asseruntur.

In festivitate Pentecostes [6], David, rex Scotorum,

---

[1] Cette note a été insérée dans la Chronique du Bec.

[2] La fin du paragraphe manque dans Vi.

[3] Sur l'abbé Bernard, voyez la Rubrique abrégée des abbés du Mont-Saint-Michel.

[4] Note omise dans L. La guerre de Geoffroi le Bel contre Giraud Berlai, seigneur de Montreuil-Bellay (Maine-et-Loire, arr. de Saumur) est racontée en détail par Jean de Marmoutier (*Chroniques des comtes d'Anjou*, p. 282-292), et par un moine de Saint-Aubin d'Angers, dont le récit a été publié sous le titre de : « Chronica vel sermo « de rapinis, injusticiis et malis consuetudinibus a Giraudo de Mos- « teriolo exactis, et de eversione castri ejus a Gaufrido comite, » par MM. Marchegay et Mabille, *Chroniques des églises d'Anjou*, p. 83-90. D'après les Chroniques de Saint-Aubin (ibid. p. 36), le siége de Montreuil-Bellay, commencé en 1150, se termina en 1151.

[5] *Funditus* omis dans J.

[6] Suivant Gervais de Cantorbéry, dans Twysden, 1366, le jeune

accinxit armis militaribus Henricum, primogenitum filium ducis Gaufridi et neptis suæ Matildis imperatricis, qui anno præterito de Normannia in Angliam trans-fretaverat.

Eodem anno, circa Augustum¹, rediit Ludovicus rex Francorum de Jerusalem.

1150 ².

ROMANORUM CONRADUS 13. FRANCORUM LUDOVICUS 13. ANGLORUM STEPHANUS 15.

Fuit hyemps maxima tribus mensibus continua, tam

Henri passa en Angleterre à la mi-mai 1149 et fut fait chevalier par David, roi d'Ecosse, à la fête de la Pentecôte, 22 mai 1149.

¹ Le retour de Louis VII dans ses Etats ne dut pas avoir lieu avant la fin de l'année 1149. En effet, le roi était encore au Mont Cassin dans les premiers jours du mois d'octobre ; on lit dans la chronique rédigée par un moine de cette abbaye : « Ludovicus rex, a partibus « Hierosolymitamis reversus et a rege Rogerio apud Potentiam cum « honore susceptus, IV nonas Octobris ad hoc monasterium venit, « susceptusque honorifice, post diem tercium recedens, et apud « Tusculanum cum apostolico colloquens Franciam rediit. » Er. Gattola, *Ad historiam abbatiæ Cassinensis accessiones*, II, 830.— Louis VII, rentré dans ses Etats vers la fin de l'année 1149, présida dans la ville d'Orléans une assemblée dont il est question dans une charte de Manassès, évêque d'Orléans, pour l'abbaye de Marmoutier, laquelle est ainsi datée : « Actum publice Aurelianis, rege Ludovico qui tunc « temporis a Ierosolimitanis partibus redierat concedente, astantibus « in palatio suo Samsone Remensi archiepiscopo, Engebaldo Turo- « nensi archiepiscopo, Henrico Belvacensi, Hugone Autissiodorensi, « Gosleno Suessionensi episcopis, Sugerio abbate Sancti Dionisii, « Radulfo Viromanduorum comite, Theodorico Galerani, anno in- « carnati Verbi MCXLIX, episcopatus vero nostri quarto. » Bibl. nat. Collection Moreau, 64, fol. 81.

² La rubrique *MCL*, qui avait d'abord été placée ici dans M, en a été effacée.

horribilis, ut quidam hominum præ nimio frigoris dolore in menbris suis læderentur; qua etiam remansit ex maxima parte vernalis agricultura, et inde subsequta est magna terræ ¹ sterilitas.

Iterum combustum est monasterium Corbeiæ.

1151 ².

ROMANORUM CONRADUS 14. FRANCORUM LUDOVICUS 14. ANGLORUM STEPHANUS 16.

Tebaldus ³, comes Blesensis, Gaufridum, filium ducis Gaufridi, armis militaribus decoravit.

Everso castro Monasteriolo a duce Gaufrido, obsesso tribus castellis lapideis per tres annos, quod inauditum est post Julium Cæsarem, capto etiam Berlai domino castelli, contra voluntatem et prohibitionem etiam regis Ludovici, facti sunt inimici ad invicem rex et dux Normanniæ Gaufridus.

Jam anno præterito ⁴, Henricus, filius ducis, de Anglia redierat, et pater suus reddiderat ei hereditatem suam ex parte matris, scilicet ducatum Normaniæ.

Facta itaque discordia inter regem et comitem, ve-

---

¹ *Terræ* omis dans J.

² Le ms. M portait d'abord ici la rubrique *MCLI*, à laquelle on a substitué *MCL* en grattant le *I* final.

³ Tout ce qui suit, jusqu'à la mention de la mort de Geoffroi le Bel exclusivement, manque dans L.

⁴ Suivant Gervais de Cantorbéry (Twysden, 1367), Henri passa en Normandie au commencement de janvier 1150.

nit rex cum magna milicia, et Eustachius, filius regis Stephani, cum eo in Normanniam ante castellum Archas[1]. Affuit ibidem Henricus e contra, dux Normannorum, cum admirabili exercitu Normannorum, Andegavensium, Britonum; sed principes exercitus ejus, qui maturiores eo erant et consilio et ætate, non permiserunt ut cum rege domino suo congrederetur, nisi amplius illum in aliquo quam antea fecerat opprimeret.

Eodem anno, paulo ante, idem dux obsederat castellum Torinneium[2], sed propter adventum regis infecto negotio discesserat; combustis tamen domibus infra muros usque ad turrem et parvum castellum circa eam.

Gaufridus, comes Andegavensis, cepit castellum de Nube[3] super Robertum, comitem Perticensem[4], quod anno præterito perdiderat per traditionem Johannes filius Willermi Talevaz[5]. Unde rex Ludovicus iratus, et Robertus, frater ejus, congregato ingenti[6] exercitu, venerunt usque Sagium, civitatem Willermi Talevaz, et eam combuxerunt.

---

[1] Voyez Deville, *Histoire du château d'Arques*, p. 124.

[2] Torigni-sur-Vire, Manche, arr. de Saint-Lô. Nous verrons un peu plus loin que le duc s'empara en 1154 du château de Torigni, qui appartenait à Richard, fils du comte de Gloucester.

[3] La Mothe de la Nuë, selon Gilles Bry, *Histoire du Perche*, p. 187. Le château de la Nue en Sonnois, selon Odolant Desnos, *Mémoires sur Alençon*, I, 305.

[4] Robert de France, comte de Dreux, mari de la veuve de Rotrou II, comte du Perche. Voyez plus haut, p. 234, note 3.

[5] *Tal'* M. *Talevat* F.

[6] *Ingenti* omis dans J.

Iterum rex[1] Ludovicus congregans exercitum de omni potestate sua, mense Augusto, fecit illum deduci super ripam Sequanæ inter Mellentum et Medantam[2]. Nec segnius Gaufridus, comes Andegavensis, et Henricus, filius ejus, dux Normanniæ suas catervas ordinantes, in margine ducatus Normanniæ, sua defensuri, consederunt. Interim, credo dispositione divina, quæ videbat negotium illud non posse finiri sine multa effusione humani sanguinis, si uterque exercitus hinc inde convenirent[3], rex Ludovicus in civitate Parisius acuta febre interceptus, lecto prosternitur. Hac de causa, sapientibus viris ac religiosis intercurrentibus[4], ex utraque parte dantur et accipiuntur induciæ, donec rex convalesceret. Quo convalescente, Dei misericordia serenitas pacis refulsit; reddito Geraldo[5] Berlai, pro quo in maxima parte discordia erat, et rege assumente hominium Henrici ducis de ducatu Normanniæ. Cum igitur a civitate Parisius uterque, scilicet pater et filius, læti discessissent, et dux Henricus jussisset congregari omnes obtimates Normanniæ apud Luxovias in festivitate exaltationis sanctæ Crucis proxime ven-

---

[1] *Rex* omis dans J.

[2] *Medantem* J. — Mantes et Meulan.

[3] *Conveniret* J.

[4] Sur ces négociations, auxquelles prirent part Suger, abbé de Saint-Denis, Arnoul, évêque de Lisieux, Raoul, comte de Vermandois, Thierri, comte de Flandre, voyez trois lettres de Suger, une lettre de Geoffroi le Bel et une lettre d'Arnoul, dans le *Recueil des historiens*, XV, 520, et XVI, 657.

[5] *Giraldo* J.

tura », quatinus de itinere suo in Angliam cum eis tractaret, apud Castrum Ledi pater ejus pluribus diebus gravi febre vexatus, viam universæ carnis ingressus est, VII idus Septembris, vir magnæ probitatis et industriæ, suis indefinite plangendus [2]. Hic solus omnium mortalium intra muros civitatis Cinomannicæ [3] sepultus est ; conditus est enim in ecclesia sancti Juliani, ante crucifixum [4].

Huic Deus æternum tribuat conscendere regnum,
Quatinus angelicis turmis conregnet in ævum.

Hic ante mortem [5] Henrico duci Normaniæ, primogenito suo, concessit comitatum Andegavensem ; Gaufrido vero, secundo filio, dedit quatuor castella [6].

Eodem anno, mortuus fuerat Sigerius, abbas Sancti

---

[1] 14 septembre 1151.

[2] Geoffroi le Bel mourut le 7 septembre 1151 à Château-du-Loir (Sarthe, arr. de Saint-Calais). Voyez Jean de Marmoutier, dans *Chroniques des comtes d'Anjou*, p. 292, et un article de l'obituaire de Saint-Maurice d'Angers, publié dans *Chroniques des églises d'Anjou*, page 191, note.

[3] *Cenomannice* J.

[4] Le musée du Mans a recueilli une plaque émaillée, qui avait été apposée dans la cathédrale près du tombeau de Geoffroi le Bel. C'est un des plus précieux monuments de l'ancienne émaillerie française, et il a fourni la matière de beaucoup de dissertations archéologiques. — Henri II donna une rente de 20 livres, monnaie du Mans, « duobus « capellanis constitutis ad serviendum in perpetuum pro anima « predicti comitis domini et patris mei ad altare Crucifixi in ecclesia « beati Juliani Cenomanensis. » *Livre blanc du Mans*, p. 6.

[5] *Mortem suam* J, F et L.

[6] Trois de ces châteaux étaient Chinon, Loudun et Mirebeau ; Guillaume de Newburgh, dans le *Recueil des historiens*, XIII, 103.

Dionisii[1], qui[2] idem monasterium ornamentis, possessionibus et ædificiis plurimum auxerat. Successit ei Odo[3], monachus ejusdem loci, qui anno præterito fuerat abbas constitutus in ecclesia Compendii, quando rex monachos Sancti Dionisii ibidem posuerat.

Decessit[4] etiam Algarus, episcopus Constantiensis, vir admodum religiosus, qui canonicos regulares posuit in ecclesia Sancti Laudi de Constantino, et in ecclesia Sancti Laudi Rothomagensis, et in ecclesia de Cæsarisburgo[5]. Cui successit Ricardus, decanus Baiocensis[6].

---

[1] *Dionisii ariopagite* J et F. Suger mourut le 13 janvier 1152, n. s.

[2] La fin de cette phrase manque dans L.

[3] Eudes de Deuil, abbé de Saint-Corneille de Compiègne, en 1150, et de Saint-Denis, en 1152. *Gallia christiana*, VII, 377, et IX, 436.

[4] Algare, évêque de Coutances, fit une donation à l'abbaye de Savigny en 1151 (Cartulaire de Savigny, n° 155). D'après une pièce de vers d'Arnoul, évêque de Lisieux, il mourut le jour de Saint-Martin, et c'est, en effet, au 11 novembre, qu'il est mentionné dans les obituaires de Rouen, de Jumiéges et du Tréport (*Recueil des historiens*, XXIII, 369, 422 et 451). La mort de l'évêque Algare doit donc être fixée au 11 novembre 1151.

[5] Innocent II, par lettre datée de Vienne le 2 mars 1132, autorisa Algare à établir la régularité dans l'église de Saint-Lô de Rouen, et dans celle de Saint-Lô en Cotentin ; *Gallia christiana*, XI, instrum. 238. Je ne connais pas d'acte qui établisse la part prise par Algare à l'institution des chanoines réguliers dans l'église de Cherbourg.

[6] Eugène III, dans une lettre adressée à Hugues, archevêque de Rouen, fait allusion à la dignité de doyen de Bayeux que Richard avait possédée avant de devenir évêque de Coutances. On lui reprochait d'avoir indûment engagé les biens appartenant à sa prébende : « Antedictus frater noster pecuniam illam non pro « ecclesie Baiocensis utilitate aut sui honesta utilitate suscepit, sed « ut cancellariam sibi nobilis memorie Gaufridi, quondam Andegaven-

Fames [1] pene inaudita tempore præterito, mortalitas, sacer ignis, humanum genus et maxime pauperiores admodum vexat.

In Adventu Domini inundaverunt flumina ultra solitum, dejiciencia [2] pontes etiam lapideos et domos vicinas.

Terræ motus factus est in nocte festivitatis Sancti Nicholai [3].

Henricus, dux Normannorum, receptus est in pace ab Andegavensibus, fidelitatem sibi facientibus [4]; et sic factus est dux Normannorum et comes Andegavensium.

1152 [5].

ROMANORUM CONRADUS 15. FRANCORUM LUDOVICUS 15. ANGLORUM STEPHANUS 17.

Obiit venerabilis comes Tebaldus Blesensis [6], nepos regis Henrici et frater Stephani Anglorum

---

« sis comitis, compararet. » Livre noir de Bayeux, n° 182. A une charte de Philippe, évêque de Bayeux (ibid. fol. 70) figure comme témoin « Ricardus de Bohon, nostre ecclesie decanus, » et le rédacteur d'une charte de l'abbaye de Savigny (Cart. de Savigny, n. 167) parle de « felicis memorie Ricardus de Bohun, Constanciencis episcopus. »

[1] Les deux notes suivantes manquent dans L.

[2] *Deicientia* M.

[3] Nuit du 5 au 6 décembre 1151.

[4] L'auteur de la Chronique de Saint-Serge d'Angers dit que le duc Henri, après les funérailles de son père, au Mans : « Inde Andecavis « veniens, cum maxima processione a clero et populo gaudenter et « honorifice susceptus est. » *Chroniques des Eglises d'Anjou*, p. 147.

[5] Dans M, la rubrique *MCLII* a été remplacée par la rubrique *MCLI*.

[6] Thibaud, comte de Champagne, mourut en janvier 1152. D'Arbois de Jubainville, *Histoire des Ducs et des Comtes de Champagne*, II, 398.

regis, princeps magnæ sanctitatis et largitatis ini
pauperes. Huic successerunt tres filii sui : Henricus primogenitus habuit comitatum Tricasinum et
Campaniensem, et quicquid pater ejus habuerat
trans Sequanam; Tebaldus secundus filius, comitatum Carnotensem, Blesensem, pagum Dunensem;
Stephanus tercius filius, honorem Sincerrii[1] in pago
Bituricensi.

Eodem anno, obiit Conradus[2], imperator Romanorum, qui successerat Lothario, nepos Henrici IV
mariti imperatricis. Hic nunquam fuit Romæ coronatus; ideo non recte vocatur imperator, sed
rex Alemannorum. Huic successit Fredericus, nepos ejus, dux Suevorum.

Orta[3] simultate inter regem Francorum Ludovicum et uxorem ejus, congregatis religiosis personis in
Quadragesima apud Balgenceium[4], dato sacramento
coram archiepiscopis et episcopis quod consanguinei essent, separati sunt auctoritate christianitatis.

Post clausum Pascha[5], Henricus dux Normannorum et comes Andegavensium, apud Luxovias
congregatis comitibus Normanniæ et aliis primoribus,

---

[1] *Sincerii* J. — Au fol. 148 v° de M, en regard d'un passage de Sigebert relatif à Sancerre, sous l'année 1024, j'ai relevé la note marginale suivante, qui a été tracée par une main du XII° siècle : « Sincerrim vocabatur antiquitus Sacrum Cesaris. »

[2] 15 février 1152.

[3] Les deux paragraphes suivants manquent dans L.

[4] Voyez plus bas, p. 260, note 2.

[5] Ces mots désignent le dimanche de Quasimodo, qui, en 1152, tomba le 6 avril.

de itinere suo in Angliam cum illis tractavit. Venerat enim in Quadragesima pro eo Rainaldus, avunculus ejus, comes Cornubiæ.

Circa Pentecosten [1], Henricus dux Normannorum, sive repentino sive præmeditato consilio, duxit Alienor, comitissam Pictavensem, quam paulo ante rex Ludovicus propter consanguinitatem [2] dimiserat. Quo audito, rex Ludovicus commotus est contra eundem ducem. Habebat enim duas filias de ea [3], et ideo

---

[1] Vers le 18 mai 1152. — Une charte de l'abbaye de Saint-Maixent (Collection Fonteneau, XVI, 19; Bibl. nat. ms. latin 18391, fol. 2) prouve que le mariage d'Aliénor avec Henri II est antérieur au 27 mai 1152. En voici un extrait : « In nomine sancte Trinitatis... Ego Alie-
« nors, Dei gratia ducissa Aquitanorum et Normannorum, significo
« tam presentibus quam futuris quod, cum essem cum rege Franco-
« rum regina, rege dante et concedente boscum de Sauria cum per-
« tinenciis ejus ecclesie Sancti Maxentii, in manu Petri abbatis ipsius
« ecclesie, predictum boscum et ego dedi et concessi. A rege vero
« judicio ecclesie divisa, donum factum ad me revocavi.. Juncta
« vero Haierico duci Normannorum, comiti Andegavorum... acta
« egi, donata donavi, concessa concessi, duce vidente, volente et
« concedente... Hec autem carta data est Pictavi, per manum Ber-
« nardi, cancellarii mei, anno MCLII ab incarnatione Domini, sexto
« kalendas Junii, Eugenio papa residente, Ludovico rege regnante,
« Gaufrido Burdegalensi archiepiscopo, Gisleberto Pictavensi epis-
« copo. »

[2] Il y avait d'abord dans M *consanguineitatem*. — Le divorce de Louis VII et d'Aliénor fut prononcé à Beaugenci le 18 ou le 21 mars 1152. La première de ces dates est donnée par l'auteur des Gestes de Louis VII (*Recueil des historiens*, XII, 203) : « die Martis ante festum Paschalis floridi; » elle se trouve aussi dans les Grandes Chroniques (éd. Paulin Paris, II, 406), qui, pour cette époque, sont une traduction des Gestes. La date du 21 mars est indiquée dans l'Histoire du glorieux roi Louis (*Recueil des historiens*, XII, 121) : « Die Veneris ante
« Dominicam de Ramis Palmarum. »

[3] Marie, femme de Henri, comte de Champagne, et Alix, femme de Thibaud, comte de Blois.

nolebat ut ab aliquo illa filios exciperet, unde prædictæ filiæ suæ exheredarentur.

Post [1] festivitatem sancti Johannis [2], cum dux Henricus esset apud Barbefluvium [3], et vellet transire in Angliam cum manu armata, convenerunt in unum Ludovicus, rex Francorum, Eustachius, filius Stephani regis Anglorum, Robertus, comes Perticensis, Henricus comes Campaniensis, filius Thebaldi comitis, Gaufridus etiam frater ducis Normannorum, ut ei Normanniam et Andegavensem comitatum et ducatum Aquitaniæ, quem cum uxore sua acceperat, immo et omnem terram suam, auferrent, quam etiam inter se hi quinque diviserunt. Hac re cognita, audita etiam obsidione Novi Mercati [4], ubi omnes prædicti principes convenerant, excepto Gaufrido fratre suo, qui eum in Andegavensi comitatu pro posse impugnare debebat, XVII kalendas Augusti [5] dux Henricus recessit a Barbefluvio, castello scilicet pro viribus subventurus obsesso. In ipsa nocte, fulgor nimius, et postea quasi dracho ingens visus est in cœlo discurrere ab Occidente in Orientem. Interim dum dux ingentem exercitum electorum militum et peditum contraheret, redditum est castellum fraude observantium, quasi esset vi præreptum. Et [6]

---

[1] Ce paragraphe manque dans L.

[2] Après le 24 juin 1152.

[3] Barfleur, Manche, arr. de Valognes, canton de Quettehou.

[4] Neufmarché, Seine-Inférieure, arr. de Neufchâtel, canton de Gournay.

[5] 16 juillet 1152.

[6] *Al* J et F.

dux Henricus, quem etiam omnes fere Normanni existimabant omnem terram suam in brevi amissurum, sapienter se habens, sua viriliter defendendo, et humiliter domino suo regi deferendo, ab omnibus, etiam ab inimicis, admodum [1] laudatus est. Circa vero finem mensis Augusti, collocatis militibus ad custodiam Normanniæ, ipse in Andegavensem comitatum pergens, tamdiu fratrem suum Gaufridum afflixit, donec cum eo concordatus est [2]. Inde datis induciis inter eum et regem, præparavit se ad transfretandum in Angliam; in qua re potest admirari audatia ejus.

Eodem anno, cuidam in sonnis dictum est, ut manus suas et pedes truncaret, et sic salvus fieret. Qui dum hoc faceret, expiravit.

Michael [3], monachus Becci, factus est abbas Pratelli, in festivitate sancti Thomæ apostoli [4].

Eugenius [5] papa Johannem Romanæ ecclesiæ cardinalem presbiterum, cognomento Paparo, destinavit legatum in Hiberniam, cum quatuor palliis, quorum unum dedit episcopo Duvelinæ [6]; et reliqua tria tribus

---

[1] *Admodum* omis dans J.

[2] Sur le différend de Henri avec son frère Geoffroi en 1152, voyez la chronique de Tours, dans le recueil de Salmon, p. 136.

[3] Note insérée dans la Chronique du Bec. Elle manque dans L et Vi. — Michel de Tourville, abbé de Préaux, 1152-1168.

[4] 21 décembre 1152.

[5] Ce paragraphe est omis dans L. La mission du cardinal Jean Paparon est probablement de l'année 1151; voyez Jaffé, *Regesta*, p. 642.

[6] *Dunelme* J. — Grégoire, évêque de Dublin.

aliis episcopis ejusdem insulæ¹; subjiciens² unicuique eorum qui pallia acceperunt quinque alios episcopos. Et hoc factum est contra consuetudinem antiquorum et dignitatem Cantuariensis ecclesiæ, a qua³ solebant episcopi Hiberniæ expetere et accipere consecrationis benedictionem.

Eodem anno⁴, mortua est Matildis, uxor Stephani regis Anglorum.

Johannes, monachus Sagiensis, fit secundus episcopus insulæ Man, quæ est inter Angliam et Hiberniam, propinquior tamen Angliæ quam Hiberniæ; unde et episcopus ejus subjacet archiepiscopo Eboracensi. Primus⁵ ibi fuerat episcopus Wimundus, monachus Saviniensis; sed propter crudelitatem suam expulsus fuit et privatus oculis.

Mortuus est Willermus, episcopus Dunelmi⁶.

Mortuus est etiam Radulfus de Parrona, comes Viromandorum⁷, relinquens parvulum filium, nomine

---

¹ Les quatre siéges épiscopaux de l'Irlande auxquels Jean Paparon accorda le pallium étaient Dublin, Armagh, Cashel et Tuam. Giraud le Cambrien, *Topographia hibernica*, III, xvii, éd. Dimock, V, 163.

² *Subiciens* M.

³ *A quo* J.

⁴ La reine Mathilde mourut le 3 mai 1152; Gervais de Cantorbéry, dans Twysden, 1372.

⁵ Phrase omise dans L.

⁶ *Dunelme* J et F. Sur Guillaume de Sainte-Barbe, evêque de Durham, voyez plus haut, p. 247, n° 5.

⁷ *Viremandorum* J. La mort de Raoul I, comte de Vermandois, parait être du 14 octobre 1152. Voyez d'Arbois de Jubainville, *Hist. des comtes de Champagne*, III, 98.

Hugonem[1], et unam filiam[2], sub tutela Galeranni, comitis Mellenti, nepotis sui[3]. Hos infantes susceperat ex uxore sua, juniore filia Willermi, ducis Aquitanorum[4]. Primogenitam namque Ludovicus rex Francorum duxerat, ex qua genuit duas filias[5].

Moritur nichilominus Henricus, filius David regis Scotorum[6].

Moritur[7] et junior Willermus de Romara, superstite adhuc Willermo, patre suo[8], relinquens duos fi-

---

[1] Le fils que laissa Raoul I, et qui lui succéda, s'appelait Raoul, et non pas Hugues. Robert de Torigni l'appelle lui-même *junior Radulfus comes*, un peu plus loin, à l'année 1164.

[2] Raoul I laissa deux filles, Elisabeth et Eléonore, dont Robert de Torigni parle plus loin, année 1170.

[3] Galeran, comte de Meulan, avait pour mère Isabelle de Crespy, sœur de Raoul I, comte de Vermandois.

[4] La femme de Raoul I était Adelaïde de Guienne, sœur d'Aliénor.

[5] Les deux filles de Louis VII et d'Aliénor étaient Marie, femme de Henri I, comte de Champagne, et Alix, femme de Thibaud, comte de Blois.

[6] Conf. Roger de Hoveden, I, 212.

[7] Ce paraphe et le suivant manquent dans L.—Stapleton (*Rot. Scacc. Norm.* II, CLVII) a supposé que Guillaume de Roumare le jeune périt en défendant le château de Neufmarché, pendant le siège dont Robert de Torigni a parlé un peu plus haut. Ce qui est certain, c'est que Neufmarché était un domaine de la famille de Roumare. Nous avons une charte de Hugues, archevêque de Rouen, en date de l'année 1132, pour le prieuré que Guillaume de Roumare voulait fonder « apud castrum « quod dicitur Novum Mercatum », et mettre sous la dépendance de l'abbaye de Saint-Evroul ; J. Delpit, *Documents français qui se trouvent en Angleterre*, I, 1.—En 1184, Guillaume de Roumare, petit-fils du fondateur du prieuré, avait la garde du château de Neufmarché ; *Rot. scacc.* 113.

[8] Guillaume de Roumare le Vieux, comte de Lincoln, fondateur de l'abbaye de Revesby : la charte de fondation de ce monastère est rédigée au nom de « Willielmus de Romara, comes de Lincolnia, et

lios natos ex sorore Willermi, comitis de Albamarla ¹.

Anno ² superiore, fuit vindemia rara et valde sera ; unde et vinum nimis carum et duri saporis fuit ³. Hoc autem anno fuit vindemia temporanea ; sed vinum carius quam fuerat anno præterito ; iccirco fiebant vulgo etiam in Francia tabernæ cervisiæ et medonis, quod nostra memoria ⁴ in retroactis temporibus non fuit auditum.

Gaufridus Artur, qui transtulerat historiam de regibus Britonum de britannico in latinum, fit episcopus Sancti Asaph in Norgualis⁵. Sunt ⁶ itaque hodie in Gualia⁷ quatuor episcopatus, in Anglia decem et septem. In octo eorum sunt monachi in episcopalibus sedibus ; hoc in aliis provinciis aut nusquam aut raro invenies ; sed ideo in Anglia hoc ⁸ reperitur, quia primi prædicatores Anglorum, scilicet Augustinus, Mellitus,

---

« Willielmus, filius ejus, et Haudewisa, comitissa, uxor ejus ; » *Monasticon anglicanum*, v, 454. Guillaume de Roumare le Vieux mourut vers l'année 1168; Stapleton, *Rot scacc.* II, CLVII.

¹ Suivant les auteurs de l'*Art de vérifier les dates*, Guillaume de Roumare épousa Havoise, sœur de Guillaume, comte d'Aumale ; mais cette assertion aurait besoin d'être justifiée.

² Ce paragraphe manque dans Vi.

³ Voyez la continuation de la chronique de Sigebert par l'anonyme d'Afflighem, dans *Recueil des historiens*, XIII, 275.

⁴ *Nostræ memoriæ,* suivant une correction faite dans J.

⁵ Il s'agit dans ce paragraphe de Geoffroi de Monmouth, le célèbre auteur de l'histoire fabuleuse des Bretons. Nous avons vu plus haut, p. 97 et 98, que Robert de Torigni avait cet ouvrage entre les mains dès l'année 1139.

⁶ Phrase omise dans L.

⁷ *Gual*'M.

⁸ *Hoc* omis dans J.

Justus, Laurentius, monachi fuerunt; in aliis octo [1] episcopalibus sedibus, canonici seculares; in una, canonici regulares.

Eodem [2] anno, Johannes Romanus, qui fuerat monachus a puero Sancti Sabæ, et post abbas Sanctæ Mariæ in Capitolio [3] Romano, et relicta eadem abbatia factus fuerat monachus Becci, perrexit Romam, et inde rediens caput beati Felicis martiris, socii sancti Audacti, attulit secum, et gratuito dedit illud ecclesiæ Beccensi [4].

Pullulante pernitiosa doctrina Henrici hæretici [5], maxime in Guasconia, suscitavit Dominus spiritum puellæ junioris in illa provincia ad eandem [6] hæresim confutandam. Per triduum namque in unaquaque septimana jacebat absque voce, sensu, et etiam absque flatu; et rediens postmodum ad se, dicebat beatam Mariam orare pro populo christiano et beatissimum Petrum docuisse se orthodoxam fidem. Exinde de fide nostra sapienter et catholice disserebat; et præcipue hæresim Henrici convincens, plurimos ab eo seductos ad sinum sanctæ matris ecclesiæ revocabat.

---

[1] Le passage correspondant des Annales de Waverley (éd. Luard, II, 235) porte *novem*.

[2] Cette note, qui manque dans L, a été insérée dans la Chronique du Bec.

[3] M portait d'abord *capitulo*, leçon qui est passée dans la Chronique du Bec.

[4] *Becci* J. — Sur Jean le Romain, voyez les mémoires de Dom Benigne Thibault, Bibl. nat. ms. latin 12884, 1re partie, p. 197.

[5] C'est dans les Gestes des évêques du Mans (*Recueil des historiens*, XII, 548) qu'on trouve le plus de renseignements sur l'hérésie de Henri le faux ermite.

[6] *Eandem* omis dans J.

Tradita[1], ut prædictum est, munitione Novi Mercati Ludovico regi Francorum, idem rex exercitum suum usque Calvum Montem[2] revocavit. At Henricus, dux Normannorum, collecta non minima manu electorum militum et peditum, castra metatus est juxta fluvium Andellæ; ubi residens aliquandiu afflixit illam partem Wilcasini, quæ est inter Andelam et Ittam[3] flumina, quæ ad ducatum Normanniæ pertinet. Sed Gaufridus, comes Andegavorum, post mortem Henrici regis Anglorum, concessit eam ad tempus Ludovico regi Francorum, sicut et multa alia de dominicis terris ducatus Normanniæ concesserat quibusdam magnatibus ejusdem provinciæ, ut eos faceret hoc modo promptiores ad ferendum sibi auxilium in subjiciendo[4] suæ ditioni prædictum comitatum. Cotidie itaque dux Henricus in eam populatores[5] mittebat ad quærendum victualia hominibus et jumentis sui exercitus; destruxit etiam ibi et igni tradidit castellum Bascherivillæ[6], et duo alia castella Chitreium et Stripinneium[7] combuxit, hoc idem significante fumo Francis, qui ex altera parte Ittæ fluminis castra posuerant, nec aliquod suis auxilium fe-

---

[1] Toute la fin du récit relatif à l'année 1152 manque dans L.

[2] Chaumont-en-Vexin, Oise, arr. de Beauvais.

[3] *Itam* J. Robert de Torigni parle ici du Vexin normand compris entre l'Epte et l'Andelle.

[4] *Subiciendo* M.

[5] *Papulatores* M et F. Je suis la leçon de J.

[6] *Bacerville* J. *Baceriville* F. Bacqueville, Eure, arr. des Andelys, canton de Fleury-sur-Andelle.

[7] *Strinpenneium* J et F. — Guitry, Eure, arr. des Andelys, canton d'Ecos. — Etrépagny, Eure, arr. des Andelys.

rentibus. Munitionem etiam Hugonis de Gornaco, quam Feritatem¹ nominant, assultu capiens, igni tradidit, excepta turre, quæ in alto monte sita est. Denegabat enim idem Hugo prædicto duci debitum famulatum, et inimicos ejus intra castrum Gornaci fovebat. Mediante autem mense Augusto, Ludovicus rex exercitum suum fecit transire Sequanam apud Mellentum; quod dux audiens, et ipse suas copias per pontem Vernonis traducens, concito gradu cum aliquantis expeditis militibus ad Vernolium, ad quod regem festinare ab exploratoribus audierat, tendebat. Cum subito Willermus de Paceio mandavit ei quatinus Paceium² rediret, ad quod rex cum exercitu maximo veniebat. Ille impiger et nescius moræ in subveniendo suis, retroacto capite equi, tanta festinatione cum sociis remeavit, ut antequam Paceium pervenirent, plurimi equorum suorum aut mortui aut pene mortui in via remanerent. Audito ducis adventu, rex maturiore usus consilio, noluit terram ejus intrare; sed ipso die Medantum rediit. Dux vero vocatus a Gisleberto de Tegulariis³, combuxit Brueroles⁴, castrum Hugonis de Novo Castello⁵, et alteram quandam munitionem,

---

¹ La Ferté-en-Brai, Seine-Inférieure, arr. de Neufchâtel, canton de Forges.

² Pacy-sur-Eure, Eure, arr. d'Evreux. — La mort de Guillaume de Pacy sera indiquée à l'année suivante.

³ Gilbert de Tillières, qui figure en ces termes sur le rôle des fiefs dressé en 1172 : « Gillebert de Tileriis, servicium IIII militum, et ad « suum servicium IIII milites et tres quartas. » *Recueil des historiens*, XXIII, 695.

⁴ *Bruerores* F. Brezolles, Eure-et-Loir, arr. de Dreux.

⁵ Hugues II, seigneur de Châteauneuf-en-Thimerais.

Malculfivillam[1] cognominatam, sitam in Dorcasino pago. Exinde rediens in Normanniam, et affligens Richerium de Aquila[2], qui hostibus ejus subsidium ferebat, coegit eum de pace tenenda obsides dare, et munitionem Bomolini[3], ubi raptores et excommunicatos receptabat, igni tradidit. Circa vero finem Augusti, collocatis militibus ad custodiam Normanniæ, ipse in Andegavensem comitatum pergens, obsedit munitionem Montis Sorelli[4], ubi jugi obsidione coartans inclusos, Willermum, dominum ipsius castri, qui partes fratris sui juvabat, cum aliis pluribus militibus cepit. Hoc itaque infortunio et aliis pluribus Gaufridus frater ejus afflictus[5], coactus est cum illo reconciliari.

Interea, rex Francorum, de absentia ducis nactus oportunitatem, instigante eum maxime comite Roberto fratre suo, qui duxerat relictam Rotronis comitis Mori-

---

[1] *Maculfi villam* J et F. Marcouville, Eure-et-Loir, arr. de Dreux, canton de Brezolles, commune de Vitray-sous-Brezolles.

[2] En 1153, le duc Henri disposa d'une partie des biens anglais de Richer de Laigle; il donna à Guillaume, fils du roi Etienne, « quic« quid Richerus de Aquila habebat de honore Peveneselli. » Rymer, I, 18.

[3] Bonmoulins, Orne, arr. de Mortagne, canton de Moulins-la-Marche.

[4] Montsoreau, Maine-et-Loire, arr. et canton de Saumur. — Au XIIe siècle, plusieurs seigneurs de Montsoreau ont porté ce nom de Guillaume. Je crois qu'il s'agit ici d'un bienfaiteur de l'abbaye de Turpenay, appelé « dominus Guillelmus de Monte Sorello, » dans une charte de l'année 1140 (Bibl. nat. Collection de dom Housseau, V, n. 1033). On trouve en 1168 « Willelmus de Monte Sorel senex » témoin à une charte de l'abbaye de Bourgueil (Même collection, n. 1864).

[5] *Afflictus* en interligne dans M; omis dans J.

toniæ, et cui idem rex dederat castrum Dorcasinum [1], partem burgi Tegulâriensis [2], et quendam vicum castri Vernolii, voracibus flammis tradidit. Castrum etiam Nannetiscurtis [3] apparatu bellico cingens, nichil ei nocuit.

Paucis exinde diebus evolutis, datis induciis inter regem et ducem, dux præparavit se ad transfretandum; sed antequam transiret, rex fecit reddere treguas. Nichilominus tamen dux propositum transfretandi deserens, auram ad transeundum aptam juxta navalia operiebatur; in quo potest animadverti probitas et audatia ejus.

In capitulo Cisterciensi statutum est ne amplius aliquam novam abbatiam construerent, quia numerus abbatiarum de illo ordine usque ad quingentas fere abbatias processerat.

Mortuo Conrado imperatore Romanorum, ut prædictum est, successit Fredericus, nepos ejus [4].

Eugenius papa fecit transferri de græco in latinum librum Petri Damasceni [5].

---

[1] Sur le mariage de Robert, comte de Dreux, voyez plus haut, p. 234, note 3.

[2] Tillières-sur-Avre, Eure, arr. d'Evreux, canton de Verneuil.

[3] Nonancourt, Eure, arr. d'Evreux.

[4] L'empereur Frédéric fut élu le 5 mars 1152.

[5] Note ajoutée après coup dans M et manquant dans B, J, F et H; elle est dans C et P.—Au moyen-âge on a parfois confondu les ouvrages de saint Jean Damascène avec ceux d'un prétendu Pierre Mansur Damascène; voyez Fabricius, *Bibliotheca græca*, éd. Harles, IX, 718, et XI, 336. La traduction dont parle ici Robert de Torigni est celle qui se trouve dans plusieurs manuscrits de la Bib. nat. (fonds latin, n. 2375, 2376, etc.) et qui est intitulée : « Johannis Damasceni presbiteri qui « Mansur liber incipit, in quo est tradicio certa orthodoxe fidei, capi-

1135 [1].

ROMANORUM FREDERICUS 1. FRANCORUM LUDOVICUS 16.
ANGLORUM STEPHANUS 18.

Henricus dux Normannorum infra octavas Epiphaniæ [2] transiit in Angliam cum XXXVI navibus.

Facta est eclypsis solis VII kalendas Februarii, circa octavam horam, luna XXVII [3].

Dux Normannorum obsidens castrum munitissimum Mammesberi, et homines regis Stephani in eo, ad deditionem coegit, licet idem rex cum pluribus milibus armatorum in proximo esset [4].

« tulis divisa centum, a Burgundione Judice, cive Pisano, de greco
« in latinum domino III Eugenio beate memorie papa translatus. »
Bourguignon offrit encore au pape Eugène III la traduction du commentaire de saint Basile sur Isaïe et la traduction de l'explication de l'évangile de saint Mathieu par saint Jean Chrysostome; il rappelle ces deux ouvrages dans la préface de sa traduction des homélies de saint Jean Chrysostome sur Jean (Bibl. nat. ms. latin 1782). Dans le ms. latin 1781, la traduction de l'explication de saint Mathieu est précédée de cette rubrique : « Incipit prologus sancti Johannis Cri-
« sostomi, archiepiscopi Constantinopolitani, supra evangelium
« sancti Mathei, secundum translationem Burgundii Leuli, civis Pisani
« et Judicis, domino papa Eugenio tertio precipiente. » Plus bas, à l'année 1182, il sera encore question des traductions de Bourguignon.

[1] Le ms. M porte *MCLII*; mais il y avait primitivement *MCLIII*. — La rubrique manque dans J et F, où les chapitres relatifs aux années 1152 et 1153 sont réunis sans aucune distinction.

[2] Le 6 janvier, selon Gervais de Cantorbéry, dans Twysden, 1372.

[3] 26 janvier 1153.

[4] Sur le succès remporté par Henri, du côté de Malmesbury, voyez Gervais de Cantorbéry, dans Twysden, 1372.

Obiit [1] Gislebertus [2] filius Ricardi [3], et sepultus est apud Claram, in cella quam Gislebertus avus ejus dederat monachis Becci [4]. Successit autem ei Rogerius [5], frater suus.

Post octavas Paschæ [6], Ludovicus rex Francorum, cum magno exercitu, summo mane veniens de Medanta [7] ad Vernonem, burgum extra muros positum combuxit, et villam optimam et vinearum fertilem, quam Longam Villam [8] nominant. Irritaverat enim iram ejus Ricardus, filius Willermi de Vernone [9], non veritus deprædari mercatores in conductu ipsius.

---

[1] Ce qui suit, jusqu'à la mort du comte de Warwick exclusivement, manque dans L. La note relative à Gilbert de Clare a été insérée dans la Chronique du Bec.

[2] *Gillebertus* J. *Guilbertus de Clara* Chronique du Bec. — Gilbert de Clare, comte de Hertford, mourut en 1152, suivant Stapleton, *Rotuli scacc.* II, cxxxvi.

[3] Richard, fils de Gilbert, tué en 1136; voyez plus haut, p. 204, note 6.

[4] Sur le prieuré de Clare, au comté de Suffolk, que Gilbert de Clare donna en 1090 à l'abbaye du Bec, voyez *Monasticon Anglicanum*, VI, 1052.

[5] Roger de Clare, comte de Hertford, qui mourut en 1173. Voyez plus bas, à cette date.

[6] En 1153, Pâques tomba le 19 avril.

[7] A ce passage de Louis VII par Mantes se rapporte une charte que ce prince accorda en 1153 au prieuré de Saint-Gilles de Mantes et dans laquelle on lit ces mots : « Quoniam nostri exercitus per Ma-« duntam frequens transitus in Normanniam dampnosus multum « fuerat monachis Sancti Egidii.... » Bibl. nat. Collection Moreau, vol. 66, fol. 183.

[8] Sur les vignobles de Longueville près Vernon, voyez mes *Études sur la condition de la classe agricole en Normandie*, p. 421.

[9] En 1149, Richard de Vernon confirma l'exemption de droits de passage que son père Guillaume avait accordée aux moines du Bec. Bibl. nat. ms. latin 12884, 2ᵉ partie, p. 60.

Gondreda [1], comitissa Warvicensis, ejecit custodes regis Stephani de munitione civitatis Warwic, et tradidit eandem munitionem Henrico duci Normannorum. Mortuo Rogero comite Warwicensi [2], successit ei Henricus [3], filius suus, natus ex Gondreda, sorore uterina Galeranni comitis Mellenti [4].

Mortuo etiam Symone, comite Huntedoniæ [5], suc-

Richard de Vernon était fils de Guillaume de Vernon, lequel était frère de Baudouin de Reviers, comme on le verra à l'année 1155, dans la note relative à la mort de Baudouin de Reviers. La filiation de Richard est attestée par beaucoup de documents, et notamment par une charte dont voici un extrait : « ... Ego Ricardus de « Vernone, inspecta diligenter carta Hugonis de Vernone, patrui « mei,.... concessi Deo et ecclesie Gemmeticensi.... libertatem quam « predictus Hugo, assensu Willelmi de Vernone, patris mei, scilicet « fratris sui, prefate ecclesie dederat.... Actum apud Vernonem, « anno incarnati Verbi MCLXXIV. » Bibl. nat. Collection Moreau, vol. 79, fol. 59. Le rôle des fiefs dressé en 1172 (*Recueil des historiens*, XXIII, 695) nous montre Richard de Vernon possesseur des seigneuries de Vernon-sur-Seine et de Néhou en Cotentin : « Ricardus de Ver- « none, servicium X militum de honore de Neauhou, et ad suum ser- « vicium XXX milites. Idem de comitatu Moretonii, V milites. Idem, « servicium XVI militum, de honore Vernonis, ad custodiam ejusdem « castri. »

[1] *Gundreda* J.

[2] Roger, fils de Henri, comte de Warwick. Voyez Orderic Vital, III, 428.

[3] Le passage correspondant des Annales de Waverley (éd. Luard, II, 235) porte *Willelmus*, ce qui est la bonne leçon. Les mêmes Annales de Waverley marquent à l'année 1184 la mort de Guillaume comte de Warwick (ibid. II, 243).

[4] Robert, comte de Meulan, père de Galeran, s'était allié à Isabelle de Crépy, laquelle abandonna son premier mari pour épouser Guillaume II de Varenne. Voyez plus haut, p. 241, et le passage dans lequel Orderic Vital (V, 128) cite comme frères Galeran, comte de Meulan, et Guillaume III, comte de Varenne : « Gualerannus autem « comes et Guillelmus de Guarenna, frater ejus.... »

[5] *Huntendonie* L. Simon de Senlis, 2ᵉ du nom, comte de Huntingdon,

cessit ei Symon, filius ejus, quem genuerat ex filia ¹ Roberti comitis Legecestriæ.

Decessit ² etiam David rex Scotiæ, vir admodum religiosus, et successerunt ei duo sui nepotes, quos Henricus, filius ejus, qui anno superiore obierat, ex filia Willermi comitis de Warenna³, sorore videlicet uterina Gualeranni comitis Mellenti, genuerat. Primogenitus horum, scilicet Melcomus, regnum Scotiæ adeptus est; frater ejus Willermus, comitatum Lodonensem⁴.

Mense Julio, VII idus ejusdem mensis, viam universæ carnis ingressus est venerabilis memoriæ Eugenius III papa, vir admodum religiosus, in elemosinis largus, in judiciis justus, omnibus tam pauperibus quam divitibus affabilis et jocundus; ad cujus tumulum, qui ei in ecclesia Beati Petri venerabiliter factus

---

est appelé « Simon de Saintliz » dans une charte du roi Etienne, dont le fac-simile est dans le t. I de *The statutes of the realm*. Il était fils de Simon de Senlis Ier du nom et de Mathilde, fille de Walthéof; voyez Orderic Vital, III, 402. Il fonda le couvent des religieuses de la Pré dans le comté de Northampton; *Monasticon anglicanum*, V, 208. Gervais de Cantorbéry (Twysden, 1374) met la mort de Simon II, comte de Northampton, au mois d'août 1153.

¹ Simon de Senlis, 2ᵉ du nom, épousa Isabelle, fille de Robert, comte de Leicester. Documents sur Walthéof et sur sa famille, publiés d'après un ms. de Douai, par Francisque Michel, *Chroniques anglo-normandes*, II, 128.

² Le ms. S porte : « Obiit David rex Scotiæ, cui successit Melcol-
« mus, nepos ejus, ex Henrico, filio suo, qui præcedenti anno obie-
« rat procreatus. »

³ D'après les documents relatifs à Walthéof et à sa famille, que M. Francisque Michel (*Chroniques anglo-normandes*, II, 124-130) a tirés d'un ms. de la bibliothèque de Douai, Henri, fils de David, épousa Ade, sœur de Guillaume, comte de Varenne.

⁴ *Londoniensem* J et F.

est, miracula post transitum ejus statim apparuerunt¹. Successit ei Conradus², Sabinensis episcopus, apostolicæ sedis in urbe dumtaxat in agendis episcopalibus, dum papa deest, ex antiqua consuetudine, pro dignitate loci sui vicarius, qui erat natione Romanus, vir grandævus³ et apud Romanos auctoritate præclarus, exinde vocatus Anastasius IV, papa videlicet CLXXII.

Henricus⁴ dux Normannorum obsedit castrum Cravemense⁵, quod rex Stephanus fecerat haud procul a Warengefort, quatinus milites ducis, qui in prædicto castro erant, a transitu pontis Tamisiæ prohiberet. Capto pro majori parte castello Cravemense, cum rex Stephanus illo appropinquaret cum non nimio apparatu bellico, ut suis secundum condictum subveniret, dux intrepidus, nec deserens obsidionem, acies e regione contra regem pugnaturus ordinavit. Verum intercurrentibus religiosis personis, et secreto cum summatibus, qui in exercitu ducis erant, tractantibus, ad hunc finem res deducta est, ut datis quinque dierum induciis, rex Stephanus proprium castellum quod obsidebatur everteret, eductis tantum LXXX militum suorum, qui supererant; nam dux in quadam turre li-

---

¹ Eugène III mourut le 8 juillet 1153. Dom Martène (*Ampl. collectio*, VI, 1139) a publié une relation des miracles opérés en son honneur.

² *Corradus* S, J et F. — Le sacre d'Anastase IV est du 12 juillet 1153.

³ *Grandeuvus* M.

⁴ Ce qui suit, jusqu'à l'incendie d'une partie de Verneuil par Louis VII, inclusivement, manque dans L.

⁵ Conf. Gervais de Cantorbéry, dans Twysden, 1373. — Le nom moderne est Crowmarsh.

gnea XX milites jam ceperat, exceptis LX sagittariis, quos decapitari fecerat. Hanc conditionem cùm dux cognovisset, licet sibi magno honori esset, graviter tulit et in hac dumtaxat parte de infidelitate suorum, qui eandem condictionem interpositione suæ fidei firmaverant, conquestus, ne fidem illorum irritam faceret, prædictum pactum concessit. Soluta est itaque obsidio quæ circa Walingefort ordinata fuerat, rege Stephano Cravemense subvertente. Nam anno præterito familia ducis Henrici, quæ Walingefort incolebat, non solum castrum Bretewelle [1], quod diu eos impugnaverat, verum etiam castellum; quod rex etiam Stephanus contra jus et fas erexerat apud abbatiam Radingis, pessumdederat.

Exinde, dux Henricus cùm CCC militibus obviavit Willermo de Querceio, præsidi Oxinefordensi [2], et Ricardo de Luceio, et Willermo Martello [3], et sociis eorum venientibus in terram suam, et fugavit eos usque Oxinefort, et cepit ex eis xx milites; prædam autem innumerabilem, quam velites et levis armaturæ viri, qui eum prosequuti fuerant, ex circumjacente regione congregaverant, jussit eis reddi quorum fuerat, dicens se non ad hoc ut raperet, sed ut a rapina potentum populum pauperum liberaret, venisse.

---

[1] *Bretevelle* J et F. — Brightwell.

[2] Je soupçonne une altération dans le nom de ce gouverneur d'Oxford. Au lieu de *Querceio*, il faut peut être lire *Everceio*.

[3] « Willelmus Martel » est cité comme un bienfaiteur du prieuré de Bacqueville dans une charte de Hugues, archevêque de Rouen, en 1133, dont l'original est aux Archives de la Seine-Inférieure.

Dux Normannorum cepit castrum munitissimum et divitiis opulentum et cujusdam comitatus caput, scilicet Stanfort[1].

Circa finem Julii mensis, Ludovicus rex Francorum, congregans maximum exercitum ex omni potestate sua, obsedit castrum Vernonis[2] fere per xv dies. Cumque nichil proficeret nec crebris assultibus nec diversis machinis, et comes[3] Morinorum, quos moderni Flandros nominant, in cujus multiplici milicia rex maxime confidebat, vellet discedere, ne prædictus rex inglorius recederet, si omnino nichil profecisset, egit secretis conventionibus et promissis cum Ricardo de Vernone, ut saltem vexillum ejus in turre levaretur, et eadem turris Goello filio Baldrici[4] ad custodiam[5] committeretur, qui utrique, regi scilicet et Ricardo, beneficio casamenti obnoxius erat.

Mense Septembri, rex Francorum, cum paucis veniens, et quasi latenter, combuxit quandam partem burgi Vernolii.

Mortuo Willermo de Paccio[6] absque liberis, reddi-

---

[1] Stafford.

[2] Il est question de ce siége de Vernon dans la chronique de Lambert de Waterloo; *Recueil des historiens*, XIII, 509.

[3] Thierri d'Alsace.

[4] Ce seigneur de Baudemont (Eure, arr. des Andelys, canton d'Ecos) est appelé « Goel de Baudemont » sur le rôle des fiefs de l'année 1172 (*Recueil des historiens*, XXIII, 696 j), et « Goelus de Baldemonte » dans une charte qu'il accorda en 1177 au prieuré de Sausseuse (Le Prévost, *Notes*, I, 188).

[5] *Custodienda* J.

[6] Guillaume de Pacy, fils d'Eustache de Breteuil, lequel avait eu

tum est castrum Paceii [1] Roberto filio Roberti comitis Legecestriæ [2], quia pertinebat ad honorem Britolii, unde ille erat legitimus heres ex parte matris suæ.

Discordia [3] inter Symonem, comitem Ebroicensem, et filios Asçelini Goelli, scilicet et [4] Willermum Lupellum [5] et Rogerium Balbum; qua invalescente, prædictus comes fere totam terram eorum depopulatus est, absque firmitatibus.

Nonis Augusti [6], facto tonitruo magno, circa occubitum solis, fulmen cecidit Becci in summitate camini cujusdam cameræ sitæ super præterfluentem aquam;

pour père Guillaume de Breteuil, mort en 1102 ou 1103. Emma, sœur de Guillaume de Breteuil, épousa Raoul de Gael; de ce mariage sortit Raoul II de Gael, père d'Amicie de Gael, laquelle eut pour mari Robert II, comte de Leicester, et pour fils Robert de Leicester, à qui le duc Henri concéda le château de Pacy.

[1] Au Trésor des chartes se conserve en original une charte datée de Bristol, par laquelle Henri, duc de Normandie, fait à Robert, fils de Robert, comte de Leicester, différentes concessions, et notamment la suivante : « Preterea dedi ei et concessi in feudo et hereditate Pasci, « cum toto honore, et totam terram quam Willelmus de Pasci in « Anglia et in Normannia tenuit in feudo de me, et de quocumque eam « tenuisset, et dapiferatum Anglie et Normannie. » Voyez Teulet, *Layettes du Trésor des chartes*, I, 73, n. 138.

[2] M portait d'abord *Gloecest*.

[3] On a ajouté dans J, en interligne, les mots *facta est*. Cette phrase manque dans L.

[4] *Et* n'est pas dans J.

[5] Nous savons par Orderic Vital (IV, 441) que Guillaume Louvel était un des fils d'Ascelin Goel, seigneur d'Ivry : « Guillelmus Lu- « pellus, Ascelini filius, qui post mortem Rodberti Goelli, fratris sui « adeptus est cum toto patrimonio arcem de Ibreio. »

[6] 5 août 1153.

et dividens eundem caminum, mediam partem ejus dejecit, reliqua medietate stante.

Mulier quædam religiosa de provincia Lothariensi, habens spiritum prophetiæ, misit litteras capitulo Cisterciensi valde obscuras et quasi per integumentum loquentes; in quibus tamen poterat animadverti quod aliquantulum et teporem ordinis et frigus notaret caritatis. Hæc prædixerat Eugenio papæ quod circa octavum annum sui sacerdotii et pacem habiturus esset et vitæ finem.

Tercius Balduinus rex Jerosolimitanus, gratia Dei præcurrente, diu obsidens civitatem Ascalonem, tandem cepit eam, et dedit eam Amalrico fratri suo, comiti Joppensi [1].

Rogerius rex Siciliæ per ammiralios suos cepit Tonitam [2], urbem maximam in Affrica.

Mortuo Ricardo episcopo Abrincensi in itinere Romæ, cum illuc perrexisset causa altercationis duorum electorum abbatiæ Montis Sancti Michaelis, Herbertus capellanus ducis Normannorum factus est episcopus prædictæ sedis [3].

---

[1] La ville d'Ascalon fut prise aux infidèles le 12 août 1154. Amauri, comte de Jaffa, frère de Baudouin III, se qualifie comte d'Ascalon dans un acte du 14 janvier 1155. Du Cange, *Les Familles d'outre-mer*, p. 342.

[2] Tunis. — Cette ville ne paraît pas avoir jamais été conquise par Roger, roi de Sicile. Sur les rapports des rois de Sicile avec les rois de Tunis, voyez de Mas Latrie, *Bibliothèque de l'Ecole des chartes*, 4ᵐᵉ série, V, 214, et *Traités avec les Arabes de l'Afrique septentrionale*, Introd. 44 et 52.

[3] Dans la Rubrique abrégée des abbés du Mont-Saint-Michel, à l'année 1153, il est question du voyage à Rome et de la mort des deux

Mense Augusti, circa octavas sancti Laurentii, moritur Eustachius filius Stephani regis Anglorum, quia prædatus fuerat, ut quidam dicunt, terram sancti Edmundi, regis et martiris, in ipsa festivitate sancti Laurentii [1].

In eisdem octavis, nascitur filius [2] Henrico duci Normannorum ex uxore sua Alienor comitissa Pictavensi. Vocatus est idem puer Willermus, quod nomen quasi proprium est comitibus Pictavorum et ducibus Aquitanorum.

Venerabilis Bernardus, primus abbas ClaræVallis, vir admirandæ religionis et doctrinæ efficacis, humanæ vitæ moriendo satisfecit XIIII kalendas Septembris [3], relinquens sapientiæ suæ plurima documenta, maxime in commentariis in Cantica [4] canticorum. Cui successit Robertus Flandrita, qui erat abbas Dunensis [5].

Decessit nichilominus Henricus Murdac, archiepiscopus Eboracensis, monachus Cisterciensis [6].

Stephanus rex Anglorum et Henricus dux Normannorum, cognatus ejus, VIII idus Novembris, justicia de

---

abbés rivaux, Richard de la Mouche et Robert le Hardi, et de Richard, évêque d'Avranches.

[1] Conf. Gervais de Cantorbéry, dans Twysden, 1374.

[2] *Filius primus* J.

[3] Saint Bernard mourut le 20 août 1153.

[4] *In Canticis* J. C'était la leçon primitive de M.

[5] Sur Robert de Bruges, successivement abbé des Dunes et de Clairvaux, voyez *Gallia christiana*, IV, 799.

[6] Voyez plus haut, p. 246, n. 7.

cœlo prospiciente, concordati sunt hoc modo [1]. Rex prius recognovit in conventu episcoporum et comitum et reliquorum obtimatum hereditarium jus, quod dux Henricus habebat in regno Angliæ. Et dux benigne concessit ut rex tota sua vita, si vellet, regnum teneret; sic tamen, ut in præsentiarum ipse rex et episcopi et ceteri potentes sacramento firmarent quod dux post mortem regis, si ipse eum superviveret, pacifice et absque contradictione regnum haberet. Juratum est etiam, quod possessiones, quæ direptæ erant ab invasoribus, ad antiquos et legitimos possessores revocarentur, quorum fuerant tempore Henrici optim regis; de castellis etiam quæ post mortem prædicti regis facta fuerant, ut everterentur; quorum multitudo ad CCCLXXV [2] summam excreverat.

Ranulfus [3], comes Cestriæ, moritur, relinquens successorem sui honoris Hugonem filium, natum ex filia Roberti comitis Gloecestriæ [4].

Robertus de Monte Forti cepit avunculum suum Gua-

---

[1] La charte du roi Etienne contenant les conditions du traité a été publiée dans la nouvelle édition de Rymer, I, 18. Elle est datée de Westminster, en 1153.

[2] Le chiffre primitivement inscrit dans M a été gratté; le chiffre récrit assez peu distinctement paraît être *XI.C et XV*.

[3] *Rannulfus* F. — Ce paragraphe et le suivant manquent dans L.

[4] *Rannulfus, comes Cestriæ, male potionatus a Willermo Pevrel, moritur, cui succedit Hugo, filius ejus, ex filia Roberti comitis Gloecestriæ natus* S. — La femme de Renouf, comte de Chester, se nommait Mathilde, comme on le voit par une charte de l'abbaye de Bordesley, dont voici un extrait : « Matildis, comitissa Cestrie, et Hugo, filius « suus..... Notum sit vobis nos eandem donationem dedisse... uti do- « minus et sponsus meus R. comes Cestrie illam donationem ipsis « monachis dederat....; » *Monasticon anglicanum*, V, 410.

lerannum, comitem Mellenti¹, in colloquio condicto haud procul a burgo Bernai². Obsesso castro Orbec³ ab hominibus comitis Gualeranni, in quo idem comes tenebatur, tandem comes liber dimissus est, reddita prius prædicto nepoti suo turre de Monte Forti⁴.

1154⁵.

ROMANORUM FREDERICUS 2. FRANCORUM LUDOVICUS 17.
ANGLORUM STEPHANUS, 19.

Ludovicus⁶ rex Francorum duxit uxorem filiam Anforsi regis Hispaniarum. Caput⁷ regni hujus regis civitas est Toletum; quem, quia principatur regulis Arragonum et Galliciæ, imperatorem Hispaniarum appellant⁸.

Walerannus comes Mellenti, obsidens castrum Mon-

---

¹ Galeran, comte de Meulan, était frère d'Adeline, mère de Robert de Montfort. Voyez plus haut, p. 163, note 5.

² Bernay, Eure.

³ Orbec, Calvados, arr. de Lisieux.

⁴ Montfort-sur-Risle, Eure, arr. de Pont-Audemer.

⁵ La rubrique *MCLIIII*, qui avait d'abord été mise ici dans M, a été changée dans ce ms. en *MCLIII*.

⁶ Ce fut bien en 1154 que Louis VII épousa Constance, fille d'Alfonse-Raimond VIII, roi de Castille et de Léon. L'auteur de la Chronique de Tours, Robert Abolant et Bernard Gui disent que le mariage fut célébré à Orléans; *Recueil des historiens*, XII, 475, 295 et 232.

⁷ Cette phrase et le paragraphe suivant manquent dans L.

⁸ La Bibl. nat. dans sa collection de chartes de Cluny (n. 222, 228 et 231), possède trois diplômes en tête desquels Alfonse prend le titre de « Hispaniæ imperator. »

tis Fortis¹, fugatus est ignominiose a nepote suo Roberto, eversis duobus castellis, quæ ipse prope Montem Fortem erexerat.

Rogerius rex Siciliæ moritur IIII kalendas Martii; huic successit Willermus, filius suus, quem pater ante mortem suam sullimatum in regem consortem regni fecerat. Hic duxit filiam regis Navarorum Garsiæ, sororem scilicet Sanccii junioris; et suscepit ex ea filium primogenitum, nomine Rogerium².

Mortuo, ut prædictum est, Henrico archiepiscopo Eboracensi, Anastasius papa restituit in eandem sedem Willermum³, donans ei pallium, et consecrans Romæ in præsentia ejus Hugonem de Puisat, episcopum Dunelmi, nepotem Stephani regis Anglorum⁴. Hunc Willermum Eugenius papa, decessor Anastasii, deposuerat.

Circa Pascha⁵ Henricus dux Normannorum transfretavit in Normanniam, et⁶ cœpit revocare paulatim

---

¹ Voyez le dernier paragraphe de l'année 1153, p. 282.

² A Roger II, roi de Sicile, mort en 1154, succéda son fils Guillaume, lequel épousa Marguerite, fille de Garcie-Ramire, roi de Navarre. L'enfant que Robert de Torigni appelle Roger dut mourir avant son père.

³ Guillaume, archevêque d'York, déposé en 1147, fut rétabli par le pape Anastase IV à la fin de l'année 1153. *Monasticon anglicanum*, VI, 1172.

⁴ Hugues du Puiset, neveu du roi Etienne, fut élu évêque de Durham en février 1153 et intronisé à Durham le 2 mai 1154. *Monasticon anglicanum*, I, 225. Il avait été sacré à Rome le 20 décembre 1153 ; Jaffé, *Regesta*, p. 654.

⁵ En 1154, Pâques tomba le 4 avril.

⁶ Ce membre de phrase est omis dans L.

et prudenter in jus proprium sua dominica, quæ pater suus, urgente necessitate, primoribus Normanniæ ad tempus concesserat. Inde profectus in Aquitaniam, rebellionem quorumdam repressit.

Willermus, archiepiscopus Eboracensis, reversus in Angliam, dum divina misteria consummat, hausto in ipso calice, ut aiunt, veneno, moritur [1]. Cui successit Rogerius de Ponte Episcopi, archidiaconus Canturiensis [2].

Mense [3] Maio, VI kalendas Junii, feria V infra octavas Pentecostes [4], monasterium Beati Michaelis de Periculo maris, post tribulationem, quam per quinquennium fere jugem passum fuerat [5], Deo miserante, aliquantulum respiravit, electo unanimiter ab omni conventu Roberto de Torinneio [6], priore claustrali Beccensis monasterii. Eodem [7] mense, dux Henricus, rediens de Aquitania, Rothomagi, in die festivitatis

---

[1] Guillaume, archevêque d'York, mourut le 8 juin 1154. *Monasticon anglicanum*, VI, 1172 Sur les circonstances de sa mort, voyez Giraud le Cambrien, *Gemma ecclesiastica*, I, XLV, éd. Brewer, II, 123.

[2] *Canturiensis* M. — Roger de Pont-l'Evêque fut sacré archevêque d'York le jour de Saint-Paulin, 10 octobre 1154 ; Raoul de Dicet, dans Twysden, I, 529.

[3] Dans M, avant ce paragraphe, on a inséré, mais à tort, la rubrique *MCLIIII*. — Cette première phrase a été recueillie dans la chronique du Bec. — Tout le paragraphe manque dans Vi.

[4] Ces synchronismes sont exacts. Ce fut donc le 27 mai 1154 que Robert de Torigni fut nommé abbé du Mont-Saint-Michel.

[5] Sur cette anarchie, voyez la Rubrique abrégée des abbés du Mont-Saint-Michel.

[6] *Toringneio* J et F.

[7] La fin du paragraphe est omise dans L.

sancti Johannis Baptistæ [1], gratanter assensum præbuit prædictæ electioni, quam archiepiscopus Rothomagensis Hugo, vir summæ religionis et industriæ, cum imperatrice matre ducis, antea ut præsentes libentissime confirmaverant. Sequenti vero mense, in festivitate sanctæ Mariæ Magdalenæ [2], prædictus electus benedictus est in abbatem apud Sanctum Philibertum de Monte Forti [3] a Herberto, episcopo Abrincatensi, et Girardo Sagiensi, præsentibus abbatibus Rogerio Beccensi, Michaele Pratellensi, Hugone de Sancto Salvatore Constantini [4].

Mense Augusto, concordati sunt Ludovicus rex Francorum et Henricus dux Normannorum hoc modo. Rex [5] reddidit ei duo castella, Vernun [6] et Novum Mercatum; et dux dedit ei duo milia marcarum argenti pro resarciendo dampno quod rex passus fuerat in capiendo, muniendo, tenendo easdem firmitates.

Reinaldus [7] de Castelliolo factus princeps Antiochiæ, ducta Constantia relicta Raimundi principis, quem Turci, eodem anno quo rex Francorum Ludovicus de Jerusalem rediit, occiderant [8], contra eosdem Turcos

---

[1] 24 juin 1154.

[2] 22 juillet 1154.

[3] Le prieuré de Saint-Philbert-sur-Risle (Eure, arr. de Pont-Audemer, canton de Montfort) était une dépendance de l'abbaye du Bec.

[4] Saint-Sauveur-le-Vicomte, Manche, arr. de Valognes.

[5] Ce qui suit, jusqu'à la nouvelle de la mort du roi Etienne, manque dans L.

[6] *Vernum* J. *Vernon* S. *Vernu[n]* M.

[7] *Reignaldus* J. Au lieu de *Castelliolo*, il vaudrait mieux dire *Castellione*, comme plus haut, p. 248, à l'année 1148.

[8] 27 juin 1149.

viriliter agens, tria castella illis abstulit, quæ fuerant Christianorum [1].

Circa kalendas Octobris, Henricus dux Normannorum, sopita adversa valitudine, Deo miserante, qua periculose laboraverat, accitus a rege Francorum, cum exercitu perrexit in Wilcasinum, et pacificavit cum rege Goscelinum Crispinum [2]. Inde rediens, obsedit Torinneium [3] fere per XV dies, incipiens ibi tria cas-

---

[1] Ici Robert de Torigni paraît avoir été mal renseigné. En 1154, Renaud de Châtillon combattit Toros, prince de Cilicie et d'Arménie, et ravagea l'île de Chypre ; voyez Guillaume de Tyr, XVIII, x, dans *Historiens occidentaux des croisades*, I, 834.

[2] La charte dont on va lire un extrait indiquera les rapports qui existaient entre différents membres de la famille des Crespins dont parle Robert de Torigni.

« .... Ego Goscelinus Crispinus .... confirmavi Deo et sancte Ma-
« rie Becci.... omnes donationes quas antecessores mei et homines
« eorum eis fecerunt... scilicet ex dono primi Willelmi Crispini, ec-
« clesias de Blangeio...., ecclesiam de Livarout...., in Strapigneio
« decimam denariorum burgi.... Ex dono Eve, uxoris ejusdem Wil-
« lelmi.... Ex dono Willelmi Crispini secundi, filii dicti Willelmi et
« Eve,.... in Burnevilla medietatem ecclesie et decime et patrona-
« tus.... Ex dono Willelmo Crispini tertii, filii dicti Willelmi et Agne-
« tis.... Hec omnia que scripta sunt ego Goscelinus Crispinus, Bec-
« cum veniens, cum Willelmo filio meo adhuc puero, dictis mona-
« chis in liberam et perpetuam elemosinam concessi, assensu et vo-
« luntate dicti Willelmi filii mei... anno ab incarnatione Domini
« MCLV. » Bibl. nat. ms. latin 13905, fol. 19 v°. — Sur la famille des Crespin, consultez l'opuscule que Dom Luc d'Achery a joint aux Œuvres de Lanfranc et qui est intitulé : « Miraculum quo beata Maria
« subvenit Willelmo Crispino seniori, ubi de nobili Crispinorum ge-
« nere agitur. »

[3] *Torigneium* J et F. *Toringneium* S. Le duc Henri avait assiégé une première fois le château de Torigni-sur-Vire en 1151 (plus haut, p. 254, note 2). Au second siège se rapporte une charte du duc Henri datée « apud Torineium, » et dans laquelle on lit : « Sciatis quod

tella. Reddito castello, et pacificato Ricardo filio comitis¹, qui illud municipium tenuerat, audito veridico nuntio de morte Stephani regis Anglorum, locutus cum matre sua imperatrice, convocatisque fratribus suis, Gaufrido et Willermo, et episcopis et optimatibus Normanniæ, venit Barbefluvium, et ibi per unum mensem expectavit ventum oportunum ad transfretandum².

Obierat enim VIII kalendas Novenbris Stephanus, rex Anglorum; cujus corpus tumulatum est in monasterio Fassehan³, quod Matildis, uxor ejus, ædificaverat, ubi ipsa et filius ejus primogenitus Eustachius sepulti sunt.

Interim pax summa erat in Anglia, timore et amore

« Gaufridus de Clintonia recognovit coram me in exercitu Torigneii « quod ipse posuit terram suam de Dovera in vadio Philippo, Baio- « censi episcopo...; » Livre noir du chapitre de Bayeux, n. 7 et 26.

[1] Richard fils de Robert, comte de Gloucester; Robert de Torigni parle de la mort de ce seigneur un peu plus loin, à l'année 1175.

[2] Ce fut pendant ce séjour à Barfleur que Henri fit droit à une requête des religieuses du Ronceray d'Angers : « Post obitum comitis « (Gaufridi), Nivardus calumpniam fecit super boscum de Lateio, et « homines Sancte Marie cepit, et captos in turre posuit. Moniales « vero Sancte Marie, audita injuria Nivardi, conquestum suum Hen- « rico, comiti Andegavis et duci Normannorum, apud Barbiflodium « pertulerunt. Illic enim iter suum parabat ad transfretandum in « Angliam, ad suscipiendam coronam regni Anglorum, hereditatem « suam. Comes vero ut audivit conquestum monialium et injuriam « Nivardi, mandavit Gosleno dapifero (et) commendavit ut, sicut pa- « ter ejus boscum de Lateio liberaverat, ita et ipse proborum homi- « num qui affuerunt testimonio eis liberaret... » Bibl. nat., collection Housseau, V, n. 1773.

[3] *Faveresham*, Raoul de Dicet. L'abbaye de Faversham, au comté de Kent; *Monasticon anglicanum*, IV, 568.

Henrici ducis, quem omnes venturum et regem futurum non dubitabant.

Obiit vi kalendas Decembris Anastasius papa Romanus[1]; et successit ei Nicholaus, episcopus Albanensis, papa videlicet CLXXIII, vocatus Adrianus IV, vir quidem religiosus et natione Anglicus, qui prius fuerat abbas canonicorum regularium Sancti Rufi in Provincia, sed ab Eugenio, prædecessore suo, factus fuerat episcopus Albanensis[2].

Moritur etiam Gislebertus, episcopus Pictavensis, vir religiosus et multiplicis doctrinæ[3], qui psalmos et epistolas Pauli luculenter exposuit[4].

Ludovicus, rex Francorum, gratia orationis perre-

---

[1] Anastase IV mourut le 3 décembre 1154.

[2] Adrien IV fut élu le 4 décembre 1154. A partir de l'année 1150, on trouve la souscription de « Nicolaus, episcopus Albanensis, » au bas des bulles d'Eugène III. D'un autre côté, l'église de Saint-Ruf, au diocèse de Valence, avait en 1147 un abbé dont le nom commençait par la lettre N. Il me semble donc que Robert de Torigni a dû être exactement renseigné sur la première partie de la carrière d'Adrien IV, et je ne saurais partager les doutes qu'exprime à ce sujet M. Hauréau, dans *Gallia christiana*, XVI, 360. — On trouvera dans *Gesta abbatum Sancti Albani* (I, 112 et suiv.) des détails sur la vie d'Adrien IV; l'auteur dit positivement qu'il avait été abbé de Saint-Ruf: « fuerat « prius abbas canonicorum Sancti Ruphi in Provincia. »

[3] Gilbert de la Porrée mourut le 4 septembre 1154, suivant l'encyclique du chapitre de Poitiers (*Recueil des historiens*, XIV, 381); la date du 4 septembre est aussi donnée par un obituaire de la cathédrale que citent les auteurs du *Gallia christiana* (II, 1178), et par l'obituaire de la cathédrale de Chartres, à la suite du *Cartulaire de Notre-Dame de Chartres*, III, 167. — C'est aux mots *Moritur etiam Gislebertus* que commence le texte de Robert dans l'édition de 1513.

[4] Sur la vie et les ouvrages de Gilbert de la Porrée, voyez *Histoire littéraire de la France*, XII, 466.

xit ad Sanctum Jacobum de Gallicia, et ab imperatore Hispaniarum, socero suo, favorabiliter in Hispania susceptus est [1].

Henricus dux Normannorum vii idus Decembris [2] in Angliam transfretans, cum magno tripudio clericorum et laicorum exceptus est xiiii kalendas Januarii [3], die

---

[1] Le voyage de Louis VII en Espagne a été passé sous silence par la plupart des Chroniqueurs contemporains ; mais le témoignage de Robert de Torigni se trouve confirmé par plusieurs documents diplomatiques, savoir : — 1° Une charte d'Ermengarde, vicomtesse de Narbonne (voyez Bréquigny, *Table chronologique*, III, 234) est « ainsi datée : « Anno ab incarnatione MCLV.... apud Montem Pes- « sulanum, mense Januarii, xviii kalendas Februarii, die Sabbati, « sub Lodoico Francorum rege de Sancto Jacobo redeunte; » cette date répond au 15 janvier 1155, nouveau style. — 2· Une charte de Louis VII pour l'église de Maguelonne (Vaissete, II, Preuves, 552) se termine par cette date : « Apud Arzacium, ante fores ecclesiæ,.... « quinto idus Februarii, in capite jejuniorum, die Mercurii, anno « dominicæ incarnationis MCLV; » ces synchronismes conviennent exactement au 9 février 1155, nouveau style. — 3· Une charte de Louis VII pour les églises de Saint-Sernin et de la Daurade (Vaissete, II, Preuves, 551) commence par les mots : « Ego autem « Ludovicus, Dei gratia Francorum rex, rediens a Sancto Jacobo et « per Tolosam transiens, » et finit par la date : « Data Tolosæ.... « anno ab incarnatione Domini MCLIIII, » ce qui doit, selon toute apparence, s'entendre du mois de février ou du mois de mars 1155, nouveau style. — 4· Une charte de Louis VII pour le prieuré de Jusiers, en 1155 (*Cartul. de S. Père de Chartres*, 648), contient cette mention : « Interim dum eramus in peregrinatione nostra ad « Sanctum Jacobum petitum ire beati apostoli suffragia... » De ces textes il résulte que Louis VII revint d'Espagne au commencement de l'année que nous comptons 1155, et par conséquent qu'il avait entrepris son voyage à la fin de l'année 1154. Voyez Dom Vaissete, II, 474 et 642.

[2] 7 décembre 1154. Suivant Gervais de Cantorbéry (Twysden, col. 1376), Henri débarqua le 8 décembre « in Anglia apud Hostreham. »

[3] Le dimanche 19 décembre 1154.

Dominica ante nativitatem Domini, apud Westmonasterium ab omnibus electus et in regem unctus est a Theobaldo archiepiscopo Cantuariensi [1]. Affuerunt [2] etiam episcopi omnes Anglici regni, Rogerius archiepiscopus Eboracencis, Ricardus episcopus Lundoniensis, Henricus Wintoniensis, Robertus Lincoliensis, Gualterius Cestrensis, Gislebertus Herefordensis, Robertus Batensis, Johannes Wingorniensis, Robertus Exoniensis, Hilarius Cestrensis, Goscelinus Salesberiensis, Galterius Roffensis, Nigellus Heliensis, Willermus Nothvicensis [3], Hugo Dunelmensis [4], Adalulfus Carlivensis [5]. Affuerunt et de Normannia vir religiosus ac timens Deum venerabilis Hugo, archiepiscopus Rothomagensis, Philippus Baiocensis, Arnulfus Lexoviensis, Herbertus Abrincensis [6] episcopi. Affuerunt comites regni illius, et de regno Francorum Theodericus, comes Flandrensis, et alii plures.

Facta est eclypsis lunæ Dominica ante Natale Domini [7].

---

[1] Après avoir mentionné le sacre de Henri II, le copiste du ms. S a ajouté : *Regnavit annis....* Laissant le nombre des années en blanc, ce qui prouve qu'il écrivait avant 1189. Une main plus récente a rempli le vide par le chiffre xxxv.

[2] La fin de ce paragraphe manque dans L.

[3] *Norwicensis* J et F. *Norwincensis* Va.

[4] Les mots *Hugo Dun.* biffés dans F et omis dans Va.

[5] *Carluiensis* J.

[6] *Abrincatensis* J et F. *Abrincacensis* Va.

[7] L'éclipse de lune eut lieu le 21 décembre 1154, mardi avant Noël.

1155.

Romanorum Fredericus 3. Francorum Ludovicus 18. Anglorum Henricus 1.

Rex Henricus cœpit revocare in jus proprium urbes, castella, villas, quæ ad coronam regni pertinebant, castella noviter facta destruendo, et expellendo de regno maxime Flandrenses; et deponendo quosdam imaginarios et pseudocomites, quibus rex Stephanus omnia pene ad fiscum pertinentia minus caute distribuerat.

Factus est terræ motus xv kalendas Februarii[2], maxime in Burgundia, adeo ut ter in nocte festivitatis sanctæ Priscæ virginis sentiretur apud Cluniacum; et quoddam castellum, quod erat desertum, haud procul a Cluniaco situm, absortum iret in abyssum; et spatium, in quo castellum fuerat, repleretur aqua inæstimabilis profunditatis.

Natus est Lundoniæ pridie kalendas Martii, feria II[3], filius[4] Henrico regi Anglorum ex uxore sua regina Alienor, et vocatus est Henricus.

---

[1] Conf. Gervais de Cantorbéry, dans Twysden, 1377.

[2] *Martii* S, B, J, F, L, Va, Vi, C et Bodl. C'était aussi la leçon primitive de M. Ce tremblement de terre dut arriver le 18 janvier (xv kal. Februarii), le jour de la fête de sainte Prisque.

[3] Lundi 28 février 1155.

[4] *Filius secundus* J. *Tertius filius* F et Va.

Henricus¹ rex Anglorum exheredavit Willermum Pevrel de Nothinguehan², causa veneficii, quod fuerat propinatum Ranulfo comiti Cestriæ. In consortio hujus pestis plures participes et conscii extitisse dicuntur.

Hoc anno frequenter terræ motus per totam Quadragesimam accidit in Burgundia et Langobardia³. Octavo decimo kalendas Maii, feria quinta⁴, etiam apud Montem Sancti Michaelis terræ motum sensimus ante solis ortum.

Mortuo Roberto Exoniensi episcopo, successit Robertus decanus Salesberiæ⁵.

Mortuus⁶ est Balduinus de Redviers⁷, et successit Ricardus filius ejus.

---

¹ Ce qui suit, jusqu'aux mots *et Langobardia*, manque dans L.

² *Nolingueham* J. Sur les poursuites dirigées par Henri II contre Guillaume Pevrel, voyez Gervais de Cantorbéry, dans Twysden, col. 1377.—Le rôle de l'échiquier de l'année 1131 mentionne « Will' Pevr « de Noting' » (p. 7), sa mère Adeline (p. 12), et sa sœur Mathilde (p. 86). Le nom de « Will' Pevr' de Notingeh' » est au bas d'une charte du roi Etienne, de l'année 1136, dont le fac-simile est dans le t. I de *The statutes of the realm*. Dans la charte de fondation du prieuré de Lenton, au comté de Notingham, Guillaume Pevrel parle de sa femme Adeline et de son fils Guillaume ; *Monasticon anglicanum*, V, 111. — Sur la famille Pevrel, voyez Le Prévost, *Mémoires et notes*, I, 256.

³ *Et Langobardia* omis dans Va.

⁴ Le jeudi 14 avril 1155.

⁵ A Robert de Chichester, évêque d'Exeter de 1138 à 1155, succéda Robert de Warlevast, doyen de Salisbury, qui fut sacré le 5 juin 1155 et mourut en 1159. *Monasticon anglicanum*, II, 515.

⁶ Cette note manque dans Vi.

⁷ M semble porter *Redivers*. Nous avons vu plus haut (p. 201) la part que Baudouin de Reviers avait prise aux guerres du commencement du règne d'Etienne. Ce Baudouin, comte d'Exeter, était fils de Richard de Reviers et d'Adelice Pevrel, et frère de Guillaume de Ver-

Dominica post octabas¹ Paschæ, videlicet IIII idus Aprilis², Henricus rex, apud Warengefort, fecit obtimates Anglici regni jurare fidelitatem Willermo primogenito suo, de regno Angliæ; et si idem puer inmatura morte occumberet, Henrico fratri suo.

Sopita discordia quæ erat inter regem Anglorum Henricum et Rogerium, filium Milonis de Gloecestria, propter turrem Gloecestriæ, Hugo de Mortuo Mari, vir arrogantissimus et de se præsumens, munivit castella sua contra regem³. Ilico rex Henricus obsedit omnia

---

non et de Robert de Sainte-Mère-Eglise. Voici l'extrait d'une charte qu'il octroya à l'abbaye de Montebourg : « ... Ego comes Balduinus « Exonie do et concedo Sancte Marie Montisburgi, concedentibus filiis « meis Ricardo, Henrico et Willelmo, et fratribus meis W. de Ver- « none et Roberto de Sancte Marie Ecclesia,... quoddam manerium « in Berchesira, nomine Ouvelai.... » Cartulaire de Montebourg, charte 653. — Le fonds de Saint-Martin des Champs, aux Archives Nationales, renferme plusieurs chartes originales de Baudouin de Reviers, qui s'y appelle tantôt « comes de Devenesire, » tantôt « Exo- « niensis comes. » Dans l'une d'elles, il fait connaître la plupart des membres de sa famille : « .... Ego Baldewinus, Exoniensis comes,.... « notum fieri volo quod, venerabilis monachi Ricardi de Tottunia, « cognati mei, ammonitionis frequentia divinitus inspiratus, filio « meo Ricardo concedente et plenarium assensum prebente, pro « remedio anime mee, et precipue pro anima uxoris mee Adeliz et « patris mei Ricardi et matris mee A(deliz), necnon et nobilissimi « Henrici regis, qui terram patri meo dedit, et filiorum filiarumque « mearum.... »

¹ *Oct'* J. *Octavas* F. *Octb'* M. — Ce paragraphe et le suivant manquent dans L.

² Le dimanche 10 avril 1155.

³ Sur les différends de Henri II avec Roger, comte de Hereford, et Hugues de Mortemer, voyez Gervais de Cantorbéry, dans Twysden, 1377. — L'annaliste du monastère de la Bataille (trad. par Lower, p. 83) rapporte la révolte de Hugues de Mortemer à la fête de Pâques 1155.

castella ipsius, id est Bruge¹, Wigemore², Cleoberei³, quorum ultimum post aliquantulum temporis cepit et destruxit.

Quinto decimo kalendas Julii, prima hora noctis, eclypsis lunæ accidit⁴.

Mense Julio, nonis ejusdem⁵, Hugo de Mortuo Mari pacificatus est cum rege Henrico, redditis castellis Bruge et Wigemore.

Garnerius, abbas Majoris Monasterii, moritur⁶, et successit Robertus, natione Brito.

Mortuo⁷ Rogerio filio Milonis de Gloecestria, comite Herefordensi, successit ei Gauterus, frater ejus, in paternam hereditatem tantum⁸; nam comitatum Herefort et civitatem Gloecestriæ rex Henricus retinuit in manu sua.

---

¹ Bridgenorth, comté de Salop.

² Wigmore, comté de Hereford.

³ *Cleoberi* J et F. *Clerberi* Va. Aujourd'hui Cleobury.

⁴ L'éclipse de lune arriva le 16 juin (*XV kalendas Julii*) à 8 heures du soir.

⁵ 7 juillet 1155. Cette note est omise dans L. — Conf. la Chronique de la Bataille, trad. par Lower, p. 84.

⁶ Garnier, abbé de Marmoutier, mourut le 23 mai 1155; *Gallia christiana*, XIV, 219.

⁷ Toute la fin de l'année 1155 manque dans L.

⁸ Giraud le Cambrien parle en ces termes des enfants de Miles de Gloucester et d'une fille de Bernard du Neufmarché : « Hic prolem « egregiam ex eadem uxore suscepit, in qua filii quinque, milites in- « signes, Rogerus, Gualterus, Henricus, Guillelmus et Mahel, nescio « qua vindicta quave fatalitate sinistra intempestiva nece rebus hu- « manis exempti sunt, et tamen omnes, præter Guillelmum, sibi invi- « cem sine prole paternam in hereditatem successerunt. » *Itinerarium Kambriæ*, I, II, éd. Dimock, VI, 29.

Fredericus rex Alemannorum Romam perrexit, et ab Adriano papa contra Romanorum voluntatem receptus et in ecclesia beati Petri in imperatorem ab eo est consecratus[1]. Volens autem ultra progredi, scilicet in Apuliam (condixerant enim sibi per legatos suos ipse et Manuel imperator Constantinopolitanus, qui duxerat sororem ejus[2], ut venientes ex diversis partibus pessundarent regnum Apuliæ et regem ejus Guillermum), mutata protinus voluntate, in patriam suam se recepit. Nec tamen Guillermo regi Apuliæ bellum defuit. Nam Robertus comes de Basevilla, qui erat cognatus[3] ejus, et Ricardus de Lingevre[4], comes Andriæ, putantes regem mortuum, cum non esset (ægrotaverat enim, sed tamen postea convaluit), per regnum Apuliæ graviter debachati sunt.

Circa festum sancti Michaelis, Henricus rex Anglo-

---

[1] L'empereur Frédéric I fut couronné à Rome par Adrien IV le 18 juin 1155; Jaffé, p. 663, et Bœhmer, p. 124.

[2] Les mots *qui duxerat sororem ejus* ont été grattés dans M. — Manuel Comnène avait épousé Berthe, dite Irène par les Grecs, sœur de Gertrude femme de l'empereur Conrad; Berthe était donc la sœur de la belle-sœur de Frédéric.

[3] M portait primitivement *qui habebat in conjugio cognatam*.

[4] *Ling'* J, M, F et Va. *Lingèvre* S. Ce personnage tirait son nom de Lingèvres, Calvados, arr. de Bayeux, canton de Balleroy. Une famille du même nom avait, au xɪɪe siècle, des représentants en Normandie et en Angleterre. Sur le rôle des fiefs normands de l'année 1172, « Sello de Lingèwre » figure pour un demi chevalier parmi les feudataires du Bessin (*Recueil des historiens*, XXIII, 697). Le Livre noir de l'échiquier (éd. Hearne, 179 et 264), nous montre « Oliverus de Lin-« govre » et « Radulfus de Lingèvre » possesseurs de fiefs dans les comtés d'Oxford et de Lincoln.

rum, habito concilio apud Wincestre [1], de conquirendo regno Hiberniæ et Guillermo fratri suo dando, cum obtimatibus suis tractavit. Quod quia matri ejus imperatrici non placuit, intermissa est ad tempus illa expeditio.

Henricus, episcopus Winthoniensis [2], clam præmisso thesauro suo per abbatem Cluigniacum [3], absque licentia regis et quasi latenter recessit ab Anglia. Ideo [4] rex Henricus omnia castella ejus pessundedit.

1156.

ROMANORUM FREDERICUS 4. FRANCORUM LUDOVICUS 19.
ANGLORUM HENRICUS 2.

Rex [5] Henricus transfretaturus apud Dovram mare intravit, et appulit apud Wisant [6].

[1] *Winc'* M et J. — A ce projet de conquête de l'Irlande se rattache une bulle que Henri II se fit envoyer par le pape Adrien IV et dont le texte nous a été conservé par Raoul de Dicet (Twysden, col. 529) et par Giraud le Cambrien (éd. Dimock, V, 317). Voyez Jaffé, p. 665, n° 6908.

[2] *Winth'* M. *Wintoniensis* F.

[3] *Cluniacum* J. *Cluniac'* F. *Cluigniac'* M.

[4] *Ilico* J. *Ideoque sex castella ejus diruta sunt* Raoul de Dicet.

[5] Le ms. S s'arrête à l'année 1156, à laquelle il ne consacre que cet article : *Henricus rex in Normanniam transfretavit, prosecutusque est Gaufridum, fratrem suum, qui ab eo dicesserat in Andegavensem pagum.* Une autre main, également du XII° siècle, a ajouté : *Eum ita coarlavit ut secum pacem facere compelleret, nullumque ex castellis quos* (sic) *tenebat ei reliquit, preter Nannetensem urbem, pecuniam tamen per annos singulos se ei daturum promisit.*

[6] *Apulit Wisant* J. Wissant, arr. de Boulogne, canton de Marquise.

In Purificatione sanctæ Mariæ¹ fuit Rothomagi; et in sequenti ebdomada locutus est cum rege Francorum Ludovico in confinio Normanniæ et Franciæ. Inde rediens Rothomagum, venerunt ad eum Terricus Flandrensium comes, et uxor ejus, amita ipsius regis², et Gaufredus frater ejus. Sed Gaufredo non suscipiente ea quæ illi a rege offerebantur, recessit in Andegavensem pagum, et rex Henricus e vestigio illum subsecutus est³.

Circa hoc tempus, inundatione Tyberis facta non modica, Romæ, in quadam insula ejusdem fluminis, in ecclesiola⁴ antiqua, inventum est in quodam sarcofaco corpus beati Bartholomæi apostoli, totum integrum excepto corio, quod remansit Beneventi, quando Otho imperator, capta eadem civitate, corpus prædicti apostoli transtulit Romam, sicut duæ tabulæ æreæ demonstrant, scriptæ litteris græcis et latinis, quæ repertæ fuerunt cum corpore apostoli⁵.

Repertum est etiam in eadem ecclesia corpus Paulini, Nolani episcopi⁶.

---

¹ 2 février 1156. Ce paragraphe manque dans L.

² Sibylle ou Mabire d'Anjou, sœur de Geoffroi le Bel, et par conséquent tante de Henri II.

³ Ici changement d'écriture dans M. Le ms. J ajoute : *Regi Anglorum nata est filia nomine Mathildis.*

⁴ *Ecclesia* J.

⁵ Sur la prétendue translation des reliques de saint Barthélemi à Rome par Otton II ou Otton III, voyez les Bollandistes, août, V, 93 et suiv.

⁶ Sur les reliques de saint Paulin, voyez les Bollandistes, juin, IV, 233.

Gaufridus, frater Henrici regis Anglorum, expulso Hoello, comite Britanniæ, cepit Nanneticam civitatem, consentientibus civibus [1].

Guillermus, rex Siciliæ, civitatem Barum funditus evertit, præter ecclesiam sancti Nicholai; quia cives illius, Græcis faventes, nequissime contra ipsum conspiraverant. Græcos etiam terra et mari idem rex superavit, et de spoliis eorum locupletatus est, et ea quæ perdiderat castella et civitates in jus proprium revocavit [2]. Exheredavit etiam comitem Robertum de Basenvilla [3], cognatum suum, quia ab ipso desciverat. Nichilominus cum papa Adriano pacem fecit, concedendo ei consecrationes episcoporum regni sui et ducatus, sicut antiquitus eas habuit ecclesia Romana; unde discordia fuerat inter patrem suum regem Rogerium, et Innocentium et Eugenium. Romanos pontifices. Idem vero apostolicus concessit ei regnum Siciliæ et ducatum Apuliæ et principatum Capuæ [4].

In octavis Penthecostes [5], Hugo Rothomagensis ar-

---

[1] Geoffroi d'Anjou s'empara, en 1156, de la ville de Nantes, qui depuis la mort du duc Conan le Gros (1148) reconnaissait l'autorité de Hoel, fils de Conan, tandis qu'une grande partie de la Bretagne s'était soumise à Eudes, vicomte de Porhoet, dont il sera question un peu plus bas. Voyez Dom Morice, I, 104.

[2] La chronique de Romuald de Salerne (Muratori, VII, 197 et 198) donne quelques détails sur la destruction de Bari, la défaite des Grecs et la révolte de Robert de Basinville.

[3] *Basevilla* J et Va.

[4] Pour le traité conclu au mois de juin 1156 entre Guillaume I, roi de Sicile, et le pape Adrien IV, voyez une bulle indiquée par Jaffé, p. 667, n° 6941, et les actes des rouleaux de Cluny, analysés par Huillard-Bréholles, *Notices et extraits des manuscrits*, XXI, 292 et 293.

[5] En 1156, l'octave de la Pentecôte tomba le 10 juin.

chiepiscopus et Rotrocus[1] Ebroicensis et Ricardus Constantiensis et Herbertus Abrincatensis episcopi apud Moretonium levaverunt corpus beati Firmati[2]. Cum[3] autem archiepiscopus exinde[4] ad Montem Sancti Michaelis orationis et nos visitandi gratia venisset, et nos sua jocunda exhortatione et collocutione per[5] quatuor dies exhilarasset, altare crucifixi fecit consecrari ab Herberto Abrincatensi episcopo sexta feria[6]; ipse vero, sequenti Sabbato[7], altare beatæ Mariæ in cripta aquilonali noviter reædificatum consecravit. In quo altari reposuimus reliquias vestimentorum, ut putamus, ipsius Dominæ Nostræ, quas in pixide plumbea in veteri ara ibidem reppereramus.

In pago[8] Parisiacensi, cappa Salvatoris nostri monasterio Argentoilo revelatione divina reperta est, inconsubtilis et subrufi[9] coloris; quam, sicut litteræ cum ea repertæ indicabant, gloriosa mater illius fecit ei cum adhuc esset puer.

Tertio kalendas Junii, feria quarta, vigilia Ascensionis

---

[1] *Rotrodus* J.

[2] Sur les honneurs rendus au bienheureux Guillaume Firmat dans l'église de Mortain, voyez les Bollandistes, avril, III, 334, et *Gallia christiana*, XI, 511.

[3] La fin de ce paragraphe manque dans F, L, Va et Vi.

[4] *Inde* dans quelques éditions.

[5] *Per* omis dans J.

[6] 15 juin 1156.

[7] 16 juin 1156.

[8] Sur l'exposition solennelle de la sainte robe dans l'église d'Argenteuil, en 1156, voyez une lettre de Hugues, archevêque de Rouen, publiée dans le *Recueil des historiens*, XV, 699.

[9] *Subrusfi* M. *Subruffi* J.

Domini¹, circa meridiem, per dimidiam fere horam circulus maximæ latitudinis apparuit in circuitu solis, ignei et cærulei coloris.

Obiit Guillermus, primogenitus filius Henrici regis Anglorum², et sepultus est Radingis ad pedes Henrici regis, proavi sui³.

Obiit nichilominus Adalulfus, primus episcopus de Carloil⁴.

Obiit etiam Gislebertus de Gant⁵. Et⁶ Symon juvenis, filius comitis Symonis, cum careret terra, dono regis Henrici accepit filiam ejus unicam cum honore ejus. Henricus rex Anglorum cepit castrum Mirebellum, et Chinonem longa obsidione⁷. Lobdu-

---

¹ En 1156, le mercredi veille de l'Ascension tomba le 23 mai (*X kalendas Junii*). — Ce paragraphe manque dans L.

² Guillaume, fils ainé de Henri II, mourut vers le 25 décembre 1156. Mathieu Paris dit à ce sujet : « In Adventu autem infirmatus « Willelmus, primogenitus regis Henrici, obiit, diebus hujus anni « (1157) scilicet nataliciis ; unde dissentio est utrum hoc vel anno « præterito obierit ; » *Historia Anglorum,* éd. Madden, I, 307.

³ Par une charte datée de Reading, Henri II fit différentes concessions à l'église de Hurley « pro anima avi mei regis Henrici et Wil« lelmi filii mei ; » *Monasticon anglicanum,* III, 434 et 435.

⁴ Sur Athelwold, premier évêque de Carlisle, voyez plus haut, p. 191, note 5.

⁵ M portait primitivement *Guant. Guan* J. *Ganth* B.

⁶ La phrase *et Symon — honore ejus,* a été ajoutée après coup dans M. Elle manque dans B, J et L ; elle est dans F, Va, Vi et C.

Alice de Gand, fille et héritière de Gilbert de Gand, épousa Simon, fils de Simon de Senlis, comte de Huntingdon et de Northampton ; Simon mourut en 1184, sans laisser d'enfants de sa femme Alice. Stapleton, *Rotuli scaccarii,* II, CLVI, note.

⁷ L'origine de la guerre de Henri II contre son frère Geoffroi est exposée par Guillaume de Newburgh, dans le *Recueil des historiens,* XIII, 103. La Chronique de Tours (éd. Salmon, p. 136) et la Chronique

num¹ vero est ei redditum, quando pacificatus est cum eo Gaufridus frater suus, hac conditione interposita quod rex daret ei singulis annis² mille libras Anglicæ monetæ et duo millia librarum³ Andegavensium⁴; et ita, Deo favente, discordia, quæ diu duraverat inter eos, mense Julio sopita est.

Mortuo Alano episcopo Redonensi⁵, successit ei Stephanus, abbas Sancti Florentii, vir religiosus et⁶ litteratus et eloquens.

Obiit etiam Ingelbaudus⁷, archiepiscopus Turonen-

---

de Saint-Aubin (*Chronique des églises d'Anjou*, p. 38) mentionnent, comme Robert de Torigni, la prise des châteaux de Chinon, de Loudun et de Mirebeau. Deux chartes de Henri II pour l'évêque de Bayeux sont ainsi datées: « Teste Roberto de Novo Burgo, apud Mi« rebellum in obsidione; » Livre noir de l'église de Bayeux, chartes 12 et 36.

¹ *Loduinum* J. *Lobdinium* Va. *Lodunum* L. *Lodunium* Vi.

² *Singulis annis* M̄ *lb. andeg. Et ita* J.

³ *Et v millia* L.

⁴ *Andeg'* M.

⁵ *Conano episcopo Rodensi* L. *Conano* J. Il semble que M ait dû porter *Alano*, mais il n'y a plus de bien lisible que la dernière syllabe *no*. — La mort d'Alain, évêque de Rennes, est fixée, dans le *Gallia christiana*, XIV, 749, au 1ᵉʳ mai 1156; mais c'est à tort qu'on donne cette date exacte comme fournie par Robert de Torigni.

⁶ Les mots *religiosus et* ont été effacés dans M. — L'évêque de Rennes qui avait précédemment été d'abord prieur, puis abbé de Saint-Florent de Saumur, s'appelait « Stephanus de Rupe Fulcaudi; » Histoire de S. Florent, dans *Chroniques des églises d'Anjou*, p. 307. Nous avons une charte dans laquelle ce prélat rappelle son ancienne dignité de prieur : « Ego Stephanus, tunc prior de Sancto Florentio. « postea factus Dei permissu Redonensis episcopus.... ; » Bibl. nat. Collection Housseau, V, n° 1791.

⁷ *Gellibaudus* J. C'était la leçon primitive de M. — Enjubaud, archevêque de Tours, dut mourir vers le 10 ou le 11 septembre 1156; voyez *Gallia christiana*, XIV, 89, et l'obituaire de la cathédrale de Tours, dans *Mémoires de la Société archéol. de Touraine*, XVII, 58.

sis, et successit ei Gotho¹ Britto, episcopus Sancti Briocci.

Conanus, comes de Richemont, veniens de Anglia in minorem Brittanniam, obsedit urbem Redonensem et cepit, fugato Eudone vicecomite, vitrico² suo.

Hoc anno, fulgura et tempestates mense Julio frequenter in Normannia acciderunt. Unde in pluribus locis messis periit, et homines fulgurati interierunt. Subsecuta est habundantia pluviæ, quæ cœpit medio mense Augusti, quæ impedivit et collectionem messium et subsequentem seminum sparsionem. Ex qua jugi inundatione pluviarum, quæ diu duravit, multæ turres et ecclesiæ et antiquæ maceriæ in Normannia et Anglia corruerunt.

Radulfus de Fulgeriis cepit in quodam conflictu Eudonem, vicecomitem de Porrehoit³, et hac de causa major pars Brittannorum receperunt comitem Conanum in ducem Brittanniæ, excepto Johanne Dolensi⁴,

---

¹ *Guotho* J. Telle était la leçon primitive de M. La véritable forme du nom de l'archevêque nous est donnée par la légende du sceau : SIGILLVM JOSCII DEI GRA' TVRON' ARCHIEPI'. Bibl. nat. ms. latin 17047, fol. 101.

² *Victrico* J et M. — Suivant D. Morice (I, 103) ce fut en 1155 que Conan, fils d'Alain, comte de Richemont, et petit-fils, par sa mère Berthe, de Conan le Gros, duc de Bretagne, s'empara de Rennes et mit en fuite Eudes, vicomte de Porhoet, second mari de Berthe.

³ *Portehout* J. — On lit dans Guillaume le Breton (*Recueil des historiens*, XVII, 65) qu'Eudes, chassé de Bretagne en 1155, fut bien accueilli par le roi Louis VII, qui l'envoya soumettre le comte de Mâcon.

⁴ Jean de Dol mourut en juillet 1162, comme on le verra un peu plus loin. Le présent passage de la chronique semble donc avoir été écrit avant 1162.

qui adhuc pro viribus Conano et coadjutoribus ejus resistit.

Fredericus [1], imperator Alemannorum, duxit filiam Guillermi comitis Masconensis [2], et cepit cum ea civitatem Vesontionem et alias multas, quas pater ejus tenuerat de duce Burgundiæ. Pars tamen illius honoris quædam remansit Rainaldo comiti, patruo ejusdem puellæ.

1157.

ROMANORUM FREDERICUS 5. FRANCORUM LUDOVICUS 20. ANGLORUM HENRICUS 3.

Venerabilis Petrus, Clugniacensis abbas, VIII kalendas Januarii ingressus est viam universæ carnis [3].

Guillermus, rex Siciliæ, navali expeditione per admiralios suos cepit Sibillam [4] civitatem metropolim, sitam inter Affricam et Babilonem. Est autem eadem

---

[1] Ce paragraphe, ajouté après coup dans M, manque dans B, J et L. Il est dans F, Va, Vi et C.

[2] En juin 1156, Frédéric épousa Béatrix, fille et héritière de Renaud, comte de Bourgogne, et nièce de Guillaume IV, comte de Mâcon. Voyez Castan, *Origines de la commune de Besançon*, p. 92 et 93.

[3] Pierre le Vénérable mourut le 25 décembre 1157, selon l'usage de ceux qui, comme Robert de Torigni et l'auteur de la chronique de Cluny, commençaient l'année à Noël, c'est-à-dire le 24 décembre 1156 de notre manière de compter.

[4] Zoüila (*Sibilla*) était une dépendance de la ville d'El-Mehadia (*Affrica*), capitale du royaume fondé par les Zirides dans le Magreb. El-Mehadia et Zoüila furent occupées en 1148 par les troupes de Roger, roi de Sicile. En 1159 et 1160, Abd-el-Moumen enleva au roi Guillaume le Mauvais, successeur de Roger, les deux places de Zoüila et El-Mehadia. De Mas Latrie, *Traités de paix et de commerce avec les Arabes de l'Afrique septentrionale*, Introduction, p. 43 et 45.

civitas caput regni insulæ Gerp [1], in qua idem rex habitatores christianos immisit, et eis archiepiscopum præfecit.

Sabbato infra octavas Paschæ [2], in Abrincatino, villa quæ vocatur Landa Aronis [3], circa meridiem, quasi de terra emergens turbo maximus, quæque proxima involvit et rapuit; ad ultimum quasi quædam columpna rubei et cærulei coloris sub turbine ascendente in sublime stetit, et videbantur et audiebantur quasi sagittæ et lanceæ in ipsa columpna defigi, licet non appareret intuentibus quis eas agitaret. In turbine qui stabat super columpnam, apparebant quasi diversæ species volucrum in eodem volitantium. Subsecuta est ilico in eadem villa mortalitas hominum, inter quos et dominus villæ occubuit. Nec solum in illa villa, sed etiam in multis locis Normanniæ et finitimarum regionum, mortalitas hoc anno crassata est.

Monachi claustrales Cluniaci tumultuaria electione, immo intrusione, quendam semilaicum Rotbertum Grossum, cognatum comitis Flandriæ, pro parentela sua elegerunt, reclamantibus maturioribus viris et honestis personis, quæ de eodem monasterio ad pastoralem curam assumptæ [4] fuerant [5].

---

[1] Les mots *insule Gerp*, ajoutés en interligne dans M, manquent dans J.

[2] 6 avril 1157.

[3] La Lande d'Airou, Manche, arr. d'Avranches, canton de Villedieu. Ce lieu est appelé « Landa de Arou » sur le rôle de l'année 1180; *Rotuli scaccarii*, p. 15.

[4] *Assumpti* J. C'était la leçon primitive de M.

[5] Voyez *Gallia christiana*, IV, 1140.

Obiit Girardus, episcopus Sagiensis [1].

Henricus, rex Anglorum, post octavas Paschæ [2], apud Barbefluvium transivit in Angliam, et Malchomus rex Scotorum reddidit ei quicquid habebat de dominio suo, id est civitatem Carluith [3], Castrum Puellarum [4], Baenburc [5], Novum Castrum super Tynam [6], et comitatum Lodonensem [7]. Et rex reddidit ei comitatum Huntedoniæ [8].

Similiter [9] Guillermus, filius Stephani regis, qui erat comes civitatis Constantiarum, id est Moritonii [10], et

---

[1] La mort de Girard, évêque de Séez, était fixée au 29 mars 1157 dans la chronique de Saint-André de Gouffer, que citent les auteurs du *Gallia christiana*, XI, 688. La date de 1157 est aussi donnée par les Annales de Saint-Evroul, à la fin de la nouvelle édition d'Orderic Vital, V, 162.

[2] En 1157 les octaves de Pâques tombèrent le 7 avril.

[3] Carlisle, dans le comté de Cumberland.

[4] Le mot *Puellarum* effacé dans M, omis dans F, dans Va et dans Vi. Il manque aussi dans Raoul de Dicet et dans les Annales de Waverley. — Il s'agit d'Edinbourg.

[5] *Baenbure* F. *Baembure* Va. *Baenburg* Raoul de Dicet. — Bamborough.

[6] Newcastle upon Tyne, dans le comté de Northumberland.

[7] Le Lothian, partie de l'Ecosse comprise entre la Tweed et le Fyrth of Forth.

[8] *Huntedonie* F. *Hountedonie* L; c'était la leçon primitive de M. — Voici dans quels termes l'auteur des mémoires sur le comte Waltheof et sur sa famille, conservés à la bibliothèque de Douai, rend compte de la remise du comté de Huntingdon au roi d'Ecosse : «... Rex « Henricus proposuit adire Tolosam, ut eam expugnaret. Quo se- « cum adduxit Malcolum regem Scottorum, et reddidit ei honorem de « Huntedonia, retentis tamen sibi castro et burgo Norhantonie, dum « tamen comes Simon tercius more pupilli adhuc esset tutele com- « missus. » Francisque Michel, *Chroniques anglo-normandes*, II, 128.

[9] Ce paragraphe et le suivant manquent dans L.

[10] Les mots *id est Moritonii* ajoutés en interligne dans M. — Il y a

in Anglia comes Surreiæ, id est de Warenna¹, propter filiam² tercii Guillermi de Warenna, quam duxerat, reddidit ei Penevesel³ et Norwith⁴ et quicquid tenebat de corona sua, et omnes munitiones proprias tam in Normannia quam in Anglia; et rex fecit eum habere quicquid Stephanus pater ejus habuit in anno et die quo rex Henricus avus ejus fuit vivus et mortuus.

Hugo Bigotus castella sua regi reddidit⁵.

dans le cartulaire du chapitre de Coutances, n. 291, une charte datée de Coutances qui commence par ces mots : « Willermus comes Bolo« nie (le ms. porte par erreur *Dol*'), Moritonii et Warenne, justiciis, « baronibus, vicecomitibus et ministris et omnibus tam clericis quam « laicis de Costamtin, salutem. » Guillaume prend les mêmes titres dans les chartes qu'il accorda au prieuré de Saint-Pierre d'Eye et à l'abbaye de Faversham. « Willelmus, filius regis, comes Bolonie et Warrenne et Moretonie...; — W. comes Bolonie et Warrenne et Moritonii ; » *Monasticon anglicanum*, III, 406, et IV, 574. Il est simplement appelé « comes Willelmus, filius regis Stephani » dans la charte par laquelle il concéda à sa sœur Marie et aux religieuses de Saint-Sulpice le manoir de Lillechurch, dans le comté de Kent. Ibid. IV, 382. Etant à Tinchebray, en 1158, il octroya aux religieuses de Mortain une charte dont les Arch. Nat. possèdent une copie et dans laquelle le titre de comte de Mortain figure en première ligne : « Willelmus comes Moretonii et Varennie et Bolonie. »

¹ Les mots *id est de Warenna* ont été ajoutés en interligne dans M.

² Isabelle, qui se remaria en 1164 à Hamelin, frère naturel de Henri II, comme il sera dit plus loin. — Dans le traité conclu en 1153 entre Henri, duc de Normandie, et le roi Etienne, il fut stipulé que Guillaume fils d'Etienne jouirait des biens que son père possédait avant de monter sur le trône, et de tout ce que lui-même avait reçu en épousant la fille de Varenne, c'est-à-dire Bellencombre et Mortemer. Rymer, I, 18.

³ Voyez plus haut, p. 269, note 2, l'origine des droits de Guillaume, comte de Mortain, sur Pevensey.

⁴ Pevensey, comté de Sussex. Norwich, comté de Norfolk.

⁵ Ce fut sans doute en 1157, au moment où Hugues Bigot rendit

Mortuo [1] Ludovico, primo abbate Sancti Georgii Baucherii villæ [2], successit ei Victor, monachus Sancti Victoris.

Rogerius Aquila, vir religiosus ac timens Deum, monachus Cluniacensis, factus est abbas Sancti Audoeni Rothomagensis, Freherio se demittente propter infirmitatem [3].

Terricus, comes Flandrensis, et uxor ejus [4], amita Henrici regis Anglorum, perrexerunt Jerusalem [5], et dimiserunt Philippum filium suum et totam terram suam in manu Henrici regis Anglorum.

Circa festivitatem sancti Johannis Baptistæ [6], rex

---

ses châteaux au roi, que fut expédiée à Northampton la charte par laquelle Henri II conféra le titre de comte de Norfolk à Hugues Bigot; Rymer, I, 42. — L'état des fiefs que tenait en Angleterre le comte Hugues Bigot se trouve dans *Liber niger scaccarii*, p. 283.

[1] Cette note et la suivante manquent dans F, Va. et Vi.

[2] Louis, abbé de Saint-Georges de Baucherville, mourut le 12 octobre 1157. *Gallia christiana*, XI, 270.

[3] Voyez *Gallia christiana*, XI, 145. — Avant de devenir abbé de Saint-Ouen, Roger l'Aigle avait été prieur de Bermondsey en Angleterre; on lit dans les annales de cette maison, publiées pour la première fois en 1866 par M. Luard: « Anno Domini MCLVII... « Hoc anno recessit Rogerius, prior de Bermundeseye, XII kalendas « Martii, et factus est abbas apud Sanctum Audoenum; » *Annales monastici*, III, 440.

[4] Sibylle d'Anjou, sœur de Geoffroi-le-Bel. Robert de Torigni, à l'année 1159, l'appelle Mabire; voyez plus bas, p. 325.

[5] Thierri prit la croix dans l'église d'Arras le 25 mai 1156 et se mit en route le lundi 6 mai 1157; Lambert de Waterloo, dans *Recueil des historiens*, XIII, 414 et 415.

[6] Vers le 24 juin 1157. — Alexandre de Swereford, dans son relevé des escuages, a noté pour la deuxième année de Henri II: « Fuit « scutagium pro exercitu Walliæ.... pro quolibet feodo militis XX « solidi; » Madox, *The history of the exchequer*, p. 435, note n.

Henricus præparavit maximam expedicionem, ita ut duo milites de tota Anglia tercium pararent, ad opprimendum Gaulenses terra et mari.

Agareni [1] civitatem Almariam in Hispania super Christianos, quam amiserant [2], obsidione cum nonnullis castellis iterum ceperunt, fugato Anforsio imperatore Hyspaniarum. Mors ipsius imperatoris subsecuta est [3] præ dolore et pudore ejusdem fugæ, et discordia inter filios suos facta est.

Deposito Rotberto abbate Cluniacensi et mortuo, et sociis suis in reditu a Roma, Hugo prior claustrensis factus est abbas Cluniacensis [4].

Ruptis indutiis quæ erant inter Balduinum regem Jerusalem et Loradin [5] filium Sanguin, regem Halapriæ [6], propter prædam Sarracenorum, quam rex Balduinus inconsulte ceperat, Pagani obsederunt civitatem Abilinam, quæ antiquitus dicta fuit Cæsarea Philippi [7], et omnes vicos destruxerunt præter princi-

---

[1] *Pagani* J.

[2] Voyez plus haut, p. 245, note 5.

[3] Alfonse-Raimond, roi de Castille et de Léon, mourut le 21 août 1157. Il laissa deux fils, qui se partagèrent ses états: Sanche III, roi de Castille, et Ferdinand II, roi de Léon.

[4] Voyez *Gallia christiana*, IV, 1140.

[5] *Loridum* J, et *Loradum* suivant une correction contemporaine. *Loradini* F et Va. *Loridum* L Le mot est douteux dans M ; il semble qu'il y avait d'abord *Loridum*, et qu'on a voulu corriger ce mot pour y substituer *Loradin*. Il s'agit de Noureddin-Mahmoud, fils de Zenghi, sultan d'Alep. — Sur tous les faits rapportés dans ce paragraphe, il faut consulter Guillaume de Tyr, l. XVIII, chap. XI-XIV, *Historiens occidentaux des croisades*, I, 836-843.

[6] *Halapie* J.

[7] Guillaume de Tyr appelle cette ville « urbem Paneadensem » et

palem munitionem. Sed tamdem, adventu vivificæ crucis et exercitu Christianorum, recedentibus Paganis[1] ad tempus, iterum venerunt, et regem Balduinum, qui jam copias sui exercitus dimiserat, nichil minus quam insidias sperantem, inparatum invenerunt; et trucidatis multis ex[2] militibus Templi, qui soli cum eo remanserant, idem rex vix cogi potuit ut recederet. Hunc casum Christianorum terræ motus subsecutus est, maxime in transmarinis partibus.

Stolus etiam amiralii Babiloniæ per mensem unum obsedit Acaron, cum anno præterito et de Babilone et de Damasco rex Jerusalem habuisset tributum[3].

Amalricus, comes Joppe, frater regis Balduini, duxit filiam Goscelini de Torvaissel, qui quondam fuerat, antequam eam Agareni cepissent, comes Rages, quam moderni nunc Rohais vocant[4].

Henricus rex Angliæ, subjectis ad libitum Walensibus, et restitutis terris et munitionibus baronibus suis, quas tempore Stephani regis Walenses super eos ceperant, extirpatis nemoribus et viis patefactis, castrum

---

« urbem Paneadem ; » la version française porte « la cité de Bellinas. » C'est Banias, ville située au sud de Djebel-esch-Scheik, au bas du mont Liban.

[1] *Perfidis* M, F et Va.

[2] *Ex* omis dans J.

[3] Guillaume de Tyr (XIX, v, p. 890) parle du tribut que Fayez-ben-Nasrillah, calife d'Egypte, payait à Baudouin III, roi de Jérusalem.

[4] Amauri, comte de Jaffa, épousa Agnès de Courtenay, fille de Joscelin II, comte d'Edesse. Guillaume de Tyr, XIX, iv, p. 888; conf. Du Cange, *Les Familles d'outre-mer*, p. 20.

Rovelent[1] firmavit, et dedit illud Hugoni de Bello Campo ; et aliud castrum, scilicet Basingewerche[2] fecit, et inter hæc duo castra unam domum militibus Templi.

Mense Septembri, natus est Henrico regi Anglorum filius[3], et vocatus est Richardus.

1158.

Romanorum Fredericus 6. Francorum Ludovicus 21. Anglorum Henricus 4.

Fredericus imperator Alemannorum, post Pascha transiens Alpes, obsedit urbem nobilissimam Mediolanensem, et post longam obsidionem reddita urbe[4]; et obsidibus datis, processit ulterius ad oppressionem, si posset, Willermi regis Siciliæ.

Mortuo Senche, rege majore Hispaniarum[5], successit ei filius suus, natus ex filia Garsiæ regis Navarorum.

Moritur etiam Gaufridus[6], archiepiscopus Burdega-

---

[1] Rhuddlan, comté de Flint.

[2] *Basimgewerche* F. *Becsungemerce* Va. *Hasingewerche* J, et telle était la leçon primitive de M. — Basingwerk, comté de Flint.

[3] *Filius tercius* J.

[4] La capitulation de Milan est du 8 septembre 1158. Voyez Boehmer, *Regesta*, p. 127.

[5] Sanche III, roi de Castille, mourut le 31 août 1158 ; il avait épousé Blanche, fille de Garcic IV, roi de Navarre; il eut pour successeur son fils Alfonse III.

[6] Geoffroi de Loroux, mort le 18 juillet 1158. *Gallia christiana*, II, 813.

lensis, vir religiosus et verbi Dei seminator egregius.

Decessit nichilominus Tedbaldus, episcopus Parisiacensis [1].

In festivitate sancti Johannis Baptistæ [2], Henricus, rex Anglorum, militaribus armis accinxit apud Carluid Willermum, filium regis Stephani, comitem Moritonii et de Warenna, quem comitatum habet propter filiam Willermi comitis de Varenna, quam duxerat [3]. Qui Willermus mortuus fuerat in expeditione Jerosolimitana.

Mortuo Gaufrido comite Nannetensi, fratre Henrici regis Angliæ, mense Julio [4], Henricus rex mense Augusto [5] transfretavit in Normaniam, et locutus cum rege Francorum Ludovico super Ettam fluvium [6] de pace et de matrimonio contrahendo inter filium suum Henricum et filiam regis Francorum Margaritam, et præstitis hinc inde sacramentis, rex Angliæ venit Argentomagum, et in festo nativitatis beatæ Mariæ [7] ibidem jussit submoneri exercitum totius Normanniæ, ut essent apud Abrincas in festivitate sancti Michaelis [8],

---

[1] Thibaud, évêque de Paris, mourut vers le 8 janvier 1158. *Gallia christiana*, VII, 67.

[2] 24 juin 1158.

[3] Il a déjà été question plus haut, p. 305 et 306, de Guillaume, comte de Mortain, et d'Isabelle de Varenne, sa femme.

[4] Le 26 ou le 27 juillet 1158. Voyez dom Morice, I, 104, et comparez les détails plus circonstanciés contenus dans la continuation du Bec.

[5] Le 14 août 1158, selon la continuation du Bec.

[6] D'après le continuateur du Bec, l'entrevue eut lieu entre Gisors et le Neufmarché.

[7] 8 septembre 1158.

[8] 29 septembre 1158.

ituri super Conanum ducem Britannie, nisi redderet regi civitatem Nanneticam, quam invaserat. Exinde rex evocatus a rege Francorum, cum paucis venit Parisius, et inæstimabili honore a rege Ludovico et a Constancia regina et a proceribus regni exceptus est, gaudentibus Francis et de pace duorum regum et de adventu tanti hospitis tripudiantibus. Ipse autem magnifice et dapsiliter se agens circa omnes, et maxime circa ecclesias et pauperes Christi ; nusquam in aliqua ecclesia cum processione voluit suscipi, licet a rege Francorum, immo pene ab omnibus, et precibus et obsecrationibus ut id ageret urgeretur. Inde rediens, filiam regis Francorum secum adduxit, et eam ad custodiendum et nutriendum Roberto de Novo Burgo, fideli suo, tradidit.

Mense Septembri, IX kalendas Octobris [1], natus est filius Henrico regi Anglorum, et vocatus est Gaufredus.

In festivitate sancti Michaelis [2] venit Conanus comes Redonensis et sui Britanni cum eo Abrincas, et reddidit regi urbem Nannetis cum toto comitatu Mediæ [3], valente, ut fertur, LX [4] millia solidorum Andegavensis monetæ. Inde venit rex ad Montem Sancti Michaelis,

---

[1] 23 septembre 1158.

[2] C'est à tort que D. Morice (I, 104) met sous l'année 1159 le traité conclu entre Henri II et le duc Conan IV.

[3] Le comté de la Mée, formé de la partie septentrionale du diocèse de Nantes. Un mandement de Henri II, pour l'abbaye de Redon, est adressé « episcopo Nannetensi et dapifero et ministris suis et om- « nibus hominibus et fidelibus suis totius Mediæ. » Morice, *Preuves*, I, 657.

[4] *XL* Vi.

et audita missa ad majus altare, comedit¹ in refectorio monachorum cum baronibus suis. Quod ut faceret, vix abbas Robertus multis precibus extorsit ab eo. Postea, in nova camera abbatis, concessit² ecclesias Pontis Ursonis Sancto Michaeli et abbati et monachis ejusdem loci, præsente Roberto abbate, et Ranulfo priore, et Manerio³ monacho, et Gervasio⁴ clerico Thomæ cancellarii, et Adam scriba Roberti abbatis. Ipsa die perrexit ad Pontem Ursonis, et divisit ibi ministris suis et ordinavit quomodo castrum illud reædificaretur Inde discedens cum manu armata perrexit ad recipiendum urbem Nannetis. Qua accepta et disposita ad libitum, paucis interpositis diebus, cum innumerabili exercitu tertia feria obsedit castrum Toarci, et sexta feria ejusdem⁵ septimanæ cepit. Post aliquantulum temporis, perrexit obviam Ludovico regi

---

¹ Les mots *comedit — camera abbatis* manquent dans P, Vi. F et Va.

² La charte par laquelle Henri II concéda à l'abbaye du Mont-Saint-Michel les églises de Pontorson, sera publiée plus loin, parmi les lettres et actes divers.

³ Les noms des derniers témoins sont omis dans P, Vi. F et Va.

⁴ Gervais de Chichester, auquel l'abbé Robert concéda une église, comme on le verra par une charte publiée plus loin parmi les lettres et actes divers.

⁵ Les mots *ejusdem septimanæ* ont été ajoutés à la marge dans M. J'ignore d'après quel document M. Beauchet-Filleau (cité par M. Imbert *Notice sur les vicomtes de Thouars*, p. 46) a cru pouvoir rapporter au 13 août 1158 la prise du château de Thouars. En 1158, le 18 août tomba un lundi. Henri II paraît avoir confié la garde de Thouars à Simon de Tournebu : en effet, parmi les témoins d'une charte de Jean, évêque de Poitiers, en 1164, on remarque « Symone de Tornabuo, « constabulario Toarcii ; » Bibl. nat. ms. latin 5480, t. I, p. 136.

Francorum, venienti gratia orationis ad Montem Sancti Michaelis de periculo maris. Quem, ex quo intravit in ducatum Normanniæ, deduxit et suis impensis decentissime procuravit.

Robertus [1] de Sancto Pancratio, monachus Sancti Michaelis de Monte, factus est abbas Cerneliensis [2].

In festivitate vero beati Clementis, die Dominica [3], venerunt uterque rex ad Montem beati archangeli, et cum magno tripudio tam clerici quam populi, itum est regi Francorum obviam. In ipsa autem processione, excepto conventu monachorum et clericorum et plebe innumera, fuerunt duo summi pontifices, unus archiepiscopus et alter episcopus, et quinque abbates. Audita missa, redierunt Abrincas, deducente illum rege et innumeris regiis muneribus tam illum quam suos usque ad fines sui ducatus prosequente.

Mense Decenbri, concordati sunt rex Henricus et comes Blesensis Theobaldus, cognatus ejus, hoc modo: comes Theobaldus [4] reddidit regi duo castra, Ambazium et Fractam Vallem [5], et Rotrodus comes Mori-

---

[1] Cette note manque dans F, Va. et Vi.

[2] Robert de Saint-Planchais, administra l'abbaye de Cernel après l'abbé Bernard, et non pas avant celui-ci, comme le croyaient les auteurs du *Monasticon anglicanum*, II, 623.

[3] Le dimanche 23 novembre 1158. Robert de Torigni ne parle que du pélerinage de Louis VII au Mont-Saint-Michel; on trouvera plus loin, dans la continuation rédigée par un moine du Bec, de curieux détails sur le passage du roi à Pacy, à Evreux, au Neubourg et au Bec.

[4] *Cognatus regis* F et Va.

[5] Amboise, Indre-et-Loire, arr. de Tours. — Fréteval, Loir-et-Cher, arr. de Vendôme, canton de Morée.

toniæ, sororius ejus[1] (siquidem unam sororum ejus Odo dux Burgundiæ, aliam prædictus comes Rodrocus, qui usitatius dicitur comes Perticensis, tertiam Willermus Goiet), hic inquam Rodrocus reddidit Henrico regi duo castra, Molinas et Bonum Molinum[2], quæ erant dominia ducis Normanniæ; sed post mortem regis Henrici Rotrocus[3] comes, pater hujus Rotroci, occupaverat ea. Rex autem Henricus concessit eidem Rotroco Bellismum castrum[4], et ille fecit regi propter hoc homagium.

Eodem[5] anno, Robertus, abbas Sancti Michaelis, meliorans auro et argento quædam antiquata in capsa sancti Auberti episcopi, invenit in ea ossa ipsius sancti, excepto capite, quod per se reservatur in eadem ecclesia in vase argenteo. Invenit etiam cum eodem corpore litteras testificantes id ipsum, et quandam tabulam viridis marmoris[6]. Repositum est iterum corpus beati confessoris et episcopi Auberti in eadem capsa

---

[1] Thibaud V, comte de Blois, fils de Thibaud IV, avait trois sœurs : Marguerite, femme de Rotrou, comte de Mortagne ou du Perche; Marie, femme d'Eudes, duc de Bourgogne ; Elisabeth, femme de Guillaume Gouet.

[2] Moulins et Bonmoulins, Orne, arr. de Mortagne, canton de Moulins-la-Marche.

[3] *Rotocus* M.

[4] Bellême, Orne, arr. de Mortagne.— Une charte de Rotrou, comte du Perche, pour l'abbaye de Jumiéges, est ainsi datée : « Actum publice apud Belesmiam, anno incarnati Verbi mcxxxii ; » Bibl. nat. Collection Moreau, 85, fol. 240.

[5] Ce paragraphe manque dans F, Va. et Vi.

[6] Ici dans M on a gratté une phrase qui remplissait presque deux lignes.

in tribus ligaturis, et marmor, et vetus breve cum novo, in quo indicatur sub quo anno dominicæ incarnationis et a quo abbate repositum fuit tunc idem corpus[1].

Eodem anno, inventa sunt corpora trium magorum, qui Salvatorem nostrum infantem adoraverunt in Bethleem, in quadam veteri capella juxta urbem Mediolanum, et pro timore Frederici imperatoris Alemannorum, qui eandem urbem obsidere veniebat, levata et in civitate posita[2].

Balduinus rex Jerosolimitanus cepit super Paganos Cæsaream magnam Palestinæ, haut procul sitam ab Antiochia[3]. Cepit etiam castrum Harenc, quod conmendavit Rainaldo de Sancto Valerico[4].

---

[1] On lit dans un inventaire des reliques du Mont-Saint-Michel, dressé en 1396, et contenu dans le ms. 213 d'Avranches : « Et in « pulchra capsa magna supra majus altare, majora ossamenta corpo- « ris beati Auberti, condam fundatoris nostri... Item habemus nobile « caput beati Auberti, Abrincensis episcopi, ubi remanet vestigium « digito beati Michaelis sibi impressum pro acceleranda istius domus « fundacione. » D'après la Rubrique abrégée des abbés du Mont-Saint-Michel, l'abbé Bernard (1131-1149) avait fait faire un très-beau vase d'or et d'argent pour placer le chef de saint Aubert.

[2] Sur l'histoire des reliques des mages, voyez plus bas, à l'année 1164.

[3] Sur la prise de Césarée en 1157, et sur l'occupation de Château Harenc, voyez Guillaume de Tyr, l. xviii, chap. xviii et xix dans *Historiens occidentaux des croisades*, I, 849 et suiv.

[4] Le séjour de Renaud de Saint-Valeri en Terre-Sainte se prolongea jusqu'en 1160; parmi les témoins mentionnés dans une charte de Hugues d'Ibelin, en 1160, on remarque : « Rainaldus de Sancto Gallerico; » *Cartulaire du Saint-Sépulcre*, p. 134. M. Guesnon m'a communiqué une charte du cartulaire de Cercamp (p. 81), dans laquelle Bernard de Saint-Valeri fait allusion à la croisade de son père Renaud : « Et quoniam pater meus, a quo illud feodum descenderat, tunc Jherosolimam peregrinando abierat, et necdum redierat... »

1159.

Romanorum Fredericus 7. Francorum Ludovicus 22 Anglorum Henricus 5.

Rex Henricus egit solemnitatem Natalis Domini[1] cum regina Alienor apud Cæsaris Burgum, quæ paulo ante transfretaverat in Normanniam.

Henricus rex Anglorum et Raimundus comes Barcinonensis, apud castrum Blaviam[2], amiciciæ fœdus datis sacramentis hoc pacto inierunt, quod Ricardus, filius regis, filiam[3] comitis tempore oportuno esset ducturus, et rex ducatum Aquitaniæ illis exactis nuptiis concessurus. Siquidem hic Raimundus[4] est vir præpotens et dives, utpote qui regnum Arragonum habeat ex hereditate conjugis suæ, ex paterna autem hereditate comitatum civitatis Barcinonæ. Ut enim aliquantulum ad transacta redeamus, Santio[5] rex Arragonum genuit tres filios, qui sibi vicissim successerunt, Santionem[6], Anfortium[7], Remelium[8]. Duobus vero primogenitis sibi invicem succedentibus

---

[1] Le 25 décembre 1158.

[2] Blaye, Gironde.

[3] Probablement Douce, qui épousa Sanche I, roi de Navarre.

[4] Raimond-Bérenger IV, comte de Barcelone, épousa Pernelle, fille du roi d'Aragon Ramire le Moine. Il mourut en août 1162.

[5] *Sanctio* I" et Va. — Sanche-Ramirez, roi d'Aragon, mort en 1094.

[6] Pierre-Sanche, roi d'Aragon de 1094 à 1104.

[7] Alfonse I, roi d'Aragon de 1104 à 1134.

[8] Ramire II, roi d'Aragon, de 1134 à 1137.

et absque filiis decedentibus, ne regnum illud ab extraneis occuparetur, Remelium monachum et jam senem[1], licencia Romani pontificis a monasterio abstractum, regem fecerunt; et ut heredem haberet, Mathildem, matrem Willermi vicecomitis Toarci, illi associaverunt[2], ex qua genuit unam filiam, quam Raimundus prædictus comes duxit; de qua nata est istâ puella, quam filio regis diximus copulandam, et filius ejus primogenitus Arragonum rex futurus. Siquidem ipse comes, quamvis haberet regnum Arragonum, et posset rex fieri si vellet, omnino recusavit, regnum reservans filio suo, quod accidebat ei ex materna genealogia[3].

Hoc etiam anno, sicut et præcedenti, Fredericus, imperator Alemannorum, urbem Mediolanensem obsidet, quia rebellaverant adversus eum idem Mediolanenses. Papiæ et Placentiæ turres dejecit, et fere omnem Lumgobardiam[4] ad libitum sibi subjecit.

Mediante autem Quadragesima[5], rex fecit summo-

---

[1] Il y avait d'abord dans M *etiam jam senem*; mais on a effacé le trait par lequel étaient représentées les trois dernières lettres du mot *etiam*, de sorte qu'il faut lire *et jam senem*. On lit *etiam jam senem* dans F et Va.

[2] Ramire épousa Agnès, fille de Guillaume IX, duc d'Aquitaine. Il en eut une fille, Pernelle, femme de Raimond-Bérenger IV, comte de Barcelone. Du mariage de Raimond-Bérenger et de Pernelle naquirent Alfonse II, roi d'Aragon (1162-1196), et Douce, femme de Sanche I, roi de Portugal. On a conjecturé qu'Agnès s'était aussi appelée Mathilde, et qu'elle avait d'abord épousé Aimeri V, vicomte de Thouars, père de Guillaume vicomte de Thouars. *Notice sur les vicomtes de Thouars* par Hugues Imbert, p. 40.

[3] *Genalogia* M.

[4] M portait d'abord *Lumbardiam*.

[5] En 1159 le dimanche de la mi-carême tomba le 22 mars. Sur la

neri exercitum totius Normanniæ, Angliæ, Aquitaniæ, et ceterarum provinciarum quæ sibi subditæ sunt, quia Raimundus, comes Sancti Ægidii, nollet ei reddere civitatem Tolosæ, quam rex requirebat sicut hereditatem uxoris suæ Alienor reginæ. Siquidem Robertus, comes Moritonii, uterinus frater Willermi regis qui regnum Angliæ subjugavit, habuit unum filium Guillermum, qui ei successit, et apud Tenechebrai [1] a rege Anglorum primo Henrico in bello captus est, et tres filias, quarum unam duxit Andreas de Vitreio [2], aliam Guido de Laval [3], terciam comes Tolosanus [4], frater Raimundi comitis Sancti Ægidii, qui in expeditione Ierosolimitana viriliter se habuit. Genuit autem ex ea comes Tolosanus unam solummodo filiam, quam Guillermus, comes Pictavensis et dux Aquitanorum, mortuo patre prædictæ puellæ, cum hereditate propria, scilicet urbe Tolosa et comitatu Tolosano, duxit uxorem; ex qua genuit idem Guillermus filium Guillermum nomine [5], qui ei successit, qui pater fuit Alienor, reginæ Anglorum. Si

---

chronologie et les circonstances de la campagne de Henri II contre Raimond V, comte de Toulouse, il faut consulter une note spéciale de D. Vaissette, II, 643.

[1] *Tenerchebrai* F. *Tenerchebray* Va. Voyez plus haut, p. 128.

[2] André de Vitré épousa Agnès de Mortain.

[3] Gui de Laval, mort en 1095, avait épousé Denyse de Mortain.

[4] Emma, fille de Robert, comte de Mortain, épousa Guillaume IV, comte de Toulouse, frère de Raimond IV, dit de Saint-Gilles. De ce mariage sortit une fille unique, mariée d'abord à Sanche-Ramirez, roi d'Aragon, puis à Guillaume VII, duc d'Aquitaine.

[5] Guillaume VIII, duc d'Aquitaine, de 1127 à 1137; père de la célèbre Aliénor.

quis autem requirit, quomodo postea comes Sancti Ægidii habuit civitatem Tolosam, noverit quod prædictus Willermus comes Pictavensis invadiavit[1] eandem civitatem Raimundo, comiti Sancti Ægidii, patruo uxoris suæ, propter pecuniam, quam idem Guillermus in expeditione Jerosolimitana expendit; unde idem Raimundus, in libro ejusdem expeditionis[2], nunc comes Sancti Ægidii, nunc comes Tolosanus vocatur. Quo mortuo, habuit eandem urbem Anforsius, filius ejus, qui apud Jerusalem mortuus est eodem tempore quo Ludovicus rex Francorum gratia orationis illuc perrexerat[3]. Similiter etiam Raimundus, filius ejus, qui ei successit, qui habuit in conjugio Constantiam, sororem Ludovici prædicti regis Francorum, relictam scilicet Eustachii comitis, filii Stephani regis Anglorum[4].

Rex igitur Henricus, iturus in expeditionem prædictam, et considerans longitudinem et difficultatem viæ, nolens vexare agrarios milites, nec burgensium nec

---

[1] Guillaume IV, comte de Toulouse, céda ses domaines en 1088 à Raimond de Saint-Gilles, son frère, et mourut en 1093 dans un voyage en Terre-Sainte. Raimond de Saint-Gilles posséda le comté de Toulouse depuis 1088 jusqu'à sa mort, 25 février 1105. Il eut pour successeur Bertrand, son fils, mort le 21 avril 1112.

[2] Robert de Torigni veut peut-être parler de l'histoire de la Croisade, par Baudri, ouvrage dans lequel Raimond est indifféremment appelé « comes Tolosanus, » et « comes Sancti Ægidii. »

[3] Alfonse-Jourdain, fils de Raimond de Saint-Gilles, reconnu comte de Toulouse en 1112, mourut à Césarée en avril 1148.

[4] Raimond V, fils et successeur d'Alfonse-Jourdain, épousa en 1154 Constance, sœur du roi Louis VII, veuve d'Eustache, comte de Boulogne.

rusticorum multitudinem, sumptis LX solidis Andegavensium in Normannia de feudo uniuscujusque loricæ et de reliquis omnibus tam in Normannia quam in Anglia [1], sive etiam aliis terris suis, secundum hoc quod ei visum fuit, capitales barones suos cum paucis secum duxit, solidarios vero milites innumeros. Ad illam vero expeditionem cum reliquis transmarinis venit Malcomus [2] rex Scotiæ, et a rege Henrico cingulo militiæ ibidem accinctus est. Duravit autem expeditio illa fere per tres menses [3]. Et quamvis rex Henricus cepisset urbem Cadurci, et major pars ducatus Tolosani sibi esset subdita vi vel timore, urbem tamen Tolosam noluit obsidere, deferens Ludovico regi Francorum, qui eandem urbem contra regem Hen-

---

[1] Giraud le Cambrien (*De jure et statu Menevensis ecclesiæ*, édit. de Brewer, III, 357) nous apprend que Henri, évêque de Winchester, donna « quingentas marcas regi Henrico ad expeditionem Tholosa- « nam. » L'imposition que le roi leva en Angleterre pour l'expédition de Toulouse, en 1159, est appelée « donum » sur le rôle de l'échiquier de la 5ᵉ année de Henri II ; voyez les extraits de ce rôle publiés par Madox, *The history of the exchequer*, p. 436 et 437. Au même endroit (p. 436, note p) se trouve la note qu'Alexandre de Swereford a consacrée à l'imposition de l'année 1159 ; c'est par suite d'une méprise qu'Alexandre a cru qu'il s'agissait d'un escuage levé pour une expédition dans le pays de Galles : « Secundum ejus scuta- « gium assisum pro eodem exercitu Walliæ reperies in rotulo anni « quinti regis ejusdem inferius... »

[2] *Macomus* M. Suivant Geoffroi de Vigeois (*Recueil des historiens*, XII, 439), Malcolm, roi d'Ecosse, reçut la ceinture de chevalier à Périgueux, avant le siège de Toulouse ; suivant Roger de Hoveden (I, 217), il ne fut fait chevalier qu'au retour de la campagne. Dom Vaisette (II, 643) est porté à accepter le témoignage de Geoffroi de Vigeois.

[3] Suivant Gervais de Cantorbéry (dans Twysden, 1381), le siège de Toulouse dura depuis la nativité de saint Jean jusqu'à la Toussaint.

ricum Angliæ muniverat, et die ac nocte volens ferre auxilium Raimundo, sororio suo, custodiebat; unde graves inimiciciæ inter ipsum et regem Anglorum ortæ sunt, cum videret sibi regem Francorum nocere, de cujus auxilio plurimum confidebat. Remisit itaque rex Henricus comitem Teobaldum[1], qui ei favebat, ut inquietaret regnum Franciæ. Sed Henricus, episcopus Belvacensis, et comes Robertus, dominus Dorcasini castri, fratres regis Francorum, ei restiterunt, et in margine ducatus Normanniæ aliquos flamma et rapina vexaverunt, Normannis sibi talionem reddentibus.

Robertus[2] de Blangeio, monachus Becci, factus est abbas Sancti Ebrulfi.

Mense Julio, Robertus de Novo Burgo, dapifer et justicia totius Normanniæ, adversa valitudine tactus, gibbum cameli deposuit, videlicet innumeras divitias ecclesiis et monasteriis et pauperibus dividens; et ad ultimum in monasterio Becci, quod præ omnibus diligebat, habitum monachi sumens, per unum mensem ibi pœnitenciam fructuosam egit; et tercio kalendas Septembris hominem exiit, sepultus in capitulo Becci, quod ipse propriis sumptibus mirifice ædificaverat[3].

---

[1] Thibaud, comte de Blois.

[2] Cette note manque dans F, Va et Vi. Dans la continuation du Bec, cet abbé est appelé *Robertus de Blanzeio*, et la date de son avénement est fixée à la semaine de la Septuagésime (du 8 au 14 février 1159). C'est sous l'année 1160 que les Annales de Saint-Evroul (à la fin d'Orderic Vital, V, 162) mentionnent l'avénement de cet abbé.

[3] Il y a sur les derniers jours et la mort de Robert du Neufbourg

Mortuo venerabili Milone, episcopo Tarwennensi [1], electus est Milo, archidiachonus ejusdem ecclesiæ, canonicus regularis, sicut decessor ejus fuerat. Quem cum Sanson, archiepiscopus Remensis, vellet sacrare, clerici civitatis Boloniæ, qui diu sub episcopo Tarwennensi fuerant, volentes amodo suum proprium episcopum habere, sicut antiquitus habuerant, prohibuerunt archiepiscopum, sub appellatione apostolica, ne eum sacraret nisi tantummodo ad titulum Tarvennensis ecclesiæ. Quod prædictus electus refutans, insacratus contra illos clericos Romam perrexit, et ibi sacratus est [2].

Magister Bernadus Brito, cancellarius ecclesiæ Carnotensis, factus est episcopus Cornubiæ in minori Britannia [3].

---

plus de détails dans la continuation qu'un moine du Bec a ajoutée à un exemplaire de la première rédaction de la Chronique de Robert. — Robert du Neufbourg, dans une charte de l'année 1143, rappelle lui-même qu'il avait fondé le chapitre de l'abbaye du Bec : « Omnibus « sacro baptismate renatis, tam presentibus quam futuris, notum sit « et firmum quod ego Robertus de Novo Burgo, concedente matre mea « Margarita comitissa, et Godehelde uxore mea, et filiis meis Henrico et Rodulfo... dono Deo et Sancte Marie Becci VIII libras « denariorum Rothomagensis monete in Ponte Audomari singulis « annis; in Brionnio do LX solidos annuatim, quorum viginti sunt « ad anniversarium faciendum monachorum qui translati fuerunt « prope capitulum Becci quod feci. » Bibl. nat., ms. latin 13905, fol. 27.

[1] Mile I, évêque de Térouanne, mourut le 16 juillet 1158. *Gallia christiana*, X, 1158.

[2] Une lettre d'Alexandre III, en date du 4 janvier 1161, écarta la protestation du clergé de Boulogne. Jaffé, p. 682, n. 7154.

[3] L'ordination de Bernard le Breton, comme évêque de Quimper, est également mise à l'année 1159 dans la Chronique de Quimper Baluze, *Miscellanea*, éd. in-fol., I, 266.

Magister etiam Petrus Lonbardus Parisiensem episcopatum adeptus est, conivente Philippo, ejusdem ecclesiæ decano, fratre regis Francorum; qui, ut dicunt, electionem suam concessit eidem Petro[1].

Kalendis Septembris, mortuo Adriano papa[2], electi sunt duo et consecrati, Rollandus, cancellarius, presbiter cardinalis tituli Sancti Marci, vir religiosus, vocatus Alexander III, papa videlicet CLXXIIII, et Octovianus, presbiter cardinalis tituli Sanctæ Mariæ in Cosmidun, dictus Victor III; hic per potentatum et parentes suos nobiles papatum invasit.

Frogerius, regis elemosinarius, factus est episcopus Sagiensis[3].

---

[1] En 1159, sur le refus de Philippe, frère du roi Louis VII, qui était non pas doyen, mais archidiacre de Paris, Pierre Lombard fut nommé évêque de Paris. *Gallia christiana*, VII, 68. Voyez plus bas, p. 328, note 5.

[2] Adrien IV mourut le 1ᵉʳ septembre 1159. Alexandre III fut élu le 7 septembre. Ce même jour, quelques dissidents proclamèrent pape, sous le nom de Victor III, Octavien, prêtre-cardinal du titre de Sainte-Cécile, et non pas de Sainte-Marie « in Cosmidin. »

[3] Les auteurs du *Gallia christiana* (XI, 689) rapportent que Froger fut appelé à l'évêché de Séez en 1157, suivant la Chronique de Saint-Evroul; en 1158, suivant les Chroniques de Normandie, et en 1159, suivant Robert de Torigni, et qu'il fut ordonné le dimanche avant Noël. De ces trois dates, la dernière paraît seule admissible. En effet, la Chronique de Saint-Evroul place sous l'année 1157 la mort de l'évêque Girard, auquel succéda Froger (voyez à la fin d'Orderic Vital, V, 162), ce qui ne veut pas dire que Froger ait immédiatement remplacé Girard. Le témoignage des Chroniques de Normandie est sans valeur : il s'agit, en effet, du texte défectueux de Robert de Torigni que Duchesne a publié sous le titre de *Chronica Normanniæ* et dans lequel la partie relative à l'année 1159 a été mise sous la rubrique de 1158. Il semble donc que la nomination de Froger doive être rapportée à l'année 1159, d'autant mieux que la continuation du Bec place l'ordination de Froger au 20 décembre 1159.

Galterius, episcopus Cestrensis, obiit [1].

Obiit etiam Robertus, episcopus Exoniensis [2], vir religiosus et timens Deum.

Terricus, comes Flandrensis, rediit de Jerusalem [3], et uxor ejus Mabiria [4] remansit cum abbatissa Sancti Lazari de Bethania [5], invito conjuge suo.

Mense Octobris, Henricus rex Anglorum, munita civitate Cadurcorum et conmendata Thomæ cancellario suo, et dispositis custodibus et auxiliariis in locis oportunis, confidens de auxilio Raimundi Berengarii comitis Barcinonæ [6], et Trechevel [7] comitis Neumausi, et Willermi de Monte Pessulano [8], et aliorum suorum

---

[1] Gautier Duredent, évêque de Chester depuis 1149 ; voyez plus haut, p. 246 note 6.

[2] Robert de Warlevast, évêque d'Exeter ; voyez plus haut, page 292, note 5.

[3] A son retour de la Terre-Sainte, le comte Thierri fut reçu dans la ville d'Arras le 16 août 1159 ; Lambert de Waterloo, dans *Recueil des historiens*, XIII, 516.

[4] *Babiria* L. Le véritable nom de la comtesse était Sibylle ; voyez le *Cartulaire de Saint-Bertin*, p. 300 et 314.

[5] Sans doute, Joette, fille de Baudouin II, roi de Jérusalem, qui était abbesse de Saint-Ladre de Béthanie en 1157 ; Du Cange, *Les Familles d'outre-mer*, p. 823.

[6] La part que Raimond-Bérenger, comte de Barcelone, prit à la campagne de Henri II contre le comte de Toulouse, est attestée par une charte de Raimond-Bérenger lui-même, dans laquelle, à la date du 14 juillet 1159, il s'exprime ainsi : « Cum ab hoc præsenti exercitu, « in quem ire volo, Deo favente rediero, hoc quod nunc devote ac « spontanea voluntate feci, tunc in plena et generali curia melius et « plenius et firmius compleam... » *Marca hispanica*, 1326.

[7] *Trenchevel* L. Ainsi que l'a fait remarquer D. Vaisette (II, 644), Trencavel n'était que vicomte de Béziers, de Carcassonne, d'Albi et de Rasez ; c'était son frère, Bernard-Aton, qui était alors vicomte, et non pas comte, de Nimes.

[8] Guillaume VII, seigneur de Montpellier, mort en 1172.

fidelium, rediit in Normanniam. Inde perrexit cum valida manu in pagum Belvacensem, et destruxit munitissimum castellum Guerberrei [1], excepta quadam firmitate; quam ne caperent, hominibus regiis ignis et fumus prohibuit. Villas multas conbussit et destruxit.

Simon, comes Ebroicensis, tradidit Henrico regi Anglorum firmitates suas, quas habebat in Francia, scilicet Rupem Fortem, Montem Fortem, Esparlonem [2] et reliquas. Quod magno detrimento fuit regi Francorum, cum non posset libere procedere de Parisius Aurelianis vel Stampis, propter Normannos quos rex Henricus posuerat in castris comitis Ebroicensis. Hac de causa treviæ captæ fuerunt inter duos reges, a mense Decenbri usque ad octavas Penthecostes [3].

In reditu expeditionis Tholosæ, mense Octobris, obiit Guillermus comes Moritonii [4]; decessit autem absque liberis, et retinuit Henricus rex comitatum in manu sua [5].

1160.

Romanorum Fredericus 8. Francorum Ludovicus 23.
Anglorum Henricus 6.

Rex Henricus egit Nativitatem Domini [6] cum regina

---

[1] Gerberoy, Oise, arr. de Beauvais, canton de Songeons.

[2] Rochefort, Seine-et-Oise, arr. de Rambouillet, canton de Dourdan. — Montfort-l'Amauri, arr. de Rambouillet. — Epernon, Eure-et-Loir, arr. de Chartres, canton de Maintenon.

[3] Jusqu'au 22 mai 1160.

[4] Sur Guillaume, comte de Mortain, voyez plus haut, p.305, note 10.

[5] Le domaine de Mortain était encore entre les mains du roi en 1180. *Rotuli scaccarii*, p. 8.

[6] 25 décembre 1159.

Aliénor apud Falesiam; exinde eadem regina transfretavit in Angliam.

Kalendis Januarii, terræ motus accidit in pago Constantino, castro Sancti Laudi [1], circa horam primam.

Hardoinus, decanus Cenomannensis, factus est archiepiscopus Burdegalensis, cum decessor ejus vix anno et dimidio vixisset [2].

Mathilde imperatrice adversa valitudine percussa, dapsiliter, præeunte consilio filii sui Henrici regis Anglorum, divitias suas ecclesiis, monasteriis et pauperibus distribuit, monasterium Beccense [3], sicut et in alia infirmitate sua fecerat [4], ceteris præponens.

Ecclesia Baiocensi igne conbusta, Philippus episcopus in ejus restauratione iterum viriliter laborat [5].

Maio mense, pax facta est inter reges Henricum Angliæ et Ludovicum Francorum, revolutis prioribus pactis et confirmatis [6], et pacificatis qui partes utrorumque adjuverunt.

Mathæus, filius comitis Flandriæ, inaudito exemplo,

---

[1] Saint-Lô, Manche.

[2] Hardouin, doyen du Mans de 1142 à 1160 (*Gallia christiana*, XIV, 422), succéda en 1160 à Raimond, archevêque de Bordeaux (*Ibid.* II, 816).

[3] *Beccense*. M. Ce membre de phrase manque dans F, Va. et Vi.

[4] Voyez plus haut, p. 193, à l'année 1134.

[5] Sur les bienfaits dont Philippe de Harcourt combla le chapitre de sa cathédrale, voyez Hermant, *Histoire du diocèse de Bayeux*, p. 171 et suiv.

[6] Allusion au traité conclu en 1158 pour le mariage de Henri fils de Henri II, avec Marguerite, fille de Louis VII.

duxit abbatissam Rummesiæ [1], quæ fuerat filia Stephani regis, et cepit cum ea comitatum Boloniensem.

Mense Julio [2], Henricus rex Anglorum congregavit omnes episcopos Normanniæ et abbates et barones apud Novum Mercatum; et Ludovicus rex Francorum adunavit suos Belvaci, et ibi tractatum est de receptione papæ Alexandri et refutatione Victoris; et consenserunt Alexandro, reprobato Victore.

Mense Septembri, obiit Herbertus, episcopus Abrincensis [3], et sepultus est in ecclesia Beatæ Mariæ Becci, sicut prædecessor ejus Ricardus de Bello Fago [4].

Prædicto mense, regina Angliæ Alienor transfretavit in Normaniam jussu regis, adducens secum Henricum filium suum et filiam Mathildem.

Mortuus est Philippus, frater Ludovici regis Francorum, decanus Sancti Martini Turonensis [5].

---

[1] Sur Marie, fille du roi Etienne, abbesse de Rumsey et femme de Mathieu de Flandre, voyez *Monast. angl.* II, 507.

[2] Vers le 22 juillet, selon Lambert de Waterloo, dans *Recueil des historiens*, XIII, 518.

[3] La mort de Herbert, évêque d'Avranches, est rapportée, probablement mal à propos, à l'année 1161 dans le *Gallia christiana*, XI, 480. L'anniversaire de Herbert se célébrait le 6 septembre au Mont-Saint-Michel; *Recueil des historiens*, XXIII, 580.

[4] *Bellifago* F. *Bellisago* Va.

[5] Dans le *Gallia christiana* (XIV, 176) la mort de Philippe, fils de Louis-le-Gros, doyen de Saint-Martin de Tours, est marquée à l'année 1161. L'anniversaire de ce prélat, qui avait refusé en 1159 l'évêché de Paris (plus haut, p. 324), était célébré dans l'église de Notre-Dame de Paris, le 4 septembre (*Cart. de Notre-Dame*, IV, 142). — Après la note relative à la mort de Philippe de France, il y a dans M une ligne dont le texte a été gratté.

Mortua est Constantia, regina Franciæ, labore partus, superstite filia, cujus causa mors sibi acciderat[1].

Mense Octobri, rex Anglorum et rex Francorum collocuti, pactum pacis mutuæ confirmaverunt; et Henricus, filius Henrici regis Anglorum, fecit homagium regi Francorum de ducatu Normanniæ, qui est de regno Franciæ.

Paucis interpositis diebus, Ludovicus rex Francorum duxit filiam comitis Theobaldi senioris[2].

Nec mora, Henrico filio Henrici regis Anglorum desponsata est apud Novum Burgum Margarita filia Ludovici regis Francorum[3], et Henricus rex Anglorum cepit tria castella munitissima, scilicet Gisorz, Neafliam, Novum Castellum[4], sita super flumen Eptæ, in confinio Normanniæ et Franciæ, quia pepigerant inter se ipse et rex Francorum, quatinus, inito matrimonio filiorum suorum, rex Henricus haberet illas munitiones, quæ ad ducatum Normanniæ pertinent. Quo audito, rex Franciæ graviter tulit ipse, et sororii sui, scilicet Henricus, Teobaldus, Stephanus[5]. Exinde hi tres comites, coadunatis viribus suis, cœperunt firmare

---

[1] Constance, femme du roi Louis VII, mourut le 4 octobre 1160, en donnant le jour à Alix, qui épousa Guillaume, comte de Pontieu.

[2] Le 13 novembre 1160, Louis VII épousa Alix, fille de Thibaud comte de Champagne.

[3] Suivant Raoul de Dicet, les fiançailles de Henri et de Marguerite furent célébrées au Neufbourg le 2 novembre 1160.

[4] Gisors, Eure, arr. des Andelys. — Neaufle, canton de Gisors. — Châteauneuf-sur-Epte, Eure, arr. des Andelys, canton d'Ecos.

[5] Henri le Libéral, comte de Champagne, Thibaud, comte de Blois, et Etienne, comte de Sancerre, tous les trois frères de la reine Alix, troisième femme de Louis VII.

munitionem Calvi Montis[1], quæ erat de feudo castri Blesensis, ut exinde pagum Turonicum infestarent. Rex vero Henricus, quia illud castrum erat de casamento Hugonis filii Supplicii[2] de Ambazia, quod tenebat de comite Teobaldo (caput autem sui honoris, scilicet Ambaziam, tenebat de rege Henrico), rex inquam Henricus, percepto exinde nuncio, non expectatis sociis suis, illuc properavit, volens inpedire opus illius castri, per quod licentius, si perfectum esset, discurrerent per terram suam. Audito autem adventu regis Anglorum, comes Tebaldus discessit a Calvo Monte, munita firmitate et custodibus dispositis. Rex vero Henricus obsedit prædictum castrum, et ilico cepit, in quo erant triginta quinque milites et quater viginti[3] servientes, et reddidit eandem munitionem Hugoni de Ambazia, qui aversabatur pro posse suo comiti Tedbaldo, quia in carcere prædicti comitis Sulpicius, ipsius Hugonis pater, nequiter extinctus fuerat[4]. Exinde rex Henricus, munitis turribus

[1] Chaumont-sur-Loire, Loir-et-Cher, arr. de Blois, canton de Montrichard.

[2] Le *l* de *Supplicii* a été effacé dans M.

[3] *Et viginti quatuor* L.

[4] On trouvera dans les Gestes des sires d'Amboise (*Chroniques des comtes d'Anjou*, p. 220 et suiv.) un récit détaillé de la défaite de Sulpice d'Amboise, de sa captivité et de sa mort. Ce fut en 1153 qu'il fut fait prisonnier, comme le prouve une charte du cartulaire de Saint-Julien de Tours, qui est ainsi datée : « Actum sabbato inter octabas « Sancti Johannis Baptiste, luna tertia, anno quo captus est Supplicius « de Ambaziaco, Henrico duce Normannorum et Andegavorum in « Angliam transnavigante, Enjobardo ecclesie Turonensi presidente, « anno ab incarnatione Domini MCLIII ; » Bibl. nat. collection Housseau, V, n. 1756.

Ambaziæ et Fractæ Vallis¹, et dispositis custodibus, egit festum natalis Domini² cum Alienor regina Cenomannis³.

1161.

ROMANORUM FREDERICUS 9. FRANCORUM LUDOVICUS 24. ANGLORUM HENRICUS 7.

Henricus rex munitiones comitis Mellenti et aliorum baronum suorum in Normannia in manu sua cepit et fidelibus suis commendavit. In margine etiam ducatus Normanniæ fere omnia sua castella, et maxime Gisorz, melioravit vel renovavit; parcum et mansionem regiam fecit circa fustes plantatos apud Chivilleium, juxta Rothomagum⁴. Domum leprosorum juxta Cadumum mirabilem ædificavit⁵. Aulam⁶ et cameras ante turrem Rothomagensem nichilominus renovavit. Et non solum in Normannia, sed etiam in regno Angliæ, ducatu Aquitaniæ,

---

¹ Voyez plus haut, p. 314, n. 5.
² 25 décembre 1161.
³ Ce qui suit, jusqu'au mot *renovavit*, est omis dans L.
⁴ Sur la résidence que les ducs de Normandie avaient à Quevilly (Seine-Inférieure, arr. de Rouen, canton de Grand-Couronne), on peut consulter une notice d'Aug. Le Prévost, dans la *Revue de Normandie*, année 1863, II, 835. — Vers l'année 1183 Henri II donna aux lépreuses de Quevilly « clausum meum domorum mearum de Quevilly, « ubi mansionem suam construxi.... »
⁵ Sur la grande maladerie située près de Caen, et quelquefois appelée Notre-Dame de Beaulieu, voyez De La Rue, *Essais sur Caen*, II, 185. La charte de fondation de cette maison n'est pas connue.
⁶ Les deux phrases suivantes manquent dans Vi.

comitatu Andegaviæ, Cenomaniæ, Turonensi, castella, mansiones regias, vel nova ædificavit, vel vetera emendavit. Castellum etiam in villa quæ dicitur Amandivilla, super Viræ fluvium ædificavit[1].

Achardus, abbas Sancti Victoris Parisiensis, factus est episcopus Abrincensis[2].

Willermus Anglicus, prior Sancti Martini de Canpis, fuit abbas ecclesiæ Ramesensis[3] in Anglia.

In capite jejunii[4], apud Cenomannos[5], Hugo, archiepiscopus Dolensis, cæcitate debilitatus, præsentibus Henrico rege Anglorum et duobus legatis Romanæ ecclesiæ, Henrico de Pisis[6] et Guillermo de Papia, reddidit archiepiscopatum, quem fere per sex annos tenuerat, et in cujus reparatione plurimum laboraverat.

---

[1] Osmanville, Calvados, arr. de Bayeux, canton d'Isigny. Sur le compte de l'année 1180 il est question de travaux faits à ce château : « In operationibus domorum et pontis et palicii castri de Aman- « villa... »*Rot. scacc.* 8.

[2] *Abrincatensis* F. Le commencement du pontificat d'Achard est placé par les auteurs du *Gallia christiana (*XI, 481) au 27 mars 1161.

[3] *Rames'* M. *Rameseie* L. Cette note manque dans F, Va. et Vi. Guillaume l'Anglais, abbé de Ramsey en 1161, devint abbé de Cluni en 1177. *Monasticon anglicanum*, II, 548, et *Gallia christiana*, IV, 1142, et VII, 524.

[4] En 1161, le mercredi des Cendres tomba le 1ᵉʳ. mars. Hugues avait été évêque de Dol depuis l'année 1154.

[5] *Ce* .

[6] *H. de Pisis* M. Par une lettre du 17 janvier 1161 (*Recueil des Historiens*, XV, 766) on apprend que le pape Alexandre III avait envoyé en France « Henricum, tituli sanctorum Nerei et Achillei, Willel- « mum, tituli sancti Petri ad vincula, et Odonem, sancti Nicolai in « carcere Tulliano cardinales. » Conf. Jaffé, p. 682, n° 7156. Nous avons une charte de « Henricus, Dei gratia sancte Romane ecclesie

In¹ ejus loco ibidem electus fuit Rogerius de Humez, archidiaconus Baiocensis².

Bartholomæus, archidiaconus Exoniensis, factus est episcopus Exoniæ³.

Richardus Peccatum, archidiaconus Cestrensis, fit episcopus ejusdem ecclesiæ⁴.

Teobaldus, archiepiscopus Cantuariensis, secunda feria Paschæ obiit⁵.

Post Pasca⁶ rex Anglorum Henricus et Ludovicus Francorum, primo in Vilcasino, postea in Dunensi pago, instigante eos ad discordiam comite Teobaldo, congregatis exercitibus suis, alterutrum terras suas defendendo, fere in comminus venerunt. Inde datis induciis, post festum sancti Johannis⁷, Henricus rex

---

« presbyter cardinalis et apostolice sedis legatus, » touchant un accord conclu entre les abbés de Saint-Martin de Seez et de Saint-Jean de Falaise ; elle a été faite à Séez probablement au commencement de l'année 1161, et certainement entre le 20 septembre 1160 et le 25 mars 1161, comme le prouve la date : « Actum apud Sagium, in presentia « nostra, anno ab incarnatione Domini MCLX, pontificatus domini « pape Alexandri III anno secundo ; » Bib. nat., ms. français 18953, p. 226.

¹ Les trois phrases suivantes manquent dans F, Va. et Vi.

² Roger du Hommet, archidiacre de Bayeux, figure comme témoin dans plusieurs chartes de Henri II.

³ L ajoute *ut prædictum est*. — Barthélemi, évêque d'Exeter, sacré en 1161, mort en 1184; *Monasticon anglicanum*, II, 515.

⁴ Raoul de Dicet (Twysden, 532) met aussi à l'année 1161 le sacre de Richard, évêque de Coventry ou de Chester.

⁵ D'après ce passage, Thibaud, archevêque de Cantorbéry, serait mort le lundi 17 avril 1161. Gervais de Cantorbéry (Twysden, 1381 et 1608) met cette mort au 18 avril 1161.

⁶ En 1161, Pâques tomba le 16 avril.

⁷ Après le 24 juin 1161.

Anglorum perrexit in Aquitaniam, et inter alia quæ strenue gessit, Castellionem supra urbem Agennum [1], castrum scilicet natura et artificio munitum, obsedit, et infra unam septimanam, in festivitate sancti Laurentii [2], admirantibus et perterritis Wasconibus, cepit.

Regina Alienor apud Donnum Frontem filiam peperit, quam Henricus presbiter cardinalis et legatus Romanæ ecclesiæ [3] baptizavit, et Açhardus, episcopus Abrincensis, et Robertus, abbas [4] Sancti Michaelis de periculo maris, cum aliis multis, de fonte susceperunt; et vocata est Alienor de nomine matris suæ.

Mauricius [5], archidiaconus Parisiensis, fit ejusdem ecclesiæ episcopus.

Mortuo Juhello de Meduana, successit Gaufridus filius ejus [6]; hic duxit filiam comitis Mellenti [7].

---

[1] Cette place fut assiégée une seconde fois, en 1175, par Richard, Cœur-de-Lion : « Obsedit Castelloneum supra Agiens, quod Arnaldus « de Bovilla contra eum munierat..; » Benoit de Peterborough, I, 101. Il s'agit du Castillon mentionné dans un texte de 1274 : « Villa de « Castellione sita tam in Petragoricensi quam in Agenesio. » De Gourgues, *Noms anciens de lieux du département de la Dordogne*, page 110.

[2] 10 août 1161.

[3] Henri de Pise ; voyez plus haut, p. 332, note 6.

[4] *Abbas de Monte Sancti Michaelis* F et Va.

[5] Cette note et la suivante manquent dans F, Va. et Vi. Ce fut en 1160 que Maurice de Sully devint évêque de Paris. *Gallia christiana*, VII, 70.

[6] Geoffroi, fils de Juhel de Mayenne, s'était croisé en 1158. Une charte de « Juhellus, Dei gratia dominus Meduane, » est ainsi datée : « Anno ab incarnatione Domini MCLVIII, anno scilicet quo Gaufredus « de Meduana, filius meus, assumpsit crucem Domini. » Cartulaire de Savigny, n° 412.

[7] Geoffroi de Mayenne épousa Isabelle, fille de Galeran, comte de

1162.

Romanorum Fredericus 10. Francorum Ludovicus 25. Anglorum Henricus 8.

Rex Henricus egit nativitatem Domini[1] apud Baiocas.

Mense[2] Januario, Gaufridus de Meduana reddidit Henrico, regi Anglorum, tria castella quæ pater ejus tenuerat post mortem Henrici regis senioris, scilicet Gorran, Ambrerias, Novum Castrum super flumen Colmiæ[3].

Eodem mense, remoto Aquilino de Furnis de castello Pontis Ursonis, quia Abrinçatini conquerebantur de eo quod terras eorum nimiis exactionibus et injuriis gravaret, Henricus rex idem castrum ad tempus commendavit Roberto abbati de Monte.

Mortuo Sanctione, archiepiscopo Remensi[4], Henri-

Meulan. Dans une charte de l'année 1163, Geoffroi mentionne « uxor « mea Elisabet; » Cartulaire de Savigny, n° 438. Isabelle se remaria à Maurice de Craon : Robert, comte de Meulan, confirma à l'abbaye de Savigny (ibid., n° 571) une rente que sa sœur Isabelle avait assignée sur le domaine de Pont-Audemer, « concedentibus filiis suis, « Juhello scilicet filio Gaufridi de Meduana, et Mauricio et Petro, « filiis Mauricii de Creone... »

[1] 25 décembre 1161.

[2] Les deux paragraphes suivants manquent dans F, Va. et Vi.

[3] Voyez plus haut, p. 199, à l'année 1135.

[4] Samson, archevêque de Reims, mourut le 21 septembre 1161. Il fut remplacé, le 14 janvier 1162 par Henri, frère du roi Louis VII, évêque de Beauvais ; *Gallia christiana*, IX, 88.

cus, frater regis Francorum, episcopus Belvacensis, successit. Bartholomæus [1] vero, archidiaconus Remensis, factus est episcopus Belvacensis.

Prima Dominica Quadragesimæ [2], rex Henricus congregavit episcopos, abbates, barones tocius Normanniæ apud Rothomagum, et querimoniam faciens de episcopis et eorum ministris et vicecomitibus suis, jussit ut concilium Juliæ Bonæ [3] teneretur. Julia Bona in Caletensi pago juxta Sequanam est, sedes regia, a dominis Normannorum multum amata et frequentata. Hanc Julius Cæsar, ex cujus nomine Julia vocatur, condidit, destructa urbe Caleto, ex cujus veteri vocabulo tota regio sita inter Sequanam et mare adhuc vocatur [4].

Primus Ricardus dux Normannorum et secundus Ricardus, filius ejus, apud Fiscannum levati de tumulis suis, in quibus separatim jacebant, post altare sanctæ Trinitatis honestius ponuntur [5]. Huic transla-

---

[1] Cette phrase manque dans F, Va. et Vi. — En 1162, à Henri de France succéda sur le siége de Beauvais Barthélemi de Montcornet. *Gallia christiana*, IX, 731.

[2] 25 février 1162.

[3] Voyez plus haut, p. 64, à l'année 1080.

[4] Conf. Orderic Vital, II, 323, et IV, 396.

[5] La translation des corps de Richard Ier et de Richard II eut lieu le 11 mars 1162, comme le prouve une lettre de Henri, prêtre-cardinal du titre de Saint-Nérée et Saint-Achillée. Cette lettre est insérée dans un acte du 17 décembre 1518, que le Père du Monstier a publié (*Neustria pia*, p. 253), et dont la Bibl. nat. (ms. latin 17184, fol. 174) possède une copie plus correcte faite par D. Martène. L'acte de 1518 contient en plus des détails curieux sur l'inscription funéraire de Richard II :

« Constituimus etiam et mandavimus in his nostris litteris epita-

tioni Henricus rex Anglorum interfuit, et episcopi Normanniæ, et dedit illi ecclesiæ silvam de Hogis [1].

Comes Robertus de Basenvilla adversus Wuillermum cognatum suum, regem Siciliæ, rebellat in Apulia; et multis coadjutoribus secum adunatis, majorem partem maritimarum civitatum sibi conciliat [2].

Fredericus, imperator Alemannorum, urbem Mediolanum, quam per tres annos obsederat, necessitate famis afflictam, capit et destruit [3], reservatis tantummodo matrice ecclesia et quibusdam aliis.

Discordia inter regnum et sacerdocium adhuc per-

phium quondam Richardi II, illustrissimi ducis Normaniæ, quod in ejus arcula vetere, insculptum lamina plumbea, reperimus, iisdem caracteribus describi, quo nostra omnis in predictos fundatores observantia et devotio clarior ac compertior fieret, voluimusque ad perpetuam rei memoriam, presentibus litteris, perpetuis futuris temporibus duraturis, addi ipsam predictam laminam in ipsius Richardi II arcula nova, iterum per nos, ne periret, fuisse repositam :
      Heu dux Richardus jacet hac sub mole secundus,
        Arma decusque suis fama procul positis. »

[1] Je dois à M. Le Prévost un texte complet de la charte par laquelle Henri II donna à l'abbaye de Fécamp, en 1162, la forêt des Hogues, entre Criquebeuf et Vattetot-sur-Mer (Seine-Inférieure, arr. du Havre, canton de Fécamp). En voici les dernières lignes, qui nous font connaître le nom de plusieurs des prélats et des barons qui assistèrent à la translation des corps de Richard Ier et de Richard II, ducs de Normandie : « Testibus Henrico cardinali, Rotrodo Ebroi- « censi, Arnulfo Lexoviensi, Philippo Baiocensi, Acardo Abrincensi « episcopis, Raginaldo de Sancto Walerico, Ricardo de Humetis « conestabulario, Manesserio Biset dapifero, Ricardo de Luci, Nicolao « de Stotevilla. Apud Fiscannum. »

[2] Sur cette révolte, dont la répression sera mentionnée un peu plus bas, voyez Romuald de Salerne, dans Muratori, VII, 203-205. Il a déjà été question de Robert de Basinville, plus haut, p. 295 et 298.

[3] 26 mars 1162.

durante propter scisma Octaviani, quem rex Romanorum Fredericus secum in Italia habebat, Alexander papa Romanus, confidens de regibus Francorum Ludovico et Anglorum Henrico, qui devote semper Romanam ecclesiam fovent et venerantur, ad cismontanos marina expeditione circa Pascha venit, et apud Montem Pessulanum in Provincia debita honorificentia susceptus est[1].

Richardus[2] de Revers[3], dominus insulæ Vectæ, in Anglia moritur, relinquens ex filia Rainaldi, comitis Cornubiæ, parvulum filium, nomine Balduinum.

Stephanus, cognomento Burgensis, abbas Sancti Michaelis de Clusa et monachus Cluniacensis, fit abbas Cluniaci, abbate Hugone[4] se conferente ad partes imperatoris et Octaviani[5].

---

[1] Alexandre III, parti de Gênes le 25 mars 1162, arriva à Maguelonne le 11 avril et séjourna à Montpellier du 15 avril au 15 juillet 1162, ou environ; Jaffé, *Regesta pontificum*, p. 685-687.

[2] Les deux articles suivants omis dans F, Va. et Vi.

[3] *Redviers* L. — Richard de Reviers, IIe du nom, seigneur de l'île de Wight, était fils du comte Baudouin, dont Robert de Torigni a enregistré la mort sous l'année 1155 (plus haut, p. 292, note 7). Le cartulaire du prieuré de Lodres (n° 3) contient une charte de Richard de Reviers, IIe du nom, dont j'extrais les passages suivants : « Ricardus de « Redveriis, filius Baldewini comitis Exonie,.... concedo perpetuo « jure in elemosina habenda abbatie Sancte Marie Montisburgi, quam « pater meus multum dilexit, et quam Ricardus de Redveriis, avus « meus, fundavit, maneria de Lodres, de Axemuha et de Wicha...... « Prefatam abbatiam multum diligo et ipsos monachos, tum quia « avus meus illam fundavit, tum quia ipse ibi jacet, multique ante-« cessores et amici mei... »

[4] Sur Hugues, abbé de Cluny, et sur son successeur Etienne le Bourgeois, voyez *Gallia christiana*, IV, 1140 et 1141.

[5] Les mots *et Octaviani* sont omis dans L.

Mortuo Harduino, archiepiscopo Burdegalensi, apud Montem Pessulanum, dum ibidem in curia domini papæ moraretur, episcopus Lactorensis ei suceessit[1].

Fame [et] mortalitate cismontani, maxime in Aquitania, laborant[2].

Rainaldus de Castellione, princeps Antiochiæ, dum incaute[3] in terram Agarenorum intrat, multis suorum occisis vel captis, ipsemet capitur.

Thomas[4], cancellarius regis Anglorum, fit archiepiscopus Cantuariensis.

Radulfus de Toene moritur, relicto parvulo filio ex filia Roberti comitis Leecestriæ[5].

Mense Julio, in Britannia minori, scilicet in Retello,

---

[1] Hardouin, archevêque de Bordeaux, mourut à Montpellier, vers le commencement du mois de juillet 1162; il eut pour successeur Bertrand de Montault, évêque de Lectoure. *Gallia christiana*, I, 1076. et II, 816.

[2] La famine de l'année 1162 est mentionnée par l'annaliste de Saint-Etienne de Caen; *Recueil des historiens*, XII, 780.

[3] *Incaple* F et M. — Renaud de Châtillon fut fait prisonnier le 23 novembre 1160 près de Maresie par Megeden, gouverneur d'Alep; Du Cange, *Les Familles d'outre-mer*, p. 192.

[4] Les deux articles suivants sont omis dans F, Va. et Vi. — Thomas Becket fut sacré archevêque de Cantorbéry, le 3 juin 1162. Raoul de Dicet, Twysden, 533; Gervais de Cantorbéry, ibid. 1669.

[5] Voyez Lebeurier, *Notice sur la commune d'Acquigny*, p. 15. — Par une charte, à laquelle est témoin Silvestre, abbé de Conches, Raoul de Tosny confirma une donation faite à l'abbaye de l'Estrée par Roger son père; Bibl. nat. Mélanges de Clairambault, 177, p. 28. Dans une charte des archives du Nord, Roger de Tosny se dit fils de Raoul et de Marguerite; *Inventaire des archives de la chambre des comptes à Lille*, p. 32, n. 69.

sanguis pluit ¹, et de ripis cujusdam fontis ibidem effluxit, necnon etiam de pane.

Eodem mense ², Johannes de Dol mortuus est, et dimisit terram suam et filiam in protectione Radulfi de Fulgeriis. Sed rex Anglorum accepit turrem de manu ejus.

Guillermus, rex Siciliæ, transiens de Sicilia in Apuliam cum magno exercitu, Roberto de Basenvilla fugato cum complicibus suis, civitates et castella, quæ a se defecerant, recuperat ³.

Johannes ⁴, thesaurarius Eboracensis, vir jocundus et largus et apprime litteratus, fit episcopus Pictavensis.

Mathæo episcopo Andegavensi defuncto, successit Gaufridus Sagiensis, decanus ejusdem ecclesiæ et clericus regis Anglorum ⁵.

---

¹ Le même phénomène est indiqué une seconde fois par Robert de Torigni sous la date du mois d'août 1164.

² Article omis dans F, Va. et Vi. — La fille que laissa Jean de Dol se nommait Iseult; elle épousa Hascoul de Subligny; Du Paz, *Histoire généalogique*, II, 521.

³ Voyez plus haut, p. 337, note 2.

⁴ Les deux articles suivants, omis dans F, Va. et Vi. — Jean, surnommé aux Blanches-Mains, fut d'abord trésorier de l'église d'York, et c'est avec ce titre qu'il figure comme témoin dans plusieurs actes de Henri II. Suivant Raoul de Dicet (dans Twysden, col. 536), il fut sacré par le pape au concile de Tours, c'est-à-dire en mai 1163. Sur ce prélat, voyez *Gallia christiana*, II, 1180.

⁵ Mathieu, évêque d'Angers, mourut vers le 12 mars 1162, et fut remplacé par Geoffroi, qui n'aurait pas été précédemment doyen d'Angers, s'il faut en croire M. Hauréau (*Gallia christiana*, XIV, 570). Quoi qu'il en soit, le prélat que Robert de Torigni appelle Geoffroi de Séez était aussi connu sous le nom de Geoffroi Mouchet. Dom Hous-

Leupus, rex Valentiæ et Musciæ[1], licet gentilis et Agarenus, munera ingentia in auro et serico et in aliis speciebus et in equis et camelis mittit Henrico, regi Anglorum, grandia et ipse ab eodem recepturus.

Raimundus Berengerius, comes Barcinonensis, vir omnibus bonis plangendus, moritur[2], relicto filio Anforsio, qui factus est rex Arragonum; quod regnum ei accidebat[3] ex materno genere.

Fredericus, imperator Alemannorum, et Ludovicus, rex Francorum, cum super fluvium Sagonnam[4], qui antiquitus Arar vocabatur, de pace tractaturi convenire debuissent[5], repente mutato animo propter scisma Octaviani, cujus partes imperator adjuvabat, infecto negotio, ad propria redierunt.

Exinde, parvo spacio temporis interjecto, Ludovicus rex Francorum et Henricus rex Anglorum super Lige-

---

seau (V, n. 1864) nous a conservé une charte ainsi datée : « Anno ab « incarnatione Domini MCLXVIII, Gosfrido Moschet episcopo Ande- « gavensi presidente; » Voyez aussi le ms. latin 5480 de la Bibl. nat., t. I, p. 227.

[1] Mohammed-ben-Mardenisch.

[2] Raimond Bérenger IV, comte de Barcelone, mari de Pernelle d'Aragon et père d'Alfonse II, roi d'Aragon, mourut en août 1162. Voyez plus haut, p. 318.

[3] M portait d'abord *acciderat*.

[4] M portait d'abord *Sagoniam*. La Saône.

[5] Cette entrevue aurait dû avoir lieu vers le commencement du mois de septembre. La présence de l'empereur Frédéric à Saint-Jean de Losne, le 7 septembre 1162, est attestée par un diplôme de l'abbaye de Savigny (dans *Gallia christiana*, IV, instrum. 18) et par des diplômes genevois, dont l'analyse et la critique sont dans le *Régeste genevois*, p. 101-103, n°˙ 366-369.

rim apud Cociacum convenientes [1], Alexandrum papam Romanum honore congruo susceperunt, et usi officio stratoris, pedites dextra lævaque frenum equi ipsius tenentes, eum usque ad præparatum papilionem perduxerunt. Quo mediante, Deo favente, pax inter eos firma restituta est.

Richardus [2], episcopus Londoniæ, moritur.

Henricus rex, ordinatis et compositis rebus, et castellis suis in Normannia, Aquitania, Andegavia, et etiam in Wasconia, in Adventu Domini, venit Barbefluvium, volens si posset transfretare [3] ante Natalem Domini; sed vento prohibente, egit Natalem Domini [4] cum regina Alienor apud Cæsaris Burgum.

Manuel [5], imperator Constantinopolitanus, duxit Constantiam, filiam secundi Boamundi uxorem. Et Boamundus tertius, frater prædictæ puellæ, factus est

[1] L'entrevue du pape avec Louis VII et Henri II dut avoir lieu à Chouzy-sur-Loire (Loir-et-Cher, arr. de Blois, canton de Herbault), probablement dans la seconde moitié du mois de septembre 1162 ; par une lettre du pape, datée de Déols le 17 septembre (Jaffé, n. 7222), nous savons que le souverain pontife s'attendait à recevoir prochainement la visite du roi d'Angleterre.

[2] Article omis dans F, Va. et Vi. — Richard, évêque de Londres, mourut le 4 mai 1162 ; Raoul de Dicet, dans Twysden, 533.

[3] *Tranfretare* M.

[4] 25 décembre 1162.

[5] Article ajouté après coup dans M ; il est dans F, Va. Vi. L et Ca. — En 1161, Manuel Comnène épousa Marie, fille de Raimond, prince d'Antioche. Boémond III, frère de Marie, succéda en 1163 à sa mère dans la principauté d'Antioche. Renaud de Châtillon, beau-père de Boémond III, tombé entre les mains des infidèles en 1160, ne recouvra sa liberté qu'après seize ans de captivité. Du Cange, *Les Familles d'outre-mer*, p. 190 et 194.

princeps, vitrico suo in captivitate remanente [1] Rainaldo.

1163.

Romanorum Fredericus 11. Francorum Ludovicus 26. Anglorum Henricus 9.

Mense Januario, rex Henricus transivit in Angliam, ipse et regina, et cum magno gaudio susceptus est ab omnibus fere proceribus patriæ qui eum in littore expectabant [2]. Jam enim Henricus, filius ejus, præcesserat, et sicut in Normannia fecerat [3], sic in Anglia homagia et fidelitates baronum et militum suscepit.

Archiepiscopo [4] Lugdunensi deficiente, clerus et populus, coniventia Frederici imperatoris, elegerunt Guillermum, filium comitis Teobaldi senioris [5]; quod etiam papa Alexander concessit. Illa autem urbs, quia cis Rodanum est, ad regnum Franciæ pertinet; sed quia Guigo [6] Dalfinus et Foresiensis comes, anno præ-

---

[1] *Remanante* M.

[2] Suivant Raoul de Dicet (Twysden, col. 534), Henri II débarqua à Southampton le 25 janvier 1163.

[3] *Sicut fecit in Normannia* L.

[4] Article omis dans F, Va. et Vi. Héraclius de Montboissier mourut le 11 novembre 1163. L'église de Lyon célébrait son anniversaire le 30 octobre; *Obituarium Lugdunensis ecclesiæ*, éd. Guigue, p. 145.

[5] L'élection de Guillaume, fils de Thibaud, comte de Blois et de Champagne, au siége de Lyon ne fut pas suivie d'effet. Héraclius eut pour successeur Dreu; *Gallia christiana*, IV, 125, et *Recueil des Historiens*, XIII, 307, note.

[6] *G. dalfinus et Forojulensis comites.... abstuler'*. Telle est la leçon de M. J'ai cru pouvoir la modifier un peu, en mettant : *Guigo Dalfinus et Foresiensis comes.... abstuleral.* Il s'agit ici des persécutions

terito, fraude eam prædicto archiepiscopo abstulerat, nec per regem Franciæ eam rehabere potuit, ideo idem archiepiscopus transtulit se ad imperatorem; qui prædictam civitatem eidem restituit¹, et ex tunc ab eo illam tenuit.

Rotrocus, episcopus Ebroicensis, et Rainaldus de Sancto Walerio² fecerunt in Normannia recognoscere jussu regis, per episcopatus, legales redditus et consuetudines ad regem et ad barones pertinentes.

Philipus, episcopus Baiocensis, mense Februario, moritur³, qui fuit vir prudens et astutus in agmentandis et revocandis rebus illius ecclesiæ, et multum ibi profecit; sed sapientia hujus mundi stulticia est apud Deum. Hic⁴ se dederat monasterio Beccensi ad monachatum, sed non est in homine via ejus. Præventus

---

que Guigues III, comte de Forez, fit endurer à l'archevêque Héraclius. Voyez J. M. de La Mure, *Hist. des ducs de Bourbon et des comtes de Forez*, I, 157.

1 Voyez la bulle d'or accordée à l'archevêque Héraclius par l'empereur Frédéric I le 18 novembre 1157, publiée dans *Gallia christiana*, IV, inst. 17. (Boehmer, n° 2381). Malgré le privilége impérial, les archevêques de Lyon reconnurent, au XII° et au XIII° siècle, la suzeraineté du roi de France; voy. *Catalogue des actes de Philippe-Auguste*, n°ˢ 18 et 93.

2 Renaud de Saint-Valeri, qui figure dans un assez grand nombre d'actes de Henri II, et qui avait des biens situés en Angleterre, en Normandie et dans le Pontieu.

3 Sur Philippe de Harcourt, évêque de Bayeux, voyez *Gallia christiana*, XI, 361, et Hermant, *Histoire du diocèse de Bayeux*, p. 169-177. Ce dernier historien (p. 177) rapporte que Philippe mourut « le 7 jour « de février de l'an 1163, suivant la cronique des Antiquitez de « Caen. »

4 Cette fin d'article manque dans F et Va.

enim fuit morte, nec quod proposuerat implere potuit; librorum tamen septies viginti volumina illis jam dederat¹.

Bellum Roberti de Monte Forti cum Henrico de Essessa, pro fuga prælii contra Gualenses, in quo isdem Henricus defecit², et exheredatus, factus est monachus Radingensis.

Walenses subditi sunt regi Henrico ad libitum³.

Malcomus, rex Scotiæ, fecit homagium Henrico, regis Anglorum filio⁴, et dedit regi obsides, scilicet David, fratrem suum minorem, et quosdam de filiis baronum suorum, de pace tenenda et pro castellis suis, quæ rex volebat habere.

---

¹ Le catalogue des livres donnés à l'abbaye du Bec par Philippe de Harcourt (*Tituli librorum quos dedit Philippus, episcopus Baiocensis, ecclesiæ Becci*) est copié en tête du ms. d'Avranches qui contient la chronique de Robert de Torigni. On en trouvera le texte dans les *Rapports* de M. Ravaisson, p. 389. — En parlant des livres donnés à l'abbaye du Bec par Philippe de Harcourt, Dom Benigne Thibault, qui écrivait en 1682, fait cette remarque : « In quibus Decreta « Gratiani apprime exarata adhuc asservantur in bibliotheca Bec- « censi; sermones aliquot sanctorum Cypriani et Ambrosii extant « adhuc ex dono ejusdem, epistolæ et libri aliquot sancti Cypriani, « Cæsaris commentarii. » Bibl. nat. ms. latin 12884, part. II, p. 35.

² Dans l'expédition que Henri II dirigea contre les Gallois en 1157, Henri d'Essex laissa tomber à terre l'étendard royal qu'il était chargé de porter ; Gervais de Cantorbéry, dans Twysden, 1380.

³ Sur l'expédition de Henri II dans le pays de Galles en 1163, voyez Giraud le Cambrien, *Itinerarium Kambriæ*, I, vi, et II, x, éd. Dimock, VI, 62 et 138.

⁴ Ce fut à Woodstock que Malcolm fit hommage à Henri II et à Henri, fils de celui-ci, le 1ᵉʳ juillet 1163; Raoul de Dicet, dans Twysden, col. 536.

Quidam [1] gartio, coniventia monachorum, ut creditur, occidit abbatem Sancti Maximini Aurelianensis; et papa Alexander et Ludovicus rex Francorum expulerunt inde omnes fere monachos, et per diversas abbatias disperserunt, et fecerunt ibi abbatem de Majori Monasterio [2].

Similiter, anno præterito, cum abbas Latiniacensis [3] equitans invenisset quendam, qui ei forifecerat, et minaretur ut eum caperet et destrueret, ille emissa sagitta percussit abbatem in oculo usque in cerebrum, et occidit. Cui successit Hugo, naturalis filius comitis Theobaldi senioris [4]. Iste fuit prius monachus Tironis, et tempore Stephani regis patrui sui, per aliquantum

---

[1] Les articles suivants, jusqu'au paragraphe *Rogerius filius Roberti* inclusivement, manquent dans F, Va. et Vi.

[2] On lit dans une lettre que le pape Alexandre III écrivit de Bourgdieu en Berry, le 11 juillet 1163, à Louis VII (*Recueil des historiens*, XV, 800) : « Monachos Sancti Maximini, quos vitæ turpioris conver« satio et sui abbatis interemptio infamabant, per diversa monasteria « divisimus, et ad petitionem tuam instituere ibidem alios, Domino « auctore, curavimus. » L'abbé de Saint-Mesmin, au diocèse d'Orléans, qui fut tué par ses moines, se nommait Guillaume; il eut pour successeur Gautier. *Gallia christiana*, VIII, 1533 et 1534.

[3] Geoffroi. *Gallia christiana*, VII, 497.

[4] Hugues, fils naturel de Thibaud IV, comte de Blois et de Champagne, commença par être moine dans l'abbaye de Tiron, au diocèse de Chartres, et peut-être à Winchester (*Anglia sacra*, 297, cité dans *Monasticon anglicanum*, I, 422). Je ne puis donner la traduction exacte du nom de la première des deux abbayes anglaises qui lui furent confiées du temps de son oncle, le roi Etienne ; la seconde de ces maisons était le monastère de Chertsey, au comté de Surrey : nous avons une charte du roi Etienne (*Mon. ang.*, I, 423, note a) dans laquelle on lit : « Sciatis me concessisse Hugoni abbati, nepoti meo, « abbatiam Certeseye tenendam et regendam.... » Hugues fut abbé de Lagny depuis 1163 jusqu'en 1171 ; *Gallia christiana*, VII, 497.

temporis fuit abbas Hommensis in Anglia [1]; qua abbatia relicta, fuit abbas Certesiensis [2] Iterum illa relicta, venit in Franciam ad nepotes suos Henricum et Teobaldum [3], et sic, ut diximus, factus est abbas Latiniacensis.

Gislebertus, episcopus Herefordensis, mortuo Ricardo, Lundoniensi episcopo, translatus est ad eandem sedem [4], et magister Robertus de Miledune, genere Anglicus, et grandævus [5] factus est episcopus Herefordensis [6].

Rogerius, filius Roberti comitis Gloecestriæ, electus est ad episcopatum Wigorniensem [7].

Mense Martio, obiit tercius Balduinus, rex Jerusalem, vir per omnia plangendus; et successit ei Amalricus, frater ejus [8]. Huic Balduino a superna clementia concessum est ut Ascalonem caperet [9], et Agarenos expelleret et servitio divino manciparet; quod nec David propter sanctitatem suam, nec Salomoni propter sapientiam et divitias suas, nec Ezechiæ propter justi-

---

[1] M porte *Amglia* ou *Ainglia*, et plus bas *Amglicus*.

[2] *Cistersiencis* L.

[3] Henri, comte de Champagne, et Thibaud, comte de Blois.

[4] Le passage de Gilbert au siège de Londres est marqué par Raoul de Dicet (dans Twysden, col. 535) au 28 avril 1163.

[5] *Grandeuvus* M.

[6] Robert de Melun, évêque de Hereford, du 22 mai 1164 à 1166. *Monaslicon anglicanum*, VI, 1211.

[7] Le sacre de Roger fut célébré le 26 août 1163. Raoul de Dicet, dans Twysden, col. 536.

[8] Baudouin III, roi de Jérusalem, mourut le 10 février 1162 et eut pour successeur son frère Amauri I.

[9] La ville d'Ascalon fut prise le 19 août 1153.

tiam suam, nec alicui antea regum permissum fuerat.

In octavis Pentecostes, Alexander papa tenuit concilium Turonis[1], in quo excommunicavit Octavianum cum aliis scismaticis et complicibus suis. In[2] illo concilio duo episcopi, quorum unus sacratus fuerat per manum Terrachonensis archiepiscopi, metropolitani sui, alter per Toletanum archiepiscopum, totius Hispaniæ primatem, expulsi sunt de ecclesia Pampulonensi, ad cujus titulum ambo sacrati erant, et tercius subrogatus. Illis tamen duobus ordo episcopi mansit, et concessum est ut si vacantes ecclesiæ eos vocarent, fierent earum præsules.

1164.

ROMANORUM FREDERICUS 12. FRANCORUM LUDOVICUS 27. ANGLORUM HENRICUS 10.

Terricus[3], comes Flandrensis, vadit Jerosolimam tercio[4], et filius ejus primogenitus Philippus ei succedens, ducta altera filiarum Radulfi senioris comitis

---

[1] Le 19 mai 1163. Voyez la collection des conciles de Nicolas Coleti, XIII, 293.

[2] La fin de ce paragraphe manque dans F, Va. et Vi. — Le 26 juillet 1163, le pape Alexandre III invita les chanoines de Pampelune à élire un évêque dans un délai de deux mois et à le présenter à l'archevêque de Terragone; Jaffé, *Regesta pontificum*, p. 694, n. 7316.

[3] Les deux premiers articles de l'année 1164 manquent dans F, Va. et Vi.

[4] Thierri, comte de Flandre, était déjà allé en Terre-Sainte en 1147 et en 1157.

Viromandensis[1], et tratre uxoris suæ juniore Radulfo comite elefantia percusso[2], per uxorem fit dominus duorum comitatuum, scilicet Viromandensis et Montis Disderii.

Rainaldus, Coloniensis electus, cancellarius Frederici imperatoris Alemannorum, transtulit trium Magorum corpora de Mediolano Coloniam, quorum corpora, quia balsamo et aliis pigmentis condita fuerant, integra exterius, quantum ad cutem et capillos, durabant. Eorum primus, sicut mihi retulit qui eos se vidisse affirmabat, quantum ex facie et capillis eorum comprehendi poterat, quindecim annorum, secundus triginta, tercius sexaginta videbatur. Beatus autem Eustorgius, dono cujusdam inperatoris, transtulit illos Mediolanum de Constantinopoli, cum quadam mensa cui superpositi erant, in quodam vehiculo parvo, quod duæ vaccæ divina virtute et voluntate trahebant[3]. Transtulit etiam idem Rainaldus exinde corpus beatæ

---

[1] Philippe épousa Elisabeth, fille aînée de Raoul I, comte de Vermandois.

[2] La mort de Raoul II, comte de Vermandois, est rapportée par Colliette au 17 juin 1167 ; *Mémoires pour l'hist. du Vermandois*, II, 330.

[3] L'abbé Isingrin, dans ses Annales publiées par Pertz (*Scriptores*, XVII, 314), résume en ces termes l'histoire des reliques des trois mages : « Illic (à Milan) in monasterio Sancti Ambrosii tres magi reperti « sunt; qui ab episcopo Coloniensi sublati et ab ipso honorifice Colo« niam sunt delati, quorum corpora adhuc, ut ipse dum venissem « Coloniam aspexi, integra, utpote balsamo condita. Quæ, ut habent « ystoriæ, ab Helena regina ab Oriente Bizantium sunt deportata, et « in tumbis tribus plumbo, ne inde moveri potuissent, perfusis sunt « recondita. Cumque eodem tempore Mediolanensium episcopus in « obsequio ejusdem esset reginæ, hæc corpora sibi quasi pro mercede « sui famulatus tradi deposcebat. Quod illa, ac si rata futile fore « propter plumbum posse moveri, concessit. At ille, ut vir sollertis

Valeriæ, matris sanctorum martyrum Gervasii et Prothasii¹, et capud Naboris martyris².

Apud Rothomagum, III kalendas Februarii, obiit Willermus frater Henrici regis, et sepultus est in ecclesia Sanctæ Mariæ³.

Circa octavas Paschæ⁴, rex Henricus fecit dedicari ecclesiam Beatæ Mariæ de Radingis, et per tres dies regaliter procuravit conventum monachorum et hospites, data etiam dote non minima eidem ecclesiæ.

Hamelinus, naturalis frater regis Henrici, duxit comitissam de Guarenna⁵, relictam Willermi comitis

« ingenii, arte quadam effecit ut etiam a paucissimis hominibus tulta, « in ratem deponerentur et sic Mediolanum defferrentur. » — L'auteur des Grandes chroniques de Cologne (Pertz, Scriptores, XVII, 779) fixe à la veille de Saint-Jacques apôtre, en 1164, l'arrivée des reliques des mages à Cologne.

¹ Sur sainte Valère, mère de saint Gervais et saint Protais, voyez les Bollandistes, avril, III, 568.

² L'auteur des Grandes chroniques de Cologne (Pertz, Scriptores, XVII, 779) mentionne aussi la translation des reliques de saint Félix et de saint Nabor : « Duobusque martiribus Felice et Nabore, qui « cum predictis magis apud Mediolanum venerabiliter reconditi « erant... »

³ Guillaume Longue-Epée, frère du roi Henri II, mourut le 29 janvier 1164. Sur ce prince, voyez la notice que j'ai publiée en 1853 dans la *Revue d'Anjou*. M. Deville a parlé de la sépulture de Guillaume dans *Tombeaux de la cathédrale de Rouen*, p. 164.

⁴ En 1164, les octaves de Pâques tombèrent le 19 avril. La dédicace de l'abbaye de Reading est aussi rapportée à l'année 1164 dans les Annales de Bermondsey, éd. Luard, III, 441, et dans Mathieu Paris ; voyez *Monasticon anglicanum*, IV, 31.

⁵ *Guuarenna* M, ici et deux lignes plus loin. — Isabelle, fille de Guillaume III, comte de Varenne et de Surrey, veuve de Guillaume, comte de Mortain, mort en 1158 ; voyez plus haut, p. 306 et 311.

Moritonii, filii Stephani regis. Hæc fuit filia tercii Willermi, comitis de Guarenna[1], qui cum rege Franciæ Ludovico perrexit Jerusalem, et ibi obiit, superstite sola prædicta comitissa.

In[1] pago Belvacensi cuidam plebeio apparuit in visu noctis sanctus Ægidius, et quædam honestæ personæ cum eo, cui prædixit, ut, cum die crastina primum sulcum aratri duceret, inveniret parvam crucem ferream, et jussit ut ferret eam ad suam ecclesiam. Tunc rusticus quæsivit ab eo utrum ad Sanctum Ægidium de Provincia deberet eam portare; cui sanctus Ægidius respondit : « Non; sed ad Sanctum Ægi- « dium de Constantino, ubi est corpus meum. » Quod cum factum fuisset, multæ ibi virtutes factæ sunt[2].

Apud Lucam civitatem obiit Octovianus scismaticus, per antifrasim vocatus Victor; et successit ei in eodem errore permanens Wido Cremensis, dictus Paschalis tercius[3].

Comes Carnotensis Tedbaudus despondit filiam Lu-

---

[1] Les articles suivants, jusqu'à *Fredericus imperator* inclusivement, manquent dans F, Va. et Vi.

[2] On manque de renseignements sur la vie du saint Gilles dont le corps était conservé dans l'église de Saint-Gilles-en-Cotentin (Manche, arr. de Saint-Lô, canton de Marigny), et en l'honneur duquel Louis XI fonda une collégiale, par lettres du mois de juillet 1482, publiées dans les *Ordonnances des rois de France*, XIX, 22. A la fin du XVe siècle, il était d'usage d'offrir, au nom du roi, un cerf devant l'image de monseigneur saint Gilles, près Saint-Lô ; *Catalogue des Archives de Joursanvault*, tome II, page 270, no 3573.

[3] L'antipape Victor IV mourut à Lucques le 20 avril 1164. Gui de Crème lui succéda (22 avril 1164 — 20 septembre 1168) sous le nom de Paschal III.

dovici regis Franciæ¹, et ideo rex ei concessit dapiferatum Franciæ quem comes Andegavensis antiquitus habebat², unde etiam nostris temporibus Radulfus de Parrona³ pro eo serviebat, et, inde ei homagium faciens, ut dominum honorabat.

Henricus⁴ autem, frater ejus primogenitus, comes Trecensis⁵, iterum assumpsit filiam⁶ Ludovici regis, quam prius dimiserat⁷.

Fredericus imperator cum ad libitum subdidisset⁸ sibi Langobardiam, in qua sunt viginti quinque civitates, inter quas sunt tres archiepiscopatus, scilicet Mediolanum, Ravenna, Jenua, et fiscum regium ad L millium marcharum summam in eodem regno reparasset, et pacem ibidem tam indigenis quam peregri-

---

1 Thibaud, comte de Blois et de Chartres, épousa, vers 1154, Alix, fille de Louis VII et d'Aliénor; d'Arbois de Jubainville, *Histoire des comtes de Champagne*, III, 82 et 96. Il figure comme sénéchal dans les actes de Louis VII et de Philippe-Auguste depuis 1154 jusqu'en 1191 ; *Catalogue des actes de Philippe-Auguste*, p. LXXXI.

2 Voyez plus loin à l'année 1169.

3 Raoul I, comte de Vermandois, fut sénéchal de France, depuis 1131 jusqu'en 1152.

4 Cette note a été ajoutée après coup dans M; elle est dans L et Ca.

5 *Trec'sis* M.

6 Henri le Libéral, comte de Champagne, se maria en 1154 avec Marie, fille de Louis VII et d'Aliénor ; il était fiancé avec cette princesse depuis 1147. Robert de Torigni prenait sans doute pour un mariage les fiançailles de l'année 1147. Voyez d'Arbois de Jubainville, *Hist. des comtes de Champagne*, III, 82 et 98.

7 *Dimisserat* M.

8 *Suddissel* M.

nis reformasset¹ : iterum Verona et quædam aliæ civitates adversus eum rebellant.

Gualenses, fidem Henrico regi non servantes, terras proximas latrocinando infestant, agente quodam regulo eorum, vocato Ris², et alio ejusdem perversitatis homine, nomine Oeno³, prædicti Ris avunculo.

Walterius⁴ Giffar, comes de Bochingeham, moritur absque herede, et comitatus ejus in Anglia⁵ et terra ejus in Normannia rediit ad dominium regis.

Richardus de Humez, conestablus⁶ Henrici regis, convocatis baronibus Normanniæ et Britanniæ, mense Augusto, cepit castrum Conbort⁷ in Britannia in manu regis, quod Radulfus de Filgeriis habuerat post mortem Johannis de Dol⁸.

---

[1] L'empereur Frédéric séjourna à Pavie jusqu'au mois de septembre 1164. Il retourna passer l'hiver en Allemagne.

[2] Rhys-ap-Griffith.

[3] Sans doute Owen Gwynedd.

[4] Article omis dans F, Va. et Vi. L'anniversaire de Gautier Giffard, troisième du nom, comte de Buckingham, est indiqué au 18 septembre dans l'obituaire du prieuré de Longueville ; *Recueil des historiens*, XXIII, 437.

[5] *Amglia* M.

[6] *Conestalus* F et M.

[7] *Combore* F. A l'occupation de Combourg (Ille-et-Vilaine, arr. de Saint-Malo), par les officiers de Henri II, se rapporte une charte publiée par D. Morice (*Preuves*, I, 642) et dont voici le commencement : « Notum sit omnibus fidelibus Herveum de Trimigonio diu injuste « abstulisse monachis decimam de Chasteler. Sed, tempore illo quo « Henricus rex cepit Fulgerias, per justitiam regis quæ erat in Com- « burnio, reddidit decimam illam... Hoc viderunt et audierunt Rober- « tus de Misoart, qui erat justicia regis, Johannes Chaorcin... »

[8] Voyez plus haut, p. 340, note 2.

Eodem mense, sanguis pluit in Rethel, in episcopatu Dolensi[1].

Robertus[2], episcopus Carnotensis, vir religiosus, moritur.

Obiit Hugo, venerabilis archiepiscopus Rothomagensis, quarto idus Octobris[3]. Hic vir magnæ litteraturæ multa jocunde edidit; viduis et orphanis et aliis pauperibus largus extitit. Rexit autem ecclesiam Rothomagensem honeste et viriliter annis fere triginta.

Almarricus, rex Jerusalem, conductus ab amiralio Babilonico[4], cum exercitu perrexit in adjutorium illius, liberare quandam civitatem ipsius, nomine Barbastam[5], quam Salegon[6], senescallus Noradin, fraude occupatam, contra ipsum tenebat. Obsessa igitur per aliquantulum temporis, tamdem capta est et amiralio restituta civitas. Firmatis autem inter eos amicitiis, et redditis multis captivis, duplicato etiam tributo (nam antea dabat amiralius regi singulis annis xxx

---

[1] Le même phénomène a déjà été mentionné par Robert de Torigni sous la date de juillet 1162.

[2] Article omis dans F, Va. et Vi. Robert, évêque de Chartres, mourut le 23 septembre 1164 ; *Gallia christiana*, VIII, 1143.

[3] Hugues d'Amiens, archevêque de Rouen, mourut sans doute dans la nuit du 10 au 11 novembre : Robert de Torigni place la mort de ce prélat au 10 novembre, et Arnoul de Lisieux, dans une de ses pièces de vers, la met au jour de Saint-Martin, c'est-à-dire au 11 novembre. Sur Hugues, voyez *Gallia christiana*, XI, 43, et *Histoire littéraire de la France*, XII, 647.

[4] Adhed-Lidin-Allah, caliphe d'Egypte, dont le visir est appelé Savar par Guillaume de Tyr (XIX, v).

[5] Ville de la Basse-Egypte, près de l'ancienne Peluze. Guillaume de Tyr (XIX, v) la désigne sous le nom de *Belbeis*.

[6] Sirkouk ou Siracon, visir de Noradin, sultan de Damas.

millia aureorum), rex ad propria rediit[1]. Sed interea Noradin intulerat christianis magnum dampnum[2]; nam capto castro eorum, nomine Harent[3], capto etiam Boamundo juniore principe Antiochiæ[4], et multis interfectis, Habilina, id est Belinas, postmodum a Sarracenis pervasa est[5].

1165.

Romanorum Fredericus 13. Francorum Ludovicus 28. Anglorum Henricus 11.

Henricus, rex Anglorum, in Quadragesima[6] in Normanniam transiens, in octabis Paschæ[7] apud Gisorz cum rege Francorum locutus est. Inde rediens Rotomagum, Philippum, comitem Flandrensem[8], consobrinum suum, regaliter excepit.

Venerunt similiter ad eum legati Frederici, imperatoris Alemannorum, Rainaldus scilicet, archiepiscopus Coloniensis, cancellarius ipsius[9], et multi alii magni

---

[1] Sur cette expédition d'Amauri, voyez Guillaume de Tyr, XIX, vii, dans *Historiens occidentaux des croisades*, I, 893 et 894.

[2] *Dapn'* M.

[3] Sur la prise du château de Hareng, voyez Guillaume de Tyr, XIX, ix.

[4] Boémond III fut fait prisonnier le 10 août 1164.

[5] *Perversa* F, Va. et Vi. Sur la prise de Belnias ou Césarée de Philippe, voyez Guillaume de Tyr, XIX, x.

[6] En 1165 le carême commença le 17 février.

[7] En 1165 les octaves de Pâques coïncidèrent avec le 11 avril.

[8] *Flandensem* M.

[9] Suivant Raoul de Dicet (dans Twysden, col. 539), ce fut en An-

potentatus viri, requirentes eum ex parte imperatoris, ut daret unam filiarum suarum Henrico, duci Bajoariæ[1], et aliam filio suo, licet adhuc puerulo. Exactis itaque sacramentis et datis, rex postea misit suos legatos in Alemanniam, qui ab imperatore et satrapis suis eadem sacramenta de conventionibus, quæ inter eos convenerant, acciperent.

Rotrodus[2], episcopus Ebroicensis, fit archiepiscopus Rotomagensis.

Henricus[3], decanus Salesberiensis, eligitur ad episcopatum Baiocensem.

Mortuo Rogerio, abbate Sancti Wandregisili, viro religioso[4], Anfredus, sacrista ejusdem monasterii, ei successit.

Regina Angliæ Alienor, evocata a rege, venit in Normanniam, adducens secum filium suum Ricardum et filiam Mathildem.

Redeunte vero rege in Angliam, et cum multo appa-

---

gleterre, à Westminster, que Henri II reçut Renaud, archevêque de Cologne.

[1] F, Va. et Vi ajoutent *filio Corradi, qui ante Fredericum imperaverat.* Ces mots avaient d'abord été mis dans M ; ils en ont été effacés et manquent dans L, Ca. et Co.

[2] *Rotrocus* F, Va. et Vi. Suivant les auteurs du *Gallia christiana*, XI, 48, Rotrou fut transféré en 1164 de l'évêché d'Evreux à l'archevêché de Rouen.

[3] Les deux notes suivantes manquent dans F, Va. et Vi. — Sur Henri, évêque de Bayeux, de 1165 à 1205, voyez *Gallia christiana*, XI, 364.

[4] Roger, abbé de Saint-Wandrille, mourut le 29 juin 1165. *Gallia christiana*, XI, 180.

ratu bellico super Walenses eunte¹, regina remansit in partibus cismarinis.

Alexander papa Romanus, relinquens Senonem, in qua fere duos annos moratus fuerat, veniens ad Montem Pessulanum², navali subvectione perrexit ad terram Willermi, regis Siciliæ, licet insidiæ piratarum imperatoris Alemanniæ ei in mari non deessent.

Willermus³, frater comitis Tebaldi, eligitur ad regimen ecclesiæ Carnotensis, data ei remissione a papa, propter juvenilem ætatem, ut usque ad quinquennium differretur⁴ sacratio ejus.

Mense Augusto, Ludovico regi Francorum ex uxore sua nascitur filius, et vocatus est Philippus⁵.

Regina Alienor, mense Octobris, Amdegavis peperit filiam, et vocata est in baptismate Johanna.

---

[1] On a peu de détails sur cette expédition de Henri II dans le pays de Galles. D'après Giraud le Cambrien, le roi pénétra dans la principauté de Powis et s'avança jusqu'à Oswestry, dans le Shropshire; *Itinerarium Kambriæ*, II, x et xii, éd. Dimock, VI, 138 et 143.

[2] Alexandre III arriva à Montpellier au commencement de juillet 1165; il avait séjourné à Sens depuis le 30 septembre 1163 jusqu'aux premiers jours du mois d'avril 1165; voyez Jaffé, p. 695-705.

[3] Article omis dans F, Va. et Vi. — Guillaume, fils de Thibaud, comte de Champagne, dut être élu évêque de Chartres vers le commencement de l'année 1165: Le 8 octobre 1164, le pape annonçait au roi qu'il avait invité le chapitre à s'entendre sur le choix d'un prélat avant le 13 janvier 1165; d'un autre côté, le 19 août 1165, Alexandre III recommandait au roi « dilectum filium nostrum Willel- « mum, Carnotensem electum; » Jaffé, *Regesta*, p. 700 et 706, n. 7403 et 7497.

[4] *Differetur* M.

[5] *Filippus* M. Philippe-Auguste naquit le samedi 21 août 1165, au soir.

Robertus [1], abbas Montis, in quodam brachio auro et argento optime parato jussit reponi reliquias sancti Laurencii, scilicet os brachii quod eschinum [2] vocant, et alia quattuor minora ossa ejusdem martyris ; sicuti antea reposuerat in quadam cuppa, intus et extra deaurata, caput Innocentii, socii sancti Mauricii. Prædictas reliquias et partem corporis sancti Agapiti martyris, scilicet carnem cum costis quattuor, Suppo abbas Montis a monasterio Sancti Benigni Fructuariensis [3], ubi prius fuerat abbas, et prece et precio ad monasterium Sancti Michaelis adportavit. Est autem Fructuariense monasterium in Langobardia, in episcopatu Vercellensi.

Malcomus [4], rex Scotiæ, religiosus juvenis, obiit. Successit ei Willermus, frater ejus.

Fulmen [5] cecidit in ecclesia Sancti Michaelis, in turre et in aliis locis, et tamen Deo miserante nichil nocuit.

---

[1] Article omis dans F, Va. et Vi. — On lit dans un inventaire des reliques du Mont-Saint-Michel, dressé en 1396, et contenu dans le ms. 213 d'Avranches : « Item in uno jocali... habetur caput sancti « Innocencii, martiris, de sociis sancti Mauricii, ut patet in legenda. « Item in uno brachio... habetur unum ossium brachii sancti Lau- « rencii martyris sanctissimi, quod apportavit ab urbe Romana abbas « R. quando primo venit intus. »

[2] *Eschin'* M.

[3] L'abbaye de Fruttuaria, au diocèsè d'Ivrée, fondée au commencement du XI⁰ siècle par le bienheureux Guillaume, abbé de Saint-Benigne de Dijon.

[4] Malcolm IV, roi d'Ecosse, mourut le 9 décembre 1165. Son frère Guillaume lui succéda.

[5] Cette note et la suivante manquent dans F, Va. et Vi. Elles ont été ajoutées après coup dans M et sont dans L et Ca.

Obiit Robertus, abbas Majoris Monasterii ¹, et successit ei Robertus Blesensis.

1166.

Romanorum Fredericus 14. Francorum Ludovicus 29. Anglorum Henricus 12.

Henricus rex, munitis confiniis inter Anglos et Walenses, et castellis et militibus dispositis, in Quadragesima ², transfretavit in Normanniam. Deinde locutus cum rege Francorum ea quæ ad pacem sunt, audito etiam quod rex Francorum statuisset de thesauris et redditibus suis, similiter et omnium hominum tam clericorum quam laicorum, qui in sua ditione erant, singulis annis usque ad quadriennium de singulis viginti solidis singulos denarios mittere Jerusalem, ad defensionem christianitatis : idem rex magnanimus fecit duplicari in omni potestate sua redditum primi anni, reliquis annis permanentibus ad solutionem unius denarii per singulos viginti solidos ³.

Gualerannus ⁴, comes Mellenti, factus monachus Pratelli, obiit; et successit ei filius ejus Robertus, na-

---

[1] Robert mourut le 29 août 1165; *Gallia christiana*, XIV, 220.

[2] En 1166, le carême commença le 9 mars.

[3] La levée d'une contribution pour les besoins de la Terre-Sainte fut arrêtée par Henri II dans deux assemblées tenues au Mans le 10 et le 17 mai 1166. Le texte de l'ordonnance relative à cette levée nous a été conservé par Gervais de Cantorbéry, dans Twysden, 1399.

[4] Article omis dans F, Va. et Vi. — Galeran, comte de Meulan, mourut en avril 1166; il avait épousé Agnès, fille d'Amauri de Mont-

tus ex sorore Simonis comitis[1] Ebroicensis. Duxit autem idem Robertus filiam Rainaldi, comitis Cornubiensis.

Obiit etiam Guillermus rex Siciliæ[2], et successit ei Guillermus, filius ejus.

Willermus Talavacius[3], comes Sagiensis, et filius ejus Johannes, et iterum[4] Johannes, nepos ejus, filius Guidonis primogeniti sui comitis Pontivi, concesserunt regi Henrico castrum Alenceium et Rocam Mabiriæ, cum eis quæ ad ipsa castella pertinent[5]. Et forsitan ideo prædictas municiones perdiderunt, quia malas consuetudines ipsi et eorum antecessores diu ibi tenuerant; quas rex Henricus statim meliorari præcepit.

Mense[6] Septembri, obiit Stephanus, episcopus Redonensis.

---

fort. Son fils et successeur, Robert, comte de Meulan, eut pour femme Mathilde, fille de Renaud, comte de Cornouaille.

[1] Le copiste de L a par mégarde omis les mots : *Ebroicensis. Duxit a. i. R. f. Rainaldi comitis.*

[2] Guillaume I, roi de Sicile, mourut le 7 mai 1166. Son fils Guillaume II lui succéda.

[3] *Talevaz* L. Guillaume Talvas, comte d'Alençon, eut pour fils Gui, comte de Pontieu, et Jean. Gui, comte de Pontieu, mourut à la croisade en 1147, laissant un fils, nommé Jean, qui s'associa à son grand-père et à son oncle pour céder Alençon à Henri II. Voyez Odolant Desnos, *Mémoires sur Alençon*, I, 294 et 295.

[4] *Et il'* M. *Et item* T.

[5] Alençon et la Roche-Mabile, Orne, arrond. et canton d'Alençon. En 1184, le roi Henri II faisait garder à ses frais les châteaux « de « Alenceon et Roca Mabilie ; » *Rotuli scaccarii*, p. 114.

[6] Les deux notes suivantes manquent dans F, Va. et Vi. — Etienne de la Rochefoucauld, évêque de Rennes, mourut le 4 septembre 1166; *Gallia christiana*, XIV, 750.

Obiit etiam in Anglia Robertus, Batensis episcopus[1].

Quia vero obtimates Cenomannici comitatus et Britannicæ regionis, antequam rex transfretaret, minus obtemperaverant præceptis reginæ, et, ut dicitur, sacramento se obligaverant ut se communiter defenderent, si aliquis eorum gravaretur, rex ad libitum suum eos et castella eorum tractavit; et congregatis exercitibus fere de omni potestate sua citra mare, castrum Felgeriarum[2] obsedit, cepit, funditus delevit. Inde facto conubio[3] de Gaufrido, filio suo, et Constancia, filia comitis Conani Brittanniæ et de Richemont, comes Conanus concessit regi, quasi ad opus filii sui, totum ducatum Brittanniæ, excepto comitatu de Gingamp, qui ei accederat per avum suum comitem Stephanum[4]. Rex vero accepit hominium fere ab omnibus baronibus Brittanniæ apud Toas[5]. Inde venit Redonis, et per civitatem illam, quæ caput est Brittanniæ, totum illum ducatum saisivit. Et quia

---

[1] Robert, évêque de Bath, mort le 1ᵉʳ septembre 1166. *Monasticon anglicanum*, II, 276.

[2] Il est fait allusion à cette prise du château de Fougères dans une charte du prieuré de Combourg, dont j'ai cité un passage plus haut, p. 353, note 7.

[3] *Inde preloculo quodam imaginario conubio* F. Va. et Vi. C'était la leçon primitive de M. Les mss. L, Ca. et Co. portent bien *Inde facto conubio*.

[4] La ville de Guingamp faisait en effet partie des domaines d'Etienne, comte de Penthièvre, aïeul paternel de Conan IV. Nous avons de Conan IV une charte pour l'abbaye du Mont-Saint-Michel, qui est datée « apud Wincampum; » Bibl. nat. Collection Moreau, 68, fol. 146.

[5] *Toas* M, F et Vi. *Theas* Va. *Toarz* L; c'était aussi, selon toute

nunquam viderat Comborcht[1] neque Dol, postquam in manus ejus venerant, illa in transitu vidit. Causa vero orationis ad Montem Sancti Michaelis veniens, apud Genecium[2] illa nocte hospitatus est.

Illuc venerunt ad eum Guillermus rex Scotiæ, et episcopus insularum Man et aliarum triginta unius, quæ sunt inter Scotiam et Hiberniam et Angliam. Illas xxxii insulas tenet rex Insularum tali tributo de rege Norwegiæ, quod, quando rex innovatur, rex Insularum dat ei decem marcas auri, nec aliquid facit ei in tota vita sua, nisi iterum alius rex ordinetur in Norwegia. Hujus regis Insularum venit legatus ad regem Anglorum prædictus episcopus. Est enim prædictus rex consanguineus regis Anglorum ex parte Mathildis imperatricis matris suæ.

1167.

ROMANORUM FREDERICUS 15. FRANCORUM LUDOVICUS 30. ANGLORUM HENRICUS 13.

In Natali Domini[3] fuit rex Henricus Pictavis, et venit ad eum Henricus, filius suus, de Anglia.

Ante[4] Quadragesimam[5] venit rex Rothomagum, et

---

apparence, la leçon primitive de M. — Il s'agit de Thouars, Deux-Sèvres, arr. de Bressuire.

[1] *Combort* F, Va. et Vi.
[2] Genest, Manche, arr. d'Avranches, canton de Sartilly.
[3] 25 décembre 1166.
[4] Les deux paragraphes suivants manquent dans F, Va. et Vi.
[5] En 1167 le carême commença le mercredi 22 février.

mortuo Rotgerio abbate Sancti Audoeni, viro summæ religionis, eandem abbatiam dedit Haimerico, cellerario Becci[1].

Paulo ante obierant in Anglia Robertus Herefordensis[2], et Robertus Linconiensis episcopi[3].

In Quadragesima locutus fuit rex Anglorum cum comite Sancti Ægidii apud Magnum Montem[4].

Post Pascha[5] duxit exercitum militum in Arvernicum pagum, et vastavit terram Guillermi comitis, quia data fide pepigerat stare justiciæ in præsentia domini regis, nepoti suo, quem exheredaverat, juniori videlicet comiti Arvernensi[6], sed inveteratus ille dierum malorum, rupta fide, transtulit se ad regem Francorum, et seminavit discordias inter eos.

Sed et de collectione pecuniæ deferendæ Jerusalem, quæ adunata fuerat Turonis, quam rex Anglorum volebat mittere per suos nuntios, utpote sumptam in suo comitatu, rex autem Francorum per suos, quia ecclesia Turonensis sua est, suggestione Jocii, archiepiscopi Turonensis, magna discordia inter Hen-

---

[1] Voyez *Gallia christiana*, XI, 146.

[2] Robert de Melun, évêque de Hereford, mort le 26 février 1167. Annales de Tewkesbury, éd. Luard, I, 50.

[3] Robert du Quesnay, évêque de Lincoln, mourut le 26 janvier 1167. Raoul de Dicet, dans Twysden, 547.

[4] L'entrevue de Henri II et de Raimond V, comte de Toulouse, eut lieu à Grammont dans le Limousin.

[5] En 1167, Pâques tomba le 9 avril.

[6] Guillaume VIII, comte d'Auvergne, dépouilla d'une grande partie du comté d'Auvergne son neveu Guillaume VII.

ricum, regem Anglorum, et Ludovicum, regem Francorum, mota est.

Combusta est civitas Turonensis, cum principali ecclesia[1].

Almaricus, rex Jerusalem, evocatus ab amirario Baboniæ[2], cui confœderatus erat, obsedit Alexandriam, quæ caput est Ægypti, et cepit, et reddidit eam amirario, qui pegigit ei singulis annis tributum de eadem civitate L milia Bizantiorum, exceptis LVII milibus, quos habet de Babilone[3]. Idem etiam rex duxit uxorem neptem Manuel, imperatoris Constantinopolitani, cum infinitis thesauris[4].

Circa[5] Pentecosten[6], Fredericus imperator Alemannorum, missis exercitibus suis, multos Romanorum occidit, ipse ab eisdem similia recepturus. Circa mensem Julium per semetipsum Leoninam Romam obsedit et cepit, et quædam juxta ecclesiam Beati Petri destruxit, scilicet porticum et alia nonnulla. Antipapam etiam Widonem de Creme Romam adduxit[7], et per manum ipsius uxorem suam in impe-

---

[1] Je ne trouve aucune mention de cet incendie dans les chroniques de Touraine recueillies par Salmon.

[2] Savar, visir d'Adhed-Lidin-Allah, caliphe d'Egypte.

[3] Sur cette campagne d'Amauri en Egypte, voyez Guillaume de Tyr, XIX, XIV-XXXII, dans *Historiens occidentaux des croisades*, I, 904-939.

[4] En 1167, Amauri épousa Marie, fille de Jean Comnène et petite-nièce de l'empereur Manuel Comnène. Du Cange, *Les Familles d'outre-mer*, p. 21.

[5] Paragraphe omis dans F, Va. et Vi.

[6] En 1167, la Pentecôte tomba le 28 mai.

[7] L'antipape Paschal III arriva à Rome avec l'empereur le 22 juillet 1167. Jaffé, p. 832.

ratricem fecit coronari [1]. Subsecuta est e vestigio ultio divina. Nam Karolus, filius Corradi, qui ante Fredericum imperaverat, consobrinus ejus, mortuus est [2], et Rainaldus, archiepiscopus Coloniensis, cancellarius ejus [3], cujus consilio multa mala faciebat [4], et episcopus Leodicensis [5], et multi alii tam episcopi quam consules, similiter perierunt. Dicitur enim quod, crassante mortalitate, xxv milia hominum de exercitu suo mortui sunt. Longobardiæ civitates, quæ sunt numero xxv, Mediolanum reædificant et ab imperatore desciscunt, præter Papiam et Vercellas.

In octavis Pentecostes [6], rex Anglorum et rex Francorum in Vircasino locuturi de pace convenerunt. Sed primoribus regni Francorum exacerbantibus lenitatem regis Ludovici, nichil profuerunt. Congregaverunt itaque uterque infinitum exercitum de omni potestate sua, et alteruter [7] castella sua muniverunt. Cum autem rex Françorum aliquantas villulas in marca, inter Medantam et Pascheium [8], combussisset, rex Henricus irritatus, licet multum deferret regi

---

[1] Le 1er août 1167 ; Jaffé, p. 833, et Boehmer, p. 134.

[2] Ici, dans M, ont été grattés trois ou quatre mots. — Le moine d'Anchin, qui a continué la Chronique de Sigebert, mentionne aussi la mort de « Karolus dux, filius Conradi imperatoris; » Pertz, *Scriptores*, VI, 412.

[3] Renaud, archevêque de Cologne, mourut le 14 août 1167.

[4] Ici, dans M, cinq ou six mots ont été grattés.

[5] Alexandre, évêque de Liége, de 1165 à 1167.

[6] En 1167, les octaves de la Pentecôte tombèrent le 4 juin.

[7] *Alterut'r* M.

[8] *Paceium* F et Va. — Mantes et Pacy-sur-Eure.

Ludovico, Calvum Montem ¹, castrum munitissimum et ditissimum, in quo rex Francorum congregaverat expensas et victualia ad opus belli, et plurimas villas in circuitu illius combussit. Quo audito, rex Francorum graviter tulit, et collectis viribus suis, latos fundos quos Sanctus Audoenus habebat in Vircasino, scilicet Vadum Nigasii ², et alias villas combussit; Andeliacum ³ etiam, burgum optimum, qui erat proprius Beatæ Mariæ et archiepiscopi Rothomagensis ⁴. Nonnulla etiam quæ pertinebant ad ecclesiam Sanctæ Trinitatis Rothomagensis ⁵, vastavit. Sed non defuit festinata vindicta. Eadem namque die, multi de exercitu ejus cum redirent ad castra, siti, solis fervore, pulvere, formidine deficientes expiraverunt. Sic etiam patri ipsius pridem acciderat ⁶ : nam initurus certamen cum Henrico seniore rege Anglorum, in quo inferior fuit, præcedenti nocte in eodem vico hospitatus fuerat, et Franci, qui a ferocitate, teste Valentiniano Roma-

---

¹ Chaumont-en-Vexin.

² Gasny, Eure, arrond. des Andelys, canton d'Ecos.

³ *Andelicum* F. *Andelicium* Va. La leçon primitive de M était *Andelicum*.

⁴ Andely figure en première ligne parmi les biens que le pape Innocent II, par sa bulle du 6 octobre 1131, confirma à l'église de Rouen : « Oppidum videlicet quod dicitur Andeleium, cum villis, « sylvis, pratis, aquis, justiciis ac libertatibus, cum portu et navium « redditibus...; » Bessin, *Concilia*, II, 23.

⁵ L'abbaye de la Trinité de Rouen avait différents biens dans le Vexin, et notamment le prieuré de Saint-Aubin de Vilaines à Lions ; voyez Toussaint Duplessis, *Description de la Haute-Normandie*, II, 617 et 742.

⁶ En 1119 ; voyez Orderic Vital, IV, 340, 341, 350 et 355.

norum imperatore, vocati sunt[1], ecclesiam Beatæ Mariæ Andeliaci stabulum equorum suorum fecerant; unde alii eorum capti, alii vero vix fuga elapsi sunt.

Mense Augusto, treguæ sumptæ et juratæ sunt inter reges Henricum et Ludovicum, usque ad Pascha[2].

Inde perrexit rex Henricus in Britanniam, et subdidit sibi omnes Britannos, etiam Leonenses; nam Guihunmarus, filius Hervei vicecomitis Leonensis, cujus filiam comes Eudo habebat in conjugium[3], datis obsidibus summisit se regi, terrore exanimatus, cum videret castrum suum munitissimum combustum et captum, et alia nonnulla vel capta vel reddita.

Cum adhuc moraretur rex in Britannia, audivit nuntium de morte matris suæ Mathildis imperatricis. Decessit enim IIII idus Septembris Rothomagi, et sepulta est Becci[4]. Thesauros infinitos pius filius distribuit ecclesiis, monasteriis, leprosis et aliis pauperibus pro anima illius. Fecit autem prædicta imperatrix monasterium de Voto in Caletensi pago juxta Juliam

---

[1] Cette étymologie du nom des Francs se trouve déjà dans Isidore (*Orig.* l. IX) : « Franci a quodam proprio duce vocari putantur ; alii « eos a feritate morum nuncupatos existimant : sunt enim in illis « mores inconditi naturalisque ferocitas animorum. » *Recueil des historiens*, I, 818.

[2] 31 mars 1168

[3] Eudes épousa Aliénor, fille de Guiomar de Léon. D. Morice, I, 105.

[4] Les restes de l'impératrice Mathilde, morte le 10 septembre 1167, furent découverts dans les ruines de l'abbaye du Bec en 1847; voyez *Revue de Rouen*, année 1847, p. 41 et 604.

Bonam¹, et posuit ibi monachos Cistercienses. Fecit et monasteria canonicorum, unum juxta Cæsaris Burgum², et aliud in silva de Goffer³. Ad pontem etiam lapideum super Sequanam apud Rothomagum, a se inchoatum, multam summam pecuniæ dimisit⁴.

Richardus⁵, abbas Sancti Petri super Divam, obiit,

---

¹ L'abbaye du Valasse, près de Lillebonne, Seine-Inférieure, arr. du Havre, canton de Bolbec, commune de Gruchet. Sur la part que l'impératrice prit à la fondation de cette maison, voyez la Chronique du Valasse, édit. Somménil, p. 12, et la charte même de Mathilde, que l'éditeur a publiée dans les notes, p. 94.

² L'abbaye du Vœu, près de Cherbourg (Manche). La lettre suivante établit suffisamment les droits de l'impératrice à être considérée comme la fondatrice de cette abbaye :

« Excellentissime ac venerabili domine sue Mathildi imperatrici,
« Henrici regis filie, Ricardus, Dei gratia Constanciensis episcopus,
« salutem et orationes in Christo. Diximus vobis, karissima domina,
« et dicimus, dictumque nostrum presenti scripto designamus, ut de
« loco illo qui est apud Cesaris Burgum Deo et sancte religioni pre-
« positus et dicatus, et abbatia Voti dicitur, pro beneplacito volunta-
« tis vestre faciatis. Liberum enim reddimus eum vobis et quietum,
« cum omnibus pertinentiis ejus, tam prebendis quam elemosinis
« aliis, ad faciendum inde in honore Dei et sancte religionis in quo-
« cunque ordine sublimitati vestre placuerit, salvo jure Constancien-
« sis ecclesie. Det autem Deus bone voluntati vestre super hoc et in
« omnibus bonis perseverantiam, et loco inibi fundato incrementum.
« Nos enim, ex debito pastoralis officii et episcopalis sollicitudinis, ei
« opem pro posse nostro diligenter adhibebimus. Valeat karissima
« domina nostra. »
Bib. nat., ms. latin 10068, fol. 21.

³ L'abbaye de Silly-en-Gouffern, Orne, arr. d'Argentan, canton d'Exmes. — Le cartulaire de Silly, conservé à la Bib. nat. (n° 11059 du fonds latin) contient plusieurs chartes de l'impératrice Mathilde.

⁴ Voyez les recherches de M. Deville sur l'ancien pont de Rouen, dans le *Précis des travaux de l'Académie de Rouen*, année 1831, pages 166-173.

⁵ Les deux articles suivants manquent dans F, Va. et Vi. « Ricardus « abbas Sancti Petri » est témoin à une charte de Guillaume de Courcy pour Marmoutier ; Bib. nat., Collection Moreau, 67, fol. 162.

et successit Rannulfus[1], monachus Cadomi, pro eo.

Decessit etiam Michael, abbas Pratelli[2], monachus Becci, et substitutus est pro eo Henricus, monachus Becci, procurator hospitum.

Jocio, archiepiscopus Turonensis, concordatus est cum rege Anglorum[3].

Venerabilis[4] Hugo, abbas Cerasii, humanæ vitæ moriendo satisfecit; qui L fere annis rexit idem monasterium. Huic successit Martinus, monachus ejusdem loci.

Regina Alienor transfretavit in Angliam, ducens secum filiam suam Mathildem.

In vigilia Natalis Domini[5], duæ stellæ ignei coloris, quarum una erat magna, altera parva, apparuerunt in Occidente, et erant quasi conjunctæ; postea disjunctæ sunt longo spacio, et apparere desiverunt.

Natus[6] est Johannes filius regis Anglorum.

---

[1] Il est mal à propos appelé *Rannerus* dans le *Gallia christiana* (XI, 732) et dans quelques éditions de Robert de Torigni.

[2] Michel, abbé de Préaux, mourut sans doute le 15 décembre 1167, et non pas 1168, comme le pensaient les auteurs du *Gallia christiana*, XI, 838. Son anniversaire est marqué au 16 décembre dans l'obituaire du Bec, et sa sépulture est ainsi indiquée par dom Bénigne Thibault: « Humatus in claustro, in arca quæ est in pariete, inter capellam « Beatæ Mariæ et parlamentum sacerdotum; » Bib. nat., ms. latin 12884, 2ᵉ partie, p. 63.

[3] L'origine du différend tenait au dépôt de l'argent destiné à la croisade, dont il a été question un peu plus haut, p. 363.

[4] Article omis dans F, Va. et Vi. — Sur Hugues, abbé de Cérisy, et sur son successeur Martin, voyez *Gallia christiana*, XI, 409 et 410

[5] 24 décembre 1167.

[6] Note ajoutée après coup dans M.

FIN DU TOME PREMIER.

TABLE.

	Pages
Préface	I
Manuscrits de la chronique de Robert de Torigni . .	III
Editions de cette chronique	LXI
Chronique de Robert de Torigni	1
Première partie, ou Supplément aux chroniques d'Eusèbe, de saint Jérôme, de Prosper et de Sigebert, années 96-1100	2
Prologue de la Chronique proprement dite . . .	91
Lettre de Henri de Huntingdon sur les rois bretons.	97
Extrait du même auteur sur la géographie et les saints de l'Angleterre.	111
Seconde partie, ou Chronique proprement dite, années 1100-1167.	119

Rouen. -- Imp. H. Boissel, rue de la Vicomté, 55.

www.ingramcontent.com/pod-product-compliance
Lightning Source LLC
Chambersburg PA
CBHW071104230426
43666CB00009B/1816